Sally Henderson

Meine sanften Riesen

Sally Henderson

Meine sanften Riesen

Ich lebte mit den Elefanten Afrikas

Deutsch von Helmut Splinter

LIMES

Die Originalausgabe erschien 2007
unter dem Titel »Silent Footsteps«
bei Macmillan, an imprint of Pan Macmillan Australia
Pty Limited, Sydney.

FSC
Mix
Produktgruppe aus vorbildlich
bewirtschafteten Wäldern und
anderen kontrollierten Herkünften

Zert.-Nr. SGS-COC-1940
www.fsc.org
© 1996 Forest Stewardship Council

Verlagsgruppe Random House FSC-DEU-0100
Das für dieses Buch verwendete FSC-zertifizierte Papier *Munken Premium*
liefert Artic Paper Munkedals AB, Schweden.

1. Auflage

Satz: Uhl + Massopust, Aalen
Druck und Einband: GGP Media GmbH, Pößneck
Printed in Germany
ISBN: 978-3-8090-2544-3

www.limes-verlag.de

Für Jeremy und meine
Kinder Ion und Lacky

Prolog

Horaz lernte ich an einem kalten Morgen im Juni 1990 kennen, ein paar Sekunden bevor er beschloss, mich umzubringen.

Es war ein typischer Wintertag. Sonnenlicht strömte durchs Fenster, wärmte meinen Körper nach einer eisigen Nacht, die ich in einem viel zu dünnen Schlafsack verbracht hatte. Ich sortierte Fotos und stellte in unserer Forschungsstation neben dem Gelände einer Safarihütte in der Nähe des Hwange-Nationalparks Verzeichnisse mit neu identifizierten Elefanten zusammen. Der kleine Raum war ein alter Bunker, ein Relikt aus dem Bürgerkrieg.

Ein verzweifelter Schrei riss mich aus meiner Konzentration. Angela, die Ehefrau eines Safariführers, erschien mit vor Sorge verzerrtem Gesicht in der Tür. Ungeduldig winkte sie mich zu sich und deutete auf eine Gruppe von Menschen, die hundert Meter entfernt am Rand einer Wiese ganz in der Nähe eines Elefantenbullen standen.

»Schau dir diese Wahnsinnigen an! Ich kann sie nicht von diesem großen Kerl weglocken. Kannst du nicht was unternehmen?«

Ich hob mein Fernglas und richtete es auf den einzelnen Bullen – und erkannte sofort, dass er nicht zu der hier sesshaften Herde gehörte. Er verhielt sich gefährlich ruhig. Erschreckt hörte ich, wie die Touristen aufgeregt plapperten und mit ihren Fotoapparaten klickten.

Angela hatte recht mit ihrer Warnung. Der Bulle war ein wildes Tier, das seinen eigenen Kopf hatte, und diese Leute kamen ihm eindeutig zu nahe, bedrohten seinen Platz. Ich hatte die Frauen bei einem Gespräch über das Herdenprojekt kennengelernt. Mit funkelnden Augen hatten sie ihre Angst beschrieben, den Adrenalinstoß, wenn sich die Elefanten ihren Fahrzeugen genähert hatten. Doch sie schienen sich der Gefahr nicht bewusst zu sein, der sie sich hier aussetzten, in direkter Konfrontation mit diesem Bullen. Die gemähten Wiesen und die anderen Kennzeichen menschlicher Behausungen wiegten sie in Sicherheit, als stünde der Bulle im Zoo hinter einer unsichtbaren Mauer.

Ich griff zu meiner eigenen Kamera, um sein Profil in unsere Kartei aufzunehmen, und forderte gleichzeitig die Frauen auf, sich zu entfernen. Bei Bullen bestand weniger die Gefahr, dass sie auf menschliche Dummheit reagierten, als bei Kühen, die zum Schutz ihrer Jungen ihr Gegenüber angreifen. Doch die Musth, die Zeit, in der die männlichen Hormone bei ihnen verrückt spielen, stellt eine Ausnahme dar. Während der Pubertät eines Bullen sollten sich über einen Zeitraum von etwa drei Monaten pro Jahr alle Lebewesen von ihm fernhalten.

Ich rannte auf die Frauen zu. Ein Blick auf den Bullen genügte, um mich in Schrecken zu versetzen. Die Schläfendrüsen waren geschwollen und sonderten eine dicke Flüssigkeit ab, die sich von derjenigen unterschied, die Elefanten manchmal unter Stress abgeben. Urin tröpfelte aus seinem Penis, der mit grünlichem Schaum umgeben war. Der Bulle war in voller Musth! *O Gott, hilf uns …*

»Sofort verschwinden!«, befahl ich den Frauen mit ruhiger Stimme. »Sie sind in höchster Gefahr. Rennen Sie schnell zum Werkzeugschuppen.«

Das Gespräch erstarb, Rocksäume flatterten, und die Frauen rannten los.

Regungslos blieb der Bulle einen Moment stehen, blickte mich finster an, bevor er den Kopf in tödlicher Absicht sinken ließ. Im Bruchteil einer Sekunde entschied ich mich, zum Forschungsraum zu rennen, statt den fliehenden Frauen zu folgen. Das war ein großer Fehler.

Ich wirbelte herum und stürzte los. Als mir klar wurde, dass die Entfernung zu groß war, hatte ich den Weg bereits eingeschlagen. Der Werkzeugschuppen war nun weiter entfernt als der Forschungsbunker. Hinter mir hörte ich nichts, aber ich spürte, dass er mich verfolgte. Der Bunker schien unerreichbar zu sein. Angela stand in der Tür und wedelte mit den Armen.

»Er ist hinter dir her!«, schrie sie. »Lauf schneller. Los! Los!«

Ich hatte das Gefühl, wie in Zeitlupe zu rennen. Der ranzige Geruch des Musth-Bullen hatte mich schon eingeholt. Der weite Weg bis in die Sicherheit schien nicht kürzer zu werden. Angelas immer hektischere Rufe verrieten mir, dass der Bulle immer näher kam. Er war leise, seine Wut hörte ich nur in meinem Kopf.

Dann tauchte eine Gestalt aus den Büschen vor mir auf. In dem Moment, in dem ich den Mann sah, hatte ich das Gefühl, meinen Körper zu verlassen. Von oben beobachtete ich, wie sich meine Arme und Beine qualvoll langsam bewegten. Ich blickte auf den riesigen Bullen hinab. Er war in eine Staubwolke getaucht, rot gefärbt von seiner Wut. Er und ich schienen Figuren in einem Spiel zu sein, das ich von einem sicheren Platz aus beobachtete. Ich hörte meinen Vater, der mir als Kind bei den Landesmeisterschaften sagte, ich dürfe nicht zurückblicken. »Du verlierst deinen Schwung, und damit gibst du deiner Gegnerin die Chance, dich zu überholen.«

Gleichzeitig glitt die zerbrechliche Figur immer weiter in mein Blickfeld. Mit schmuddeliger Hose und rotem T-Shirt bekleidet, das über seinem dürren Oberkörper flatterte, schien der Alte die drohende Gefahr nicht zu bemerken, sondern torkelte weiter. Dem Bullen, der sich ganz kurz ablenken ließ, entlockte er ein lautes Dröhnen. Aber in dem Moment wusste ich das nicht – auch nicht, dass der Alte nur für den Elefanten und mich sichtbar war.

Eine ohrenbetäubende Druckwelle tauchte mich in eine Wolke stinkender Luft. Ich kehrte in meinen Körper zurück. Der Bulle war sehr nah. *Ich habe dich verstanden, Dad. Ich werde nicht zurückblicken.* Ein frischer Adrenalinstoß trieb mich an.

Kapitel 1

Epiphanie

Die Räder der Cessna hüpften über den Sand der Kalahari-Wüste. Ein Mann wartete mit seinem Landrover neben der rissigen, beigefarbenen Piste des Behelfsflugplatzes von Savuti. Niedriges, blattloses Gestrüpp zog sich über die Einöde, umgeben von flimmernden Luftspiegelungen, wo die Erde gegen den Himmel zu stoßen schien. Die extreme Hitze brannte in meinen Lungen, als ich meinen ersten Atemzug in der Wüste nahm. Ich schluckte, aber nicht wegen der trockenen Luft oder des Staubs, der dem blauen Himmel die Farbe raubte. Ich war überwältigt vor Freude, den Boden von Botsuana betreten zu haben.

Der bärtige Mann kam auf uns zu, rangelte in einem langen, kämpferischen Händedruck mit meinem Mann um Überlegenheit und umfasste meine Hand mit mehr Vorsicht. »*Howzit?*«, begrüßte er uns. »Ich bin Nigel. Willkommen in der Hölle!«

Ich wusste, dies war seine Standardbegrüßung, als ich sah, wie seine dichten Augenbrauen vergnügt nach oben schnellten. Ich blickte zum flimmernden Horizont. »Wie weit ist es bis zum Lager?«

»Dort entlang, Richtung Sonne.« Er deutete geradeaus, bevor er sich zum Piloten wandte. »Schaffen wir das Flugzeug in den Hangar.«

Es gab keinen Hangar. Stattdessen umwickelten die Männer die Reifen der leichten Maschine mit dornigen Akazienzweigen, um sie vor den Zähnen der Hyänen zu schützen. Aber sein Spruch sorgte dafür, dass ich noch bessere Laune bekam.

Wir stiegen hinten in den Landrover, während Nigel über die niedrige Tür auf seinen Sitz sprang und den Motor startete. Wir brausten los, quer über eine Ebene ohne Straße, quer über die Stille. Nichts Lebendiges war zu sehen, doch ich wusste, irgendwo mussten Tiere sein, die sich vor der Mittagssonne versteckten.

»In diesem *kopje* gibt's Höhlengemälde.« Er deutete auf einen einsamen Hügel, der sich über die nichtssagende Landschaft erhob. Eine Viertelstunde später ging der Sand in einen trockenen Flusslauf über, den Savuti-Kanal. Am anderen Ufer drängten sich ein paar Zelte unter dem schützenden Dach verkümmerter Bäume.

Nigel stellte uns den anderen Gästen vor – Ira und Miriam aus New York –, drei Mitarbeitern in Khaki-Uniformen und dem Lagerleiter, Shylock, der uns mit dröhnender Stimme begrüßte.

Unser Gepäck wurde in einem der beiden großen Zelte verstaut, die neben einer Vertiefung mit fast erloschener Holzkohle errichtet worden waren. In der Nähe standen ein Esstisch und Stühle, weiter hinten war vor der offenen Küche eine Plane gespannt, in den kleinen Zweimannzelten wohnten, wie ich vermutete, die Mitarbeiter. Das Lager war perfekt – es erfüllte die Bedürfnisse der Gäste, während gleichzeitig der Einfluss auf die Wildnis so gering wie möglich gehalten wurde.

Die Einwohner von Botsuana nennen den Oktober den »Selbstmordmonat«, und das aus gutem Grund. Die Temperaturen am Tag bewegen sich um die 40°C, aber auch in der Nacht sinken sie nur auf 35°C. Nach dem Mittagessen warf ich einen Blick aufs Thermometer: Es zeigte 45°C. Nigels Vorschlag, uns auf unsere Betten zu legen, die die Mitarbeiter aus den Zelten in den Schatten der verkümmerten Bäume gezogen hatten, war ganz vernünftig. Einer verteilte nasse Handtücher und stellte Wasserkrüge und Schöpflöffel neben die Pritschen. Ich zog mir einen Sarong an, legte mich hin und deckte mich mit dem Handtuch zu. Innerhalb weniger Sekunden war das Handtuch schwarz, übersät mit Tausenden von Mopane-Fliegen. Diese und die trockene, statisch aufgeladene Atmosphäre saugten die Feuchtigkeit innerhalb von Minuten auf. Immer wieder begoss ich das Handtuch mit Wasser. Und immer wieder setzten sich die Fliegen darauf.

»Das ist ja wirklich die Hölle. Die Hitze ist tierisch«, stöhnte Ira.

Niemand antwortete. Außer dem gelegentlichen Klimpern von Schöpfkellen gegen Emaille erstarben alle Geräusche. Die Fliegen und die Hitze machten mir an diesem ersten Nachmittag auf der Safari in Afrika nichts aus. Für mich war die trockene Hitze erträglicher als die feuchte, tropische Hitze in meiner australischen Heimat. Die anderen dösten, während ich ungeduldig ausharrte, bis wir zu unserer Fahrt aufbrechen würden.

Als es schließlich losging, sog ich gierig die Gerüche ein und nahm die Eindrücke der Umgebung in mich auf. Es war ein perfekter Tag für mich. Ich war noch nie in Afrika gewesen, hatte aber das Gefühl, nach Hause gekommen zu sein. Viele Jahre hatte es gedauert, aber jetzt war ich hier. Mein Mann hatte auf unserem Weg nach Europa zu Rugby-Testspielen widerwillig einem Zwischenhalt in Afrika zugestimmt. Ich konnte es kaum glauben, genauso wenig wie den Anblick der beigefarbenen Impalas, die uns nur kurze Blicke zuwarfen, bevor sie davonsprangen. Die mit Staub bedeckten Zebras weigerten sich zu fliehen. Sie schüttelten ihre großen Köpfe verärgert und blickten uns an, gestört durch die aufgeregten Rufe des Ehepaars aus Brooklyn. Auch ich blickte in die Richtung, in die Miriam deutete, während sie ihrem Mann zurief: »Schau mal, Ira, das ist aber eine süße Giraffe.« Der Kudu preschte verängstigt los.

Ich dachte, ich hätte Nigel »Gott, schenke mir Geduld« flüstern hören, bevor er auf seinem Sitz herumwirbelte, um Miriam aufzuklären. Meinen Ärger über das Paar musste ich schlucken, als ich einen Steinbock mit einem Duiker verwechselte. Das Grinsen meines Mannes war berechtigt.

Die Sonne brannte am Horizont, als wir über eine kleine Anhöhe fuhren, hinter der eine matschige Sickerstelle lag, die einzige Wasserquelle in dieser Gegend. Mir stockte der Atem. Ein mächtiger Elefantenbulle hatte sich breitbeinig vor einigen kleineren Tieren aufgebaut. Ich hatte schon asiatische Elefanten gesehen, doch hier begegnete ich zum ersten Mal einem afrikanischen. Ich war erstaunt über seine Größe und musste über das

Geräusch lächeln, als das Wasser in seinem aufgeblähten Bauch schwappte. Wütend schwenkte er seinen Rüssel hin und her und trompetete los, wenn er seine Vorherrschaft gegen die Tiere verteidigte, die zu trinken versuchten. Mir gefiel sein Auftreten, aber auch das der sturen Warzenschweine, die ihn immer wieder herausforderten und aufs Wasser losstürmten. Scheue Antilopen beobachteten das Spiel sehnsüchtig aus der Ferne.

Nigel kicherte. »Dieser Mistkerl lässt die anderen nicht ans Wasser, bis er selbst genug gesoffen hat.«

Rasch senkte sich die Nacht über die Landschaft, und eine Brise kühlte mein Gesicht. Kurz bevor wir wieder im Lager waren, ließ ein Leopard seine Rosetten im Scheinwerferlicht schimmern. Einen Moment lang kam ich mir wieder wie das kleine Kind vor, das auf seinem Schaukelpferd saß und vom Vater auf der Suche nach Elefanten und Antilopen durchs hohe Savannengras geführt wurde. Manchmal waren wir in Borneo gewesen, wo wir seine Kriegserinnerungen nacherlebten und das Moskitonetz nach Orang-Utans absuchten. Aber der Ort, an den ich mich am meisten hineinversetzt hatte, war Afrika. Die Namen, die mein Vater genannt hatte, klangen wie im Märchen: Betschuana, Mafeking, Limpopo, Sambesi. Als ich lesen konnte, hatte er mir ein Bilderbuch mit afrikanischen Tieren, eine Biografie von Dr. Livingstone und einen Atlas gegeben. Ich war süchtig danach. Ich beschloss, Missionarin zu werden, weil Mädchen nicht im Traum daran denken durften, Parkaufseherin zu werden. Mein Vater füllte unser Haus mit heimischen Tieren und Vögeln. Ich liebte sie, aber ihnen fehlte das Geheimnis ihrer afrikanischen Artgenossen. Durch meine Mutter lernte ich die unterschiedlichen Aspekte der Natur schätzen. Sie war Künstlerin, die in trockener Rinde subtile Farbschattierungen sah, die für andere nur ein simples Grau darstellten. Sie lag mit mir im Gras, wo wir angestrengt die Naturgeister belauschten. Meine Eltern waren für mich immer interessanter als Gleichaltrige. Sie ermutigten mich zu träumen, und nie bezweifelte ich, eines Tages nach Afrika zu fahren.

Wieder im Lager, wusch ich meine Hände an einem Wasserloch, das im sanften Licht einer Petroleumlampe schimmerte. Meine Haut hatte einen Sonnenbrand abbekommen. Ich spähte in die undurchdringliche Dunkelheit, bevor ich zur lärmenden Gruppe zurückkehrte, die um das Lagerfeuer herum saß. Ich vermutete, das Feuer diente lediglich der Atmosphäre, weil auch die nächtliche Hitze in meinen Lungen brannte. Ich ließ mich auf einem Klappstuhl nieder, während Nigel mir einen lauwarmen Weißwein und eine Flasche Wasser reichte. Das Eis, erklärte er, das zweimal die Woche mit dem Nachschub gebracht wurde, diene nur zum Frischhalten des Fleisches und anderer leicht verderblicher Lebensmittel. Anschließend erzählte er uns von einem Vorfall, der sich erst vierzehn Tage zuvor ereignet hatte.

Eine Gruppe junger Leute aus Deutschland hatte ihre Zelte auf einem öffentlichen Campingplatz drei Kilometer von unserem Lager entfernt errichtet. Zu viele hatten sich in zu wenige Zelte gedrängt, erzählte er. Erschöpft von der unbarmherzigen Hitze, hatte ein Mädchen am offenen Eingang eines der engen Zelte geschlafen. Die Mischung aus Körpergeruch und Schweiß bildete einen verlockenden Köder. In den frühen Morgenstunden zerrte ein Löwe die junge Frau aus dem Zelt und verspeiste sie vor den Augen ihrer Freunde. Sie hatten keine Waffen. Als sie den Löwen anschrien, ließ er seine Beute liegen und rannte auf sie zu. Danach verhielten sie sich still. Der Schrecken und die Hilflosigkeit der jungen Leute, die sich in ihre Zelte zurückgezogen hatten und den Löwen beim Fressen beobachteten, waren unvorstellbar. Der Löwe floh, und anschließend kamen die Hyänen und nahmen die Knochen mit. Nur die Zahnspange der jungen Frau blieb übrig.

Ich glaube, wir müssen ziemlich besorgte Gesichter gemacht haben, weil Nigel rief: »Hey, Leute! Jetzt schaut nicht so verängstigt. Der Löwe war nicht normal, und er ist schon lange weg – weit weg. Hundertprozentig.« Er lehnte sich zurück – soweit ich durch seinen dichten Bart erkennen konnte, mit abgebrühtem Selbstvertrauen.

Ich öffnete den Mund, um ihn zu fragen, ob die Raubtiere

hungerten, weil die Wasserlöcher und Sickerstellen fast ausgetrocknet waren und das Wild gezwungen war, auf der Suche nach Wasser fortzuziehen, kam aber nicht dazu. Direkt hinter mir hörte ich ein tiefes Knurren. Ich drehte mich um und blickte wie erstarrt in die boshaften Augen einer Löwin. Sie lag nur eine Körperlänge von mir entfernt neben dem Wasserloch, in dem ich mir wenige Minuten zuvor die Hände gewaschen hatte. Andere Schatten bewegten sich hinter ihr. Die Löwin verzog lautlos ihr Gesicht, entblößte ihre furchtbaren, gelben Zähne und holte tief Luft. Meine Lungen verweigerten ihre Arbeit, als sich die Flanken des Tiers zu einem explosionsartigen Brüllen aufblähten.

Sekunden später erwiderte Nigel ihre Drohung mit einem urzeitlichen Grölen. Das Chaos verstärkte sich, als Shylock das volle Tablett mit dem Abendessen fallen ließ. Wir hatten keine Schusswaffen. Nigel erhob sich und ließ schreckliche, primitive Geräusche aus seinem Bauch aufsteigen, das Gesicht verzogen zu einer grotesken Grimasse, zu einer Karikatur auf das Mienenspiel der Löwin. Er schnappte sich die Taschenlampe und richtete den grellen Strahl auf ihre Augen. Sie kniff sie zusammen. Ich begann zu keuchen, meine Beine zitterten, und mein Herz pochte so heftig, dass ich das Blut in meinen Ohren pulsieren hörte. Ich befürchtete schon, mein hämmernder Schädel würde platzen. Gott, ich hätte tot sein können, ohne mitzubekommen, wie diese Reißzähne meine Halsschlagader zerfetzt hätten.

Doch Nigels aggressives Täuschungsmanöver zeigte Erfolg. Geblendet von dem starken Licht, kniff die Löwin die Augen zusammen, legte sich hin und schlug mit einer ihrer riesigen Pranken durch die Luft. Wir erhoben uns und zogen uns langsam zurück. Noch nie in meinem Leben war ich so klar im Kopf gewesen. Es gab nichts außer dieser Löwin. Ihr moschusartiger Geruch erfüllte die Luft, ihre kräftigen Muskeln zuckten unter der lockeren Haut, während sie verachtungsvoll fauchte, sich umdrehte und, gefolgt von den anderen, mit großen Sprüngen in die Dunkelheit verschwand.

Sie waren nicht mehr zu sehen, aber wie weit hatten sie sich entfernt? Wir folgten dem Lichtschein mit unseren Blicken. Ich keuchte so heftig, dass mir schwindlig wurde. Sterne schimmerten am pechschwarzen Nachthimmel, ohne in ihrem Glanz vom Licht des Mondes beeinträchtigt zu werden. Das Kreuz des Südens war dort. Ein Moskito stach zu. Nigel legte ein dickes Holzscheit ins Feuer. Jetzt verstand ich, warum. Die Flammen strahlten etwas Schützendes aus. Ich ging, ebenso wie die anderen, so nah heran, dass ich beinahe meine Haut versengte.

Ich musste an das Mädchen denken, das vom Löwen gefressen worden war, und mir gingen Szenen durch den Kopf, die so schrecklich waren, dass ich sie lieber aus meinen Gedanken verbannte. Ich blickte in die Dunkelheit und fragte mich, ob Ira, Miriam und mein Mann ebenso dachten. Es gab keine festen Mauern, die uns hätten Schutz bieten können. Wir hatten keine Waffen, waren allein angewiesen auf unsere Intelligenz und einen erfahrenen Safariführer, der für unser Überleben in der Wüste sorgte, wo Raubtiere mit einer gefährlichen Mischung aus Schneid, Bosheit und Kraft, aus Knochen zermalmenden Kiefern, Reißzähnen und Krallen zu Hause waren.

Am Tage hatte die nichtssagende, flache Landschaft harmlos und sicher ausgesehen. Jetzt spähte ich in eine schwarze, geheimnisvolle Dunkelheit, die mit fremden Klängen und grausamen Möglichkeiten erfüllt war. Ich spürte, wie die Raubtiere jenseits der trügerischen Sicherheit unseres winzigen Lichtkreises meine Schwäche und die Möglichkeit abschätzten, mich verspeisen zu können. Auf dem Speiseplan einer anderen Gattung zu stehen, hatte für mich etwas ganz Neues, und die Gesichter meiner drei Mitreisenden drückten ähnliche Empfindungen aus. Wir kamen aus zivilisierten Städten, wo die Menschen ganz oben in der Nahrungskette standen. Doch hier draußen waren wir mit unserem Geschick kaum in der Lage, uns gegen die Löwen zu wehren. Ich sah sie nicht, aber ich wusste, dass sie uns beobachteten – und sie waren stark und mit dieser Dunkelheit vertraut.

Wie verängstigte Kinder blickten wir zu Nigel und warteten auf seine Anweisungen. Er lehnte träge und scheinbar lässig an der Eiskiste, auf die ich als mögliches Versteck schielte. Jahre später, als ich ihn unter anderen Umständen wiedersah, gab er zu, in jener Nacht am Savuti-Kanal selbst Angst gehabt zu haben. Ich sagte, es sei gut gewesen, sie vor uns zu verbergen, weil er uns damit unsere Angst genommen hatte.

Langsam entspannte ich mich, als Nigel träge an einer selbst gedrehten Zigarette zog, lässig Ringe in die Luft blies und einen Tabakfaden auf den Boden spuckte. Konnte ein Mensch Angst haben und gleichzeitig so abgebrüht aussehen? Ich hielt es für unmöglich.

»Das war aber nicht der, der das Mädchen gefressen hat, oder?«, fragte Ira ängstlich.

Das war eine Frage, auf die alle eine Antwort erwarteten.

»Nein, Mann, natürlich nicht«, behauptete Nigel. »Zunächst einmal war das eben ein Weibchen!« Meine Schultern entspannten sich immer mehr, als Nigel betonte, dass wir nur zu zweit in stabilen Vier-Mann-Zelten schliefen, dass der »Mädchenfresser« ein nicht normaler Löwe gewesen und das Rudel eindeutig hinter einer kleinen Herde Impalas her sei, die in der Nähe lärmte. Nigel führte uns in das Küchenzelt, wo er plötzlich stehen blieb, sich umdrehte und vergnügt unsere verängstigten Gesichter betrachtete.

»Keine Sorge, Leute. *Ei-ei-ei!* Ich werde euch nicht den Löwen zum Fraß vorwerfen. Sie haben nach Wasser gesucht, nicht nach uns.«

Einen Moment lang fühlte ich mich sicher. Das währte aber nur so lange, bis er gedankenverloren über seinen wilden Bart strich, in die Dunkelheit spähte und sagte: »Ganz schön frech, diese Biester, dass die einfach in ein bewohntes Lager kommen. Wir essen jetzt lieber und machen Feierabend.«

Rasch verschlangen wir unser Abendessen, das mir beinahe im Hals stecken blieb. Nigel strahlte immer noch Vertrauen und Selbstsicherheit aus, doch ich spürte, dass er in höchster Alarmbereitschaft war. Seine stacheligen, schwarzen Augenbrauen, die wie beunruhigte Raupen zuckten, verrieten ihn. Shylock kauerte mit dem Rest der schwarzen Mitarbeiter neben dem Holzherd, wo sie leise miteinander sprachen. Zum Glück wusste ich damals noch nicht, dass ihr Verhalten ungewöhnlich war. Erst später sollte ich erfahren, dass Flüstern bei Afrikanern als unhöflich gilt, da andere denken könnten, man redet schlecht über sie.

Nigel begleitete uns zu unseren Zelten. »Gute Nacht. *Lekker daap, mevrou*«, sagte er – schlafen Sie gut, Madam. »Shylock wird Sie um halb sechs wecken.«

Die nächsten acht Stunden bleiben auf immer und ewig die längsten meines Lebens, doch für einen Intensivkurs über die Entwicklung der Seele sind acht Stunden wohl eher kurz...

Das Zelt wurde von einer flackernden Lampe erleuchtet, die auf einem kleinen Tisch zwischen zwei Feldbetten stand. Mein Mann streckte sich auf einem der Betten aus und schlief sofort ein. Ich fühlte mich alleine. Das war nicht neu für mich, doch in diesem Moment brauchte ich Zuspruch und Unterstützung. Der einzige Trost waren die Stimmen aus dem Nachbarzelt, wo sich das Pärchen mit dem Bronx-Akzent auf die Nacht vorbereitete. Schweiß tropfte auf den Zeltboden, während ich, am Zelteingang kauernd, versuchte, den widerspenstigen Reißverschluss nach unten zu zerren.

»So ein Mist!«, fluchte ich.

Ira und Miriam unterhielten sich laut miteinander, aber es beruhigte mich, Stimmen zu hören: »Sollen wir Schlaftabletten nehmen? Können wir in dieser mörderischen Hitze bei geschlossenen Außenklappen über den Fenstern schlafen?« Bei geschlossenen Außenklappen? Ich hatte vergessen, die Fenster abzudecken, und es gab innen keine Rollos. Ich blickte durch die Fliegengitter der ungewöhnlich großen Fenster, die fast bis zum Boden reichten. Ich wünschte, ich könnte sie wegen der Luftzirkulation offen lassen. Ira stand an seinem Zelt und band die Fensterklappen zu. Er beschwerte sich über die brütende Hitze im Zelt. Als er wieder am Eingang war, erinnerte ihn seine Frau an das unglückliche Mädchen.

»Was machst du da, Ira. Willst du da draußen sterben?«

Ich wollte nicht hinausgehen, hatte aber keine andere Möglichkeit. Ich würde eingehen in der Nacht, aber ich wollte auf Nummer sicher gehen. Also trat ich an den Eingang. Nachdem ich den Reißverschluss vorher nur mit Mühe hatte schließen können, klemmte er jetzt fest. »Mist«, murmelte ich. Vielleicht würde mir Ira helfen können … Ich kehrte zum Fenster zurück und öffnete den Mund, um ihn um Hilfe zu bitten. Doch meine Stimme versagte.

Da draußen kauerte eine Löwin und starrte Ira an. Ihre sphinxähnliche Gestalt und ihre gespitzten Ohren setzten sich vor dem Licht der glühenden Holzkohlen ab. Ira brummte weiter vor sich hin, während er die letzte Klappe schloss, ohne seine todbringende Begleitung zu bemerken. Ich zwang mich, leise zu sein. Ira zu warnen, würde ihn nur in Panik versetzen. Er würde losrennen und ein gefundenes Fressen für die Löwin abgeben. Er war beinahe fertig. In Gedanken drängte ich ihn, sich zu beeilen. Die Sorge um ihn ließ mich meine eigene Angst vergessen. Selbst an die vier offenen Fensterklappen dachte ich nicht mehr. Es war ohnehin nicht mehr möglich, sie zu schließen.

Nachdem Ira alles gesichert hatte, drückte er murmelnd seine Zufriedenheit aus und entfernte sich ein Stück weit, um zu urinieren. O Mann, er brauchte eine Ewigkeit und machte ziemlichen Lärm dabei. Scheinbar wunderte sich Miriam ebenfalls.

»Willst du das Zelt fortschwemmen?«, fragte sie.

Unwissenheit konnte ein wahrer Segen sein. Ira antwortete auf Miriams nervöse Kommentare mit einem jiddischen Schlaflied, das er bis zum bitteren Ende sang, bevor er zum Zelt zurückkehrte. Gleichmäßig ratschte der Reißverschluss nach unten. Da hast du aber Glück gehabt, Ira …

Ich hatte die Laterne gelöscht, als ich die Löwin erblickt hatte. Innerhalb weniger Sekunden wurde es auch im Nachbarzelt dunkel. Nigel und seine Mitarbeiter schliefen fünfzig Meter entfernt in ihren Zelten. Es war unheimlich leise. Ich wollte ihnen zurufen, dass die Löwen zurückgekehrt waren. Ich bemerkte zwei weitere Umrisse neben dem Wasserloch und hörte schlabbernde Geräusche. Ich wünschte, das Wasserloch wäre leer. Andererseits war ich froh, dass die Tiere wenigstens etwas gegen ihren Durst tun konnten – wenn auch nur wenig.

Trost suchend, trat ich ans Feldbett meines Mannes. »Bitte, wach auf«, flüsterte ich in sein Ohr. »Die Löwen sind da draußen.« Er rührte sich nicht, auch nicht, als ich ihn an der Schulter schüttelte – er hatte zu viel Wein getrunken. Zumindest war er da. Mit gekreuzten Beinen setzte ich mich auf das niedrige Feldbett, aufgeregt und verängstigt angesichts der Löwen in unserem Lager. Das unheimlich rote Licht des aufgehenden Mondes teilte die Schatten. Wenn Nigel recht hatte, würden die Löwen bald aufbrechen und sich eine Impala reißen.

Ich war erschöpft, und der Schlaf hätte mich – trotz der tödlichen Gesellschaft – rasch übermannt, hätte Nigel nicht die Tragödie mit dem Mädchen erzählt und wären die Fensterklappen über den Fliegennetzen sicher verschlossen. *Wenn dies und wenn das. So viele Wenns. Hör auf, Mädchen, du bist jetzt hier. Atme, atme …* Bald begann ich zu zittern. Das Rauschen in den Ohren vom Adrenalinschub war noch schlimmer als mein Zittern. Ich beneidete meine Nachbarn und meinen Mann um ihren weinseligen Schlaf der Unwissenden.

Draußen durchbrach ein ohrenbetäubender Lärm die Stille, begleitet von heftigem Brummen. Spielten die Löwen etwa? Würden die Zelte zusammenbrechen, wenn sie über die Spannseile purzelten? Oder schlimmer noch: Würden sie merken, wie dünn die Zeltwände waren, wenn sie dagegen stießen, sie mit ihren mächtigen Pranken aufschlitzten, um mich zum Abendessen zu verspeisen? O Gott! Warum verschwanden sie nicht, um eine Impala zu jagen? Ich schlüpfte unter die Bettdecke und zog sie wie ein Schutzschild hoch, bis nur noch meine Augen herausschauten.

Eine Sekunde lang wurde meine Fantasie fast zur Wirklichkeit. Mein Bett schaukelte, als etwas gegen das Zelt prallte. Ein Schrei blieb mir im Hals stecken. Ein fauliger Gestank erfüllte die Luft. Mit zusammengekniffenen Augen spähte ich zum Fenster neben mir und wünschte, ich hätte es nicht getan. Aus dem offenen, keuchenden Maul eines riesigen, pelzigen Gesichts wehte mir übler Mundgeruch entgegen.

Ein Löwe! Vorher waren doch drei Weibchen dort draußen gewesen. Waren es etwa insgesamt vier? O Gott! War er es? Er musste mich riechen. Ich wusste, Katzen konnten nachts gut sehen – wenn ich ihn sah, musste er mich auch sehen. Ich schloss die Augen, um ihn mit meinem Blick nicht herauszufordern. Das hatte ich irgendwo gelesen. Sein Atem schlug mir heiß und stinkend entgegen. Ich wartete immer noch, wartete auf etwas, wusste aber nicht worauf. Schließlich ließ der Gestank nach. Der Löwe hatte sich zurückgezogen.

Ganz langsam rutschte ich von der Pritsche auf den Boden in die Mitte des Zelts, wo ich verzweifelt versuchte, mein Zucken unter Kontrolle zu bekommen. Meine Seelenqualen weckten meine eigenen tierischen Instinkte und ließen mich auf meine Würde verzichten. Ich wusste, es hatte keinen Sinn, meinen Mann zu wecken, der tief und fest schlief. Machtlos und einsam rollte ich mich auf dem Boden zusammen und sehnte mich nach meiner Mutter.

Einer der vier Löwen ließ sich vor dem Zelteingang auf den Boden plumpsen. Gott sei Dank war der Reißverschluss zu. Ich hörte sanfte Schritte und leises Knurren. Der Mond warf zwei blasse Lichtsäulen durchs Fenster. Ich schaute mich nach einer Waffe um. Die einzigen Dinge von Wert waren die Laterne, die metallene Waschschüssel, ein Nachttopf und ein Emaillekrug mit Wasser. Wasser … ich musste es irgendwo ausleeren. Es gab kein »irgendwo«, weil der Sand von einer Bodenplane überdeckt war. Also ließ ich es über meinen Körper laufen, dann trank und trank ich, bis mir fast der Bauch platzte und ich Schuldgefühle bekam angesichts der in diesem Teil Afrikas herrschenden Wasserknappheit.

Ich stellte den Nachttopf – die Waffe meiner Wahl – auf meinen Bauch, als ich mich wieder hinlegte, und stellte mir grinsend die Schlagzeile vor: *Frau verscheucht umtriebige Löwen mit Nachttopf*. Die Vorstellung dieses absurden Szenarios versöhnte mich etwas mit der Situation. Beinahe musste ich kichern. Mit Sicherheit hätten sie uns schon angegriffen, wenn ihnen bewusst gewesen wäre, wie leicht die Beute zu haben war, oder? Die Löwen hörten auf zu spielen. Durch das gegenüberliegende Fenster sah ich, wie sich neben Iras Zelt eine Löwin auf die Seite legte. Von hinten drang lautes Schnarchen an mein Ohr. Die Raubtiere fielen in Schlaf, doch mein Albtraum nahm kein Ende.

Während der nächsten Stunden schien die Zeit stehen geblieben zu sein. Der Boden zwischen den Betten war mein Zufluchtsort, wo ich fest in das grobe Laken gewickelt lag. In meinem Magen blubberte das Wasser, mein Körper, angefacht von der nächtlichen Hitze in der Kalahari-Wüste, glühte wie ein Ofen. Doch innerlich war ich ausgekühlt. Jedes Mal, wenn mich der Schlaf übermannen wollte, versetzte mich das Grunzen oder die Bewegung eines der Löwen wieder in Alarmbereitschaft. Doch mit meinem Versuch, zu meditieren und dadurch Ruhe zu finden, scheiterte ich kläglich.

Um drei Uhr morgens erhob sich das Männchen und tapste zum Fenster neben meiner Pritsche. Er gähnte und brummte leise vor sich hin, bevor er dreimal laut losbrüllte und anschließend einige Male hustete. Dann wiederholte er die Abfolge – immer auf Armeslänge von mir entfernt. Und wieder konnte ich nur lautlos schreien. Zweifellos rochen die Löwen meine Angst.

Das Ehrfurcht gebietende Brüllen trieb mich beinahe in den Wahnsinn. Von Klaustrophobie gepackt, überlegte ich einen Moment lang, den Zelteingang aufzureißen und meinem Gefängnis zu entfliehen. Doch ich musste bleiben und meinen Mann bewachen, eine Erkenntnis, die mich überraschte. Ich hatte ihn mit siebzehn geheiratet und seitdem immer als *meinen* Beschützer betrachtet.

Das Männchen begann, das Zelt zu umkreisen, blieb hin und wieder stehen, um einen Blick ins Innere zu werfen. Drei andere Gestalten gesellten sich zu ihm. Die Stimmung hatte sich verändert. Ohne Zweifel waren sie nun auf der Jagd und nahmen ihr Ziel ins Visier. Und das Ziel war ich …

Doch plötzlich verschwanden sie. Angestrengt lauschte ich. In der Ferne jaulte eine Hyäne, Zikaden zirpten. Irgendwo hallte der schrille Ruf eines unbekannten Nachtvogels. Wohin waren die Löwen verschwunden, nachdem sie gerade noch die Zeltwand einreißen wollten? Ohne Vorwarnung verdunkelte sich der Mond, dessen Licht unser Zelt beschien. Ich krabbelte zum Fenster und spähte hinaus – eine massive Gestalt, ein Elefant, hatte sich lautlos dem Lager genähert und war wartend stehen geblieben. Scheinbar hatten die Löwen angesichts dieses mächtigen Tieres den Schwanz eingezogen.

Zwei Stunden lang blieb der Bulle bei mir. Er roch nach Mist, Erde und dampfender Vegetation. *Was für ein herrlicher Duft.* Er schnarchte sanft, sein Magen grummelte, doch die meiste Zeit war er still. Für ihn wäre es ein Leichtes gewesen, durchs Lager zu toben und alles zu zerstören. Doch ich wusste, er war in friedlicher Absicht gekommen – war gekommen, um mich zu beschützen, wie es kein Mensch zuvor getan hatte. Ich freute mich über seine Gesellschaft und flüsterte ihm meinen Dank zu. Und ich versprach, ihm und seinen Genossen zu helfen. Er verschwand so leise, wie er gekommen war.

Mit ihm verschwand auch der Mond, und die trügerische Hoffnung keimte auf, dass die längste Nacht meines Lebens bald ein Ende finden würde. Die drückende Hitze setzte wieder ein, und die nächtlichen Geräusche der Tiere waren verstummt. Dies war der Tiefpunkt der Nacht, die Stunde des Todes, wenn die Raubtiere ihre Beute anschleichen.

Und plötzlich ein beißender Gestank, draußen eine kaum merkliche Bewegung. Wieder spannte sich mein Körper an, alles an mir begann zu zittern. Ich biss die Zähne aufeinander, um das Zittern zu unterdrücken. Meine Zunge blutete. Schnell runter auf den Boden… Sie waren zurückgekommen und starrten mich an.

Mit ihren schleichenden Bewegungen verrieten sie ihre wahren Absichten. Ich schluchzte laut auf. Sie wussten, wo ich war, und es war vorbei. Konnte mir denn niemand helfen? Wo war Nigel? Die Löwen begannen triumphierend zu brüllen, immer wieder schlichen sie ums Zelt herum, ließen mich ihre Macht spüren. Ich betete und schluchzte und sabberte und ergab mich.

Auf einmal startete der Motor des Landrover und jaulte auf. Hupend raste der Wagen auf uns zu. Die Löwen wirbelten herum und rannten los, verfolgt von dem heftig holpernden Wagen, in dem Nigel am Steuer saß. Ich sackte in mich zusammen, mein Körper fühlte sich an wie Blei, die Augen brannten, während ich zum Eingang stolperte. Der Landrover kehrte um und kam schlitternd zum Stehen. Nigel stand draußen vor dem Zelt, doch ich dachte, es wäre der liebe Gott höchstpersönlich, der sich verkleidet hatte.

»Der Reißverschluss klemmt«, schluchzte ich.

Er mühte sich von der anderen Seite aus ab, fluchte und rief, er werde gleich wieder zurück sein. Ich wickelte den Sarong um meinen erschöpften, zitternden Körper, während ich durchs Fenster beobachtete, wie Nigel, vom roten Licht des Morgengrauens beleuchtet, zu seinem Zelt rannte. Mit einem Messer kam er zurück, schob die Klinge durch den Stoff und schlitzte ihn von oben bis unten auf. Nigel zwängte sich durch die Öffnung, kniete sich nieder und zog mich an sich. Ich weinte vor Erleichterung. Nigels buschige Augenbrauen hoben sich fragend, als er meinen noch immer schlafenden, nichtsahnenden Mann bemerkte. Meine Kehle schnürte sich noch fester zu, als Nigel mich mitfühlend anblickte.

Unbeholfen klopfte er mir auf die Schulter. »Ei, ei, ei. Immer mit der Ruhe. Die kommen nicht wieder.«

Immer wieder von Schluchzern unterbrochen, erzählte ich ihm von meiner Nacht mit den Löwen. Ich dachte, ich müsste vor Angstschweiß stinken, und der Schleim aus meiner Nase lief auf Nigels Schulter. Ekelhaft. Aber die Sache mit der Würde hatte ich bereits hinter mir. Und mit einem Rest von Humor, der mir geblieben war, fragte ich: »Wendest du immer diese Taktik an, um in das Zelt einer Frau zu gelangen? Du hast versprochen, mich nicht den Löwen zum Fraß vorzuwerfen!«

Er warf den Kopf zurück und gluckste. »Oh, Schwester, ich war total weg. Aber im Ernst, ich habe nicht viel geschlafen. Ich habe gehört, wie die Löwen ins Lager zurückkamen.« Einen Moment blickte er mich verwundert an. »Ich dachte nicht, dass sie hierbleiben, nachdem sie gesoffen hatten. Gott, ich muss doch ein paar Stunden geschlafen haben, bis sie jetzt angefangen hatten zu brüllen. Mann, durchs Fenster habe ich gesehen, wie sie euer Zelt umkreist haben. Die sahen richtig böse aus, hm?«

Er zog mich an seine Brust. »Tut mir leid, Mädchen, ich wusste nicht, dass deine Fensterklappen nicht verschlossen waren. Ich wäre schon viel früher mit dem Wagen gekommen, wenn ich das gewusst hätte.«

Während er meinen Rücken ungeschickt streichelte, zog er eine Lederflasche aus seiner Tasche. Die beiden Schlucke, die ich nahm, brannten im Hals, dann torkelte ich nach draußen. Der Elefant stand am Rand des Lagers und blickte in unsere Richtung. Ein Bein ließ er pendeln, als wüsste er nicht, ob er sich uns nähern oder sich zurückziehen sollte. War er zurückgekommen, als er das Brüllen der Löwen gehört hatte? Ja, das glaubte ich. Jetzt drehte sich der staubige Riese um und verschwand Richtung Wüste. Bald würde ich erfahren, dass dieser Elefant mehr war, als er schien. Das rhythmische Vibrieren meiner Zeltwand hatte nicht nur von einem Elefanten gestammt – es war der Geist von Afrika, der zu meiner Rettung gekommen war, wie er es in den nächsten Jahren immer wieder tun würde.

Ich entschuldigte mich und wankte auf wackligen Beinen zu der mit Planen umschlossenen Toilette. Drei Impalas zupften an dem spärlichen Gras davor. Warum haben die Löwen euch nicht haben wollen, fragte ich mich. Es war eine friedvolle Szene. Ein gelbschnabeliger Nashornvogel beobachtete mich von einem Zweig aus und beschwerte sich lauthals. »Hallo, schöner Vogel«, begrüßte ich ihn, warf ihm eine Kusshand zu und war überwältigt von meiner Freude, am Leben zu sein.

Nigel unterhielt sich mit Ira und Miriam, als ich zurückkam. Die Amerikaner ärgerten sich, das Drama verschlafen zu haben. Ira trug immer noch sein Nachthemd. Seine dünnen Beine zitterten, und er verdrehte seine Hundeaugen, als ich ihm von den todbringenden Besuchern berichtete.

Miriam stand schockiert und stocksteif daneben und murmelte ein ungewöhnlich leises »O Gott«. Sie umfassten einander und nahmen mich in ihre Umarmung auf. Ihre Freundlichkeit hatte etwas Überwältigendes und brachte mich wieder zum Weinen. Schließlich tauchte mein Mann benommen aus unserem Zelt auf. Nigel verschonte ihn nicht, als er ihm von meinem nächtlichen Schrecken erzählte. Als mein Mann seine Arme verschränkte und einen Kaffee verlangte, wusste ich, dass er wütend war. Damit waren die Fronten klar: An diesem Ort, wo er keine Macht über mich hatte, konnte ich fliehen. Ich wusste, dass er es in meinem Blick erkannte, als wir neben Shylocks Feuer heißen Kaffee mit einem Schuss Weinbrand tranken.

Ich blieb im Lager, als die anderen zur Jagd fuhren. Ich musste allein sein. Ich war überwältigt von meinen seltsamen und wunderbaren Gefühlen. Farben, Klänge und Gerüche überfluteten meine Sinne mit intensiver Klarheit. Eine Zeit lang pulsierte das Adrenalin durch mein Blut und brachte mich in Hochstimmung. Nie zuvor hatte ich derartige Gefühle gehabt wie an jenem Tag. Ich spürte, dass ich so etwas wie eine Epiphanie hatte! Ich hätte gerne in einem Lexikon nachgeschlagen, was genau »Epiphanie« bedeutete. Aber schließlich war es gut, dass ich auf eine Definition verzichten musste, falls Logik und Wissen einander widersprachen. Ich wusste, dass meine Ehe zu Ende war und ich die Kraft hatte, loszulassen und weiterzugehen. Das würde uns beide befreien. Woher hätte ein siebenundzwanzigjähriger Mann wissen sollen, wie sich ein siebzehnjähriges Mädchen entwickelt? Mir war klar, sobald sich die kindliche Braut zur Erwachsenen mauserte, würde sie gerichtet und geschmäht werden. Mir war auch klar, dass mein Mann dankbar wegen meiner Entscheidung sein würde. Ich kam mir wie neugeboren vor. Ich war erst Anfang dreißig, hatte aber das Gefühl, schon ewig verheiratet zu sein – mit einem Mann, der für mich zum Fremden geworden war. Ohne Zweifel würde dies für uns beide ein schwerer Weg werden. Trotzdem fühlte ich mich so lebendig, emotional wach und auf eine Art frei, wie ich sie seit meiner Kindheit nicht mehr erlebt hatte. Ich genoss es, echten Raubtieren entkommen zu sein, aber ich war auch frei von den Ängsten, mit denen ich seit Jahren gelebt hatte – von der Angst, verletzt zu werden, mich selbst zu vergessen, einsam zu sein, bestraft zu werden oder meinem Mann keine Kinder schenken zu können. Und diese Epiphanie hatte ich gehabt, weil ich eine körperliche, verständliche Angst erlebt hatte – die Angst, im Maul eines Löwen zu sterben. Diese Erfahrung hatte mein Innerstes nach außen gekehrt und mich verwandelt. Als ich mich den Löwen ergeben hatte, hatte ich alle Kontrolle aufgegeben. Als hätte ein höheres Wesen gesagt: »Aha, endlich hat sie es kapiert.« Mit dem Elefanten hatte mir das Wesen zugleich auch die Freiheit und die Möglichkeit zu einem neuen, besseren Leben gegeben.

In der afrikanischen Wüste tauchte ich aus einer spirituellen Wüste auf, um die lange Reise von einer unglücklichen zu einer erfüllten Frau anzutreten. Es würde auch eine Reise zu den Elefanten werden.

Kapitel 2

Das Juwel der Kalahari-Wüste

Als ich beim Abflug den Savuti-Kanal von oben betrachtete, klammerte ich mich daran, dass ich mit einem Elefanten eine Abmachung getroffen hatte – ich würde zurückkommen. Brummend bewegte sich das Flugzeug tief in das Okavango-Delta hinein. Diesmal landeten wir auf einer Graspiste inmitten des dicht mit Bäumen bewachsenen Moremi-Wildreservats. Auf die erstaunliche Schönheit der riesigen Oase des Okavango war ich nicht vorbereitet.

Hier, auf der Veranda einer *rondavel* mit Blick auf das kühle, klare Wasser des Kwai, eines Nebenflusses des Okavango, fühlte ich mich sicher. Die üppige Vegetation entlang der Wasserwege hatte nach dem ausgetrockneten Savuti-Kanal etwas Beruhigendes. Kaum zu glauben, dass dieser Ort mitten in einer großen Wüste lag. Ich beobachtete die trägen Flusspferde im Wasser neben dem Schilf. Sie unterbrachen ihren friedlichen Schlaf nur hin und wieder, stießen gähnende Warnlaute an ihre Artgenossen aus, bevor sie ihrem wachsenden Unmut mit einem lauten Grunzen, das dem eines Schweins ähnelte, Ausdruck verliehen. Krokodile sonnten sich am Ufer neben frechen, schwarzen Kiebitzen mit weißer Haube, einer Familie ägyptischer Gänse, langzehigen Blaustirn-Blatthühnchen und einem Paar Sattelstörche. Majestätische Fischadler saßen hoch oben in den Bäumen und behielten ihr Revier im Auge. Erfreut und stolz warfen sie ihre Köpfe zurück und ließen ihren Ruf ertönen, eine Ode an die Freude. Für mich ist ihr Lied der Klang, der den afrikanischen Tag bestimmt. Wenn ich ihren Ruf höre, mit dem sie den Beginn ihrer Jagd ankündigen, weiß ich: Ich bin zu Hause.

Jeden Morgen vor der Dämmerung saß ich mit meinen Wanderkollegen bei Tee und Zwieback am Feuer. Bewaffnet mit Kameras und Ferngläsern, machten wir uns in den offenen Landrovern auf die immer viel zu kurzen Fahrten. Ich wollte eine Filmmelodie pfeifen, als wir über die wackelige Pfahlbrücke des Kwai-Flusses fuhren. Das sanfte Licht warf einen weichen, goldenen Schimmer über das wogende Gras. Über uns verlieh der Staub, der die exotischen Bäume einhüllte, den Blättern einen rosa Schimmer. Die Luft war kühl und frisch, in ihr hing, von der Hitze verstärkt, der Duft von Afrika – der Geruch von Tieren, verbranntem Holz, Erde und dampfender Vegetation, manchmal untermalt mit Verwesung. Ein Geruch, den ich zu lieben gelernt habe.

Ich war hier in Botsuana, weil ich mich mit dem Volk der San treffen wollte, den ersten Bewohnern des südlichen Afrikas und eher unter der Bezeichnung »Buschmenschen« bekannt, den Jägern und Sammlern, mit denen ich mich in meinen anthropologischen Studien beschäftigte. Diese bemerkenswerten, freundlichen Menschen, die jahrtausendelang in Harmonie mit ihrer rauen Umgebung gelebt hatten, standen kurz vor der Ausrottung durch weiße und schwarze Siedler. Doch nachdem ich die Sache am Savuti-Kanal überlebt hatte, ließ ich dieses Vorhaben fallen. Es reichte, im Land meiner Sehnsucht zu sein und die großen Kudus, die glänzend-schwarzen Rappenantilopen mit ihren säbelkrummen Hörnern, die seltenen Pferdeantilopen und die zierlichen, allgegenwärtigen Impalas oder Schwarzfersenantilopen zu sehen, aber auch die in seichten Gewässern beheimateten Letschwes, die sich von Sumpfgräsern ernähren. Ich erblickte sogar die scheuen Sitatunga, die in den Papyrusdschungel flohen. Es war, als hätte ich diese Tiere schon immer gekannt, erlebte aber trotzdem eine Offenbarung nach der anderen. Ich war erstaunt, wie das geschützte wilde Afrika eine perfekt ausbalancierte Vielfalt von Spezies beherbergt, tarnt und ernährt, die angesichts der knappen Ressourcen in unverhältnismäßig großer Anzahl hier vertreten waren. Es ist Gottes perfekter Plan. Laubfresser, Grasfresser und Beutejäger nutzen unterschiedliches Futter, und nichts wird verschwendet. Doch die Wildnis wird bedroht, seit Europäer die weiten Savannen und

Wälder mit Gewehren durchstreifen und die natürlichen Lebensbereiche mit Haustieren bevölkern.

Am zweiten Tag am Kwai war ich im Hier und Jetzt angekommen und machte mir über die Zukunft keine Sorgen. Dazu ist Afrika durchaus in der Lage. Dieser Kontinent sorgt dafür, dass man den Blick auf die Gegenwart richtet. An diesem Abend fuhr unser Safariführer mit dem Landrover auf eine offene Ebene, wo er eine Gepardin mit ihrer Beute entdeckt hatte. Ihr Maul hatte sich in die Kehle des Opfers, einem Letschwe-Kalb, vergraben. Sie hob ihren kleinen, zierlichen Kopf mit den beiden schwarzen Tränen unter den Augen und stieß, die langen, eleganten Beine über das Gerippe gelegt, einen brummenden Warnton aus, während sie den Kopf wie ein Metronom hin und her schwang. Sie war wunderschön. Perfekt. Ohne ihren Blick von uns abzuwenden, riss sie rasch ein Loch in den Magen des Kalbs, arbeitete sich hastig weiter vor, bis die Öffnung groß genug war, um den Mageninhalt herauszuziehen. Diesen legte sie mit offensichtlichem Widerwillen zur Seite. Schließlich begann sie zu fressen, stopfte alles mit einer Gier in sich hinein, die für ein derart elegantes Wesen unangemessen schien. *Zähne-reinhauen-reißen-kauen-hinunterschlingen*. Bald hatte ich den Grund für ihre Eile verstanden.

Drei gefleckte Hyänen, gefolgt von zwei Schakalen, näherten sich rasch. Die Gepardin fauchte und riss sich das nächste Stück Fleisch aus dem Letschwe-Kalb, während die Hyänen kreischend und schreiend engere Kreise um ihr Ziel zogen. Widerliche Speichelfäden hingen aus ihren riesigen Mäulern und schwangen mit den Kopfbewegungen hin und her, und die schrecklichen Laute bereiteten mir eine Gänsehaut. Der schleichende Gang der Hyänen lässt sie ängstlich wirken, was in meinen Augen von ihrer Gestalt herrührt, dem starken, hohen Widerrist und dem nach hinten abfallendem Hinterteil. Entgegen der herkömmlichen Meinung sind sie nicht feige, sondern hervorragende Raubtiere. Und sie lassen so gut wie keine Gelegenheit aus. Und eine solche bot sich hier. Die Schakale hinter ihnen verstärkten die Kakofonie mit ihrem unheimlichen Heulen.

Schließlich ergab sich die Gepardin dem Druck und huschte nach einem letzten verzweifelten Bissen von dem toten Tier davon. Ihrem stromlinienförmigen, schlanken Körper sah man ihre Unzufriedenheit an. Fast schon war sie zu lange geblieben – ihre kleinen Zähne hätten es mit den kräftigen Kiefern der Hyänen nicht aufnehmen können.

Als wir am Morgen an den Platz zurückkehrten, war von dem Schauspiel nichts mehr zu sehen: Der Tod des einen Tieres bedeutete Leben für ein anderes. Aasfresser hatten die letzten Spuren weggewischt. Jetzt trieb ein besorgter Impalabock mit gebieterischen Stößen seiner leierförmigen Hörner seine Weibchen weiter, die mit gesenkten Köpfen an dem zertrampelten, blutbefleckten Gras zupften.

Später duschte ich in Gesellschaft seltsamer, flacher Spinnen, die sich um meine Wenigkeit weniger kümmerten als ich mich um ihre. Das Licht, das sich in ihren glitzernden Augen fing, wurde als rotes Funkeln zurückgeworfen, während ich mich in die Mitte des Wasserstrahls stellte in der Hoffnung, dass sie mich dort in Ruhe ließen. *Wie peinlich …* Ich hatte einem einen Meter entfernt stehenden Löwen in die Augen geblickt – was war also das hier zum Vergleich? Doch ich befand mich erst am Anfang einer Reise, auf der ich meine Spinnenphobie ablegen sollte. Im Moment noch würde ich lieber einer Giftschlange gegenüberstehen als einer Spinne, gleich welcher Art.

Eine Stunde später waren die Spinnen vergessen. Ich saß mit meinen Mitreisenden in der offenen, mit Bambus und Stroh gedeckten Bar bei einem Feierabendschoppen. Als Schattenspender dienten fabelhafte Holzmasken, durch deren Öffnungen für Augen und Mund das Licht strahlte und sie zu hässlichen Fratzen und Dämonen verzerrte. Aufwendig gemusterte Flechtkörbe lagen auf dem Boden zwischen gebleichten Schädeln von Flusspferden, Pavianen und einem Elefanten. Von den Stützpfeilern blickten Antilopen mit toten Augen auf uns herab. Schändlich oder schön?

Das Lager wurde von Raphael geleitet, einem großen, schlanken, hübschen Mann, der nach dem Bürgerkrieg von Simbabwe nach Botsuana geflohen war. Mit jeder Bewegung seines anmutigen Körpers strahlte er sexuelle Energie aus. Unsere Blicke verweilten immer etwas zu lange auf ihm, und ich war überrascht über mein Tun. Die Rhodesier sind ein wütendes, vertriebenes Volk, das seine Heimat immer noch sehnsüchtig mit »Rhodesien« bezeichnet. Doch dieses Land gibt es nicht mehr, seit es 1980 für unabhängig erklärt wurde.

Raphael schenkte Bier in riesige Glaskrüge, neben ihm mischte Hello, ein fröhlicher Barmann aus Tswana, Bier mit Ginger-Ale, Limonade, Orangensaft und Likören in unterschiedlichen Mengen zu dem süßem Malawi-Gebräu oder der trockeneren Variante aus Simbabwe. Die Biermixgetränke wurden in hohen, geeisten Gläsern mit Zuckerrand serviert und mit fluoreszierenden Schirmchen, konservierten Sauerkirschen und Orangenscheiben verziert. Sie waren, anderes als das, was wir am Savuti-Kanal getrunken hatten, eiskalt. Die Kwai River Lodge verfügte über einen Kühlschrank, der seinen Strom aus einem Generator bezog, der während der Stunden vor sich hin tuckerte, in denen die Gäste auf Tour waren. Dies war schon fast zu viel des Guten. Doch nach meiner Episode am Savuti-Kanal genoss ich die Sicherheit.

Plötzlich klatschte Hello in die Hände, um auf sich aufmerksam zu machen. Alles schwieg. Er kam hinter der Bar hervor, stellte sich vor sein unfreiwilliges Publikum und blickte uns der Reihe nach an.

»Meine Freunde«, begann er ernst und mit dem Gebaren eines großen Redners. »Ich möchte Ihnen etwas Wichtiges erzählen. Mein Volk hat diesen Okavango im Jahre 1960 plus drei zu einem Wildreservat gemacht.« Sein Gesicht strahlte vor Stolz. »Ach ja«, fuhr er fort. »Es war ein sehr großes Ereignis, wissen Sie. Diese Entscheidung, die meine weisen Väter getroffen haben, wird in der Stammesgeschichte meines Volkes als leuchtendes Licht beschrieben. Das war es, was ich Ihnen erzählen musste. Vielen Dank, dass Sie diesem kleinen Mann zugehört haben.«

Wir brachen in spontanen Applaus aus, als er sich verbeugte, dann kehrte er an seinen Platz zurück.

In dem Moment fuhr draußen rumpelnd ein Wagen vor. Ein Klon des Schauspielers George Clooney kam hereingeschlendert und setzte sich breitbeinig auf einen Hocker. Bis auf ein kollektives weibliches Keuchen legte sich Stille über die Bar. Der Mann stützte sich mit einem Ellbogen auf dem Tresen ab, stellte einen Fuß auf die Stütze und ließ seinen Blick langsam über die Anwesenden gleiten. Hello öffnete eine Flasche Bier und reichte sie dem Fremden, der sie in einem Zug leerte. Wie gebannt beobachtete ich seinen hüpfenden Adamsapfel. Er trug eine fleckige, zerknitterte Khakihose und einen breitkrempigen, zerbeulten Filzhut, den er über seinem gebräunten Gesicht weit nach hinten geschoben hatte. Er strahlte etwas Mächtiges, ja, Gefährliches aus. Nicht ein Wort war seit seiner Ankunft gefallen. Die Spannung stieg, als er die Flasche abstellte und langsam auf mich zukam. Während er seine Hände rechts und links auf meinem Stuhl abstützte, schob er sein Gesicht nah an meins. »Sie haben zehn Minuten, sich zu entscheiden, ob Sie auf eine zweiwöchige Reise mit einem *makoro* ins Delta mitkommen wollen«, knurrte er.

Überrascht blickte ich in seine ruhelosen Augen und öffnete den Mund, um zu sprechen. Doch bevor ich ein Wort herausbringen konnte, legte er seinen Zeigefinger an meine Lippen, streichelte sie zärtlich und wiederholte: »Zehn Minuten!«

Er drehte sich um und stolzierte nach draußen. Mein Mann schnaubte, hob das Glas an seine Lippen und wandte sich an die Frau neben ihm. Eine weitere Wunde im Niedergang unserer Beziehung war geschlagen.

»Habt ihr das gehört?«, seufzte eine Amerikanerin.

»Puh, was für ein Kerl«, meinte eine andere.

Und auf einmal redeten alle gleichzeitig.

Raphael winkte mich von der Gruppe fort. »Und? Wirst du jetzt deine Tasche packen?«

»Ich bin hier, um vierbeinige Tiere zu sehen«, erwiderte ich. »Nicht die zweibeinige Spezies in Hosen!« Trotzdem war ich wie benommen und auch nicht gerade unbeeindruckt.

Raphaels Sorgenfalten verschwanden. Er lachte. »Buck wird enttäuscht sein. Er hat gerade eine Safarigruppe mit schwierigen Teilnehmern zusammengestellt. Er ist ein wilder Bursche, aber das hier war neu.«

Mir wurde klar, dass die Flecken auf der Hose des Mannes getrocknetes Blut sein mussten. Ich entschuldigte mich und trat durch den Hinterausgang in die Dunkelheit. Die Varietévorstellung war zu Ende. Kurz nachdem ich mich auf den Liegestuhl neben dem offenen Feuer gesetzt hatte, hörte ich, wie der Wagen losfuhr. War ich so leicht zu durchschauen, dass der hochgradig intuitive Jäger mich wie ein verwundetes Tier aufgespürt hatte und gekommen war, um mir den Todesstoß zu versetzen? Ich hoffte nicht, weil er nämlich unrecht hatte – ich befand mich bereits auf dem Weg der Heilung. Oder war er nur ein einsamer Mann, der sich zufällig und spontan eine weibliche Begleitung auserkoren hatte? Diese Sache bleibt das seltsamste Kompliment, das ich je erhalten habe – falls es ein Kompliment war!

Eine Frau kam auf mich zu, ging neben mir in die Hocke und berührte meine Hand. »Das Leben kann ganz schön hart sein, hm?«

Ich lächelte die hübsche, blonde Kanadierin an, die vor drei Jahren zu einer zweiwöchigen Safari nach Botsuana gekommen, aber nicht wieder nach Hause zurückgefahren war. Susan leitete die Küche und das Hauspersonal im Camp. Sie seufzte. »Seien Sie vorsichtig. Sie könnten Ihr Herz an dieses Land verlieren.«

Mir wurde ganz anders. »Ich habe mein Herz bereits an Afrika verloren, lange bevor ich herkam. Seit ich von diesem Kontinent gehört habe, gab es keinen Tag, an dem ich mich nicht nach ihm gesehnt habe.«

»Sie auch?«, vergewisserte sie sich und nahm meine Hand. »Ich glaube, Sie sind sehr traurig.«

Tränen traten in meine Augen. Ein warmer Luftzug umwehte uns, der mich ermunterte, ihr von meinen bevorstehenden Veränderungen zu erzählen. Das Bedürfnis, mich von dieser freundlichen Frau trösten zu lassen, überwog das Gefühl der Loyalität meinem Mann gegenüber. Abgesehen davon würden wir uns nie wiedersehen. Es war, als wäre sie mir geschickt worden, als ich dringend Unterstützung brauchte, da sie ein ähnliches Schicksal wie ich teilte. Wir waren verwandte Seelen, und in einem dieser seltenen Momente war es möglich, ehrlich zueinander zu sein wie alte Freunde.

Als ihre Vergangenheit und meine Zukunft abgehakt waren, erzählte sie von ihrer Gegenwart und der schwierigen Beziehung zu einem Forscher, der sich mit dem Problem der Tsetsefliege beschäftigte. Die beiden lagen sich wegen einer ideologischen Frage in den Haaren. Er versuchte, die Fliege zugunsten der Rinderzüchter auszumerzen. Haustiere seien gegen das Gift nicht immun – im Gegensatz zu den wilden Tieren, was für sie ein Geschenk des Himmels sei, wie Susan erklärte. Doch durch die Ausrottung der Tsetsefliege schlage auch die Totenglocke für die wilden Tiere, weil die menschliche Gier dem unter knappen Ressourcen leidenden Land, in dem das letzte Erbe der afrikanischen Tierwelt verwaltet wird, immer mehr abverlange. Ich dachte an meinen Elefantenfreund und pflichtete Susans glühender Hoffnung bei, dass die Vernunft siegen würde. Wir unterhielten uns, bis uns die Trommeln zum Abendessen riefen.

Drei schwere Eisenholztische waren unter freiem Himmel zu einem Halbkreis zusammengestellt und auf zwei Seiten von einer *boma* aus Schilf umzäunt worden. Hier in diesem Paradies, in dem es reichlich Essen und Wasser gab, würden uns keine Löwen Gesellschaft leisten. Unsere Mahlzeit fiel üppig aus: frischer Barsch in Periperi-Soße, ein dickes Stück durchwachsenes Rindfleisch mit Kürbis und einheimischem Spinat, scharfer Zitronenkuchen mit hervorragenden südafrikanischen Weinen. Als Dionysos uns mit seinem Zauber in die Fänge nahm, lachten und unterhielten wir uns immer ausgelassener.

Mein Herz hatte Frieden gefunden. Gesättigt zog ich mich früh zurück und fiel ins Bett. In der Nähe grasten Flusspferde, in der Ferne brüllten Löwen. Sie kümmerten mich nicht. Über mir surrte ein Ventilator, als ich mich an diesem sicheren Ort in das weiche Bett kuschelte und den Sternen lauschte, die mir von ihren Tränen erzählten. Als mein Mann auftauchte, drehte ich mich um, kurz darauf kam ein Elefant. Seine sanften Geräusche beruhigten mich wie die meines Retters am Savuti-Kanal.

Noch vor Morgengrauen wurde ich vom Lärm der Hornraben geweckt. Ich schlüpfte in eine kurze Hose und ein beiges Hemd und ging hinaus, um einen Blick auf die Vögel zu werfen. Die Safarifahrzeuge standen schon bereit. Mein Mann schlief noch, als Raphael mich fragte, ob ich mich mit ihm auf die Suche nach einer Familienherde machen wollte. Erfahrungen hatte ich bisher nur mit Bullen gemacht, sodass ich die Gelegenheit ergriff, Kühe und ihre Kälber zu sehen. Raphael meinte, er sei, was die Familienherden in dieser Gegend betraf, sehr vorsichtig, da sie Menschen gegenüber ein aggressives Verhalten an den Tag legten, nachdem einige Tiere erschossen worden waren, die in ein benachbartes Jagdgebiet eingedrungen waren. Raphael hatte allen Grund, eine direkte Begegnung mit den verständlicherweise ängstlichen Herden zu vermeiden. Im Jahr zuvor hatte er zwei Monate mit einer schweren Rückenverletzung im Krankenhaus gelegen, nachdem er den Angriff einer wütenden Elefantenkuh überlebt hatte. Sein Wagen hatte ausgesehen wie eine riesige Sardinendose. Wie sein alter Landrover fuhr auch sein jetziger Wagen mit Diesel. Das hieß, es gab eine Pause zwischen dem Drehen des Zündschlüssels und dem Starten des Motors – eine Verzögerung, die Raphael teuer zu stehen gekommen war und auch uns an diesem letzten Tag meines Besuchs an den Rand des Untergangs führen sollte.

In dem dicken, feuchten Morgennebel fuhren wir durch den dichten Busch, der die Überschwemmungsebenen säumte. Nach einer Stunde stießen wir auf eine Herde aus neunzig Elefantenkühen und -kälbern, die auf unserer Route weideten. Raphael stellte rasch den Motor ab. Wir standen im Wind, sodass sie uns mit Sicherheit schon bemerkt hatten. Völlig aufgeregt beobachtete ich durch das Fernglas meine erste Familienherde beim Fressen. Ein riesiger Bulle wankte hinterher.

Mehrere Kälber spielten um die Beine ihrer Mütter. Ringel-Reihe-Rose schien ihr Lieblingsspiel zu sein. Im Kreis jagten sie den Schwänzen der anderen hinterher, bis einer stürzte und flach auf dem Boden liegen blieb. Die anderen kletterten schadenfroh über ihn hinweg, bis er hinter ihren wedelnden Rüsseln und stumpfen, kleinen Beinen nicht mehr zu sehen war. Schließlich torkelten sie alle weiter und begannen das Spiel von vorn.

Ohne Vorwarnung brach hundert Meter entfernt plötzlich eine riesige Kuh mit gesenktem Kopf und langen, abgenutzten Stoßzähnen aus dem Busch hervor und jagte auf den Bullen zu, der sich umdrehte und mit aufgestelltem Schwanz floh. Die Kuh wirbelte herum, richtete den Rüssel auf und trompetete einmal, bevor sie den Kopf sinken ließ, den Rüssel unter ihren Rumpf schob und auf uns zurannte. Raphael drehte den Zündschlüssel, ohne den Blick von der sich rasch nähernden Elefantenkuh abzuwenden. Ihre Familie, die den Aufbruch mit Trompetenstößen begleitete, verschwand in einer Staubwolke in den Busch. Dicke Äste knackten und zerbrachen wie kleine Zweige.

Der Motor blieb stumm bis auf das Klicken der Benzinleitung. *O Gott!* Das Muttertier kam immer näher. Meine Schließmuskeln drohten, ihren Dienst zu versagen. Um uns herum nirgends ein Versteck. Raphael schaltete die Zündung aus und wieder ein. *Klick-klack-klick-klack* … und nichts.

Das Trampeln der Elefantenkuh wurde angesichts des schweigenden Motors schier unerträglich. Sie hatte uns fast erreicht, als der Motor doch endlich ansprang und wir lospreschten. Durch die Beschleunigung wurde ich auf den Boden geschleudert. Als ich mein Gleichgewicht wiedergefunden hatte, kniete ich mich auf den Sitz und blickte nach hinten.

»Sie verfolgt uns!«, schrie ich. »Los, schneller!«

Raphael drückte das Gaspedal durch, doch die Elefantenkuh rannte mit unvermindertem Tempo weiter. Meine panische Angst wandelte sich in wilde Begeisterung für die tapfere Kuh, die, ohne auf ihre eigene Sicherheit zu achten, weiterpolterte, um ihre Familie zu schützen. Für diesen Mut konnte ich nur Ehrfurcht empfinden. Raphael fuhr mit einer Geschwindigkeit weiter, die uns auf gleichbleibendem Abstand zur Elefantenkuh hielt, um ihre Entschlossenheit zu testen. Nach fünf wunderbaren Minuten blieb sie stehen, schüttelte trotzig den Kopf, sodass die Ohren gegen ihre Schultern klatschten, und trompetete einmal kräftig. Steif vor Wut, richtete sie ihren Körper auf, bevor sie zu ihrer Familie zurückkehrte. Raphaels Gesicht glühte vor Erregung, als er meine Hand ergriff. »Und, wie war's?«, fragte er.

Am Abend beobachtete ich die lachsrosa Wolken, die, von hinten von der untergegangenen Sonne beleuchtet, wie in einer strategischen Formation am Horizont entlangzogen. Es war das Ende meiner ersten Woche in Afrika. Mein Körper schaukelte im Rhythmus der Trommeln, die uns zum Abendessen riefen. Doch sie sprachen auch von Tod, sexueller Erregung und Eifersucht.

Kapitel 3

Wiederauferstehung

Nach meiner Heimkehr nach Australien tat ich etwas, von dem niemand erfuhr. Der erste Baum, den ich in Afrika erkannt hatte, war ein Wurstbaum mit karminroten, samtigen, trompetenförmigen Blüten, die sich zu schweren, wurstförmigen Früchten entwickeln. Ich habe Elefanten gesehen, die sich über modrige Tümpel stellen und sich nach oben recken, um in den Blättern zu wühlen. Die riesigen Früchte sind ungenießbar und werden angeblich nur von der zierlichen Nyalaantilope gefressen, doch der Baum ist vielen afrikanischen Stämmen heilig – vielleicht wegen der heilenden Eigenschaften der Rinde. Wenige Tage nach meiner Rückkehr fand ich eine Gärtnerei, in der winzige Wurstbäume verkauft wurden. Ich erwarb einen und pflanzte ihn in die Nähe eines von einer Quelle gespeisten Stausees auf unserem vier Hektar großen Grundstück, wo er vor den Hufen und den Zähnen der Pferde geschützt war. Nur mein sanfter Terrier und ich wussten davon. Jeden Tag füllte ich eine Gießkanne am Wasserloch und ging damit zu meinem zarten Bäumchen. Es reagierte hervorragend auf meine Pflege und die Sommerhitze, während die einheimische Großblättrige Feige neben dem Haus zu sterben begann. Ich sah eine Parallele zu meinem eigenen Leben, da meine Ehe unerbittlich auf die Scheidung zusteuerte. Ich war am Boden zerstört, als mein Mann und ich uns trennten, aber ich hoffte, Frieden zu finden, nachdem mein Leben von Chaos geprägt gewesen war.

Der gut gedeihende Wurstbaum wurde für mich zum Symbol für Freiheit. Er schenkte mir Trost für das, was sich vor meiner Rückkehr nach Afrika und in die Kalahari-Wüste zu einer langen Reise auswachsen würde. Ich zweifelte nie daran, dass ich das Versprechen einhalten würde, das ich dem Elefanten und mir gegeben hatte, auch wenn ich wusste, dass der Weg bis dahin schwierig und weit werden würde. Doch in mein einsames Leben, wie ich es vor meinem ersten Besuch in Afrika geführt hatte, mischte sich immer mehr Abwechslung, und ich wurde immer selbstbewusster. Obwohl ich noch mehrmals stolperte, hatte ich nie wieder Angst vor der Zukunft. Ich spürte eine Leichtigkeit in mir.

Die wirtschaftlichen und emotionalen Turbulenzen als alleinerziehende Mutter wurden durch das überwältigende Gefühl der Erleichterung gemildert. Ich war fasziniert, wie viele Möglichkeiten mir auf einmal zur Verfügung standen, und genoss die Freiheit, keinem Erwartungsdruck mehr ausgesetzt zu sein. Ich übte Rache an meiner Garderobe. Die Designerklamotten, die für die Ehefrau eines aufstrebenden Mannes vorgeschrieben waren, wurden ausrangiert, und ich schmückte mich mit verwaschenen Jeans, indischen Blusen, Jesuslatschen und der ungezähmten Frisur einer Studentin. Ich stand kurz vor dem Abschluss meines Archäologie- und Anthropologiestudiums, hatte mich bis dahin allerdings nicht als Studentin gefühlt. Ich war als Siebzehnjährige direkt von der Schule in die Ehe katapultiert worden, ohne die Leichtigkeit und verantwortungslose Freiheit der Jugend kennengelernt zu haben.

Meine Freundinnen brachten Wein mit, der besser schmeckte als die edlen Tropfen, die ich in meinem früheren Leben hatte trinken müssen. Wir tanzten und sangen mit den Kindern und ihren Freunden. Selbst mein Unterricht für klassisches Klavier wurde ad acta gelegt. Statt Beethovens »Neunte« hörte ich Billy Joels »Piano Man« – meine Kinder waren erfreut. Ich erklärte meinen Freundinnen, dass Männer nicht mehr auf der Tagesordnung standen. Doch die kosmische Komik hatte anderes im Sinn.

An einer Bushaltestelle lernte ich Jeremy kennen. Seine zehnjährige Tochter Kate war eine Freundin meiner Kinder und von mir. Jeremy hatte Jahre zuvor mit meinem Mann im Rinderhandel zu tun gehabt, aber wir waren uns nie über den Weg gelaufen. Ich war an dem Morgen, als Kate von einem Skiausflug mit der Schule zurückkommen sollte, spät dran, nachdem ich angeboten hatte, sie vom Bus abzuholen und übers Wochenende mit zu mir zu nehmen. Als sich die Bustür öffnete, stand dort dieses hübsche blonde Mädchen mit strahlendem Lächeln und breitete die Arme aus. Ich erinnere mich an meine Überraschung, da sich Kate gewöhnlich nicht so offen zeigte. Erfreut ging ich auf sie zu, um sie in meine Arme zu nehmen, doch sie rannte an mir vorbei – in die Arme ihres Vaters. Jeremy hatte ihr nicht gesagt, dass er, nachdem er eine Weile auf Vanuatu, dem Inselstaat im Südpazifik, gelebt hatte, nach Australien zurückkommen würde. Er wollte Kate und seine älteren Töchter überraschen. Wir schüttelten uns die Hände, blickten uns in die Augen und verliebten uns.

Zuerst fühlte ich mich von Jeremys Ruhe, seinen blauen Augen und dem starken Körper eines Viehzüchters angezogen. Doch es waren sein freundliches Wesen, sein bezaubernder Charme und sein sarkastischer, oft selbstironischer Humor, die mich letztlich gefangen nahmen. Von Anfang an brachte er mich zum Lachen. Er war eine faszinierende Mischung aus stolzer Würde und stiller Demut. Er nahm mich, die ich in der Stadt wohnte, mit auf Wanderungen in das weitläufige, dürre Queensland, das wir beide liebten, und wo Kängurus und Rinder sich gegenseitig das Futter streitig machten. Wir schwammen in geheimnisvollen Seitenarmen von Flüssen, fuhren über öde Pässe und kochten unser Essen über kleinen Lagerfeuern. Und er sang für die Sterne und für mich mit einer Stimme, die die Herzen von Engeln zum Schmelzen bringen konnte. Wir teilten den Schmerz und die Trauer über unsere missglückten Partnerschaften, und wir weinten um unsere Kinder, die ebenfalls litten. Jeremy war schon seit vielen Jahren geschieden und versicherte mir, mein Kummer habe erst begonnen und bis zu meiner Heilung dauere es noch lange. Damals glaubte ich ihm nicht, aber er hatte recht.

Ich zeigte Jeremy meinen Wurstbaum und erzählte ihm von meinem Versprechen, das ich dem Elefanten am Savuti-Kanal gegeben hatte. Andere Freunde hatten sich lustig über mich gemacht, wenn ich davon erzählt hatte, und manchmal fragte ich mich, ob ich wirklich dieser verrückte Mensch war, der sich in ihren Augen spiegelte. Doch Jeremy hörte zu und sagte, er verstehe mich. Kaum zu glauben, aber er wollte mich sogar begleiten. Mit Sicherheit hatte er nicht geahnt, wie sehr sich sein Leben verändern würde.

Wir heirateten im wunderschönen Garten seiner jüngsten Tochter Joanne mit dem Segen unserer fünf Kinder. Jeremy verlor während unserer verspäteten Hochzeitsreise sein Herz an Afrika. Das erzählte er mir, als wir unter einem mächtigen Affenbrotbaum saßen und unsere Zungen in eine der scharfen Früchte tauchten, die wir von einem tief hängenden Ast gepflückt hatten. Ich nahm ihn mit in die Kalahari-Wüste, deren betörende Schönheit uns mit einer fernen, noch unverbrauchten Magie umgab. Und während ich neben meinem Seelenfreund saß, war ich von Frieden erfüllt. Es war herrlich, mich verstanden zu fühlen – einander zu verstehen. Ich hatte mich immer wie eine Außenseiterin gefühlt, die auf eine Welt blickt, die sie nicht versteht und in die sie nicht gehört. Meine Werte unterschieden sich von denjenigen der Menschen, die in dieser Welt wohnten. Ich hatte geglaubt, der komische Mensch wäre ich, und hatte verzweifelt eine Antwort darauf gesucht, warum ich, von Reichtum umgeben, unglücklich war, und mit aller Kraft versucht, so zu sein, wie die anderen mich haben wollten. Und ich kam zu dem Schluss, dass der Reichtum für mich etwas Seelenloses war.

Es war die Natur – die wilde Natur mit ihren Bewohnern –, die mir Freude schenkte. Ich kam in Kontakt mit dem Heiligen. Ich hatte versucht, in den Farbtupfern auf modernen Gemälden das zu sehen, was die anderen dort sahen, konnte aber keinen Sinn in ihnen erkennen. Ich konnte ein Gebäude oder eine Skulptur bewundern, wurde aber nie so in ihren Bann gezogen, wie es die Natur bei mir schaffte. Natur ist das perfekte Kunstwerk. Ich beurteilte nicht die Kunstformen, die anderen Menschen Freude bereiteten. Ich vertraute nur auf meine eigene Erfahrung – und die natürliche Welt war mein Heiligtum.

Jeremy erzählte mir, dass auch er sich zum konventionellen Leben gezwungen gefühlt hatte. Er war sich, ähnlich wie ich, fremd in seiner Umgebung vorgekommen, doch ihm hatte der Ansporn gefehlt, seinen eigenen Weg zu gehen. Als junger Mensch hatte er davon geträumt, Streifenpolizist in Papua-Neuguinea zu werden, was sich nicht so sehr von meinen eigenen Träumen unterschied. Beide hatten wir unsere Sehnsüchte unterdrückt und unsere Verantwortung für andere sehr ernst genommen. Ich hatte meinen Kindern immer gesagt, alles sei möglich, doch in Bezug auf mich hatte ich nicht daran geglaubt. Visionäre wissen nicht immer, dass auch sie eine Wahl oder die Mittel haben, um sich ihre Träume zu erfüllen. Wenn zwei dieser Seelen zusammenkommen, ist tatsächlich alles möglich. Also machten Jeremy und ich einen Plan.

Würden wir in Australien eine Galerie mit afrikanischer Kunst eröffnen, könnten wir zwei Ziele gleichzeitig verfolgen: den sich abmühenden afrikanischen Bildhauern und Kunsthandwerkern helfen, während wir gleichzeitig Geld für unsere Naturschutzprojekte sammelten.

Wir zogen in das wunderschöne Hinterland der Sunshine Coast, kauften ein heruntergekommenes rosa Haus, das in einem verwilderten Obstgarten stand, und begannen, es zu renovieren. Außerdem richteten wir in einem weiteren Haus in dem idyllischen Bergdorf Montville die »African Gallery« ein. Hier verkauften wir Bilder mit afrikanischen Wildtieren und andere Kunstwerke. Unser Plan nahm Formen an, doch es gefiel mir nicht, mich in der Galerie den prüfenden Blicken der Öffentlichkeit auszusetzen. Am glücklichsten war ich immer, wenn ich im Obstgarten arbeitete.

Zwei Jahre lang mühten wir uns ab, um die alten Bäume wieder aufzupäppeln und junge Bäume zu pflanzen. Die Avocados, Macadamianüsse und das Gemüse aus unserem biologischen Anbau verkaufte ich in einer Hütte neben der Straße, während wir gleichzeitig die Galerie betrieben. Zwischen diesen beiden Projekten lavierend, arbeiteten wir sieben Tage pro Woche und legten nur zum Schlafen eine Pause ein. Jeremy arbeitete nebenbei noch als Rinderzuchtberater. Meine Kinder halfen oft aus.

Ihnen schien die Abwechslung trotz der finanziellen Einbußen zu gefallen. Das Leben war anstrengend, aber wir waren zufrieden. Persönliches Glück ist eine hervorragende Energiequelle. Trotzdem ist mir bis heute nicht klar, wie wir überleben konnten.

Mehrmals fuhren wir nach Afrika, um Kunstwerke aus ländlichen Gegenden zu besorgen. Das machte Spaß. Der schwierigere Teil war, in die Städte zurückzukehren, um den erforderlichen Papierkrieg für den Export der Waren zu erledigen. In der Stadt schien es weit gefährlicher zu sein als auf dem Land. Für ein paar wertvolle Tage am Ende jeder Einkaufsreise flohen wir in die ständig schwindende Wildnis, um in der wilden Natur Kraft zu tanken und eine Möglichkeit zu finden, auf den Ruf meines Elefanten zu reagieren. Jeder Besuch beunruhigte uns mehr, denn die Zerstörung dieses Königreichs der Tiere nahm ständig zu. Die Parade der Menschen hinterließ ihre Spuren in diesen Heiligtümern, die schwer um ihr Überleben kämpften. Entlang des Weges bauten wir Freundschaften mit bemerkenswerten Menschen auf, die ihr Leben der Erhaltung dieser Lebensräume und der bedrohten Tierarten widmen. Wir lernten Heilige kennen, die dasselbe für verarmte Afrikaner tun.

Ich sehnte mich nach der Gesellschaft von Elefanten, doch langsam ging ich davon aus, dass ich mein Versprechen, den in Afrika lebenden Wildtieren zu helfen, von der Ferne aus erfüllen musste. Ich heckte mit Jeremy und ein paar Freunden einen weiteren Plan aus, um die gemeinnützige Organisation Elefriends Australia ins Leben zu rufen. Elefriends entwickelte sich bald zu einer autonomen Naturschutzorganisation, die immer noch Geld sammelt, um Forscher zu unterstützen, die mühsam für die Erhaltung von bedrohten Tierarten und Lebensräumen kämpfen. In der Folge profitieren arme Afrikaner durch den daraus entstehenden Tourismus.

Während unserer kurzen Aufenthalte in Afrika gewannen Elefanten immer mehr mein Herz. Elefriends ins Leben gerufen zu haben, reichte mir nicht. Elefanten donnerten nachts durch meine Träume und nahmen tagsüber meine Gedanken in Beschlag. Dieser Sehnsucht konnte ich kaum widerstehen, und ich verstand, was es hieß, wenn sich ein Mensch religiös berufen fühlte.

Das heißt, bis wir in Simbabwe auf einer unserer Einkaufstouren für die Galerie einen Mann trafen, von dem wir bereits wussten, dass er Mandebele hieß und ein riesiges Stück Land gleich neben dem Hwange-Nationalpark gemietet hatte. Dort unterhielt er Safarilager, obwohl er seine Hauptrolle als Wächter einer bestimmten Elefantenherde sah, die an der Grenze zu seinem Grundstück weidete. Zudem war er dabei, ein Forschungsprogramm ins Leben zu rufen, das auch seinen Schützlingen zugute kommen sollte.

Leiter von Wildreservaten forderten jährliche Abschussraten, um die Anzahl von Elefanten in Hwange zu reduzieren. Ökologen waren mit Recht besorgt, dass die aufblühende Elefantenpopulation nicht mehr haltbar war, weil durch sie der Baumverlust innerhalb der Reservate immer größere Probleme aufwarf. Das Thema wurde kontrovers diskutiert. Beim Abschuss müssten ganze Familien ausgelöscht werden, was niemanden glücklich machte. Zudem war Mandebele überzeugt, dass es noch andere Möglichkeiten gab, die er erforschen wollte. Er ging davon aus, dass der natürliche Verschleiß durch den Zyklus von Dürre und Regenperioden die Population auf ein stabiles Maß halten würde und Elefanten als natürliche Umweltschützer ihre Weideflächen sehr gut auswählten. Er hatte bereits eine Ökologin gefunden, die neben ihrer offiziellen Arbeit in Hwange die Weidegewohnheiten seiner Herde und den Einfluss auf die Vegetation untersuchte, doch aufgrund der doppelten Belastung konnte sie den Berg an Arbeit kaum bewältigen.

Schmetterlinge flatterten in meinem Bauch. Ich erzählte Mandebele von meiner Erfahrung und Epiphanie am Savuti-Kanal. Ich hatte nichts zu verlieren, und ich spürte, er würde mich verstehen. Schweigend hielt er seine zusammengekniffenen Augen auf mich gerichtet. Ich konnte seinem Blick nicht ausweichen, bis sich seine ernsten Gesichtszüge entspannten und er mit einem leisen Grunzen nickte.

»Sie sind wahnsinnig, das wissen Sie, oder?«

»O ja«, antwortete ich fröhlich. »Aber dieser Wahnsinn lässt mich nicht mehr los.«

Wieder schwieg er. Ich schob den Unterkiefer vor und blickte ihm in die Augen, bis er weitersprach. »Ich verstehe Sie«, sagte er. »Nur wer selbst wahnsinnig ist, erkennt einen anderen Wahnsinnigen.«

Jeremy hatte bis jetzt immer noch nichts gesagt. Ich glaube, wir wussten beide, dass unsere Gebete in diesem Moment erhört wurden.

Mandebele beugte sich vor. »Sie werden diese Art von Besessenheit, die ich heraushöre, brauchen, um durchzuhalten, Mädchen. Möchten Sie sich meinem Projekt anschließen?«

Ich sprang von meinem Stuhl auf und umarmte ihn in der wahren weiblich-wahnsinnigen Art, bevor er sein Angebot zurücknehmen würde.

Mandebele wandte sich an Jeremy. »Wie wär's, wenn Sie derjenige sind, der auf diese Frauen aufpasst? Mit Ihrem Wissen von Rinderzucht und dem harten Leben im australischen Hinterland würden Sie mir wohl eine Last von den Schultern nehmen. Ich habe keine Zeit, auf sie aufzupassen.«

Jeremy verzog sein Gesicht zu einem breiten Grinsen. »Ich dachte schon, Sie hätten mich vergessen. Wenn Sie mich fragen, ob ich die Rolle des Freitag übernehmen will, machen Sie sich keine Sorgen. Ich bin dabei, Kollege.«

Stundenlang unterhielten wir uns über das Projekt. Mandebele war es egal, dass wir beide keine Tierbiologen waren, denn mit meinem anthropologischen Hintergrund konnte ich das soziale Verhalten in der Herde gut untersuchen. Das Projekt sollte eine engagierte wissenschaftliche Studie werden, doch Mandebele wollte auch die Möglichkeiten der geheimnisvollen Interaktionen zwischen den Spezies untersuchen, die der wissenschaftlichen Bewertung trotzten. Er brauchte eine vertrauenswürdige Wissenschaftlerin, um dem Projekt Ansehen und Einfluss zu verleihen, aber er hatte auch nach engagierten Naturforschern gesucht, die innerhalb – und außerhalb – der Mechanismen der

Wissenschaft arbeiten würden. Jeremy und ich waren genau die Richtigen.

Mandebele stellte klar, dass wir, abgesehen vom Schlafplatz und dem Benzin für das Fahrzeug, das wir uns würden anschaffen müssen, auf freiwilliger Basis arbeiteten. Ich versicherte ihm, ich hätte auch bezahlt, um bei diesem Projekt mitmachen zu dürfen, also sei alles Weitere für mich eine Dreingabe. Der Schwung nimmt zu, wenn man erst mal in Bewegung ist. In dieser Nacht fand ich keinen Schlaf.

Wir kehrten nach Australien zurück. Jeremy und ich blieben dabei, dass wir von Elefriends Australia keine Geldspenden wollten. Ich glaube, Mandebele wunderte sich über unsere hartnäckige Weigerung, einen Cent von der von uns selbst gegründeten Organisation anzunehmen. Aber wir hätten nur unsere eigene Seriosität und die von Elefriends, die bereits viele nützliche Umweltschutzprojekte ablehnen musste, aufs Spiel gesetzt.

Eine Woche nach unserer Rückkehr fuhr ich für drei Stunden zu dem Grundstück, auf dem ich den Wurstbaum gepflanzt hatte. Von der Straße aus sah ich, dass der Feigenbaum eingegangen war. Und weiter hinten, rechts vom Damm, wo ich den Setzling gepflanzt hatte, erblickte ich einen jungen Baum mit satter grüner Krone. Tief zwischen den Blättern glaubte ich eine karminrote Blüte zu sehen.

Am nächsten Tag begann ich damit, uns von unserem Ballast zu befreien. Wir mussten alles sehr rasch verkaufen. *Lass mich gehen, lass mich gehen*, sang ich dem rosa Haus mit dem Avocadowäldchen zu. Eine Freundin hatte mir gesagt, die Geister im Haus würden mich hören und verstehen, wenn ich wirklich meinte, was ich sagte. In alten Häusern wohnen vielleicht Geister, aber wenn man nicht an sie glaubt, wird man sie nicht wahrnehmen. Als ich durch das dämmrige Abendlicht tanzte, das die Zimmer erfüllte, kam ich mir wie ein wirbelnder Derwisch vor. Ich wollte meiner Freundin glauben. Vielleicht war es nur Wunschdenken, aber aus dem Augenwinkel heraus sah ich, wie schimmernde, silbergrüne Feen in den Ecken miteinander flüsterten. »Die Elefanten warten auf mich«, sprach ich sie voller Ernst an. »Jemand anderes wird euch kaufen und für lange Zeit zu seinem Eigen machen.«

Waren meine Wünsche ernst genug? Ich hörte auf zu lauschen. Die Bodendielen knarrten. Das Wellblechdach quietschte. Ich dachte an die winzigen Rosenkranzperlen, die wir vor zwei Jahren unter fünf Schichten Tapete im Gitter oberhalb der Tür gefunden hatten. Vielleicht waren sie von denjenigen dort hingelegt worden, die das Haus gebaut hatten, um es zu schützen und innerhalb der vier Wände für Harmonie zu sorgen. Mit Sicherheit hatten sie es geliebt. Das hatte ich auch getan, als wir hierhergezogen waren, um unser Eheleben zu beginnen. Aber jetzt war es Zeit, weiterzuziehen und meinem inneren Ruf zu folgen. In mir und im Zimmer spürte ich, wie sich die Energie veränderte. Und da wusste ich, der Verkauf würde nicht lange auf sich warten lassen.

Ich rannte zum Fenster, als draußen eine Würgekrähe krächzte. Sie hockte zwischen den Blättern von einem der Macadamiabäume, deren Nüsse wir in den vergangenen zwei Jahren gesammelt hatten. Unter dem Baum stand das Quad Bike, mit dem ich jeden Abend zu den jungen Avocados fuhr, die wir in unordentlichen Reihen gepflanzt hatten – weil wir nicht als Avocadozüchter geboren waren. Die Kalahari-Wüste und die Elefanten, weit entfernt von diesen wunderschönen Bergwiesen, riefen uns. Wir würden den Regenwald und den überwältigenden, bis zum Pazifik reichenden Ausblick über grüne Täler gegen eine flache, verdorrte, gelbbraune Landschaft eintauschen, in der meine Einhörner mit Stoßzähnen ausgestattet waren.

Innerhalb einer Woche verkauften wir unseren Laden und unser Haus samt Obstgarten. Man versicherte uns, dass die große, durchhängende Hütte erhalten bleiben würde – wo jetzt der gewaltige Diamantpython lebt; wo die italienischen Internierten während des Zweiten Weltkriegs gelebt und ihre Strafe abgesessen hatten. Ich würde die Gesellschaft der neugierigen Schlange mit ihren glitzernden Augen vermissen. Sie hatte uns immer von den Dachbalken aus beobachtet, wenn wir Macadamianüsse durch einen alten Nussknacker geschoben und die handgepflückten Avocados nach Größe sortiert und eingepackt hatten. Ich würde die Ratten vermissen. Eine hatte mich einmal in den Knöchel gebissen, als ich, auf einem wackligen Hocker auf dem gerissenen, abgesunkenen Dielenboden sitzend, Macadamianüsse sortiert und von Afrika geträumt hatte. Die Wunde hatte sich entzündet. Das Leben in den nebligen Bergen entlang der Küste kam mir jetzt wie ein anmutiges Zwischenspiel vor, wie eine Zeit, in der Jeremy und ich uns kennengelernt hatten, bevor wir uns jetzt in ein Abenteuer stürzten, das noch seltsamer war als in unserer wildesten Vorstellung.

Als die Kinder hörten, dass wir fürs Erste nur für sechs Monate nach Afrika gehen würden, ermutigten sie uns zum Glück. Sie waren noch jung und mit ihrem eigenen Leben beschäftigt. Wir kauften eine teure Fotoausrüstung, machten einen Schnellkurs in Filmgestaltung, frischten unsere Impfungen auf, unterzogen uns einem Fitnesstraining und suchten alles zusammen, was uns das strenge Leben in der Wildnis erleichtern würde. Jeder Teil meines Lebens war verändert. Die Reise in die Welt der Elefanten hatte begonnen …

Kapitel 4

Ins Herz von Afrika

Die ganze Nacht über flogen wir über Afrika einem von Rauch und Staub vernebelten Morgengrauen entgegen. Mein Geist war schon dort, doch mein Hirn wusste nicht genau, ob sich Körper, Seele und Geist wieder vereinen würden. Wir wurden in die Sicherheitsgurte gedrückt, als sich das zitternde Flugzeug mit wummerndem Motor zum Landeanflug auf den internationalen Flughafen von Gabarone steil nach unten neigte.

»Toll«, presste ich hervor. »Echt toll. Am Steuerknüppel sitzt ein Kampfjetpilot.«

Übung macht bekanntlich den Meister, aber mehrere ähnliche Landeanflüge während unserer Besuche in Afrika in den vergangenen drei Jahren hatten mir nicht die Angst nehmen können, dass sich die Flugzeugschnauze ins Rollfeld bohren würde. Ich ging davon aus, dass sich das Schicksal diesmal tatsächlich gegen uns gewendet hatte.

»Du weißt doch, was man sich erzählt«, zog mich Jeremy mit wölfischem Grinsen auf. »Die besten Piloten auf der Welt gibt's in Afrika. Das muss auch so sein.«

Ich erinnerte mich, was ein Mitreisender auf meinem ersten Landeanflug zum Flughafen Lilongwe in Malawi gesagt hatte. Als der englische Missionar mein Keuchen und Jammern gehört hatte, hatte er mir augenzwinkernd erzählt, er glaube, die Piloten aus Simbabwe hätten ihre Fliegerausbildung während des Bürgerkriegs erhalten und gewöhnlich wärmesuchenden Raketen ausweichen müssen. Wenn man bedachte, dass das benachbarte Mosambik derzeit in einem blutigen Konflikt zugrunde ging, fragte ich mich, ob eine verirrte Rakete, angelockt von meiner fiebrigen Angst, die Grenze überflogen und Kurs auf unser Flugzeug genommen haben könnte. Doch unsere damalige Landung verlief so glatt wie die in Gabarone.

Die schwere Kameraausrüstung über die Schultern gehängt, betraten wir das Rollfeld. Wir waren in Botsuana eingetroffen. Unsere Aufregung vertrieb schnell die Müdigkeit nach dem langen Flug aus unseren Knochen.

Die lächelnden afrikanischen Beamten, vernünftigerweise mit flotten kurzen Hosen, Kniestrümpfen und kurzärmeligen, weißen Hemden bekleidet, fertigten uns mit lebhafter Freundlichkeit ab. In der sauberen, modernen Ankunftshalle drängte sich die übliche farbenfrohe und lautstarke Touristenschar.

Bald war der Einklang zwischen Körper und Seele wiederhergestellt. Das schummrige Gefühl in meinem Kopf ließ nach, und alles andere ordnete sich ebenfalls. Der Zoll öffnete seine Türen noch einmal, obwohl er eigentlich schon geschlossen hatte, und gab unser Gepäck frei, das wir von Australien vorausgeschickt hatten. Die einzigen Probleme waren unsere Ferngläser in Tarnfleckbehältern und ähnlich gemusterte Wasserflaschen, die wir in einem Armeeladen gekauft hatten. Die Flaschen würden wir wenige Wochen später wegwerfen, doch die unersetzlichen Ferngläser stellten während unserer Reise eine ständige Hürde dar. An Grenzposten und militärischen Kontrollpunkten wurden sie höchst misstrauisch von stirnrunzelnden Vernehmungsbeamten untersucht. Wahrscheinlich bewahrten uns die australische Staatsangehörigkeit und unser entspanntes Lächeln davor, als mutmaßliche Spione verhaftet zu werden. An diesem ersten Tag wurden die Zweifel der Beamten rasch aus dem Weg geräumt.

Zuverlässige gebrauchte Geländewagen mit Vierradantrieb waren in den meisten afrikanischen Ländern außer in Südafrika und Botsuana genauso rar wie Hühnerzähne. In Simbabwe – wenn wie durch ein Wunder ein Fahrzeug verfügbar war – musste das Geld, wenn es zum Verkauf kam, im Land bleiben. Südafrikas Apartheidpolitik sorgte dafür, dass man mit südafrikanischen Nummernschildern in anderen Ländern Schwierigkeiten bekam, weswegen unsere Expedition in Botsuana begann. Am nächsten Tag fanden wir ein Fahrzeug, einen babyblauen

Toyota HiLux. Unsere Hoffnung, ein gebrochen weißes Fahrzeug zu finden, wurde zunichte gemacht, als uns klar wurde, welches Glück wir hatten, überhaupt einen straßentauglichen Wagen mit Vierradantrieb zu finden. Unser unzweckmäßig lackierter Toyota war bald als Bluey bekannt. Er würde zu einem eigenen Wesen werden, zu unserem wichtigsten Hilfsmittel und manchmal zu unserem Zufluchtsort.

Wir kauften Wasser, Benzinkanister und Medikamente. Ich war erstaunt über das, was man in den Geschäften alles bekam – alles, von Kaviar bis zu französischem Jahrgangssekt. Gabarone war angeblich die am schnellsten wachsende Stadt der Welt. Hier tobte sozusagen der Bär, und die Erwartungen waren hochgeschraubt. Botsuana verfügt über riesige Diamantenminen und mineralische Bodenschätze – weswegen viel ausländisches Geld ins Land gepumpt wird. Millionäre wurden über Nacht geboren, Bauunternehmer kamen der Nachfrage nach Häusern nicht hinterher, und Trabantenstädte schossen scheinbar planlos wie Pilze aus dem Boden.

Die Batswana schienen reich und voller Zuversicht zu sein – ganz anders als die Bevölkerung in Simbabwe, Malawi und Sambia. Deren oft unterwürfiges Verhalten, besonders das der Älteren, die ihre dienende Mentalität aus der Kolonialzeit behalten hatten, machte mich traurig und bescheiden. Während einer furchtbaren Begegnung in Malawi fiel ein älterer Mann vor Jeremy auf die Knie. »Wann kommst du zurück, damit du dich um mich kümmerst, mein Vater?«, flehte er. »Dies ist kein guter Ort, da du gehst.« Die Diktatoren, die in vielen afrikanischen Staaten die herrschenden weißen Regierungen abgesetzt hatten, hatten sich nicht als Retter ihres Volkes erwiesen.

In Botsuana lief alles ganz anders. 1966 führte Sir Seretse Khama das Land in die Unabhängigkeit und zu einem demokratischen System, das sich von allen anderen im südlichen Afrika unterschied. In Gabarone war ich erfreut, ein Volk aus stolzen, hoch gewachsenen Menschen anzutreffen.

Bevor wir nach Simbabwe weiterfahren konnten, mussten wir einen Umweg über Pretoria in Südafrika machen, um einen Fiberglasbaldachin und andere wichtige Dinge zu kaufen, die in Simbabwe nicht zu bekommen waren: eine Bodenplane, eine Matratze und Kissen, ein Ersatzrad, Scheinwerfer, einen Werkzeugkasten, Motoröl, Bremsflüssigkeit, Getriebeöl, eine Luftpumpe, Lüftungsschläuche, Steckdosen, Zündkerzen, Kondensatoren und Sicherungen.

Zwei Tage später waren wir zur Abreise nach Pretoria bereit. An einer Tankstelle hielt ein Fahrzeug mit einem korpulenten, weißen Mann mit rosiger Gesichtsfarbe neben uns. Er stapfte zur Rückseite seines Wagens und öffnete die Kofferraumhaube. Ein alter schwarzer Mann in verstaubter, zerrissener Kleidung krabbelte hustend heraus. Ich konnte mich nicht zurückhalten. »Was haben Sie getan?«, fragte ich.

Der Mann mit dem teigigen Gesicht grinste breit. »Ach«, gluckste er. »Wie sollen wir die ollen Kaffer denn sonst transportieren, hm?«

Am liebsten hätte ich ihm eine runtergehauen. »Steig ein und sei still«, forderte Jeremy mich auf. Zu dem Mann gerichtet, fuhr er fort: »Haben Sie das noch nicht gemerkt, Kollege? Dieser ›olle Kaffer‹ ist genauso ein Mensch wie Sie.«

Die Anwesenden machten ein verdutztes Gesicht. Ebenso wie der Dicke. Er ballte seine Hände zu Fäusten, doch bevor er sich bewegen konnte, ließ Jeremy den Motor aufheulen, und wir brausten los zum Grenzübergang Martins Drift.

Meine Laune wurde wieder besser, als wir zwischen weiten Feldern mit Sorghum, Sonnenblumen und Gerste fuhren, die nach dem Sommerregen prächtig gediehen. Hohe, mit lila Dunstschleiern überzogene Gebirgsketten säumten die Täler. Unser Reiseführer versicherte uns, acht Kilometer abseits der staubigen Hauptstraße gleich jenseits der Grenze im Tuli-Block befinde sich eine einfache Übernachtungsmöglichkeit. Als der Abend dämmerte, fuhren wir wieder nach Botsuana hinein und zurück in die Wüstenlandschaft.

Wir fanden die Hütte, aber keinen Besitzer. Uns blieb nichts anderes übrig, als unsere Reise bis nach Francistown fortzusetzen. Durch den afrikanischen Busch zu fahren, ist schon tagsüber gefährlich und erfordert die volle Konzentration, um nicht Rinder, Esel, Ziegen oder wilde Tiere zu rammen. Doch nachts ist es die reine Qual. Zweihundertvierzig Kilometer, mehrere Fastunfälle mit Kudus und drei Stunden später wurden unsere rot unterlaufenen Augen feucht, als wir am Stadtrand von Francistown vor uns das einladende Licht des Marang Hotels sahen. Dessen mit Stroh gedeckte Gebäude erstreckten sich entlang des ausgetrockneten Tati-Flusses.

Ich hatte Hunger, und auch Jeremys Magen knurrte laut. Wir brachten unser Gepäck aufs Zimmer, bezahlten einen Wachmann für unser Auto und suchten das Restaurant auf. Eine Kellnerin kam an unseren Tisch. Das Gewicht ihrer riesigen, wackelnden Brüste wurde ausgeglichen durch ein ausladendes Hinterteil. Mit dröhnender Stimme, die sich über den Lärm erhob, ratterte sie die Speisekarte herunter. Ihr mächtiger Körper zitterte wie Wackelpudding, als sie unsere Bestellung einer zierlichen Kellnerin zubellte, die wiederum den Auftrag mit piepsiger Stimme nach unten an die nächste Stufe in der Hierarchie weitergab. Die Frau erwiderte meinen Blick mit einem Lächeln. Ich fragte mich, wie viel Gene von den Buschmenschen sie in sich trug.

Soweit ich sehen konnte, bestand die Rolle dieser stattlichen Frau darin, sich so wenig wie möglich zu bewegen, dafür aber ihre Stimmbänder umso öfter zu benutzen. Schließlich erschien die zierliche Kellnerin mit unserem Essen, das sie auf einem Tablett auf dem Kopf balancierte. Unter der hohen, mit Palmwedeln gesäumten Decke machten wir uns darüber her. Anschließend verschluckte ich mich beinahe an dem bitteren, mit Zichorie versetzten Kaffee. Bleiche weiße Frauen und ihre rotgesichtigen Ehemänner schlenderten in afrikanischer, bunt bedruckter Kleidung an unserem Tisch vorbei, während sich die gepflegten Schwarzen an den schlicht-eleganten europäischen Stil hielten. Sie konnten nicht wissen, wie seltsam sie auf uns, zwei müde Reisende, wirkten.

Plötzlich stand ein betrunkener, älterer Ausländer vor uns, der seine kurzen Hosen vollgepinkelt hatte. Puh! Er ließ sich in einer wirren Geschichte über die »verdammt guten alten Zeiten« aus, bevor er weiterzog, um sich lohnenswertere Zuschauer zu suchen. Die Schwarzen beobachteten das Schauspiel gelassen, die Weißen schienen nicht auf ihn zu achten. Ich schämte mich über meine Reaktion dem Mann gegenüber. Wer war ich, dass ich über einen solchen Menschen zu Gericht saß? Wir waren Gäste in ihrem Land. *Ich bin müde, mehr nicht.*

Die Musik wurde um zwei Uhr nachts ausgestellt. Die Party war zu Ende, und die Gäste zogen weiter. Gott sei Dank, dachte ich. Wir waren geblieben, statt uns im Bett hin und her zu wälzen in dem Versuch zu schlafen. Doch als wir schließlich im Bett lagen, waren wir so erschöpft, dass uns nichts mehr wach hielt. Nach sechs Stunden schreckte ich entsetzt auf und stieß gegen das Moskitonetz: Ich hatte meine Handtasche mit unseren Ausweisen, unseren Kreditkarten, unserem gesamten Geld und allen Wertsachen unter dem Tisch im Speisesaal vergessen. Hektisch rief ich an der Rezeption an. Eine Tasche sei gefunden und im Hoteltresor aufbewahrt worden, erhielt ich als Antwort. Doch ich müsse warten, bis der Hotelmanager eintreffe, weil nur er den Tresor öffnen könne.

Wir eilten ins Büro, wo wir eine halbe Stunde in furchtbarer Sorge warteten. Ich wurde mitgerissen von meinem schlechten Gewissen – und erwartete, die Brieftasche leer zurückzuerhalten. Schließlich kam der Manager. Er schloss den Tresor auf und reichte mir meine Handtasche. »Ich kann gar nicht glauben, was Sie für ein Glück haben«, sagte er feierlich. »Diese Typen verdienen nur zwanzig Pula die Woche.« Das waren umgerechnet zehn US-Dollar.

Ich wagte kaum, in meine Tasche zu schauen. Doch dann, o welche Freude! Nichts fehlte. Wir konnten also unsere Verabredung mit den Elefanten einhalten. Der Mann von der Sicherheit, Anson, hatte immer noch Dienst und nahm unseren herzlichen Dank und den Finderlohn mit verdutzter Würde entgegen. »Ahhh, *Rra*« – Vater –, sagte er zu Jeremy, weil die Sache nun einmal so lief. »Die Mutter und ich werden Gott in unseren Gebeten an Sie erinnern.« Den Blick gesenkt, verabschiedete er sich mit dem afrikanischen dreifachen Händeschütteln: Erst gab er uns normal die Hand, dann drehte er sie, um unsere Finger im Neunziggradwinkel zu greifen, und als Letztes folgte wieder ein normaler Handschlag.

Auch ich erinnerte mich in meinen Gebeten an Anson und seine Familie. Seine Ehrlichkeit war eine wunderbare Werbung für ein Land, in dem *pula* nicht nur die Einheit für Geld beschreibt, sondern auch einen freundlichen Gruß und Regen bedeutet. Ansons Glaube an Gott spiegelte sich in seinem ruhigen Gesicht wider, das mich mit Frieden erfüllte. Ich wollte wissen, was er wusste.

Mit meiner Handtasche unterm Arm kehrte ich in unser Zimmer zurück, um zu packen. Aus den Büschen in der Nähe der Tür hörte ich ein Schnauben. Ich erwartete, ein Warzenschwein anzutreffen, doch als ich nachsah, fand ich den betrunkenen Ausländer vor, der, einen halb vollen Krug mit schalem Bier in der Hand, im Vollrausch auf dem Rücken lag. Der Krug hob und senkte sich auf seiner Brust beim Atmen und schaffte es irgendwie, nicht herunterzurutschen. Beunruhigt über seinen Zustand und traurig über die hartnäckige Weigerung vieler solcher alter Kolonialbewohner, die neue Ordnung anzuerkennen, ging ich zum Manager, der Anson rufen ließ. »Die Kavallerie wird sich wie jeden Sonntagmorgen um die Rettung des Oberst kümmern«, stöhnte der Manager.

Ich wusste, Anson würde den Oberst würdig behandeln.

Wir tankten den Toyota auf und beluden ihn mit Wasser und Vorräten für unsere Reise durch den östlichen Korridor der Kalahari-Wüste von Botsuana zur nördlichen Grenzstadt Kasangula und weiter nach Simbabwe. Wir rechneten damit, sehr spät an den Victoriafällen einzutreffen.

Die einsame Straße erstreckte sich kerzengerade von einem Horizont zum anderen über riesiges, dürres Land mit spärlicher Vegetation. Die dornigen Äste verkümmerter Bäume reckten sich wie Gespenster vor dem düsteren, lila-schwarzen Himmel nach oben. Gelegentliche Regenschauer boten uns Abkühlung in dieser Gegend mit ihren scharfen Silhouetten und den ausgedorrten Flächen dazwischen. Der Geruch von nasser Erde ist in einem trockenen, kahlen Land wie Parfüm, und ich nahm den Duft voller Freude in mich auf. Wir kamen an kleinen Dörfern mit strohgedeckten Lehmhütten vorbei, wo kleine, sehnige Rinder irgendwie etwas zu fressen fanden. Zwerghuhngroße Hirtenjungen blickten uns hinterher, aufgestützt auf ihre kräftigen Stäbe, während sie einen Fuß am Knie des anderen Beins abstützten.

Einhundertneunzig Kilometer später erreichten wir Nata am Rande der mystischen Makgadikgadi-Salzpfannen. Sehnsüchtig blickte ich in die Ferne, wo der Sand weiß schimmerte. Wir hielten an einer einsamen Tanksäule vor einer schäbigen Wellblechhütte. Bei den leckeren Essensgerüchen lief uns das Wasser im Mund zusammen.

Mit Fisch in Bierteigmantel und Pommes frites – die besten, die ich je gegessen hatte – schlenderten wir durch den Sua-Pan-Getränkeladen. Hier gab es eine hübsche Auswahl hervorragender Weine und Schnäpse sowie exotische Liköre. Auch die Preise waren aufregend. Ich kaufte eine Jahrgangsflasche Chivas Regal für zehn US-Dollar.

Eine langohrige Boer-Ziege mit zwei Jungen teilte die Veranda mit uns. Nach dem Essen versuchte ich, ihr das fettige Papier zu entreißen, an dem sie nagte. Kleine Knirpse mit feuchten braunen Augen blickten uns ohne zu blinzeln an, als wir unser Orangeneis leckten. Wir kauften auch ihnen welches, das sie ernst wie etwas ihnen Zustehendes entgegennahmen. Nur wenige europäische Kinder sind zu einer solchen Würde fähig, die in spontanes Tanzen und ungehemmtes Gelächter ausbricht. Dass wir nicht wussten, worüber sie lachten, war wahrscheinlich gut. Wir lachten mit ihnen, und sie verziehen uns unser Anderssein. Irgendwie spielte es keine Rolle, ob sie mit uns oder über uns lachten.

Die Öldruckanzeige des Toyota fiel, und mit pfeifendem, hustenden Motor erreichten wir die kleine, aber geschäftige Grenzstadt Kasangula. In der Ferne, auf den Flutebenen des Chobe-Flusses, glitzerte das Licht der Spätnachmittagssonne auf der nassen schiefergrauen Haut von Elefanten. Nur widerwillig wandten wir uns von dem einladenden Anblick ab und reihten uns an der Grenze nach Simbabwe in die geduldig wartende Schlange ein, von wo aus wir die letzten siebzig Kilometer bis zu den Victoriafällen zurücklegen mussten. Die Tore würden um sechs Uhr abends schließen, und wir wollten unser Ziel unbedingt am nächsten Tag erreichen.

Abgesehen von den möglichen Angriffen durch Menschen und Moskitos, bestand die größte Gefahr für meinen Seelenfrieden in Afrika aus seltsamen Geräuschen eines Fahrzeugmotors. Jedes Mal schafften sie es, meinen Blutdruck in gefährliche Höhen zu treiben. Als wir keuchend die Unterkunft am Ufer des Sambesi erreichten, stieg drohend Rauch aus der Motorhaube auf. Doch wir hatten unser Ziel erreicht, und Hilfe war nicht mehr weit.

Wie immer buddelte eine Warzenschweinfamilie in den Wiesen und wurde wie üblich von wütenden Angestellten verscheucht. Mit kühlen Getränken in den Händen sanken wir in Schaukelstühle und genossen die Farben der im Sonnenuntergang leuchtenden Wolken und den Regenbogen in der Gischt der Wasserfälle. *Mosai oa Tunya* – »Der Rauch, der donnert«. Ich war im Himmel Afrikas. Ich war erschöpft, aber auch etwas aufgeregt und ängstlich, am Ende meiner langen Reise bald meinen Elefanten gegenüberzustehen.

In jener Nacht träumte ich seltsame Dinge. Ich kehrte nach Australien zurück und fühlte mich tief verbunden mit dem Land. Die Erde verschwamm zu schimmernden, zeitlosen, unendlichen Ebenen, die gesprenkelt waren mit den silbergrauen, giftigen Gidyea-Bäumen und Mulgabüschen, dem australischen Busch meiner Kindheit. Wieder rannte ich mit meiner Aborigine-Freundin Lily durch einen ausgetrockneten Bach in den Schatten eines großen, weißen Geistereukalyptusbaums – aber wie immer nicht so schnell oder so leise wie sie. Der Sand unter unseren Füßen begann sich in dieses Afrika zu verwandeln, wo sich wilde Tiere in den Mopanewäldern tummeln. Ich war mir meiner intensiven Bindung zu den Elefanten und den Antilopen bewusst, die uns vorbeirennen sahen. Ich kannte die Stille und verträumte Zeit meiner Kindheit. Aber ich kannte auch den Herzschlag des ständig pulsierenden Lebens in Afrika, wo selbst die Stille eines leeren Ortes eine Ahnung von versteckten Tieren gibt.

Als ich aus meinem Traumland erwachte, spürte ich einen tiefen inneren Frieden. Ich wusste, ich hatte nicht nur eine Heimat, in der meine Seele singen konnte. Ich verstand, was mein Vater gemeint hatte, als er mir und meinem Bruder, während wir in einem Bach geangelt hatten, von der Liebe zu Borneo, Sumatra, Orang-Utans und Elefanten erzählt hatte. Seine persönlichen Kämpfe, die er während des Zweiten Weltkriegs im indonesischen Dschungel gegen den Einmarsch der Japaner ausgefochten hatte, waren durch seine Freude über das Leben in der Wildnis und die dort beheimateten Völker gemildert worden. Vater trug seine glücklichen Erinnerungen an einen seltsam gehegten Ort der Grausamkeit immer in sich und redete mit mir darüber, als in unserem eigenen Land Frieden herrschte. Sein Herz war nicht geteilt. Er konnte an zwei Orten gleichzeitig sein – auch wenn einer davon räumlich weit entfernt war. Als der Morgen nahte, wusste ich, dass auch ich dazu in der Lage war. Ich konnte kaum erwarten, unser Ziel in der Nähe des Dorfes Dete und des Hwange-Nationalparks zu erreichen. Dieser Ort würde im kommenden halben Jahr unsere Heimat sein.

Kapitel 5

Schiefer Stoßzahn

Während der letzten dreihundertzwanzig Kilometer bis zum Lager nahm meine Aufregung immer mehr zu. Entlang der Straße verkauften Kunsthandwerker Holz- und Steinschnitzereien sowie kleine Marimbas aus Kürbissen. Ihre Frauen boten Melonen, Affenbrotbaumfrüchte und Gemüse an.

In der Nähe von Dörfern waren viele Fußgänger und Radfahrer unterwegs. Schicke, moderne afrikanische Jugendliche mit verspiegelten Sonnenbrillen, grellbunten Hemden und Kappen auf dem Kopf stolzierten geschmeidig und voller unbewusster Eleganz die Straßen entlang. *Cool, man …*

Die Köpfe in leuchtend bunte Schals gewickelt, drehten die barfüßigen Frauen ihre *karosses* nach vorn und gaben ihren wollköpfigen Säuglingen die Brust, während sie mit träger Anmut am Straßenrand flanierten. Andere bummelten langsam vor sich hin und strickten nebenher leuchtend grüne oder rosa Kleidungsstücke. Esel – drei oder vier nebeneinander – und schwerfällige Ochsen zogen hartnäckig Karren voll beladen mit Brennholz hinter sich her.

Die Lehmwände vieler Hütten waren mit Bildern und Sprüchen in leuchtenden Farben geschmückt. Einer lautete: »Eifersucht ist unerträglich.« Ich überlegte, ob dies der Befehl oder die Warnung eines Ehemanns an eine seiner Frauen war. Vielleicht wollte sie gegen ihre niedrige Stellung im Haus aufbegehren. *Auf geht's, Mädchen …*

Fortschrittliches Denken war offenbar auch in anderen Lebensaspekten dieser Menschen nötig. Selbst in dieser Zeit der Segnungen der Natur waren die durch Menschen verursachten Umweltschäden offensichtlich. Überweidung durch Haustiere – vor allem durch Ziegen, welche das Wurzelsystem zerstören –

hatte den Boden rund um die Dörfer in nackte Flächen verwandelt. Bäume waren ihrer Äste beraubt worden, um die Feuerstellen am Brennen zu halten. Aber was sollten die Menschen tun? Sie brauchten Rinder, Ziegen und Holz zum Überleben. Spindeldürre, schnell wachsende Eukalyptusbäume wurden gepflanzt, konnten aber den Bedarf längst nicht decken. Doch zumindest wurde an die Zukunft gedacht.

Es wurde deutlich, dass der Regen in der Gegend von Hwange längst überfällig war. Abseits der Siedlungen war das Land verdorrt, trotzdem hingen Blätter an den verkümmerten Mopanebäumen. Selbst die größeren Affenbrotbäume wuchsen aus den grauen, staubigen Becken empor und schlangen ihre Äste um übergroße, aufgeblähte Stämme, als würden sie auf dem Kopf stehen. Vielleicht hatten Titanen die Pflanzenriesen wie Pfeile mit der Baumkrone zuerst in den Boden gerammt. Ihre seltsamen Formen verbergen den Reichtum, den sie bieten – Wasser, nahrhafte Früchte und Schutz für zahllose Vögel, kleine Tiere und Insekten. Wenn ich einen Affenbrotbaum umarme, spüre ich seine Wärme wie bei keinem anderen Baum. Jeder dieser Riesen ist ein Gott in diesen kargen Ebenen.

Tauchten kleine, mit Felsen übersäte *kopjes* auf, änderte sich die typische Erscheinungsform der Kalahari. Hier wuchsen Wälder mit hohen Teakholzbäumen, und nicht Affenbrotbäume, sondern elegante Akazien mit breiten Kronen standen in Gruppen beieinander. Wir verließen die Hauptstraße beim Kilometerstein 254,5 zwischen den Victoriafällen und Bulawayo und nahmen unsere letzte Etappe in Angriff. Bluey ratterte über die holprige Buschstraße entlang eines ausgetrockneten *vlei*. Ich versuchte, zwischen den Bäumen Anzeichen eines Safarilagers zu erkennen. Nach einer Stunde sah ich ein paar mit Stroh gedeckte und mit Pfählen gestützte Baumhäuser sowie einige *rondavel*, die sich zwischen den Bäumen über einem schwindenden, mit platt getrampeltem Schlamm gesäumten Wasserloch fast unsichtbar versteckten.

Ein Berg von Erinnerungen drängte sich in mein Bewusstsein – ich dachte an das verzückte Gesicht meiner Tochter Mary-

Lou, die meinen Sohn Lachy beobachtete, während er am Weihnachtstisch seine neueste Komposition vorspielte; an seine einzigartige Stimme, mit der er zu unserer Freude wunderschöne Lieder sang; an die anmutigen Bewegungen meiner Mutter, während sie mit einem unsichtbaren Partner zu den Rhythmen von Lachys Gitarre tanzte. Distanz ist eine Illusion. Selbst die Distanz des Todes. Auch mein Vater war dort, der seiner entzückten Tochter Geschichten von seinem Helden, Dr. Livingstone, erzählte. Der Lebende und der Tote waren bei mir, genauso wie der Mann hinter dem Lenkrad. Jeremys kühle blaue Augen waren weit in die Ferne gerichtet. Ich dachte, er müsste etwas Ähnliches sehen.

Wir kehrten zum Wasserloch und zueinander zurück. Ich beugte mich zu ihm und küsste ihn aufs Ohr. »Gehen wir und legen die Fundamente für unseren Traum.«

Ein Mann kam über den Sand auf uns zugeschlendert und streckte eine große Hand aus. »*Howzit?* Ich bin Des Delange. Wir warten schon seit Tagen auf Sie.«

Meine Hand wurde von der Klaue dieses Mannes, der unser engster Verbündeter werden würde, nachgerade verschluckt. Sein kleiner Kopf ruhte locker zwischen leicht gekrümmten Schultern über einem sehnigen Körper mit langen Beinen. Er war größer als ich. Er erinnerte mich an jemanden. Ach nein, dachte ich dann, nicht an eine Person, sondern an ein Tier. Des hat den Körperbau und die Anmut eines Geparden.

Eine schlanke, rothaarige Frau eilte kichernd auf uns zu. »Das ist schön, dass Sie wohlbehalten hier angekommen sind. Wir haben uns schon Sorgen gemacht. Ich bin Jenny, Des' Frau.« Die Sorge in ihren großen blauen Augen wurde von ihrem Lachen gemildert. »Sie müssen richtig müde sein. Kommen Sie, wir trinken einen Tee, und Sie müssen Aubrey Packenham kennenlernen, bevor er wieder fährt.«

Ich folgte Jenny ins verblüffend aussehende Hauptgebäude. Hohe, knorrige Pfosten reckten sich nach oben zu einem kompliziert geformten Strohdach. In der Mitte des Raums führte eine hölzerne Wendeltreppe zu einer Plattform mit Blick über das *pan*. Der Boden sah wie Marmor aus, war aber glänzend polierter Beton. Riesige Flechtkörbe und geschnitzte Holzstatuen von Tieren und Eingeborenen standen am Fuß der einzelnen Pfosten. Es gab keine Außenwände. Dichtes, gemähtes Büffelgras erstreckte sich bis zu den Bäumen, die als Grenze zwischen dem Territorium für Menschen und dem Reservat für wilde Tiere dienten.

Ein kleiner, drahtiger Mann mit funkelnden grauen Augen erhob sich aus den Tiefen eines dick mit Chintz gepolsterten Sofas. Ich streckte meine Hand aus. »Ist das weiblich?«, spottete er und schob meine Hand zur Seite. »Wie wär's, wenn Sie einem alten Mann eine *mushi* Umarmung gönnen?«

Ich schielte über seine Schulter hinweg zu Jeremy, als Aubrey mich an seine Brust presste, nachdem er mir einen schlabbrigen Kuss auf die Lippen gedrückt hatte. Ich war nicht sicher, was ich tun sollte. »Sie müssen sich an Aubreys Umarmungen gewöhnen«, sagte Jenny und lachte. »Er behauptet von sich, ein Frauenheld zu sein.«

Er ließ mich los und schnappte sich Jeremys Hand mit eisernem Griff. »*Howzit*, Jeremy? Kommen Sie, setzen Sie sich. Sie müssen mir alles erzählen.«

Wir sanken in die Sessel, die um Beistelltischchen mit breiten Platten aus einheimischen Hölzern standen. Sie waren geschmückt mit Silberbesteck, eleganten chinesischen Vasen und Lampen mit Schirmen aus Leder. Auf dem Boden lagen Teppiche aus Zebra- und Antilopenfellen.

Ein Kellner tauchte hinter einer Bar mit einer breiten, glänzenden Platte auf. Er trug eine gestärkte, blendend weiße Uniform, deren Strahlen er allerdings mit seinem herzlichen Lächeln noch überbot. Als er uns die Hand reichte – während er den Unterarm in der traditionellen afrikanischen Art vorsichtig mit der anderen Hand umfasste –, rief er: »*Mhoroi, mhoroi. Titambire!* Willkommen, Madam and Madala. Ich bin als Elton bekannt. Ihr Eintreffen wurde schon seit Langem erwartet.«

»*Ndatenda*, Elton«, erwiderte ich, froh zu wissen, wie ich ihm für seinen freundlichen Empfang in Shona danken konnte. Tränen kitzelten an meinen Augenlidern. Ich wusste nicht, womit wir diese herzliche Begrüßung verdient hatten. Ich bemerkte Jeremys fragenden, aber glücklichen Gesichtsausdruck.

Jenny ergriff meine Hand. »Kommen Sie, wir machen Tee.«

Ich folgte ihr nach draußen in die Küche.

»Ich wette, Mandebele hat Ihnen nichts von Aubrey erzählt.«

Ich schüttelte den Kopf. »Ist er immer so?«

»Allerdings. Aber er ist harmlos, wissen Sie. Ein prima Kerl und Mandebeles rechte Hand. Mandebele sieht man nicht oft. Er hat das Projekt ins Leben gerufen, aber mit Aubrey bekommt die Sache ein Gesicht.«

Sie erzählte von der großartigen Freundschaft zwischen den beiden Männern und ihrer bereits ein halbes Jahrhundert währenden Freundschaft zu der Elefantenherde. Mandebele hatte das Land gepachtet, durch das die Herde streifte, doch Aubrey leitete die Operationen. Seine Kenntnisse über die Geschichte der Elefanten waren für das Projekt von unschätzbarem Wert, da er Unmengen an Energie für die offiziellen Angelegenheiten aufbrachte, um die Arbeit vor Ort zu koordinieren. Jenny erklärte, dass wir dadurch die Möglichkeit hätten, uns auf unsere Tiere zu konzentrieren, während sich Aubrey um das bürokratische Minenfeld in der Stadt kümmerte. Als wir mit dem Teetablett zurückkehrten, sah ich erleichtert, dass die drei Männer ihre Köpfe zusammengesteckt hatten und sich wie alte Freunde unterhielten.

Elton kam herbeigeeilt, um Jenny das Tablett abzunehmen. »Ich werde das für Sie machen, Madam.«

»Ist schon in Ordnung, Elton«, hielt sie ihn zurück. »Du hast schon genug zu tun. Die Kunden der Safaritour kommen gleichgleich zurück.«

Jenny würde eine großartige Freundin werden. Ich war ganz hingerissen von ihrem Mitgefühl für andere. Sie schien sich umgehend auf die Bedürfnisse ihrer Mitmenschen einstellen zu können, und diese Sorge um das Wohlergehen erstreckte sich auf alle Lebewesen. Wir würden herausfinden, dass selbst in den

Momenten, in denen Des wie ein Gepard wütete, sie ihr Gleichgewicht behielt und die Wildkatze in ihm mit ihrer sanften Art – und immer mit ihrem Kichern – bezähmte.

Die Männer waren so mit sich selbst beschäftigt, dass unsere Anwesenheit scheinbar nicht nötig war.

Jennys Augen funkelten. »Spielen Sie Scrabble? Oder Schach?«

Mein eifriges Nicken entlockte ihr ein leises Quieken, und sie sprang vor Freude in die Luft.

»*Lekker*« – fantastisch, meinte sie –, »endlich ein Spielgefährte. Aber zuerst muss ich Ihnen Ihre Unterkunft zeigen, bevor die Truppen zurückkommen.« Sorgenfalten bildeten sich auf ihrem Gesicht. »Es tut mir leid, dass die Buden hier ein bisschen primitiv sind. Das sind unsere auch, aber wir können immer hierherkommen und uns entspannen und Scrabble spielen, wenn es ruhig ist.«

Ich beruhigte sie. »Keine Angst, das hier ist alles wunderbar, Jenny. Ich bin davon ausgegangen, dass wir gleich vom ersten Tag an in Zelten schlafen.« Wir wussten, dass sich unser erster Standort in der Nähe dieses Safarilagers befand, wo wir uns mit dem Gebiet vertraut machen und die nicht eingezeichneten Pfade kennenlernen wollten.

Jenny führte mich einen Weg entlang, der sich um die luxuriösen *rondavels* der Tourgäste zu einer kleinen strohgedeckten Holzhütte am Rand des Mitarbeiterbereichs wand. Unsere wenigen Besitztümer waren rasch verstaut. Die Gesichter der Menschen, die ich liebte, blickten mich aus leichten Stoffrahmen an, die ich vorsichtig auf die Balken in den glatten Wänden stellte. Wir breiteten unsere Schlafsäcke auf den unebenen, in zwei einzelnen Eisenbetten liegenden Rosshaarmatratzen aus. Außer einem wackligen Esszimmerstuhl standen uns nur drei Holzkisten als Möbel zur Verfügung, die wir auf die Seite drehten, damit wir sie als Stauraum und Sitzgelegenheiten nutzen konnten. Die Scheibe in dem einzigen Fenster war gesprungen und gab den Blick auf den dichten Busch frei, der, wie ich dachte, tausend Geheimnisse in sich barg.

Aubrey brach mir in einer Umarmung noch einmal fast die Rippen, bevor er sich widerwillig auf den Weg nach Bulawayo machte. Ich war überrascht, als er sich mit »Wir sehen uns gleich« verabschiedete, da ich wusste, dass er erst in einigen Wochen zurückkommen würde. Doch bald verstand ich die Eigenarten des örtlichen Jargons. Er hatte »Wir sehen uns gleich« gesagt, aber »Wir sehen uns bald« gemeint. »Wir sehen uns gleich-gleich« bedeutete tatsächlich »gleich«.

In der Nacht kamen die Elefanten, um aus dem *pan* zu trinken. Der Lagerkoch, Shadrick, hatte uns gerade Gaspacho auf den Tisch gestellt, als vom Wasserloch unterhalb des Hauptgebäudes her lautes Plätschern zu hören war. Brian, der Reiseleiter, sprang auf. »*Lekker!* In die Landrover, aber gleich-gleich, bevor die Ellys eine Lücke machen.«

Wieder war ich verwirrt, obwohl das allgemeine Trampeln zum Fahrzeug keinen Zweifel über die Bedeutung seiner Worte ließ. Er hatte gemeint: »Wunderbar! Sofort ins Fahrzeug, bevor die Elefanten weg sind.« Die Mischung aus Ndebele, Afrikaans und Englisch, die das reizende hier gesprochene Jalapalapa ergibt, würde mir bald vertraut werden. Aber in dem Moment tappte ich im wörtlichen und übertragenen Sinn völlig im Dunkeln. Die Nacht war so schwarz wie das Innere eines Kuhmagens. Ich schloss mich der rennenden Mannschaft an und warf mich auf den Beifahrersitz neben Brian.

»Habe die Ellys seit über einer Woche nicht gesehen«, gluckste er. »Sie müssen gekommen sein, um Sie zu begrüßen. Festhalten! Ich fahre ohne Licht.«

Trompetenklänge dröhnten über den Motorenlärm hinweg, als wir den holprigen Pfad zum Wasserloch entlangdonnerten. Der Landrover rollte die letzten Meter ohne Motor oder Licht weiter. »Seien Sie absolut leise und bewegen Sie sich nicht«, zischte Brian, bevor er die Scheinwerfer anknipste, in deren Licht die massigen Leiber über uns in die Höhe ragten. Ich brauchte nicht gewarnt zu werden. Ich war erstarrt vor Aufregung und Anspannung und hielt genauso wie alle anderen die Luft an.

Die erste Elefantendame, die ich sah, hielt ihren Kopf und Körper aufrecht, ihre Ohren an ihrem langen, schmalen Gesicht waren weit nach außen gestellt. Einer ihrer Stoßzähne war seltsam deformiert und hing in einem Bogen unter ihrem Kinn. Wir würden einander noch gut kennenlernen. Sie war unter dem Namen Schiefer Stoßzahn bekannt und die Leitkuh.

Einen Moment blieben die Elefanten unbeweglich stehen – bis das Chaos ausbrach. Schlamm klatschte gegen mein Gesicht, als die Riesen panisch herumwirbelten und ihren verwirrten Kälbern auswichen. Dann rannten sie los, drängten sich über den schmalen Pfad, der auf die Bäume zuführte, und schoben einander beiseite. Elefantenkälber wankten und stürzten in dem Durcheinander. Hektische Mütter stupsten sie von hinten, um ihnen wieder auf die Beine zu helfen. Ihr Quieken und Schreien war gleichzeitig spannend und beunruhigend. Meine Augen füllten sich mit Tränen, als ich sah, welche Angst unser Eindringen ausgelöst hatte.

Nach einer Minute waren sie verschwunden. Erstaunt und traurig lauschte ich, wie das Knacken im Gebüsch und die durchdringenden Trompetenstöße in der Ferne immer leiser wurden. Ich wurde wütend. Aber ich stand erst am Anfang und wusste, ich musste mich noch zurückhalten. Trotzdem konnte ich Brians Theorie nicht zustimmen. Er behauptete nämlich, ihr erschrecktes Verhalten sei ausschließlich auf ein vorheriges Zusammentreffen mit Jägern oder Wilderern zurückzuführen. Nein, wir hatten eine Grenze überschritten, waren in ihren Bereich eingedrungen und hatten ihr Vertrauen missbraucht.

Von dem Moment an verschwanden Jeremy und ich sofort, wenn nachts zufällig Elefanten auftauchten. Selbst unbeabsichtigte kurze Begegnungen überzeugten mich von ihrer Abneigung gegen künstliches Licht. Wir nahmen uns vor, ihr nächtliches Verhalten nur noch um die Zeit des Vollmonds herum zu beobachten. Es wäre sehr zeitaufwendig, aber wenn wir anfingen, die Bewegungsmuster der Herde zu durchschauen, würden wir ihr an einem optimalen Beobachtungsposten zuvorkommen können. Bewaffnet mit Kameras, Aufnahmegeräten, Obst und

Getränken könnten wir rechtzeitig eintreffen, Bluey verstecken und uns hinter schützende Bäume zurückziehen. Wären unsere Berechnungen falsch, hätten wir trotzdem unseren Spaß damit, nachts die anderen Tiere zu beobachten.

Diese rücksichtslose Begegnung blieb für viele Wochen die einzige Gelegenheit, in der wir Elefanten zu Gesicht bekamen. Zeitgleich mit unserer Ankunft – aber spät für das Hwange-Gebiet –, begann es zu regnen. Wir erhielten den Spitznamen »Regenmacher«, was in einem ausgedorrten Land ein guter Name für Neuankömmlinge war. Alle hatten sich Sorgen gemacht, dass die überfälligen »langen« Regenfälle in diesem Jahr ganz ausbleiben würden. Plötzlich gab es Wasser im Überfluss, und die Elefanten und die anderen Waldtiere konnten friedlich in den tiefen Wäldern überleben, ohne zum Trinken an die immer vorhandenen Wasserquellen kommen zu müssen. Ich war froh, dass wir die Elefanten gesehen hatten, wenn auch nur kurz und unter traumatischen Bedingungen. Andernfalls hätte ich daran gezweifelt, ob es hier wirklich Elefanten gab. Aber anschließend verschwanden sie einfach.

Fast jede Nacht erhellte ein Gewittersturm die Wolken mit seinen Blitzen. Regen stürzte auf die durstige Erde, bis sie nichts mehr aufnehmen konnte und sich in herrlichen Matsch verwandelte. Späte Wildblumen blühten in Regenbogenfarben auf und lockten Armeen von buttergelben Schmetterlingen an. Vögel schwangen sich von den triefend nassen Bäumen in die Luft, ohne dass sich die Schwärme dieser gelben Schmetterlinge stören ließen.

Und schließlich gab es keine Gäste mehr, und Jenny und ich spielten Scrabble und Schach, bis wir ins Bett gingen. *Hör auf zu mogeln. »Alliteration« wird anders geschrieben ...* Manchmal saßen wir uns am Spielbrett gegenüber und badeten unsere Füße in heißem Seifenwasser. Anschließend lackierten wir uns gegenseitig die Fußnägel, wenn auch nicht zur öffentlichen Zurschaustellung, da unsere Füße meistens in Schnürstiefeln steckten.

Mir gefiel der Gedanke an elegante, rosafarbene Zehennägel in Stiefeln oder an sexy Unterwäsche unter unförmiger

Khakikleidung. Jenny und ich kicherten über diese Dinge und tauschten uns über andere Frauengeheimnisse aus, während unsere Männer am Feuer saßen und über die kniffligen Feinheiten beim Rugby und Kricket diskutierten.

Wenn ich ins Bett ging, kuschelte ich mich auf der harten Matratze in meinen Schlafsack, eingelullt vom sanften Rauschen des Regens, der auf das Blechdach plätscherte. Manchmal legte das Tempo zu, wenn gleichzeitig mit einem Donner über uns ein Blitz zuckte. In diesen Momenten spürte ich vollkommene Zufriedenheit und war einfach nur dankbar, hier zu sein. Trotzdem nahmen meine Frustration und Ungeduld zu, weil ich die Elefanten nicht zu Gesicht bekam. Andererseits gewannen wir dadurch etwas Zeit, um uns an die Umgebung, an die Menschen, die hier lebten, und an die Forschungsmethoden, die wir anwenden wollten, zu gewöhnen.

Shadrick – Shaddy – zauberte traumhaftes Essen aus den einfachsten Zutaten, während er als einzige Werkzeuge abgenutzte Holzlöffel und scharfe Messer verwendete. Seine riesigen Hände kneteten sanft einen Teig, der sich in luftiges Brot und leckere Plätzchen verwandelte. Er zeigte mir, wie man mit ein paar wenigen eleganten Schnitten mit einem Ausbeinmesser einen kostbaren, mühsam geangelten Süßwasserfisch filetierte. Ein von den Jungs an ihren freien Tagen gefangener Barsch war so köstlich wie Kaviar.

Jeden Tag fragte ich, was es als Nachspeise gab. Ich wollte herausfinden, ob Meringue auf dem Speiseplan standen. Nie war ich es leid, Shaddy zu beobachten, wie er mit seinen nackten Händen Eiweiß zu riesigen, weißen Bergen schlug, um Soufflés und Kuchengarnierungen zu zaubern. »Sehen Sie«, donnerte er dann. »Es ist die Hitze von Shaddys Hand, die Leben in diese Küche bringt.«

Shaddy trug voller Stolz eine echte weiße Kochmütze und bestand darauf, dass jeder, der die Küche betrat, ein sauberes Band um sein Haar wickelte. Er war, was Sauberkeit anging, in seiner offenen Küche sehr penibel, und die schmiedeeisernen Töpfe und

Pfannen hingen in einer ganz speziellen Reihenfolge rundherum an Seilen. Fliegen und andere Insekten wurden mit mörderischer Schnelligkeit und Schreien verscheucht, bis Moskitonetze über das zubereitete Essen gelegt wurden, das zum Servieren bereitstand.

Ein großer Kupferkessel, wie ihn meine Großmutter zum Wäschewaschen benutzt hatte, wurde jeden Morgen mit frischem Wasser gefüllt und zum Kochen über der Kohle heiß gehalten. Aber Shaddy wusch sich damit auch seine Hände und Unterarme mit der Sorgfalt eines Chirurgen, bevor er einen nächsten Gang zubereitete.

Mit einer besonders gefährlich aussehenden *fanga* – einer Machete – tötete er unglückliche Schlangen, die sich tagsüber in seine Küche schlichen. Nachts schleuderte er Eimer mit heißem Wasser auf Hyänen, hin und wieder auf wilde Hunde und einmal sogar auf einen Leoparden, der sich von dem Fleischgeruch hatte anlocken lassen. Wenn es darum ging, seine Küche zu schützen, fuhr der Küchenchef alle Geschütze auf. Er war ein Tyrann, und seine Lakaien waren der Oberkellner Elton und Jabulani, der die Gäste frühmorgens zur Safari weckte, das Feuer anzündete und Tee kochte. Jabulani sehnte sich danach, selbst Küchenchef zu werden, obwohl Shaddy immer erklärte: »Dieser Junge ist sehr verrückt. Er ist voll damit, Sally. Ganz voll damit!« Ich verstand, worauf Shadrick höflich hinwies. Der Mann, dem die Hütte gehörte und der »Big Boss« genannt wurde, sagte, so oft er konnte: »Jabulani ist voller Scheiße.«

Doch Jabulani ließ sich nicht unterkriegen. Eines Morgens sah ich ihn, wie er mit einer Schüssel Eiweiß in einer Hand und einer Tasse Zucker in der anderen aus der Küche schlich. Ich folgte ihm und fragte, was er vorhabe. »Ich möchte die ›nicht fertigen Federn‹ schlagen, um dem Küchenchef zu beweisen, wie dieser Junge kochen kann.«

Mit zusammengekniffenen Augen und fest entschlossenem Gesichtsausdruck setzte er sich neben mich und machte sich an die Arbeit. Als ich etwas Eigelb in dem trüben Weiß entdeckte, erkannte ich, dass seine Bemühungen sinnlos waren, sagte aber nichts, da schon oft versucht worden war, ihm diese Lektion beizubringen. Vielleicht hatte Shaddy doch recht.

Und so schlug Jabulani das Eiweiß. Seine Methode war hervorragend, seine Energie unerschöpflich. Nach einer Viertelstunde begann er zu schwitzen. Die Masse war zartweiß, würde aber nicht fester werden. Es war Zeit, ihm etwas zu sagen. »Weißt du, Jabulani, als du die Eier getrennt hast, ist dir etwas Eigelb ins Eiweiß gerutscht. Damit wirst du nie eine Meringue hinbekommen.«

Er hörte auf zu schlagen. Einen Moment lang starrte er in die Schüssel, die Hand noch immer in den Schaum getaucht. Plötzlich sprang er auf, schüttete den Inhalt aus und warf lachend seinen hübschen Kopf zurück. »Ich bin ein Mann. Männer kochen nicht. Das ist das, was ich weiß. Ich werde Tischler wie Stevie Mpofu«, gab er seine spontane Entscheidung über einen Berufswechsel bekannt.

Am nächsten Tag sah ich, wie er Stevie überallhin folgte. Eine Woche später hing er ständig mit dem Mechaniker herum. Und so ging es weiter. Typisch Jabulani – nie brachte er eine Sache zu Ende. Wenn er in seinem Bestreben versagte, was er unvermeidlich immer tat, rettete er seinen Stolz mit seiner persönlichen Logik. Am Ende war er in allem irgendwie gut, was, wie ich glaube, sehr nützlich sein kann.

Bheki war der Putzmann, der nachts auch die Lampen anzündete. Er war erst sechzehn, aber so ernst wie ein Mann mittleren Alters. Ich verstand Bhekis Haltung und konnte mich in sein Dilemma hineinfühlen. Mit meiner Hochzeit als Siebzehnjährige mit einem Anwalt wurde mir eine Verantwortung aufgebürdet, die meinem Alter noch längst nicht angemessen war. Ich wollte Bheki lachen und rumalbern sehen, doch er hatte das Pech, die Statur des jungen Lobengula zu haben, des im 19. Jahrhunderts herrschenden Königs der Matabele. Ohne Zweifel verdiente er Respekt dank seiner mächtigen Präsenz, seines würdevollen Auftretens und seines Arbeitseifers, doch auch wenn ich mir wünschte zu sehen, wie er sich wie ein wilder junger Mann benahm, konnte ich kaum meinen Drang unterdrücken, einen

Knicks zu machen, wenn er an mir vorbeikam. Dann nickte er ernst mit seinem mondförmigen Gesicht, als spürte er meinen Respekt.

Schon bald nach meinen ersten Kontakten mit Afrikanern hatte ich angefangen, ihre unausgesprochenen Worte zu verstehen. Nicht, dass ihre Körpersprache viel verriet – ganz im Gegenteil. Die Afrikaner hatten nämlich gelernt, ihre Gefühle vor Weißen zu verbergen. Die Anthropologin in mir dachte auch, dass ihre DNS reiner war als meine, da sie direkt dem Schoß entsprangen, aus dem sich die Menschheit entwickelt hatte. Vielleicht spürten sie mein Einfühlungsvermögen, da sie mich manchmal ein Stück an sich heranließen.

Lovemore, der für unsere Wäsche zuständig war, als wir unser eigenes Lager einrichteten, war für jeden das Mädchen für alles. Dingindawo kümmerte sich um die allgemeinen Arbeiten im Lager und brachte uns mit seinen Witzen zum Lachen. Er hatte ein unglaubliches Mienenspiel, das eine Geschichte besser erzählen konnte, als es seine Worte je vermochten – außer wenn er uns seine Gefühle nicht verraten wollte und sein Gesicht zur Maske erstarrte. Trotzdem konnte er einen guten Teil seiner Gefühle nicht vor mir verbergen, und die waren den Weißen gegenüber nicht immer wohlgesinnt. An seinen freien Tagen trug er ein T-Shirt mit dem Gesicht von Fidel Castro. Ich musste mich doch sehr wundern.

Als ich Stock kennenlernte, war er betrunken. Er war immer betrunken, was aber seiner Fähigkeit keinen Abbruch tat, den alten Traktor zu warten und zu fahren, mit dem er die Wege im Busch sauber und verkehrssicher hielt. Seine Arbeit stand im Dienste des Lebens. Während des Bürgerkriegs hatte er um das Leben seines weißen Arbeitgebers gekämpft. Mit seinem Mut hatte er den Mann gerettet, war jedoch für seine Mühen gefoltert worden.

Sein Bruder Pious heizte den Kessel und pflegte den Garten. Er verbrachte mehr Zeit damit, Paviane zu verscheuchen und sich über sein hartes Schicksal zu beschweren, als tatsächlich zu arbeiten. Er war weit davon entfernt, seinem englischen Namen durch Frömmigkeit gerecht zu werden, da er eine Reihe williger Mädchen mit den Versprechen auf Ehe und Ruhm einschleuste.

Steve Mpofu wurde ein lieber Freund. Er war ein innovativer, erfinderischer Tischler, der viele Safarilager in dieser Gegend aufbaute. Steve war sich nicht bewusst, dass sein umwerfend hübsches Marlon-Brando-Gesicht sowohl Männer als auch Frauen faszinierte. Er machte unser Leben einfacher, und ich liebte ihn wegen seiner großzügigen, freundlichen Art. Bald hieß er bei uns nur noch Stevie Wonder.

Brian, Bob und Ross waren weiße Führer, die die Besucher auf Safaritouren mitnahmen und in der Zwischenzeit für deren Unterhaltung sorgten. Ihre Fähigkeit, Tiere aufzuspüren, wurde oft durch die außergewöhnliche Hingabe und Begabung von Ekaim, Raphael und Dickson, den schwarzen Führern, in den Schatten gestellt. Niemand beneidete die Führer um ihre Arbeit. Sie hatten viel zu tun, und nur selten wurde es ihnen gedankt.

Die nächsten Wochen über würden wir eng mit diesen Menschen zusammenleben müssen. Ich glaube, unsere persönlichen Unterschiede wurden unbedeutend, weil wir in dieser gefährlichen Welt aufeinander angewiesen waren. Jeremy und ich wurden als unbezahlte Forscher aus der Arbeitsplatzpolitik herausgehalten. Leider bekamen wir dadurch unfreiwillig eine andere unangenehme Rolle verpasst – wir wurden zu Friedensstiftern ernannt. Die anderen luden ihren Frust ungehindert auf uns ab, sobald eine Auseinandersetzung drohte – und das ist immer der Fall, wenn der persönliche Freiraum eingeschränkt wird. Wenn Dingi kam, um sich über Ross zu beschweren, konnten wir sicher sein, dass Ross kurz darauf voller Testosteron und selbstgerechter Empörung bei uns aufkreuzte. Doch Brians Stöhnen konnte ich nur schwer hinnehmen. Er wurde nicht umsonst die »haarige Ratte« genannt! Die meisten Streitigkeiten wurden aber rasch beigelegt. Allerdings war es, wie ich glaube, ein Segen, dass die Frau, die unsere Mitarbeiterin und engste Freundin war, in einem anderen Lager wohnte.

Kathy Martin hatte bereits angefangen, als Freiwillige an dem Projekt zu arbeiten. Sie war in Hwange als Ökologin für die

Nationalparks zuständig. Ihr schwarzes Haar und ihre dunklen Augen zogen die Aufmerksamkeit aller Fremden auf sich. Sie war nicht in herkömmlicher Weise schön, aber ihr ungewöhnliches Aussehen war beeindruckend, und sie strahlte gelassene Würde aus. Unsere Gemeinsamkeit war die Begeisterung für die Natur. Ich lernte viel von ihr durch ihre Vorträge, aber mehr noch durch ihre stillen Handlungen. Wir reagierten ähnlich auf die Geister der Natur, wenn sie flüsternd ihre Lieder sangen. Manchmal werden die primitiven Instinkte in einem Menschen wieder geweckt, wenn das Leben in der Wildnis die Regeln diktiert. Wenn Kathy und ich schweigend beisammensaßen, überschritten wir hin und wieder eine Grenze des Verstehens, die jenseits aller Worte lag.

Kathy führte uns in die Verfahren zur Elefantenidentifikation ein. Diese schienen aus der Distanz des Forschungsraums bemerkenswert einfach zu sein. Doch es waren die Elefanten selbst, die unseren Glauben erschütterten, dass sich Herdenidentitäten rasch auflisten ließen. Als sie zurückkehrten, mussten wir selbst über unsere Anmaßung lachen. Die Elefanten stießen mich von meinem hohen Ross, nachdem ich davon ausgegangen war, ich würde problemlos die einzelnen Tiere voneinander unterscheiden können. Im entscheidenden Moment tauchte ein Elefant wieder in den grauen Block unter, wenn wir ihn fotografieren und seine Merkmale auf einer Karte eintragen wollten, auf der ein Elefantenkopf mit ausgestellten Ohren aufgezeichnet war. Dort wurden Länge, Form und Winkel der Stoßzähne sowie die Kerben und Löcher in den Ohren vermerkt.

Kathy erklärte, wir würden nach dem Entwickeln der Fotos auch das Muster der Adern hinzufügen müssen. Dieses war das wichtigste Identifikationsmerkmal, da sich das Muster der Adern eines Elefanten im Gegensatz zu allem anderen sein ganzes Leben lang nicht verändert. War ein Elefant über dieses Muster sicher identifiziert, konnten seine Daten in einen uralten Rechner eingegeben werden, der häufig durch Spannungsschwankungen oder Stromausfall abstürzte. Dann rief ich »Afrika schlägt wieder zu!«, in der Hoffnung, durch meine Anerkennung der rohen

Gewalt des dunklen Kontinents dessen Launen mildern zu können. Ordnung auf einem extrem komplexen Kontinent vorfinden zu wollen, war unermesslich arrogant. Afrika würde immer zuletzt lachen.

Jeden Tag setzte uns das Land schwer zu, doch nichts war ärgerlicher als das lange Warten auf die Elefanten. Manchmal hörte ich in der Ferne Elefanten kommunizieren, woraufhin ich Bluey antrieb. Doch entweder war unser Radar mangelhaft, oder die Elefanten hatten sich gegen uns verschworen. Sie waren unauffindbar.

Ich nutzte die Zeit, um hundert Meter lange Schnüre durchzuschneiden, mit denen wir verschiedene Standorte im Gebiet der Elefanten markieren wollten. Diese Schnüre befestigten wir mit kleinen Stöcken im Boden. Bäume, Büsche und Gras in diesen Bereichen wurden alle zwei Meter klassifiziert. Das würde der Mannschaft helfen, das Bewegungsmuster der Herde aufzuzeichnen. Tagelang kauerte ich auf dem Boden, um alle zwei Meter ein Stück Schnur festzubinden. Die Arbeit war langweilig, obwohl ich die Ruhe und Einsamkeit genoss, wenn ich unter einem Kameldornbaum saß und ein *pan* beobachtete, an dem sich zahlreiche Wildtierarten tummelten.

Dingindawo zog mich regelmäßig auf. »Madam, das ist eine sehr wichtige Sache, die Sie da tun. Ihre Finger wandern über diese Schnur. Weben Sie ein Tuch, um die Elefanten zu fangen?«

Das Spiel lief immer gleich ab. Ich täuschte Widerwillen vor und warf einen Stock nach ihm, während er nach oben sprang und sich an einen Ast hängte. Das herzliche Lachen vertrieb die Langeweile. Afrikaner wissen, wie man spielt. Sie haben mir beigebracht, dass das Leben ein Spiel ist, warum also sollte ich dann nicht auch spielen?

Mit handgemalten Karten und einem Kompass bewaffnet, um uns mit der Gegend vertraut zu machen, brachen wir jeden Morgen sehr früh auf. Ich war sogar noch überraschter als Jeremy, als ich herausfand, dass ich über einen angeborenen Orientierungssinn verfügte, was mich verwunderte, da ich als Schülerin immer schlecht in Mathematik gewesen war. Nach unseren ersten Auseinandersetzungen darüber, welche Richtung wir einschlagen sollten, und einen unvergesslichen Umweg von zweihundert Kilometern, weil Jeremy sich stur weigerte, auf mich zu hören, erhielt ich die offizielle Anerkennung, in der Lage zu sein, Karten zu lesen und mich mit Hilfe der Sterne zu orientieren. Mein Talent wurde von den weißen Männern als Irrweg der Natur gesehen. Frauen dürften eigentlich nicht über solche Fähigkeiten verfügen.

Wie ich hatte Jeremy einen Großteil seines Lebens in einer abgelegenen Gegend Australiens, »westlich des Black Stump«, verbracht. Er war das Leben im Busch gewöhnt, kam mit tückischen Wegen, glitschigem Schlamm oder tiefem Sand problemlos zurecht. Selten verlor er die Beherrschung, auch dann nicht, wenn der Wagen bis zur Achse im Sand oder Morast steckte. Jeremy ist kein Mann, der zur Hektik neigt. In solchen Situationen stellte er sich hin und überlegte. Oft schnappte er sich sein Buch und entfernte sich vom Wagen, um einen unbekannten Baum zu klassifizieren. Er genoss den Moment, als wäre die Sache mit dem Wagen gottgegeben und kein Fluch des Teufels.

Manchmal kehrte er zurück und sagte, wenn er Hunger hatte: »Hey, Zwerg, lass uns hier *smoko* machen.« Er meinte ein Picknick. Dann setzten wir uns auf den Boden neben dem im Morast steckenden Wagen, um gekochte Eier zu essen, die wir mit Salz aus zusammengedrehtem Butterbrotpapier bestreuten – »genau wie Mamas Mittagessen für die Schule«. Jeremy verschlang riesige Stücke von Shaddys legendärem, gehaltvollem Obstkuchen, ohne dass seine Figur darunter litt. Wie unfair!

An seinem Körper hing kein Gramm überflüssiges Fett. Selbst die Behälter voller Eiscreme, die er in Hwange auf einmal in sich hineinschaufelte – »sonst schmilzt es« –, schadeten ihm nicht. Dann hob er seine dichten, dunklen Augenbrauen und zwinkerte mit seinem Paul-Newman-Auge den erstaunten Passanten zu, während er vor dem Laden stand und das Eis verdrückte. Ich verkniff mir mein Lachen über ihre Reaktionen auf seine übertriebenen, gierigen Fressgelage und sein Entzücken und seine Witze darüber, wenn er Süßigkeiten oder klebrige Brötchen für die Kinder oder die blinden Frauen kaufte, die strickend vor der Mauer saßen. Ihre Herzlichkeit, mit der sie reagierten, war echt. Sie mochten ihn sehr. Er kam mit allen Menschen zurecht, was mein Leben um einiges einfacher machte.

Unsere ungeplanten Picknicks neben unserem steckengebliebenen Fahrzeug an abgelegenen Orten endeten immer ohne Streit, auch wenn ich manchmal die Initiative ergreifen musste, wenn Jeremy in aller Seelenruhe seine Baumbestimmungen durchführte, während es langsam dunkel wurde. Einmal erschien der heillos betrunkene Stock wie ein von Gott gesandter Engel, als wir uns gerade zu Fuß auf den Rückweg machen wollten.

»Ah ja, hier bin ich«, nuschelte er.

Seine Kappe fiel von seinem schwankenden Schildkrötenkopf in den Schlamm, und er folgte ihr mit der formlosen Anmut des Betrunkenen. Schließlich erhob er sich, als würde ein Puppenspieler an den an seinen Gliedern befestigten Fäden ziehen. Jeremy band das Seil ans Fahrzeug, während Stock mit seltsam anmutender Würde in seinen eigenen Wagen krabbelte.

»Modom, der Hut«, deutete er mit der Hand darauf und versuchte gleichzeitig, sich auf mein Gesicht zu konzentrieren. Es war außergewöhnlich, dass uns ein Mann, der seinen eigenen Kopf nicht fand, um sich seine Kappe aufzusetzen, aus dem Morast zog und dann geradeaus wieder zurückfahren konnte.

Wir lernten unschätzbare Dinge während dieser ersten Wochen, in denen wir keine Elefanten zu sehen bekamen. Doch selbst Kathy begann sich zu wundern, ob unsere Begegnung am ersten Abend Einbildung gewesen war. Später würde ich dankbar für diese Lernphase sein, und schließlich boten auch die anderen Tiere genügend Unterhaltung, selbst wenn sie für Verwüstung sorgten. Auch mit ihnen gab es keine Probleme bei der Arbeitsplatzpolitik. Sie waren damit beschäftigt, Tiere zu sein, und wir konnten nur offen auf ihre Herausforderungen reagieren.

Toilettengänge waren wegen Roy, dem Warzenschwein, immer spannungsgeladen. Er hatte die Angewohnheit, vor dem Plumpsklo auf dem kühlen Boden zu liegen. Roy und ich hatten einen kleinen Zusammenstoß am Morgen nach einer mitternächtlichen Begegnung mit einer Hyäne. Ich war gerade auf dem Buschklo, dem Boden vor unserer Hütte, gewesen und hatte es laufen lassen. Plötzlich war eine Hyäne aufgetaucht, und ich hätte aufspringen müssen, um mich größer zu machen, als dieses hässliche Tier war. Doch ich hatte es nicht rechtzeitig geschafft, sodass sich die Hyäne auf mich gestürzt hatte. Das Ergebnis war, dass ich mich bei Kerzenlicht und unter Jeremys Gelächter mit dem Schwamm abreiben musste. Also war ich am nächsten Morgen schlecht gelaunt und vergaß, nach Roy Ausschau zu halten. Stattdessen riss ich die Tür zur Toilette auf und stolperte über ihn. Er erschrak. Nebenan stand Brian, die »haarige Ratte«, unter der Dusche. Als Roy floh, landete ich erneut auf dem Boden, doch schlimmer noch war der Anblick der vollständig mit Haaren überzogenen Beine eines ansonsten blassen, nackten Mannes, der sich zu einer dubiosen Rettungsaktion eingefunden hatte. Während er so tat, als wollte er mir helfen, nutzte er die Gelegenheit, mich mit seinen Armen, die ebenso behaart waren wie seine Beine, zu begrapschen. Angesichts meiner angewiderten Schreie suchten sowohl das Warzenschwein als auch Brian das Weite. Beide waren eigensinnige Opportunisten, doch Roy würde mir später noch ans Herz wachsen.

Selbst die ortsansässigen Warzenschweine schienen sich seiner Kraft zu beugen, wenn er beschloss, das Lager zu verlassen, um seine Dominanz großspurig unter Beweis zu stellen. Nachdem ich beobachten konnte, wie er aus Kämpfen als tapferer Sieger hervorging, um anschließend ein Weibchen zu besteigen, war ich mir sicher, dass die meisten Nachkommen diesem gerissenen Keiler zuzuschreiben waren. Allerdings fühlte er sich für seine Jungen nicht verantwortlich, sondern rekelte sich im Schatten der Hütte und beobachtete, wie seine Familie vorbeitrabte, während das unterlegene Männchen die Vaterrolle übernahm. Zu Roys Leben gehörte es nicht, ein sicheres Zuhause für

Frau und Kinder zu suchen, sie zu einem Futterplatz zu führen oder vor Feinden zu schützen. Sein Leben war nicht das eines gewöhnlichen Warzenschweins.

Ricky war eine süße, zahme Mongozmaki-Waise, die mir überallhin folgte und ununterbrochen nach Futter piepste. Rob hatte ihn vor einem Raubtier gerettet. Während einer Jagd sah der zahme Riese, wie ein Adler den Mongozmaki von seiner Familie stahl. Doch der Adler hatte sich mit seiner Beute übernommen. Während er den sich windenden Kleinen mit den Klauen umklammerte, flatterte er etwa einen Meter über dem Boden nur ein kurzes Stück weiter, bevor er die unhandliche Last fallen ließ.

Ricky erlitt eine schreckliche Halsverletzung, die trotz der täglichen Reinigung mit einem Antiseptikum mit Maden übersät war. Wir mussten die widerlichen Dinger aus seinem Hals pulen, eine nach der anderen, bis die Wunde zu heilen begann. Wir gaben ihm diese Maden sogar zu fressen, was eine seltsame Form der Gerechtigkeit war. Ricky hatte immer Hunger. Jeder im Lager fing Grashüpfer und Insekten, um das schnell wachsende Wollknäuel bei Laune zu halten. Obwohl er ständig flehte, weigerte ich mich, ihn in unserer Hütte schlafen zu lassen, weil ich wusste, er würde überall mit seinem Urin sein Revier markieren. Es reichte, dass eine Familie von Nachtaffen – Buschbabys – nachts in den Dachbalken umherschwirrte und Lärm machte. Die Hütte stank bereits von deren saurem Urin. Einer hatte mir sogar direkt ins Auge gemacht.

Leider war Ricky kein langes Leben vergönnt. Eines frühen Morgens raste er in die Küche, um sich ein Frühstück zu erbetteln. Er sprang auf eine Stufe, auf die sich im gleichen Moment Rhekis großer Stiefel herabsenkte. Rob und ich hörten Rickys schrecklichen Schrei und rannten los zur Küche, wo Rheki, über den winzigen, unter starken Schmerzen leidenden Ricky gebeugt, leise vor sich hinsummte. Als Rob versuchte, das Ausmaß der Verletzung abzuschätzen, wurde sogar er von Ricky gebissen. Wenige Minuten später war der Halbaffe tot.

Wir beerdigten ihn neben dem Termitenhügel, wo er immer

ein Sonnenbad genommen hatte. Rob brach sofort nach Bulawayo auf, um sich gegen Tollwut impfen zu lassen, was nicht sehr angenehm war. Er erzählte uns, der Arzt habe eine riesige Nadel in seinen Magen geschoben. Rob hatte bei allen Gefahren, denen er in der Wildnis bisher ausgesetzt gewesen war, Ruhe und gesunden Menschenverstand bewahrt. Doch als er von Bulawayo zurückkehrte, jammerte er wie ein Baby. Mit Schaudern dachte ich an die Abneigung meiner Tochter Lou gegen Injektionsnadeln, nachdem bei einer Blutabnahme nicht nur eine, sondern drei Nadeln abgebrochen waren.

Die unangenehmsten Tiere waren eine Herde Paviane, die, wann immer sie wieder ins Lager geschlichen kamen, nur Böses im Schilde führten. Sie zogen ihre Lippen über ihre mächtigen Eckzähne zurück und lachten, wenn jemand erfolglos versuchte, Türen und Fenster zu schließen, um ihren Zerstörungsplan zu vereiteln. Das furchterregende dominante Männchen verblüffte mich viele Male, wenn es heranschlich, während ich unter einem Baum mit Blick auf das Wasserloch bei der Arbeit saß. Dann setzte er sich in meiner Nähe in eine Position, mit der er mich nachäffte. Wenn ich meinen Kopf langsam in seine Richtung drehte, spiegelte er meine Bewegung, sodass wir uns einen Moment in die Augen blickten, bevor wir rasch die Köpfe wieder nach vorn drehten. Zu diesem Einvernehmen waren wir nach einigen anfänglich unerfreulichen Begegnungen gelangt.

Bei unserer ersten Begegnung war dieses riesige Männchen mit erschreckender Geschwindigkeit auf mich zugerast, während es die Lippen über den beängstigenden Eckzähnen zu einem steifen Grinsen zurückgezogen hatte. Seine perlrunden braunen Augen hatten förmlich Funken gesprüht, als er mir ein belegtes Brot aus der Hand gerissen und triumphierend keckernd geflohen war. Ich war mir durchaus bewusst, dass er mich hätte in Stücke reißen können. Nie wieder nahm ich etwas zum Essen mit, solange kein Mann in meiner Nähe war, da er nur vor Männern Respekt zeigte.

Nach der zweiten unangenehmen Begegnung, bei der er mir ein paar Blätter vom Schoß gerissen hatte, hatte ich immer einen kräftigen Stock und eine *keti* dabei. Der Pavian schien zu verstehen, dass ich es ernst meinte. Schließlich gestattete ich ihm, näher zu kommen, ohne dass ich meinen Stock hob. Dann saßen wir in gewisser Eintracht beieinander. Eines Tages bellte mein Kumpel zur Warnung, blickte mit erschrecktem Gesicht an mir vorbei und rannte zu seiner kreischenden Truppe. Ein großer Schatten senkte sich aufs Gras vor mir. Ich blickte nach rechts – und auf die Beine eines Elefanten. Leise hatte er sich herangeschlichen und war friedlich neben der nächstgelegenen *rondavel* stehen geblieben. *Hurra! Sie sind wieder da!*

Kapitel 6

Die Rückkehr der Elefanten

Im Gegensatz zum flüchtenden Pavian war ich begeistert über die Rückkehr der Elefanten – und vergaß dabei meine Angst. Wenige Sekunden später tauchte Des mit Jenny auf. Sie war bereits von Elton gewarnt worden, der jetzt nach Jeremy suchte. Wir rannten zum Hauptgebäude und kletterten auf die Aussichtsplattform. Von einer Baumgrenze zur nächsten bedeckten große graue Leiber den *vlei*. Es sah aus, als hätten sich alle Elefanten dieses Planeten hier versammelt.

Unten wurde ein Motor gestartet. Als ich hinunterblickte, winkte uns Jeremy zu sich. Er saß an Blueys Steuer, hinter ihm waren bereits eine Menge Mitfahrer eingestiegen, und auch Bheki vergaß seine Würde und krabbelte hinein. Jeremy ließ den Motor aufheulen, während wir drei die Treppe hinunterrasten. Ich stieg vorn ein und kniff vor Freude Jeremys Wange, während Jenny sich neben mich auf Des' Schoß setzte. Bluey war voll beladen. Ich blickte hinter mich in fünf aufgeregte Gesichter.

Jeremy fuhr zum Hügelkamm hinauf, schaltete den Motor aus und ließ Bluey zum Rand des *vlei* rollen. Und dort, vor uns, stand Schiefer Stoßzahn. Sie senkte wichtigtuerisch und aufgebracht den Kopf, peitschte mit den Ohren gegen ihre breiten Schultern und kam auf uns zu. Ermutigt von Kathys Rat, blieb Jeremy stehen.

»Scheiße, Mann. Machen wir 'ne Lücke!«, rief Des, der die Regel, in der Nähe von wilden Tieren still zu sein, völlig vergessen hatte.

»Würde ich auch sagen!«, stimmte ich zu.

»Du meine Güte«, flüsterte Jenny, die sich scheinbar als Einzige erinnerte, leise zu sprechen.

In der Zwischenzeit trommelten die Fäuste an der Abtrennung hinter uns eine ähnliche Botschaft. Ich drehte mich um und blickte in mehrere erschreckte Augenpaare.

»Sie ist stehen geblieben«, sagte Jeremy ruhig. »Warten wir mal ab.«

Fünf Meter entfernt beobachtete uns Schiefer Stoßzahn von oben herab. Alles war leise. Mein Herz hämmerte, ich spürte, wie Des zitterte, doch meine Angst schwand. Ein winziges Junges tauchte zwischen den Beinen von Schiefer Stoßzahn auf und rannte zu einer Gruppe Kälber, die ein Stück entfernt ausgelassen miteinander spielten, ohne sich von uns stören zu lassen. Schiefer Stoßzahn blickte zu ihnen, als wollte sie deren Stimmung einschätzen. Andere Kühe sahen zu Schiefer Stoßzahn, um deren Stimmung einzuschätzen. Sie entspannte sich sichtbar – genauso wie wir.

Des war allerdings noch immer sehr nervös, was mich überraschte. War er nicht der »Gepardenmann«? Später erzählte er von seiner Angst vor Elefanten. Wir dachten, dass er mit der Zeit seine Angst überwinden würde, doch es gelang ihm nicht. Nach dieser Begegnung hielt er lieber Abstand zu Elefanten. Wir respektierten seine Entscheidung, wie auch er unsere Launen respektierte. Jeder von uns hatte Angst vor mindestens einem wilden Tier. Ich geriet bei Spinnen in Panik, Jeremy bekam bei Leoparden eine Gänsehaut, Jenny ekelte sich vor Schlangen, und die Einheimischen hegten Abscheu gegen Hyänen und Schlangen.

Der arme Des wurde übergangen und gezwungen, mit seiner Angst zurechtzukommen, während wir ein paar herrliche Stunden damit verbrachten, die Herde aus angemessenem Abstand zu beobachten. Es war keine Futterzeit, sie hatten einfach nur Spaß. Das frisch mit Wasser gefüllte *pan* dröhnte unter rhythmischen Schlägen, als sich die Elefanten mit ihren riesigen, grauen Leibern im Schlamm wälzten. Schiefer Stoßzahn behielt uns im Auge, hielt Wache zwischen uns und ihrer Herde. Ich wünschte, sie könnte sich ihren übermütigen Gefährten anschließen, doch sie nahm ihre Rolle als Leitkuh ernst.

Noch vor Einbruch der Dunkelheit fuhren wir ins Lager, bevor auch die Führer von ihrer Safari in Hwange zurückgekehrt waren. Entschlossen, sie nicht in der Dunkelheit zu verwirren, warteten wir, bis sie fortgezogen waren. Dann machten wir uns ins Hauptlager auf, um Kathy die gute Nachricht zu überbringen. Die Feier war ausgelassen. Am nächsten Tag hatten Kathy und ich einen dicken Kopf vom einheimischen Wein, der genau dafür bekannt war. Doch wir waren entschlossen, nicht noch einen Tag zu vergeuden. Wir zwangen uns, etwas Fettiges zu essen, tranken literweise Wasser, nahmen eine Kopfschmerztablette und achteten nicht auf Jeremys grobe Witze, sondern machten uns an unsere Forschungen.

Am Anfang testeten wir vorsichtig das Terrain, um die Herde an die dauerhafte Anwesenheit von Menschen zu gewöhnen. Und mich an die Nähe von Elefanten! Zuerst beobachteten sie uns aufmerksam und stießen oft eine Warnung mit gleichzeitiger Demonstration ihrer Kraft aus. Und wieder begann mein Herz zu rasen. Mein Körper zitterte nicht nur, er bebte, und ich bekam unangenehme Schweißausbrüche. Doch diese Anzeichen der Angst wichen bald einer praktischen Vorsicht, als ich weniger auf mich achtete, sondern den Anblick der Elefanten genoss.

Keiner faszinierte mich mehr als Schiefer Stoßzahn. Es gab immer noch Momente, die bei mir zu Schweißausbrüchen führten, wenn sie ihr Missfallen durch gespielte Angriffe ausdrückte. Doch meistens war sie ebenso entspannt wie die anderen Elefanten ihrer umfangreichen Familie, wenn sie uns erkannten. Ich fühlte mich privilegiert und war dankbar für ihr Vertrauen, wie für alles, das mir das Leben bot. Innerhalb weniger Wochen akzeptierte uns die Herde, und jeden Tag freuten wir uns aufs Neue, sie wiederzusehen. Die Angst war gewichen. Was erwartete uns als Nächstes? Kathy kannte sich mit den Launen der Elefanten gut aus. Sie bekam nie Panik, auch bei kleineren Krisen nicht. Sie war aufmerksam und vorsichtig, bedeutete mir in aller Ruhe zurückzuweichen, wenn sie merkte, dass die Herde Anzeichen von Aufregung zeigte. Es war wichtig, die Stimmungen zu respektieren, um das Vertrauen und das besondere Privileg zu erhalten, von diesen wundervollen Tieren akzeptiert zu werden.

Ich war dankbar für die Zeit, die wir hatten nutzen können, um die Grundlagen zu lernen. Ich denke, Jeremy merkte genauso erstaunt wie ich, wie ungeheuer anstrengend es war, die Tiere zu fotografieren und ihre Unterscheidungsmerkmale auf den Identifikationskarten zu vermerken, wenn man auf eine derart große Gruppe nicht identifizierter Tiere trifft. Selbst das Zählen erforderte viel Geschick. Wenn sich die gesamte Herde versammelte, waren es etwa einhundertachtzig Tiere. Öfter allerdings teilten sie sich in ihre Familien auf. Einen Elefanten im Blick zu behalten, wenn er zwischen den Massen von grauen Leibern hindurchschlüpfte, war schwierig. Die Größe und Form der Stoßzähne oder die Risse und Kerben in den Ohren aufzuzeichnen, war ohne ein Foto eines einzelnen Tieres kaum möglich. Deswegen war es am wichtigsten, Nahaufnahmen von den Venenmustern der Ohren zu machen. Ohne diese Bilder war unsere Mühe völlig umsonst, da wir nur mit den Karten eindeutig sicher sein konnten, mit welchem Elefanten wir es gerade zu tun hatten. Wenn ich es schaffte, ein deutliches Foto zu schießen, musste es nummeriert und der Karte zugeordnet werden, die einer von uns ausfüllte. Jeder Elefant bekam eine mit »E« beginnende Nummer. Kathy folgte dem System, das mit den Amboseli-Elefanten von Cynthia Moss festgelegt worden war. Seit 1968, als sie sich dem Vater der Elefantenforscher, Dr. Iain Douglas-Hamilton, angeschlossen hatte, arbeitete Cynthia Moss in Kenia an der Erforschung der Elefantenherden im Amboseli-Nationalpark. Meine Bewunderung für die geduldige Arbeit dieser beiden Frauen stieg in gleichem Maße wie meine Enttäuschung. Oft verdrückte sich ein Tier im entscheidenden Moment, kurz bevor ich dessen Venenmuster zu Ende gezeichnet hatte. Mein Hals und meine Schultern litten unter der Last wackelnder Kameras, des Klemmbretts und der Stifte, während ich versuchte, einem Elefanten zu folgen. Ich musste beides gleichzeitig tun, während Jeremy beobachtete, in welcher Stimmung sich die Herde befand – bereit, den Motor zu starten und zu fliehen, wenn sich ein Elefant über unsere Anwesenheit beschwerte. So viel zu unserer sorgfältig ausgearbeiteten Strategie.

Obwohl wir uns bemühten, dem Sozialverhalten der Elefanten keine menschlichen Züge zuzuweisen, kamen wir nicht umhin, bestimmten Tieren, die aufgrund ihrer besonderen Merkmale in der Menge leicht zu erkennen waren, Namen und Nummern zu geben, um sie in einer großen Herde besser unterscheiden zu können. Damit sparten wir wertvolle Zeit, während wir hektisch einen Elefanten auf einer Karte verzeichneten, bevor er in der Menge wieder unterging. Im Forschungsraum konnten wir ihn dann rasch einordnen, ohne lange über unsere Identifikationskarten zu grübeln und nach bestimmten Venenmustern zu suchen.

Die erste Gruppe Elefanten, die wir identifizierten, bestand aus elf Bullen und wurde von uns als die Elferbande bezeichnet, da die Tiere immer zusammenhingen. Bei Ripley (E3) teilte ein langer Riss eins seiner Ohren, sodass die Hälfte schief herunterhing. Einem anderen Bullen hatte Kathy wegen seines großen Kopfes und seiner palettenförmigen Ohren bereits den Namen Rembrandt (E5) gegeben. Er war oft mit einem anderen zusammen, dem ein halbes Ohr fehlte – Van Gogh (E1).

Es schien logisch, auch einige andere nach Künstlern zu benennen. Ein Bulle, der seinen schmalen Körper in sanften Bewegungen nach unten senkte, wurde Renoir (E2) getauft. Toulouse-Lautrec (Tou-Lou, E4) war der kleinste Bulle in der Elferbande. Schrotflinte (E8) war der Älteste und Säbel (E6) der Jüngste. Diesen Namen hatte er wegen eines seiner Stoßzähne, der besonders dick war, spitz zulief und gerade nach unten zeigte.

Scheuer Henry (E7) wurde nach dem hervorragenden Shona-Bildauer Henry Munyaradzi benannt. Es gab einen Komödianten mit traurigem Gesicht namens Popov (E11). Er war der Spaßvogel im Rudel. Der fette, runde Stan (E9) und der langgesichtige Laurel (E10) waren unzertrennlich. Andere Elefanten erhielten Spitznamen aufgrund ihrer Persönlichkeit oder körperlicher Merkmale, die uns an Bekannte erinnerten.

Nur in einem Fall benannten wir eine Kuh nach einer zeitgenössischen Hollywood-Schauspielerin. Bette Midler war eine

Leitkuh sondergleichen. Sie hielt ihre kleine Familie abseits von der Herde und nahm selten an den allgemeinen Versammlungen teil. Ich vermutete, ihr Ego erlaubte es ihr nicht, sich mit anderen Leitkühen abzugeben, besonders nicht – auch nicht für kurze Momente – mit der mächtigen Schiefer Stoßzahn. Bettes Kopfgröße passte zu ihrem Ego, aber nicht zu ihrem Körper. Sie hatte nur einen Stoßzahn und kurze Beine. Zur Begrüßung rannte sie immer mit einem lauten Trompetenstoß auf uns zu. Sie gab mehr Laute von sich als alle anderen Elefanten, die wir kannten. Sie kommandierte ihre Familie auf liebevolle Weise, setzte sich selbst aber rücksichtslos in Szene. Wir taten klug daran, ihren Freiraum zu respektieren, indem wir uns auf Abstand zu ihr hielten. Sie war unberechenbar – und hatte uns einmal nach einer langen Verfolgung sogar eingeholt und unserem Wagen einen Schubs verpasst.

Wir vermieden es, den wenigen Elefanten, die unser Leben einfacher machten, weil sie sehr spezielle Attribute und Merkmale aufwiesen, ausländische Namen zu geben – besonders bei den Kühen, deren Zusammenkünfte immer länger dauerten als die der Bullen. Im Allgemeinen hielten wir uns an die Sprache des Matabele-Volkes und gaben den Elefanten Ndebele-Namen, die von Kathy aus dem Englischen übersetzt wurden. Letzten Endes war das Volk von Simbabwe der Hüter der Herde. Und sobald die Elefanten besondere Eigenschaften aufwiesen, waren die örtlichen Führer eher in der Lage, diejenigen zu erkennen, die einen Namen hatten, als die anderen mit weniger auffälligen Merkmalen, was die Augenzeugenberichte aufwertete. Wenn von Dilingane – Schönheit – gesagt wurde, sie sei in einer bestimmten Gegend gesehen worden, konnten wir sicher sein, dass ihre Familie auch dort war.

Wahrscheinlich lachten die Einheimischen über das didaktische Feingefühl von Wissenschaftlern – oder in meinem und Jeremys Fall von Naturforschern –, die sich unglaublich elitäre Regeln auferlegten, um mit der Vermenschlichung dieser Elefanten zurechtzukommen. Für sie ist dieser Dogmatismus wahrscheinlich ein Zeichen von Dummheit. Genau wie für mich.

Afrikaner geben auch Menschen Tiernamen und beziehen sich auf die Eigenschaften dieser Tiere. Mir wurde der Name Mandlovu – Mama Elefant – verpasst, der hier liebenswert gemeint war, zu Hause aber eine Beleidigung wäre! Ein alter europäischer Viehzüchter mit zweifelhaften Moralvorstellungen wurde immer als »Altes Nashorn« bezeichnet, ein anderer stämmiger Viehzüchter hieß »Großer Bulle«. Ein Elefant wurde von einem schwarzen Führer nach einem seiner Chefs benannt. Dieser war arrogant, dickköpfig und eingebildet. Sein Namensvetter hatte die gleichen Eigenschaften. Nach einer Weile kam es mir sogar so vor, als würde er wie dieser Mann aussehen.

Andererseits gaben sie anderen Tieren die Namen von Menschen, mit denen sie die gleichen Eigenschaften teilten. Das dominante Nashornmännchen der unglaublich herzlichen »Kennedy Family« hieß bei uns »Joseph« und bei ihnen »Lobengula«, nach dem großen Matabele/Zulu-König. Ach ja, die Europäer nannten die Nashörner »Rose« und »Jackie«.

Ich werde mich immer an das erste Treffen mit Dilingane erinnern. Es war ein für Afrika typischer schöner Tag mit verraucht-verstaubter Luft, die ganz anders war als das klare, grelle Leuchten im australischen Busch. Wir befanden uns neben einem gut besuchten *pan*, das von einer Reihe schilfgesäumter, breiter Lagunen gewässert wurde. Ein Paar Sattelstörche pickte im Gras nach Insekten. In der Nähe teilte eine kleine Herde fetter Zebras das Feld mit einer Gruppe Impalas, einem Paar Warzenschweine und einer Gruppe fressender Paviane, deren winzige schwarze Junge Fangen spielten und miteinander balgten. Wenn das Spiel zu heftig wurde, liefen die kreischenden, entrüsteten Äffchen zu ihren Müttern zurück, um sich trösten zu lassen. Dort saugten sie dann an langen Brustwarzen, bevor sie sich wieder ihren wartenden Spielkameraden zuwandten und weitertollten. Man konnte den Pavianen stundenlang beim Rumalbern zusehen, ohne sich zu langweilen.

Weiter entfernt senkten drei wachsame Kudu-Mütter und ihre gelbbraunen Kälber ihre zarten Köpfe zum Wasser, um auf die ihnen eigene Art zu trinken. Sie schienen sich nie zu entspannen – ihr hervorragendes Gehör war Segen und Fluch zugleich. Mehrere Giraffen hoben ihre langen Hälse über den sie umgebenden Busch, aus dem die scheinbar körperlosen Köpfe wie Blumenstängel herausragten, während ihre Tigerliliengesichter beim Fressen vor und zurück schwangen. Sie erzeugten surrealistische Bilder von seltsamer Schönheit.

Unmengen von Arten kleiner Vögel schwirrten durch die Luft, schufen ein flammendes Farbenmosaik und eine melodische Symphonie. Selbst der schroffe »*go awa-a-ay*«-Ruf des Grauen Lourie, des grauen »Geh weg«-Vogels, hatte seinen Platz in der Schlagzeugerecke des Orchesters. Wir wussten inmitten dieses Farb- und Klangspektakels nicht, in welche Richtung wir den Fotoapparat und die Aufnahmegeräte richten sollten. Nicht zum ersten Mal verstand ich die Idee, die hinter dem Garten Eden steckte. Ich fragte mich, wie viele Städter, die an intensive Geräusche und großen Stress gewöhnt waren, diese offene, meditative Art einer harmonischen Natur wirklich genießen konnten. Doch die Natur trickst uns gerne aus. Sie erinnert uns daran, dass alles im Fluss ist. Immer wieder, wenn ich schwelgend etwas Schönes betrachtete, brach das Chaos aus – so auch jetzt.

Plötzlich verstummten alle Geräusche. Alle Köpfe drehten sich in dieselbe Richtung – zur Baumgrenze. Die nervösen Kudus rannten in die entgegengesetzte Richtung, ohne panisch zu springen, was hieß, sie flohen nicht vor einem Feind. Unser Blick folgte dem ihren. Schweigend teilten sich die Büsche, als sechs mit rotem Staub bedeckte Elefanten auftauchten und immer schneller liefen, je näher sie dem Wasser kamen. Weitere erschienen, bis sich ein fester Block entlang einer Seite der Lagune gebildet hatte. Kühe in unterschiedlichen Formen und Größen waren dabei, die mit ihrem Nachwuchs dort standen. Alle anderen Tiere wichen vor den Monarchen Afrikas zurück.

Bisher wurde unsere Anwesenheit von der Herde akzeptiert, vor allem, wenn wir beim Eintreffen der Elefanten bereits auf unseren Posten waren. Alle waren damit beschäftigt, Wasser zu saugen und in ihre durstigen Kehlen zu pumpen. Jeder Schluck klang wie eine Toilettenspülung. Selbst die Kleinsten tauchten wie zur Übung ihre Rüssel ins Wasser. Sie hatten noch keine Ahnung, wie sie es anstellen sollten, ihn zu benutzen, sondern platschten ziellos damit herum wie Babys in einer Badewanne, bevor sie frustriert ihre Rüssel in die Mäuler der Älteren schoben, um deren Inhalt zu untersuchen.

Ich beobachtete ein weibliches Kalb, das unzählige Male versuchte, Wasser in seinen strohhalmförmigen Rüssel zu saugen. Wenn Elefantenwangen vor Anstrengung rot werden könnten, dann wären seine knallrot geworden. Schließlich konnte es einen zweifelhaften Erfolg verbuchen, als das Wasser direkt in seine Nase und seine Nebenhöhlen schoss und es vor Schreck nach hinten fiel. Seine kleinen Augen begannen zu tränen, und es versuchte, die Reizung mit Blasen und Husten zu beseitigen. Unter dem Blick seiner Mutter, die, wie ich hätte schwören können, leise vor sich hinkicherte, rieb sich das Kalb betrübt ein Auge mit der Spitze seines unartigen Rüssels. Die Mutter fuhr tröstend mit ihrem dicken Rüssel über den Rücken ihres Kindes, bevor sie es wieder an den Rand des Wassers schob. Durstig und müde sank die Kleine auf die vorderen Knie, reckte den Hintern nach oben, drehte den kleinen Rüssel, damit er keine Dummheiten machte, auf ihre Schulter und trank direkt mit dem Maul.

Eine derart gedrängte Elefantenherde zu zählen, ist fast unmöglich. Wir einigten uns schließlich auf vierundachtzig. Einige Bekannte waren dabei. Karten über die nicht identifizierten Mitglieder ihrer Familien wurden angelegt. Ich zeichnete gerade die Markierungen des ausgefransten Ohrs eines jungen Weibchens ohne Stoßzähne ein, das ich oft mit Schiefer Stoßzahn, der Leitkuh, gesehen hatte, als eine neue Gruppe von sieben Elefanten polternd zwischen den Bäumen hervorbrach und aufgeregt trompetete.

Staubwolken wirbelten bei jedem Schritt auf, als deren Leitkuh freundlich auf Schiefer Stoßzahn zurannte. Sobald sie sich gegenüberstanden, spreizten beide Kühe die Ohren weit nach vorne, umschlangen gegenseitig ihre Rüssel und schoben sie vorsichtig ins Maul der anderen. Die ganze Zeit während ihrer leidenschaftlichen Begrüßung schrien sie. Auch die anderen Elefanten begrüßten sich in ähnlicher Weise, indem sie sich als Zeichen ihrer Familienbande mehrere Minuten lang berührten und grölten, bevor sie gemeinsam zum Wasser gingen.

Die neue Leitkuh war so gut wie makellos. Ihre Augen wiesen keine besonderen Merkmale auf und saßen perfekt in ihrem schön proportionierten Gesicht. Die beiden ideal aufeinander abgestimmten weißen Stoßzähne waren elegant nach oben gebogen. Die Kuh war groß und hatte einen wunderbaren Körper. Selbst die Spitze ihres langen, geraden Schwanzes war mit dichtem schwarzem Haar überzogen. Kathy schlug vor, ihr den Ndebele-Namen für Schönheit zu geben – Dilingane. Ihr süßes männliches Kalb konnte immer noch unter ihr hindurchlaufen. Es stand knietief im Wasser, wo es an ihren schweren Brüsten, die denen einer Frau glichen, zu saugen begann, während die Mutter selbst ihren Durst löschte.

Wir beobachteten die beiden Leitkühe, die zufrieden nebeneinander standen. Waren sie vielleicht eng miteinander verwandt? Trotz ihres deformierten Stoßzahns war Schiefer Stoßzahn eine hübsche Kuh. Ich erkannte eine Ähnlichkeit in ihren Gesichtern. Der mächtige Rücken von Schiefer Stoßzahn hing tiefer, das Zeichen dafür, dass sie schon mehrere Kälber geboren hatte. Mit Sicherheit deutete die innige Begrüßung auf ein enges Familienverhältnis. Dilinganes Siebenergruppe war viel später und aus einer anderen Richtung als der Rest der Herde eingetroffen, sodass sie vielleicht eine Zeit lang getrennt gewesen waren. Nachdem uns Dilingane nun das erste Mal begegnet war, zogen die beiden Familien meistens gemeinsam umher. Dilinganes lebhaftes Wesen sorgte immer für Spaß, und sie schien sich nie an unserer Anwesenheit zu stören. Diese Aufgabe überließ sie unserer geliebten Schiefer Stoßzahn oder ihrer Verbündeten Inkosikasi, einer großen Kuh ohne Stoßzähne, oder Bette!

Die beste Zeit boten die sorgenfreien Tage am Ende der Regenzeit, wenn der Überfluss der Natur den wohlgenährten Erwachsenen Energie und Zeit ließ, ihre Zufriedenheit in Spielen auszudrücken. Eines denkwürdigen Morgens im Mai erlaubte uns die Herde, Zeugen einer ihrer unvergleichlichen Elefantenspäße zu werden.

Dick angezogen gegen die morgendliche Herbstkälte, waren wir schon seit Tagesanbruch unterwegs. Wir fanden die Spur eines Löwenrudels und folgten ihr entlang eines sandigen Wegs, bis sie in meinen Lieblingsteakholzwald abbog. Dort legten wir zunächst eine Pause ein, um fleckige, schrumplige Äpfel zu essen und einen Schluck aus unseren Wasserflaschen zu nehmen. Zu dieser Jahreszeit lassen die Mopane- und Teakholzbäume ihre rostbraunen Blätter fallen, die auf dem Sand einen raschelnden Teppich bilden. Ich lehnte gegen die Motorhaube und hielt mein Gesicht in die wärmenden Sonnenstrahlen, die durch das dünner werdende Laubdach drangen.

Als ich wegen der kühlen Luft husten musste, flohen unsichtbare Tiere über den raschelnden Blätterteppich hinweg vor uns. Ich hoffte, dass wir sie nicht in den Rachen des Todes gejagt hatten. Irgendwo in der Nähe würden die Löwen auf einer sonnenbeschienenen Lichtung liegen und sich von der Anstrengung der kalten Nacht erholen. Vielleicht hatten sie bereits eine Beute gerissen und erfreuten sich am Fressen. Auf jeden Fall würden sie sich später am Tag an einen schattigen Platz zurückziehen, um der Hitze des Tages zu entkommen, und das tun, was Löwen am besten konnten – schlafen. Bald schon hatte ich herausgefunden, dass kleine Insekten wie Mistkäfer und Termiten in fünf Minuten für mehr Aufregung sorgen als ein Rudel träger Löwen in acht Stunden.

Wir machten uns wieder auf den Weg in Richtung eines gut mit Wasser gefüllten *pan*, einem Lieblingsplatz der Elefanten. Oft blieben wir stehen, schalteten den Motor ab und lauschten auf die Botschaften der Natur. Noch bevor wir das Becken erreicht hatten, hörten wir die durchdringenden Schreie aufgeregter Elefanten. Nach ihnen einzutreffen, war nicht ideal. Trotzdem beschlossen wir, das Risiko einzugehen, um zu sehen, warum sie so ungewöhnlich lange dröhnten und trompeteten. Jeremy lenkte Bluey zu einer breiten Lichtung und schaltete den

Motor aus. Dort herrschte hektisches Treiben. Selbst wenn wir von einer Hardrockband begleitet worden wären, hätten die Elefanten uns nicht beachtet.

Die ansonsten so ruhigen Kühe hatten alle Würde vergessen und donnerten im Kreis umher, jagten einander oder ihre Jungen mit hoch erhobenen Schwänzen und Stoßzähnen. Schiefer Stoßzahn tat sich besonders hervor. Immer wieder stieß sie mit ihrem Hintern gegen eine ihrer Genossinnen, und nach jedem Stoß tat sie kurz so, als wäre sie empört darüber. Sie erstarrte, plusterte sich auf, flatterte mit den Ohren und ließ einen kehligen Trompetenstoß hören, bevor sie ihr ulkiges Spiel wiederholte und erneut mit dem Hintern voran rückwärts auf die anderen zuschlurfte.

Die Kühe, die sie anrempelte, reagierten ebenso ungewöhnlich: Sie ignorierten die sonst respektierte Leitkuh einfach oder trompeteten laut und entrüstet. Doch das Lustigste an der ganzen Vorstellung waren die verwirrten Kälber, die sich zusammengerottet hatten und das Treiben der Älteren erschrocken beobachteten. Die kleinen Rüssel berührten einander, als suchten die Jungen Sicherheit und Trost angesichts dieser Vorgänge. Eins der Kälber saugte an seinem Rüssel und schielte hinter einem etwas größeren Jungen hervor, das eins seiner Vorderbeine in offensichtlichem Entsetzen vor und zurück schwang. Ich fragte mich, ob ihre Mütter sie dort in sicherem Abstand abgestellt hatten, damit sie in dem Durcheinander nicht totgetrampelt wurden.

Plötzlich schwenkte die Stimmung um. Die ganze Familienherde verharrte und blickte in eine bestimmte Richtung.

Lautes Krachen war zu hören, als eine junge Kuh mit wildem Blick zwischen den Büschen hervorpreschte. Sie gab ein paar kurze, scharfe Trompetenstöße von sich und floh an der Familienherde vorbei.

Ein riesiger Bulle brach durchs Gestrüpp und hastete zwischen den reglosen Kühen hindurch über das *pan* und weiter zur gegenüberliegenden Baumgrenze, wo das Weibchen verschwunden war. Die Blicke der Kühe folgten ihm, bis er zwischen den Büschen verschwunden war. Irgendwie angetrieben von ihren schwingenden, halb erigierten Penissen, nahmen drei junge Bullen die Verfolgung auf. Und wieder folgten die Blicke der anderen ihnen wie bei einem Schauspiel. Nachdem die Fünferbande im Wald verschwunden war, blieben die Kühe noch ein paar Sekunden lang reglos stehen, dann gaben sie ihre Zuschauerrolle auf und widmeten sich wieder ihrem wilden Spiel.

Ich überlegte, ob die brünstige Kuh das aufgeregte Spiel in der Familienherde verursacht hatte. Wir hatten sie zwar auf ihrer Flucht nur kurz gesehen, doch sie hatte wie ein verwirrtes junges Weibchen gewirkt, das zum ersten Mal von ihren sexuellen Regungen gepackt wird. Cynthia Moss beschreibt in ihrer Amboseli-Herde ähnliche Reaktionen unerfahrener Kühe auf hofierende Männchen. Vielleicht brachten diese hormonell bedingten Aktivitäten ja das Gleichgewicht der Gruppe durcheinander, es waren schließlich empfindsame Tiere.

Dennoch glaubte ich, dass dieser Anfall von Verrücktheit eher ein Zeichen guter Laune war, nachdem die Elefanten von der Natur durch reiche Ernte beschenkt worden waren. Aber vielleicht reagierte unsere Herde auch auf eine Kombination aus beidem: das Ergebnis von Ursache und Wirkung. Der Regen produziert Wasser und Nahrung, was den Elefanten zur Höchstleistung verhilft. Diese veranlasst die Fortpflanzungsorgane von Kühen zur Ovulation, was wiederum die Bullen anzieht. Die Mägen füllen sich schneller mit riesigen Mengen an leckerem Gras, sodass die Tiere mehr Zeit und Energie für ihren Spaß haben.

Aber sobald die guten Zeiten vorbei waren und Nahrung und Wasser knapper wurden, schwanden auch die Fettreserven und mit ihnen die lebhafte Energie der Elefanten. Doch an diesem Tag verschmierten Freudentränen die Kameralinse angesichts des ausgelassenen Spiels dieser schönen, intelligenten Tiere. Wir waren im Elefantasialand.

Kapitel 7

Das Leben im Lager

Die Rückkehr der Elefanten ins Tal änderte unseren Tagesablauf völlig. Auch wenn die Dankbarkeit über mein Glück und die Gefühle, dass um mich herum alles unwirklich war, nicht nachließen, kam ich mittlerweile mit der Umgebung und den Menschen, die hier lebten, gut zurecht. Die Zeit, die wir gehabt hatten, um uns an diese fremde Welt zu gewöhnen, war wie ein Geschenk für mich gewesen. Das bequeme Leben in den Mitarbeiterunterkünften des Safarilagers hatte uns die Gelegenheit gegeben, mit den Menschen in Kontakt zu kommen. Dies war entscheidend für unser zukünftiges Wohl.

Jetzt war es Zeit, ein gewisses Maß an Luxus aufzugeben und vom Safarilager in eine bescheidene Hütte, der »Farm 41« zu ziehen, die Stevie und Jabulani im Auftrag von Mandebele für uns tief im Revier der Elefanten gebaut hatten. Während er seine Hammerschläge mit Gesang begleitete, errichtete Stevie die Hütte auf dem Betonfundament eines Gehöfts, das während des Bürgerkriegs niedergerissen worden war. Der Farmer war längst fort, nachdem er seine eigene Schlacht gegen die Tiere verloren hatte. Die einen hatten seine Ernte gefressen, die anderen – die Löwen – hatten seine Rinder auf dem Gewissen.

Anschließend war das Haus von einem Aufseher des Nationalparks und seiner Frau gemietet worden, die es liebevoll eingerichtet und den hübschen Garten wiederhergestellt hatten. Sie hatten Pferde und Schweine gehalten und sich an das dürftige Leben in feindlicher Umgebung geklammert, entschlossen, den Anschein von Normalität zu wahren. Doch die Nächte waren lang und beängstigend. Der Aufseher war für die Polizeireserve verpflichtet. Er verschwand regelmäßig im Busch. Während dieser Zeit zog seine Frau in ein besser bewachtes Haus.

Dort traf er sie eines späten Abends, nachdem er zwei Wochen am Stück Dienst gehabt hatte. Am nächsten Morgen weigerte er sich, zur Farm zurückzukehren. Verwirrt und deprimiert, wie er war, konnte er seiner Frau seine bösen Vorahnungen nicht erklären. Den ganzen Tag über machte sie sich Sorgen um ihr hungriges Vieh und die Haustiere. In der darauffolgenden Nacht zündeten Rebellen der ZANLA, der Zimbabwe African National Liberation, die Hütte mit Benzin an. Sie erschossen die Pferde und schlachteten die Schweine, ließen aber einige verstümmelte Tiere am Leben. Der Speer, mit dem die Rebellen die Schweine getötet hatten, war das Einzige, was aus der rauchenden Ruine gerettet wurde. Die Hunde hatten fliehen können.

Die Trommeln des Bürgerkriegs waren verstummt, lange bevor wir eingetroffen waren, doch zwischen den damaligen Feinden blieb die Stimmung angespannt. Beide Seiten litten noch immer. Viele *mazungus* – Weiße – waren böse und viele *muntus* – Schwarze – wütend. In der Wildnis, in der wir lebten, bekamen wir davon allerdings wenig mit, und die Tiere wussten davon nichts. Nur wenn wir in eine Stadt oder ein Dorf fuhren, bemerkten wir die Unzufriedenheit. Sie machte mich traurig, aber sie ging mich nichts an. Ich war wegen der Elefanten hier.

Als wir in der Farm 41 unser Lager aufschlugen, hatte die Natur die Spuren des Schreckens überdeckt. Wir gewöhnten uns rasch an unser neues Leben, dankbar für die Abgeschiedenheit und endlich in der Lage herauszufinden, ob die Elefanten einem Bewegungsmuster folgten.

Unser kleines Lager diente uns nach langen Tagen, an denen wir der Herde gefolgt waren, als Heimathafen. Manchmal kamen die Elefanten aber auch zu uns und ersparten uns weite Fahrten. Oft rissen sie das Rohr ein, das vom kleinen Wasserloch zu unserer einfachen, nicht überdachten Dusche lief, die mit einem *boma* aus zusammengebundenem Schilf abgetrennt war.

Eines Abends legte ein junges Männchen auf der Suche nach Wasser seinen Rüssel über die zwei Meter hohen Pfosten, mit denen die Dusche, in der ich gerade stand, umgeben war. Nackt und verletzlich, drehte ich das Wasser aus dem Segeltucheimer ab und drückte mich gegen die Pfosten, während der runzlige, haarige Elefantenrüssel um mich herum zappelte. Der Elefant rieb mit seinem Körper gegen die wacklige Konstruktion und brummte missmutig. Ich schloss die Augen und konzentrierte mich darauf, ihm liebevolle Gedanken zu schicken.

Es war nicht mein Tag. Als ich angewidert aufgab und mich zurückziehen wollte, packte mich der nächste Schrecken – ein viel schlimmerer: Ich erblickte eine riesige Vogelspinne nur wenige Zentimeter von mir entfernt. Vor ihr hatte ich mehr Angst als vor dem Elefanten, dessen Genossen sich um unser Lager herumtrieben, und nichts würde mich von meiner Flucht vor der Vogelspinne abhalten. Das Handtuch hing hinter der Spinne und damit außer Reichweite. Jeremy war fort. Mit meinem Haar voller Schaum rannte ich los. In diesem Moment torkelte Rob ins Lager, überrascht vom Anblick einer nackten Frau, die, offenbar unbeeindruckt von den wilden Elefanten, die sich so nah herangewagt hatten, zur Hütte rannte.

Wenn ich mir in einem Moment der Feigheit – noch dazu nackt – von einem Mann helfen lassen musste, sollte »Gentleman Rob« der Mann meiner Wahl sein.

»*Is it?*«, murmelte er mit ernstem Blick, als ich, in einen Sarong gewickelt, wieder herauskam. Doch seine funkelnden Augen verrieten, dass er die Situation lustig fand.

Afrikaner sagen »*is it?*« statt »*is that so?*«, »*did you?*« oder »*what happended?*«, um zu fragen, was passiert ist, oder um Bestätigung zu erhalten. Als ich Rob bat, die Spinne zu entfernen, damit ich zu Ende duschen konnte, wiederholte er die Worte. Er lachte weder über meine Schwäche, noch erzählte er den anderen davon. Ansonsten hätten bald alle davon gewusst, und ich hätte an jeder Ecke eine Spinne vorgefunden.

Jeden Abend vor dem Schlafengehen durchsuchte Jeremy die Hütte oder das Zelt nach Spinnen, doch oft huschten haarige Beine über mein Gesicht und weckten mich zu einem schlaflosen Albtraum. Die Schlacht konnte ich nicht gewinnen. Eine Nacht ohne Zwischenfälle war eine gute Nacht.

Ob wir in einer einfachen Hütte oder unter einem Zeltdach schliefen, das morgendliche Erwachen verlief immer gleich. Einer häuslichen Routine zu folgen, gab mir einen Sinn für Ordnung und half mir, meine persönliche Disziplin in einer Welt herrlich unbezähmter Menschen zu wahren – in einer Welt, in der nichts vorhersehbar war.

Der Winter war gekommen und mit ihm die Kälte. Manchmal sank die Temperatur unter den Gefrierpunkt. An solchen Tagen kuschelte ich mich tiefer in meinen Schlafsack, bis Jeremy das Feuer angezündet und das Wasser zum Waschen erhitzt hatte. Ich genoss die Momente, in denen ich mich eilig wusch und, von einem Bein aufs andere springend, in meine steifen Baumwollhosen stieg. Meine Finger waren oft so taub, dass ich Mühe hatte, meine durchaus praktischen, aber furchtbar starren Wanderstiefel zuzubinden.

Ich begann sogar, den körnigen Maismehlbrei zu mögen, den ich in der aufgelösten Trockenmilch kochte. Jeremy mochte ihn nie. Bis wir entdeckten, wo wir köstliche Guajavas und Pampelmusen in Dosen kaufen konnten, mussten wir mit dem künstlichen Orangensaft auskommen – einer pulverisierten, überzuckerten Orangenmasse. Aus altem Brot ließ sich hervorragender Toast machen, wenn es an einer langen Gabel oder einem Stock über das Feuer gehalten und anschließend mit pochierten Eiern belegt oder der leckersten dunklen Marmelade bestrichen wurde, die ich je gegessen habe. Weil unsere Tage lang und anstrengend waren und das Mittagessen oft nur aus getrockneten Früchten, haltbarem Käse, Erdnüssen und Kräcker bestand, wurde das Frühstück zu einem wichtigen Ritual.

Die hier lebenden Vögel und die Südlichen Grünmeerkatzen besuchten uns regelmäßig zur Essenszeit. Da wir wilde Tiere nicht ermutigen wollten, sich an unsere Gegenwart zu gewöhnen, gaben wir ihnen bewusst nichts zu fressen – doch es fiel genug von unseren Tellern, was die scheuen Wesen anlockte.

Südliche Grünmeerkatzen, die aussahen, als trügen sie genagelte Stiefel, hüpften in aller Herrgottsfrühe über das Blechdach unserer Hütte oder turnten an den Spannseilen des Zeltes und schnatterten aufgeregt. Ihr Lärm raubte uns den Schlaf. Sogar heute noch bin ich schon um halb sechs hellwach und quietschvergnügt.

Im trüben Licht kurz vor dem Morgengrauen klangen die traurigen Rufe der Eulen und Nachtschwalben und die Schreie der Buschbabys besonders eindringlich, bevor die tagaktiven Vögel mit ihren fließenden Melodien den Sonnenaufgang begrüßten. Ich tat dies mit Yogaübungen, während ich den Hyänen lauschte, die sich gegenseitig Abschiedsrufe zukommen ließen und sich in ihre Höhlen zurückschleppten. Schakale jaulten ihre Nachrichten über Erfolg oder Misserfolg, dann zogen sie sich in ihre Löcher zurück, um dort den Tag zu verschlafen. Oft hörten wir Löwen brüllen, wenn sie ihre Beute gerissen hatten und anschließend in gefräßige Stille verfielen. Manchmal scheuchte der unheimliche Ruf eines einzelnen umherschleichenden Leoparden die erschreckten, auf Bäumen lebenden Paviane auf, die lautstark Warnungen kreischten. In der Morgen- und Abenddämmerung ist es im wilden Afrika am lautesten.

Um Punkt sechs Uhr morgens marschierte ein Schwarm Perlhühner ins Lager. Jedes Mal winkte ich der Anführerin zur Begrüßung zu, und jedes Mal sagte Jeremy: »Nimm die rechte Hand, nicht die linke, Zwerg.« Dann nahm ich die rechte Hand. Solche Rituale waren wichtig.

Mein Interesse an Vögeln wuchs mit jedem Tag. Ich zog mein Vogelbuch zu Rate, um Stare, Astrilde, Finken, Webervögel, gelbschnäbelige Nashornvögel und ein Pärchen Rotbauchwürger zu identifizieren, die so zutraulich wurden, dass sie sogar unter unseren provisorischen Tisch hüpften, um sich einen Happen zu schnappen, während wir das Geschirr abwuschen. So vertraut unser Umgang am Morgen auch war, später am Tag brachten mich die Vögel beinahe auf die Palme, wenn ich mit dem Fotoapparat auf Beutefang ging. Sie trotzten meinen Bemühungen und hielten sich immer gerade so weit auf Abstand, dass ich kein Bild schießen konnte. Schließlich lauerte ich ihnen in einer Vertiefung neben der Hütte auf. Egal, wie vorsichtig und langsam ich den Kopf und die Kamera über den Rand hob, ein Vogel entdeckte mich immer und alarmierte seine gefiederten Freunde, die hektisch flohen. Allerdings rückten sie wieder näher, wenn ich gerade am Schreiben und die Kamera außer Reichweite war. Sobald ich danach griff, waren sie weg.

Das dauerte so lange, bis ich Effie kennenlernte, ein gelbschnäbeliges Nashornvogelweibchen, das zum Star aufstieg, als ich es vor einem Schakal rettete. Ich schrieb im Schatten einer Akazie neben der Hütte, als ich den Schakal erblickte, der sich nach kleinen Leckerbissen umschaute. Nashornvögel ärgerten ihn, besonders dieses eine Weibchen, das immer näher flog und ihn schreiend und mit flatternden Flügeln herausforderte. Plötzlich verlor sie das Gleichgewicht und stürzte zu Boden, wo sie, weil sie herumzappelte, mit einem Bein unter einem Stein hängen blieb. Der Schakal und ich eilten gleichzeitig herbei. Ich gewann das Wettrennen und schnappte mir den Vogel.

Leider war das Bein gebrochen und hing nutzlos unter ihrem Körper. Effie rollte ihre großen orangefarbenen Augen in den lustigen, faltigen grauen Taschen, als ich sie vorsichtig auf einen Ast setzte. Dort blieb sie lange sitzen und dachte, wie ich vermutete, über ihre Misere nach. Schließlich versuchte sie zu fliegen, doch es dauerte lange, bevor sie es schaffte, auf einem Bein sicher zu landen, während sie das andere steif unter ihrem Körper hielt.

Von diesem Moment an vertraute uns Ellie und erlaubte uns, ihr besondere Happen mit der Hand zu reichen, die sie mit ihrem großen, wie eine Gartenschere gebogenen Schnabel entgegennahm. Das Lager wurde ihr Zuhause, das sie mit lauten Rufen gegen ihre Kameraden verteidigte. Sie schien zu wissen, wie man wie ein Filmstar vor der Kamera posiert, und sie begrüßte uns mit offensichtlicher Freude, wenn wir nach Hause kamen. Ich wusste, dass Effie die Beziehung nur aufrechterhielt, weil sie uns brauchte. Trotzdem liebte ich sie und war traurig, als sie eines Tages verschwunden war.

Innerhalb weniger Wochen kannten wir viele der Tiere, die im *vlei* in der Nähe unseres Lagers lebten. Sie wurden nervös, wenn sie uns kommen hörten, bereit zur Flucht, bis sie sahen, dass wir es waren.

Ich machte mir Sorgen darüber, dass sie sich zu sehr an die Nähe zum Menschen gewöhnen könnten. Denn so zutraulich, wie sie waren, bestand die Gefahr, dass sie Wilderern die gleiche Ehre erwiesen und unwissentlich ein ruhiges Ziel für die Kugeln abgaben. Doch gegen ihr entspanntes Verhalten konnten wir nur wenig tun.

Vielleicht wussten sie, dass wir anders waren als die Wilderer, genauso wie sie ihren natürlichen Feinden anmerkten, wenn diese Hunger hatten oder nicht. Es war eine Freude zu beobachten, wie sie sich entspannten, wenn wir uns bei Tagesanbruch mit eingeschaltetem Licht näherten und über den nebelverschleierten *vlei* fuhren. Abends auf der Rückfahrt war dies anders, wenn die Gefahren der hereinbrechenden Nacht lauerten. Doch es war wichtig, dass wir die Tiere davon abhielten, unser Lager nachts als Zuflucht vor Feinden aufzusuchen. Bis auf die unvermeidlichen Paviane schienen sie weniger freundliche Siedlungen zu meiden, die ihre alten Migrationswege versperrten. Leider waren es Elefanten, die Probleme verursachten, wenn sie zur Erntezeit über die Grenzen hinweg in die Gebiete der Menschen eindrangen.

Unser Gnu schien mit einem gut eingerichteten Leben zufrieden zu sein. Vielleicht wurden die Urinstinkte manchmal zur selben Jahreszeit geweckt, in der ihre Vorfahren genau über diese Wege auf »Wanderschaft« gegangen waren. Eine Zebrafamilie, bestehend aus einem reizbaren Hengst, drei Stuten und zwei Jungtieren, teilten sich den Platz mit dem Gnu. Durch diese Symbiose kam jeweils der andere in den Genuss von Vorzügen, die er ansonsten nicht hätte, was die Chancen erhöhte, im Falle eines sich nähernden Feinds gewarnt zu werden.

Giraffen tauchten aus dem Wald auf, um am Wasserloch zu trinken und die frischen grünen Spitzen und Blüten des angrenzenden Gestrüpps abzuzupfen. Es war nicht möglich, einzelne

Giraffen wiederzuerkennen, sofern sie nicht über besondere Merkmale verfügten. Allerdings bestand auch keine Notwendigkeit, sie unterscheiden zu müssen. Ich erfreute mich schlicht an ihrer Anmut und Schönheit, sobald ich sie vorbeiziehen sah. Einmal hielt sich eine Herde Weibchen mit ihren Kälbern, die alle ungefähr im gleichen Alter waren, länger als gewöhnlich in der Nähe des Lagers auf. Die Jungen hüpften ausgelassen herum, was für ihre zurückhaltenden, eleganten Eltern nicht angemessen gewesen wäre. Wenn sich ihre unmöglich langen Augenwimpern müde nach unten senkten und das Spiel vorbei war, versammelten sie sich zum Schlafen, während eine der Mütter Wache hielt.

Einmal fuhr ich mit dem Wagen beinahe in eine solche Versammlung von Giraffen hinein, die im hohen Gras ausruhten. Sie hielten ihre Hälse und Köpfe aufrecht und waren in dem beigen und braunen Gestrüpp, das wie lange Stöcke in die Luft ragte, nicht zu erkennen. Ich schien die Einzige zu sein, die sich Sorgen machte. Langwimprige Lider schlossen sich über fünf große, wunderschöne Augenpaare, und auch das Kindermädchen, das in aller Seelenruhe an einem in der Nähe stehenden Baum fraß, ließ sich von mir nicht stören.

Ein älteres Giraffenmännchen mit einer entstellenden Wucherung auf der Brust schien hier dauerhaft zu leben. Er verbrachte auf der Suche nach dringend benötigten Mineralien genauso viel Zeit damit, auf Knochen herumzukauen, wie er zum Weiden brauchte. Deswegen nannte ich ihn Gierhals. Er war sehr geduldig, wenn ich ihn filmte. Weibliche Giraffen mussten den Anblick dieser ausgemergelten Gestalt ziemlich oft ertragen, wenn er voller Inbrunst auf sie zueilte, während ein weißer Knochen aus seinem Maul hing. Mit dem fest zwischen seine Kiefer geklemmten Knochen sah er ganz nach *flehmen* aus.

Eine alte, einsame Gemsantilope schloss ich in mein Herz. Sie war die einzige Überlebende einer Gruppe, die Jahre zuvor von einem örtlichen Wildtier-Farmer und Jäger eingeführt worden war. Ursprünglich in den trockensten Wüsten zu Hause, wurden diese bemerkenswerten Antilopen systematisch wegen ihrer hervorragenden Hörner gejagt oder von nomadisierenden Löwen verspeist, die über sie herfielen, wenn sie durch den für sie ungewohnten dichten Busch stolperten.

Es gab Familien von Schabrackenschakalen, die mit ihren Arien die Abende und die Morgendämmerung erfüllten. Immer standen mir die Haare zu Berge, und ihr Jaulen erinnerte mich an die gespenstischen Geräusche, die ich und meine Freunde als Kinder beim Erzählen von Gruselgeschichten gemacht hatten.

Am liebsten aber waren mir die Säbelantilopen, die früher den *vlei* beherrscht hatten und jetzt tapfer ihre Kälber vor den gefleckten Hyänen zu schützen versuchten. Die Dunkelheit gehörte den nächtlichen Beutejägern. Sie führten eine Schreckensherrschaft über unsere Gemeinschaft der Tiere. Weil hier schon lange kein Löwenrudel mehr lebte, hatten die Hyänen überhandgenommen.

Ich schlief zu den betörenden nächtlichen Klängen ein, mit denen sie untereinander kommunizierten, und wachte erschrocken wieder auf, wenn sich der Klan mit Schreien, Kichern und Brummen über seine Beute hermachte. Das Treiben erinnerte mich an Anwälte, die sich im Gerichtssaal in Pose warfen und aufplusterten. Die Hyänen klangen wie Vorboten der Hölle, und jedes Lebewesen, egal, ob Mensch oder Tier, und egal, wie stark es war, bekam eine Gänsehaut, wenn es sie hörte. Irgendein erschrecktes Tier war da draußen gestorben, wahrscheinlich ein Junges, das ich am Tag, in der Sicherheit des Lichts, beobachtet hatte, wie es voller Lebensfreude mit seinen Altersgenossen umhergesprungen war. Welches Mitglied der Gemeinschaft würde am Morgen fehlen?

Einmal mischte ich mich ein. Es war schon beinahe Alltag, dass die Elefanten das Rohr herauszogen, das vom Wasserloch zu unserer Tonne lief. An dem bewussten Abend kehrten wir zurück und konnten, weil es zu spät war, den Schaden nicht mehr reparieren. Wir beschlossen, das Wasser zum Kochen und Baden selbst zu holen. Ich ging los, um einen Behälter zu füllen. Eine Weile beobachtete ich die Säbelantilopenherde, die sich in der Dämmerung am Wasserloch versammelt hatte. Zwei Kälber waren in den Nächten zuvor bereits von Hyänen gerissen worden. Dies war sowohl beängstigend als auch überraschend. Säbelantilopenkühe sind umsichtige Mütter und treiben ihre Jungen in einen engen Kreis von ausgewachsenen Tieren, wenn Gefahr droht. Ich wollte gerade den Wasserbehälter nach Art der afrikanischen Frauen auf meinen Kopf heben, als die erste von siebzehn Hyänen zielgerichtet auf die Säbelantilopenherde zustrebte. Die Hyänen bildeten eine große Gruppe. Sie rannten fast und hatten schon angefangen, widerliche Laute von sich zu geben. Mein Herz pochte vor Schreck. Ich wusste, dass sich die Säbelantilopen gegen diesen Massenansturm nicht würden wehren können. Was die Hyänen vorhatten, war für diese seltene Antilopenart gleichbedeutend mit einem Genozid.

Wut kochte in mir hoch. Diese Antilopen waren in dieser Gegend erst vor Kurzem wieder angesiedelt worden, nachdem Menschen sie zuvor ausgerottet hatten. Ich würde nicht mit ansehen, wie ein weiteres neues Leben von einer Spezies von Raubtieren ausgelöscht wurde, die überhand genommen hatte, nur weil der Mensch für dieses Ungleichgewicht der Natur gesorgt hatte. Ich rannte zum Fahrzeug, startete den Motor und jagte auf die Hyänen zu. Im dämmrigen Licht riss ich das Lenkrad nach rechts und links, um das in kurzen Sprüngen galoppierende, kichernde Rudel zu verjagen. Als ein Rudel im Busch verschwand, tauchte schon ein anderes auf, um die Jagd aufzunehmen. Am Ende gewann ich die Schlacht, doch mein Brustkorb schmerzte, nachdem ich Bluey malträtiert hatte, als hätte ich auf dem Rücken eines Pferdes gesessen und an den Zügeln gerissen, um Rinder im Hinterland zusammenzutreiben.

Schließlich verschwand auch die letzte Hyäne zwischen den Bäumen. Seltsamerweise hatte sich die Antilopenherde nicht von der Stelle gerührt – als hätten sie gewusst, dass ich ihnen helfen würde. Am Morgen erzählte Jeremy dem Aufseher von dem Problem. Frank war sich der Situation bewusst. Er hatte beobachtet, wie die Anzahl der Hyänen zunahm, während die der Löwen abnahm, weil es in einem nahe gelegenen Gebiet erlaubt war, sie zu jagen. Dies hatte etwa ein Jahr vor unserer Ankunft ein Ende gehabt. Doch bis dahin hatten sich die Löwen tiefer in den Hwange-Nationalpark zurückgezogen und kamen erst jetzt wieder langsam zurück. Ihr Fehlen hatte dazu geführt, dass sich die Hyänen explosionsartig vermehrten. Frank ergriff kurz nach dem Vorfall mit der Säbelantilopenherde Maßnahmen, um die Hyänen zu dezimieren. Ein durch den Menschen verursachtes Problem in der Wildnis bedurfte erneut des Menschen, um das Gleichgewicht wiederherzustellen.

Eins der bemerkenswertesten Tiere in Afrika erhielt irrtümlicherweise den gewöhnlichen Namen »Wildhund«. In Australien wird dieser Ausdruck für eine Mischung aus Hunden und Dingos verwendet, die viel gefährlicher ist als jede der Spezies, aus denen sie hervorgegangen ist. Der afrikanische Wildhund, der passender mit »bemalter Wolf« bezeichnet wird, ist ein im Rudel lebender Fleischfresser, der sich vor Millionen von Jahren vielleicht vom europäischen Wolf abgespalten hat. Wahrscheinlich aber ist, dass die afrikanische Spezies zuerst da war und sich alle anderen aus dieser entwickelt haben – wie beim Menschen.

Und wie die frühen Hominiden jagen Wildhunde in Gruppen. Ihre Strategie, über einen riesigen Bereich der Savanne und des Waldes auszuschwärmen, macht sie zu den erfolgreichsten Räubern im afrikanischen Flachland. Leider bringt sie ihre Geschwindigkeit und Ausdauer dazu, in die Gebiete von Zuchtfarmern einzudringen, die sie wie Ungeziefer behandeln. Wenn Wildhunde auf der Suche nach leichter Beute die Sicherheit der Wildnis verlassen, setzen sie sich zweierlei Gefahren aus: den Kugeln des Farmers und dem Kontakt mit den Hofhunden, die Krankheiten wie Tollwut und Staupe übertragen. In der Folge sind Wildhunde heute stark gefährdet.

Zuallererst begegneten wir Wildhunden Afrikas in der Nähe unseres Lagers, während wir Holz sammelten. Es war ein später Herbstnachmittag. Wir fuhren am Rand der offenen Savanne im Schatten des Waldes entlang und machten hin und wieder halt, um in den Laubhaufen nach Ästen und Zunder zu stöbern. Hinter jeder Kurve konnte plötzlich ein anderes Tier auftauchen, weswegen ich möglichst alles im Auge behielt. Zu jeder Zeit hielt die schweigende Anarchie des afrikanischen Buschs Überraschungen bereit – einschließlich Stock auf seinem Traktor.

Wir trafen Stock und Inkosikasis siebenköpfige Elefantenfamilie gleichzeitig. Ohne nach rechts oder links zu blicken, tuckerte er eisern mitten durch die Gruppe. Zwei Kühe täuschten einen Angriff auf den Traktor vor, aber Stock fuhr einfach weiter, als wäre er allein auf der Welt, wahrscheinlich, weil er viel zu betrunken war, um sich Sorgen zu machen. Schließlich gaben die Elefanten auf, und Stock verschwand hinter der nächsten Kurve.

Ich lachte, doch unvermittelt brachen zwei Wildhunde vor uns aus dem Busch und rannten die Straße entlang. Kurz darauf tauchten sieben weitere auf und eilten vorbei. Ihre großen, abgerundeten Ohren waren aufgerichtet. Gertenschlanke Körper federten auf langen Beinen, und ihre Schwänze mit den weißen Spitzen wedelten vor Freude und Aufregung.

Nun hatten die Elefanten genug. Inkosikasi trompetete eine letzte Beleidigung und führte ihre Familie in den Wald. Wir wurden ignoriert, als wir den Wildhunden folgten, die mit Sicherheit auf der Jagd waren. Schließlich erreichten wir die Hundekarawane und den uns vertrauten *vlei* in der Nähe unseres Lagers. Innerhalb weniger Sekunden rotteten sich die verängstigten Zebras und Gnus zu einem trampelnden, schnaubenden Haufen zusammen. Kudus verließen mit wenigen Sprüngen die Savanne, die Säbelantilopenfamilie stellte sich schützend um ihre Jungen. Jetzt herrschte das Chaos. Ich war erstaunt über die hübsch gefleckten Felle und die charakteristische Form dieser Hunde. Ich hatte Fotos und Dokumentarfilme gesehen, aber nichts hatte mich auf diese seltsame Schönheit vorbereitet. Diese Hunde waren anders als alle, die ich je gesehen hatte.

Als die Hunde zum *vlei* abbogen, fuhr Jeremy ihnen über holpriges Gelände hinterher, während ich mit der Videokamera um den Hals durchs Fenster auf die Motorhaube kletterte. Mit einer Hand hielt ich mich an der Strebe fest, an der die Sonnenblende hing, in der anderen hielt ich die Filmkamera. Später wunderte ich mich, wie ich das geschafft hatte.

Die Hunde rannten an erschreckten Tieren vorbei, ohne sie eines Blickes zu würdigen. Sie schwärmten in einem weiten Bogen aus, die Köpfe auf ein gemeinsames Ziel ausgerichtet. Innerhalb weniger Sekunden hatten sie einen Flecken mit höherem Gras umschlossen, in dem sie verschwanden. Wir erreichten sie, als sie bereits jaulend ein blutendes Kudukalb zerrissen. Dies war das letzte Mal, dass ich mein Mittagessen nicht bei mir behalten konnte. Nichts, was ich anschließend je zu Gesicht bekam, war so schlimm wie das hier. Die Hunde waren eine Tötungsmaschine von unbesiegbarer Stärke. In wenigen Minuten war alles aufgefressen, der dampfende Körper mit großen Bissen verschlungen. Diese Orgie filmte ich nicht.

Aber was anschließend kam, filmte ich: Die Hunde leckten sich gegenseitig das Blut ab, waren einander in zärtlicher Weise zugetan, was bei mir die Frage aufwarf, ob ich mir die Schreckensszene nur eingebildet hatte. Sie spielten wie zahme Haustiere miteinander und zwitscherten vor Freude. Wildhunde bellen nicht.

Ein Weibchen kam zum Wagen und blickte zu mir herauf, wo ich immer noch auf der Motorhaube balancierte. Der lange, intensive Blick ihrer braunen Augen war alles andere als freundlich. Meine eigenen Hunde waren, anders als es diese Schönheit hier tat, meinem Blick immer ausgewichen. Bei ihnen war ich das Alphatier. Bei dieser Wildhündin hier war ich mir nicht sicher. Ich hatte das Gefühl, sie begutachtete mich als potenzielles Futter. Ein Dingo in Australien hatte das Baby Azaria Chamberlain aus einem Zelt entführt, aber ich hatte nie gehört, dass Menschen von afrikanischen Wildhunden angefallen wurden. Ich kam zu dem Schluss, dass sie mit ihrem Blick ihre Überlegenheit demonstrieren wollte.

Noch immer mitgenommen von der Gewaltszene, zog ich die Beine nah an meinen Körper und rutschte zur Mitte der Motorhaube. Die Hündin, ein herrliches, wildes, wissendes Tier, vertraute auf ihre Überlegenheit. Sie lebte für den Moment, und in diesem Augenblick tat ich das Gleiche.

Wir nahmen unser Filmmaterial und die Fotos zu einem Wildhundforscher mit, der unser Freund wurde. Josh Ginsberg war ein herzlicher, gastfreundlicher amerikanischer Wissenschaftler, der für seine geliebten Wildhunde kämpfte. Bald gehörten sie auch zu meinen Lieblingstieren. Josh begleitete uns auf Expeditionen zu unseren Elefanten, wir ihn auf denen zu seinen Hunden.

Josh hatte Erfahrungen mit Elefanten in Kenia gesammelt, was mich beruhigte, wenn ich in einem zerbrechlichen Zelt inmitten der Herde schlief. Unser Zelt war viermal so groß wie das winzige Ding, das er benutzte, als wir in Masai Mara waren. Josh erzählte uns, er liebe es, im Schlafsack zu liegen und durch die offene Klappe die Sterne zu beobachten. Eines Tages wachte er in der Morgendämmerung auf, ihm war heiß, und er schwitzte. Er blickte auf die Uhr und dachte, der Himmel müsste bedeckt sein, weil er weder das Morgengrauen noch die Sterne sah. Als er die grummelnden Geräusche eines Elefanten hörte, zog er den Reißverschluss ein Stück weit auf. Ein mächtiges Bein stand direkt vor dem Zelteingang. Josh fiel hinterrücks wieder auf seinen Schlafsack. Dann grollte ein Bauch über ihm. Er dachte, er wäre ein toter Mann, als ihm bewusst wurde, dass ein Elefant über seinem winzigen Zelt stand. Der Bauch hatte das Zelt in düsteres Licht gehüllt!

Der Elefant blieb lange so stehen. Josh litt Höllenqualen. Er flehte seinen Gott und alle anderen an, die ihn hören könnten. Als der Elefant schließlich weiterging, hob er sanft seine Beine, ohne die Leinen oder die Zeltwand auch nur zu berühren.

Immer denke ich an Josh, wenn ich Elefanten sehe, die behutsam und mit erstaunlicher Präzision über Kochtöpfe, Körbe und Campingausrüstung steigen. Oft wachten wir morgens auf und sahen, dass Elefanten im Zickzackkurs unser Lager durchkreuzten, aber nachts hörten wir sie nie. Es war, als wollten sie uns nicht stören. Ich bin nicht sicher, ob ich mich immer so vorsichtig durch ihr Gebiet bewegt habe, trotz meiner Versuche, mich in ihre Welt einzufügen.

Josh wohnte in der Zentrale des Hwange-Nationalparks in der Nähe von Kathy, der in einem alten, mit einem Maschendrahtzaun umgebenen Kolonialgebäude eine Unterkunft zugewiesen worden war. Ein paar Tage nach dem Beutezug der Wildhunde geriet Jessie, Kathys Jack-Russell-Terrier, in helle Aufregung und kläffte, um sein Frauchen zu wecken. Kathy war durch einen gesunden Schlaf gesegnet und erzählte, sie habe das Bellen nur am Rande gehört. Doch als Jessie schließlich aufs Bett sprang und ihr Gesicht abschleckte, war sie wach. Die Nacht war heiß, und die Fenster standen offen. Schließlich hörte Kathy, wie ein großes Tier keuchend durch den Garten stapfte. Der Strom war ausgeschaltet, wie immer nach zehn Uhr abends. Sie griff zur Taschenlampe und zur Machete, nahm Jessie mit und krabbelte zum Fenster.

Was sie sah, veranlasste sie, durchs Haus zu rennen und alle Fenster zu schließen. Ein ausgewachsener Löwe mit schwarzer Mähne war über den Zaun gesprungen und im Garten gelandet. Vielleicht war er von Jessies Geruch oder ein paar frei laufenden Hühnern angelockt worden, die Kathy am Abend aus Vergesslichkeit nicht in den Stall gesperrt hatte.

Als der Löwe anfing zu brüllen, kam Josh vorbei, um nachzuschauen. Bald hatten sich mehrere Männer draußen versammelt und beobachteten den von Angst getriebenen Löwen, der sich im Licht der aufflackernden Autoscheinwerfer am Zaun aufrichtete. Kathy sperrte Jessie in die Vorratskammer, doch ihr aufgeregtes Bellen und das wütende Brüllen des Löwen waren lauter als die Rufe der Männer. Sie wollten Kathy warnen, weil die Haustür noch sperrangelweit offen stand. Kathy beobachtete die Szene hinter ihrem verriegelten Fenster, ohne sich der Gefahr bewusst zu sein.

Schließlich schaffte es der Aufseher, das Gatter zu öffnen, während der Löwe auf der Rückseite des Hauses abgelenkt wurde. Doch es dauerte noch Stunden, bis er den Weg in die Freiheit fand. Und die ganze Zeit über hatte sich Kathy an dem Schauspiel erfreut, ohne zu ahnen, dass der Löwe jederzeit hätte durch ihre offene Tür hereinspazieren können.

An Schlaf war in jener Nacht nicht mehr zu denken. Als die Sonne aufging, fand Kathy ihre Hühner unversehrt vor. Von hohen Zweigen gackerten sie ihr Elend herab und ließen sich auch nicht mit Bergen von Getreide und Salatblättern herunterlocken. Jessie schnupperte den ganzen Tag im Garten herum und bellte wichtigtuerisch, wenn der stechende Geruch des Löwen besonders aufdringlich war. Kathy lobte und streichelte ihren zappeligen Hund, der ihr vielleicht das Leben gerettet hatte.

Bald kehrte jedoch wieder Frieden ein. Jeremy und ich hatten uns auf der Farm 41 bestens eingerichtet und wurden von den anderen beinahe schon beneidet, weil wir uns dort etwas zurückziehen konnten. Außer dass die weidenden Tiere ihre Spuren hinterließen, veränderte sich das Laub vor unserer zerbrechlichen Hütte in seiner Struktur und Farbe nur durch den Wechsel der Jahreszeiten und fiel im Frühling ab.

Unsere Waffen waren die Fähigkeit zur Selbstdisziplin, Wachsamkeit und Vorahnung. Unser Schild war ein Fahrzeug, das manchmal nicht ansprang. Da ich mich entschlossen hatte, an einen Ort zu gehen, an dem sich die Menschen dem Diktat der Natur unterwerfen müssen, freute ich mich über die schlichte Koexistenz mit der Erde, der Flora und der Fauna. Es wäre dumm gewesen, dieses strenge Eden meinem Willen unterwerfen zu wollen.

Allerdings erforderte der Selbsterhaltungstrieb eine erhöhte Sinneswahrnehmung. Ich fühlte mich motiviert und von Licht erfüllt, und mein Körper reagierte auf das Vibrieren. Als der öde Lack der »zivilisierten« Welt abblätterte, fielen auch die Scheuklappen. Mein Blick wanderte nicht mehr ziellos über die Landschaft. Ich begann Einzelheiten zu erkennen, die mir zuvor nicht aufgefallen waren. Was vorher wie eine monotone Färbung aus Beige und Silber ausgesehen hatte, bekam auf einmal unzählige Schattierungen, und ein gut getarntes, regungsloses Tier – eine Antilope oder ein Löwe – verriet sich im gelbbraunen Gras durch den leichten Unterschied in der Farbe. Schon aus weiter Ferne konnte ich die mächtigen Elefanten erkennen, die sich im stahlfarbenen Busch ausruhten. Wir durchschauten die perfekte Tarnung von Leoparden, bevor sie wieder unserem Blick entschwanden. Ich wollte die Wildkatzen frustrierten Besuchern zeigen, die trotz meiner intensiven Bemühungen noch immer nichts sahen. Allerdings wurden unsere Sinne, die sich allmählich schärften, durch die der Safariführer und der Eingeborenen weit in den Schatten gestellt.

Wenn sich vor uns eine neue Klangwelt auftat, senkten wir die Stimmen. Manchmal hatte ich das Gefühl, meine Ohren würden sich von meinem Kopf trennen, wenn ich angestrengt den leisen Geräuschen unsichtbarer Tiere im Busch lauschte. Ich hatte zwar schon immer einen leichten Schlaf, doch mittlerweile wachte ich schon bei der leisesten Störung auf. Unterdrückte Instinkte begannen, unabhängig von meinem Verstand zu wirken. Doch Instinkte reichten nicht. Seit meiner Rettung am Savuti-Kanal wusste ich, dass es eine andere Kraft neben mir gab. Und plötzlich nahm sie Gestalt an.

Kapitel 8

Horaz der Schreckliche

Jeremy war mit Bluey ins Hauptlager von Hwange in die Werkstatt gefahren. Die erzwungene Ruhe bot mir die Gelegenheit, überfälligen Papierkram in Angriff zu nehmen. Ich setzte mich hin, um Fotos zu sortieren und Ordner mit neu dokumentierten Elefanten anzulegen.

Die Arbeit lief gut, eine kurze Ablenkung bot nur eine Gruppe amerikanischer Frauen, die sich für das Projekt interessierte, und Kathy, die wie immer in Begleitung von Jessie auftauchte. Die muntere, kleine Hündin trug einen klobigen Verband an einer ihrer Vorderpfoten, die sie sich bei dem Versuch gebrochen hatte, einen Duiker zu erlegen. Aber ihr Jagdinstinkt war damit nicht erlahmt. Ihr Besuch war kurz, dennoch schaffte Jessie es, sich ein Perlhuhn zu schnappen, das sie hereinschleifte, um es uns zu zeigen. Ihre verletzte Beute hing schief aus ihrer Schnauze. Das Huhn war fast so groß wie sie selbst. Niemand verurteilte sie dafür, dass sie ab und zu ein wildes Tier erlegte – besonders nicht, nachdem sie ihr Frauchen vor dem Löwen im Garten gewarnt hatte.

Kathy entsorgte die Übeltäterin und das Huhn auf der Ladefläche ihres demolierten, alten Geländewagens. Breitbeinig stand Jessie über der Jagdtrophäe und blickte aufgeregt und mit einem Schnurrbart aus Federn geschmückt über die Pritschenumrandung. Kathy lehnte sich aus dem Fahrerfenster, und wir verabredeten uns eilig für den Abend bei ihrem Verlobten, Neil Rogers, der am Ufer des Gwaai wohnte, zum *braai*. Wie immer strafte sie ihre träge Art Lügen, indem sie das Gaspedal wie Michael Schumacher durchtrat und mit kreischendem Motor in einer roten Staubwolke davonbrauste.

Ich kehrte in den Bunker zurück, setzte mich auf den nackten

Betonboden zwischen die Blätter und Fotos von Elefanten und genoss die Sonne. Die Strahlen wärmten meinen Körper und drangen durch meine geschlossenen Lider. Das Gefühl tiefer Zufriedenheit verjagte die Erinnerung an eine lange, kalte Nacht. Ich liebte die Abfolge von kalten Nächten und sonnigen Tagen. Ich war glücklich und zufrieden, bis Angela Brightman hereinstürmte. Angela war die Ehefrau eines Safariführers. Ihr normalerweise hochnäsiges Gesicht war vor Sorge verzerrt, als sie mich drängte, zu den Frauen zu gehen, die ich vorher schon getroffen hatte. Sie standen gefährlich nah bei einem Elefantenbullen. Erstaunlich war, wie laut sie plapperten und wie unbekümmert sie waren, nachdem sie vorher berichtet hatten, wie ihr Puls raste, wenn sie während der Safaritour einer Elefantenherde begegneten.

Kurz darauf lernte ich den Bullen kennen, den wir Horaz den Schrecklichen taufen sollten. Ich jagte die Frauen fort und traf eine wahnwitzige Entscheidung über meinen eigenen Fluchtweg. Der lautlose Angriff des Bullen war in jeder Hinsicht erschreckend. Ich wusste, er hatte die Absicht, mich zu töten.

Ein alter Mann torkelte über unseren Weg. Er schien sich der Gefahr nicht bewusst zu sein. Meine Lungen waren leergepumpt, ich konnte ihm keine Warnung zuschreien. Als ich die Stimme meines Vaters hörte und die letzten Meter bis in Sicherheit stürzte, schlug mein Herz bis zum Hals hinauf. Ich sprang durch die Tür des Bunkers und landete auf dem Bauch. Meine Videokamera lag dort auf dem Boden, wo ich sie zurückgelassen hatte. Noch während ich nach Luft schnappte, griff ich danach, drehte mich auf den Rücken und nahm den Bullen auf. Überrascht stellte ich fest, dass meine Hände nicht zitterten. Der graue Bulle verdeckte fast die gesamte Tür, Staub wirbelte um mich herum, während ich weiterfilmte. Als sich ein Fahrzeug mit kurzen, aufgeregten Hupsignalen näherte, wirbelte der Elefant herum, nahm die Akazie neben der Veranda ins Visier und stürmte auf diese los, wobei seine Ohren wild gegen seinen Hals schlugen.

Angelas Ehemann David brauste in seinem Landrover in

mein Blickfeld. Er stand hinter dem Lenkrad, eine Hand auf der Hupe, mit der anderen schwenkte er seinen Hut. Das reichte. Der Bulle wirbelte abermals herum, trompetete sich seinen Frust vom Leib und donnerte, typisch für einen Bullen in der Musth, hoch aufgerichtet fort. Ich bemerkte, dass sein linker Stoßzahn tief in seinem Kiefer abgebrochen war und nur noch ein gezackter, blutiger Stumpf herausragte. Die Kombination aus Musth und Zahnschmerzen musste bei ihm für große Verwirrung und starke Schmerzen gesorgt haben. Seine Wut war verständlich.

Wir gingen schnurstracks zur Bar, um was Ordentliches zu trinken. Erst dort begann ich zu zittern.

Obwohl ich jeden fragte, konnte ich den alten Mann nicht finden, der mir mit seinem Erscheinen das Leben gerettet hatte. Außergewöhnlich war, dass nur der Bulle und ich ihn gesehen hatten, sonst niemand, weder Angela noch die anderen, die uns vom *kraal* aus beobachtet hatten. Das Geheimnis sollte sich erst eine Woche später auflösen – und mich sprachlos machen.

Nach dem Zwischenfall mit dem Bullen war der Tag noch nicht zu Ende. Schon im Voraus räumten wir bei unserer Suche nach Neils abgeschiedener Hütte am Gwaai, wo das *braai* stattfinden sollte, einige Probleme aus dem Weg und beschlossen, in unserer alten Hütte im Lager bei Jenny und Des zu übernachten. Das Lager lag auf halbem Weg zwischen der Farm 41 und Neils Hütte. Damit würden wir pro Strecke eine Stunde Zeit sparen. Jeremy und ich brachen vor Einbruch der Abenddämmerung in einem verjüngten Bluey auf und hofften, noch bei Tageslicht anzukommen. Ich umklammerte eine grobe Übersichtskarte, die Kathy am Morgen hastig skizziert hatte, doch nach einer Stunde merkten wir, dass wir uns verfahren hatten.

Die Hauptschotterstraße wand sich durch dichten Wald, von dem einige Wege abzweigten, die Kathy nicht eingezeichnet hatte. Wir probierten jeden Weg aus, nur um festzustellen, dass sie alle vor einer Wand aus dichter Vegetation endeten.

Neils Lager befand sich am Flussufer, und normalerweise würde man die Landschaft nach Bäumen absuchen, die in der

Nähe von Wasser wachsen. Bald hatten wir begriffen, dass unsere Suche im undurchdringlichen Wald bei Tageslicht genauso schwierig war wie in der Nacht. Selbst die Umrisse der umstehenden Bäume waren in der Dunkelheit, die uns umgab, nicht mehr zu erkennen. Ich hatte das Gefühl, im Bauch einer Kuh zu sitzen und den Weg mit einer Taschenlampe auszuleuchten.

Verwirrt, gereizt und hungrig blieben wir stehen und schalteten den Motor aus, um zu lauschen. Erdrückende Stille umgab uns. Aufmerksam horchten wir nach menschlichen Geräuschen. In der Ferne bellte Jessie. So kamen wir endlich am Ziel an. Die Gruppe hockte in der Freiluftküche von Neils Hütte auf Baumstämmen um ein Feuer herum. Die Hütte selbst hatte nur drei Außenwände. Ein großer Wok und ein schmiedeeiserner Kessel standen auf einem stabilen Grill über dem Feuer, und Neil hatte sein altes Eisenbett nach draußen an eine der Wände gestellt. Neil und Kathy hatten vor Kurzem ihre Verlobung bekannt gegeben. Ich beobachtete ihn, wie er sich über den Wok beugte und eine bunte Mischung aus knackigem Gemüse umrührte, das er frisch aus seinem Garten geerntet hatte. Diesen hatte er auf einem großen, mit einem hohen Zaun umgebenen Stück Land angelegt. Ein kleiner Generator versorgte einen Draht mit Strom, den er oben am Zaun entlanggezogen hatte. Neil verfolgte den tapferen Plan, ein verlockendes Speiseangebot innerhalb des Jagdreviers zu schaffen. Wenn es ihm gelang, würde der örtliche Tourismus dauerhaft über frisches Gemüse verfügen, statt sich mit langweiligen alten Waren begnügen zu müssen, die von Bulawayo im Laster hertransportiert wurden. Doch er kämpfte gegen eine Übermacht in Form von Antilopen, Pavianen, Affen, Vögeln und Insekten, die es alle auf seine Erzeugnisse abgesehen hatten.

Neil ist ein gut aussehender Mann mit tiefer, facettenreicher Stimme. Wie Kathy nimmt auch er kein Blatt vor den Mund und legt keinen Wert auf die Kleiderordnung. Wenn er tief in Gedanken versunken ist, streicht er mit den Fingern durch sein dichtes braunes Haar und wühlt es zu einem Rasta-Mop auf. Als sich Olga Borodinas Stimme in »Softly Awakes My Heart«

aus *Samson und Delila* erhob und er einen imaginären Taktstock schwang, wirbelte es wild umher. Neils Leidenschaft waren seine Stereoanlage und seine hervorragende Sammlung ausgewählter Musik. Kein Wunder, dass sich Kathy in diesen Mann verliebt hatte. Seine Liebe für das Schöne, sein stoischer, bahnbrechender Geist und sein Mangel an Hinterlist machten ihn zu einem perfekten Partner.

Neil hatte seiner Karriere als Safariführer den Rücken gekehrt, als klar geworden war, dass er auch ab und zu ein Tier erlegen musste. Sein Respekt vor der Natur und seine Liebe für sie und ihre Lebewesen hatten ihn veranlasst, das Leben eines Gemüsegärtners und Vegetariers zu führen, weswegen unsere Mahlzeit aus gebratenem Gemüse und Reis bestand. Den Eiweißbedarf deckten wir mit Hummus, den Kathy aus ihren wertvollen Vorräten an Olivenöl, getrockneten Kichererbsen und verschiedenen Samen zubereitet hatte.

Ich war neugierig, die anderen Gäste kennenzulernen. Wir hatten viel über das ruhige Paar gehört, das eine Töpferwerkstatt errichtet hatte, um den einheimischen, schwer kämpfenden Dorfbewohnern das Töpfern beizubringen und sie damit, wie sie hofften, aus der wirtschaftlichen Misere herauszuholen. Wenn die beiden gedrängt wurden, sprachen sie auch über ihre Arbeit. Sie wirkten beinahe zögerlich, als fürchteten sie, wir könnten sie für anmaßend halten.

Normalerweise wäre ich entzückt über die anregende Unterhaltung gewesen, doch ich litt unter starken Kopfschmerzen, und mir taten alle Knochen weh. Ich nahm meine Flasche Bier und setzte mich etwas abseits von den anderen, um mich meinem Leid und meinem Schmerz zu überlassen, die eindeutig von meiner Begegnung mit dem Bullen herrührten. Ich lehnte mich im Schatten zurück und streichelte Jessie, meine Leidensgenossin. Ihr gebrochenes Bein hatte sich versteift und bereitete ihr beim Gehen schreckliche Qualen. Wenn sie nach langem Warten schließlich doch ihr Geschäft machen musste, tat sie dies unter bemitleidenswertem Quieken. Auf der anderen Seite von mir lag Rastus, Neils zotteliger Deutscher Schäferhund. Auch er hatte Probleme mit dem Laufen, aber aus einem ganz anderen Grund.

Wie immer hatte Rastus sein morgendliches Bad im Fluss genommen. Dies war gefährlich, aber Neil hatte es aufgegeben, ihn davon abzuhalten. Er dachte, ein Hund, dem es gelungen war, unter das im Freien stehende Bett seines schlafenden Herrchens zu fliehen, um nicht auf dem Speiseplan eines Leoparden zu landen, war verschlagen genug, um nicht zwischen die Zähne eines Krokodils zu geraten. Leider hatte Neil unrecht gehabt.

Neil hatte im Garten gearbeitet, als vom Lager heftiger Lärm herüberdrang. Er hatte sein Werkzeug fallen lassen und war zum Ufer gerannt, wo Rastus mit einem unsichtbaren Feind kämpfte, der sich unter Wasser befand. Mit Neils Hilfe hatte sich der Hund schließlich befreien können. Doch das scheinbar kleine Krokodil hatte es auf einen besonderen Leckerbissen abgesehen gehabt – auf den Penis des Hundes. Nach einer raschen Untersuchung hatte Neil festgestellt, dass das wertvolle Stück wieder verheilen würde. Rastus würde weiterhin um Jessie werben können. Doch weiter als bis zu den Knien wagte er sich nie wieder ins Wasser.

Ich hätte schwören können, das zottelige Gesicht des armen Hundes wurde rot, als wir über die traurige Geschichte lachten. Er hob den Kopf, blickte verschämt in unsere Richtung und verzog sich in den Schatten. Als sich das Gespräch einem anderen Thema zuwandte, kam er zu Jessie und mir zurück, den anderen beiden Kranken. Auch mein Körper war angespannt. Zwar wusste ich, dass die Gefahr vorüber war, doch ich hatte immer wieder Bilder vor Augen, auf denen ein Bulle mich verfolgte. Ich konnte nicht einmal tief Luft holen. So spielte ich nur mit dem Essen auf dem Blechteller herum, enttäuscht darüber, dass ich die Gesellschaft nicht genießen konnte. Schließlich bot sich nur selten eine Gelegenheit, abends auszugehen.

Mein Mann, der normalerweise sehr schweigsam war, übernahm meine Rolle im Gespräch, bis das Töpferpaar mein Leid bemerkte. Die beiden stellten sich hinter mich und fragten, ob sie mir helfen dürften. Sie erklärten, sie glaubten daran, heilende Kräfte aus dem Universum über die Hände übertragen zu können. Ohne zu zögern, nahm ich ihr freundliches Angebot an. Bald spürte ich wohlige Wärme am Rücken, obwohl sie mich nicht berührten. Die Spannung begann nachzulassen, und meine Kopfschmerzen verschwanden. Innerhalb weniger Minuten fühlte ich mich besser, war fast in Hochstimmung. Als ich ihnen danken wollte, sagten sie, sie seien nur Werkzeuge einer größeren Macht.

Ich hatte bereits zuvor etwas Ähnliches erlebt, aber ich wusste nicht, dass es auch bei Tieren funktionierte. Sie hielten ihre Hände über Jessies kleinen, wunden Körper. Sie flüsterten, Tiere würden gut auf diese Kräfte reagieren, weil sie keine Hemmungen, Zweifel oder anerzogenen Ängste hätten. Jessie wurde sehr aufgeregt, ließ die beiden aber gewähren. Als sie an ihre Plätze zurückkehrten, wurden sie von einer schwanzwedelnden, dankbaren Freundin verfolgt, die bald wieder so fit war, dass sie imaginäre Perlhühner auf der Lichtung jagte. Handauflegen kann einen Menschen durch den Glauben daran heilen. Jessie hatte mit Sicherheit keinen Glauben – sie wusste nicht einmal, was das war.

Ich kehrte zu einer Ständchenrunde ans Feuer zurück. Neil schaltete die Musik aus, als Jeremy begann, zu den Sternen zu singen. Es war ein erinnerungswürdiger Abend nach einem unvergesslichen Tag. Als mir beinahe die Augen zufielen, erhoben wir uns. Immer noch wie auf Wolken schwebend, gab ich Kathy einen Gutenachtkuss. Sie hatte vor, ein heißes Bad in einer alten Emaillebadewanne zu nehmen, bemerkte aber meine sehnsüchtigen Blicke.

»Hey, du musst mal kommen, um zu baden, während Neil arbeitet. Du brauchst nur das Feuer anzuzünden und den Kerosinkanister und den Kessel mit Wasser zu füllen. Es dauert nicht lange, bis es kocht.«

Nachdem ich nach der Dusche im Safarilager schon seit Wochen mit einem Sitzbad auskommen musste, konnte ich mir keinen größeren Luxus vorstellen. Allerdings zierte ich mich und machte einen Rückzieher.

»Ts-ts-ts«, schalt mich Neil. »Sei nicht dumm. Komm einfach vorbei, wenn es dich nach einem Bad gelüstet, Mädchen.«

Gestärkt von diesem angenehmen Gedanken, gingen wir los. Beiderseits des Weges zu unserem Auto bewegten sich unsichtbare Tiere im Busch. Die meiste Zeit während der Rückfahrt döste ich. Schließlich entspannte ich mich, doch meine Gedanken gingen die bemerkenswerten Ereignisse des Tages noch einmal durch.

Ein alter schwarzer Engel hatte mich gerettet, und zwei fürsorgliche weiße Heiler hatten mir meine Schmerzen genommen. Erschöpft schlief ich endlich ein, während Jeremy uns nach Hause fuhr.

Ich schreckte aus meinem Schlaf auf, als wir das Lager erreichten. Leise drückten wir Blueys Türen zu, um unsere Freunde und ihre Gäste nicht zu wecken. Dicht nebeneinander gingen wir müde im Licht der Taschenlampe den Weg entlang. Unsere alte Hütte lag ein Stück vom Parkplatz entfernt. Wir kamen an den acht *rondavels* der Gäste vorbei, wo auf manchen Veranden noch das blaue Licht kleiner Paraffinlaternen schimmerte. In der Nähe ließen weidende Elefanten die Zweige knacken, ansonsten war alles still.

»Hey! Seid ihr die Hendersons?«, flüsterte Des. »Es gab heute Abend einen Aufstand. Kommt, wir genehmigen uns noch einen.«

Ich zuckte zusammen. Des hatte sich wie eine Katze oder ein angreifender Elefant angeschlichen. Wir schüttelten unsere Müdigkeit ab und gingen zur Bar, wo wir uns auf die Hocker setzten. Des schleppte sich hinter die Theke. Kurz darauf erschien Jenny, die in ein Badetuch gewickelt war. Ihr sanfter Blick war einem wilden Erstaunen gewichen. Trotzdem kicherte sie unaufhörlich.

»Leute, ihr habt echt was verpasst. Wir sind viel zu nervös, um zu schlafen.«

Neugierig gemacht, griff ich zu dem kleinen Glas mit dem starken Kenya Gold, das mir Des hingestellt hatte. Ich kippte es mit meinem rituellen, unausgesprochenen Trinkspruch: *Auf dich, Dr. Livingstone.* Des' Hand zitterte. Jetzt musste ich unbedingt wissen, wer oder was Des und seiner tüchtigen, ruhigen Jenny eine solche Angst eingejagt hatte.

»Ich glaube, wir haben deinen neuen Freund Horaz kennengelernt«, keuchte Jenny und verdrehte ihre blauen Augen nach oben.

Des kippte einen Scotch und wischte mit dem Handrücken über seinen Mund. »Wir saßen gerade beim Abendessen«, begann er mit trügerisch sanfter Stimme. »Dieser fiese Wind hatte sich gelegt, deswegen haben wir die Tische nach draußen ans Feuer stellen lassen. Sehr *mushi.*«

Das war üblich an einem milden Abend. Nach dem Essen wurden Stühle neben das knisternde Feuer gestellt, um langes Seemannsgarn zu spinnen.

»Die Kellner hatten gerade ihren ›Halleluja-Chor‹ beendet«, fuhr Des fort. Er meinte die eindrucksvollen Hymnengesänge der Mitarbeiter in Ndebele, die bei den Gästen immer gut ankamen und auch für die begeisterten Darsteller ein Grund zur Freude waren. Des kniff die Augen zusammen. »Deine verdammten Elefanten haben sich hier herumgetrieben«, brummte er. »Sie haben die Wasserrohre abgerissen, während die Gäste auf Safari waren. Das kennen wir ja schon. Dingindawo musste die Rohre flicken, damit die Gäste duschen konnten.«

»Auf dem Weg in die Küche stieß ich beinahe mit einem von ihnen zusammen«, erzählte Jenny weiter. »Ich hatte ja solche Angst. Zum Glück war es nicht Horaz.« Ihre Augen weiteten sich unter ihrem Kranz aus wuscheligem rotem Haar noch mehr. Selbst ihre sandbraunen Sommersprossen schienen auf der unnatürlich weißen Haut, die sie streng vor der Sonne schützte, noch mehr zu leuchten.

Die wiederholte Erwähnung von Horaz machte mich immer neugieriger. Schließlich hatte er erst an diesem Tag den Namen »Horaz der Schreckliche« erhalten, und jetzt war er bereits zur Legende geworden. Was hatte er angestellt? Wir hatten in Simbabwe gelernt, geduldig zu sein. In einem Land, in dem das Fernsehen die Kunst der Unterhaltung erst noch zerstören musste, gab es reichlich große Geschichtenerzähler.

Des schenkte sich den nächsten Scotch ein, was darauf hindeutete, dass er unter Schock stand. Er trank nur gelegentlich.

»Shadrick hatte sich selbst übertroffen und einen *lekker* Impalaschmorbraten gezaubert.« Des leckte sich die Lippen bei dem Gedanken daran.

»Es war echt köstlich«, ergänzte Jenny überflüssigerweise. »Einer seiner Triumphe. Aber leider haben wir nicht viel davon abbekommen. Jedenfalls war alles ganz nett, als wir lautes Trompeten hörten und die Hölle sich auftat!« Sie machte eine Pause und blickte, in ihrer Erinnerung versunken, in die Ferne.

»Des und Rob sind aufgesprungen und haben die Hände nach vorn gehalten, um die Gäste zum Schweigen zu bringen.«

Sie hatte sich hingestellt und hielt ihre Hände ebenfalls nach vorn. Schließlich setzte sie sich wieder und erzählte weiter. »Komisch ist, dass niemand ein Geräusch von sich gab. Alle saßen wie versteinert da.«

Jenny legte, um Überraschung zu demonstrieren, eine Hand über ihren Mund. »Dann haben wir gehört, wie etwas unglaublich Großes durch die Bäume brach – und auf uns zukam.«

»Ein riesiger Jumbo kam wie angestochen übers Gelände gerast«, unterbrach Des sie. »Ist direkt auf den Teakholzbaum neben dem Feuer zugesteuert. Gleich neben uns. Ich sag dir, ich hatte tierische Angst. Dann hat der Kerl den Kopf gesenkt und immer wieder seine Stoßzähne in den Stamm gerammt. Er hat förmlich geschäumt! Ich brauchte den Gästen nicht zu sagen, dass sie sich zum nächstgelegenen *rondavel* in Sicherheit bringen sollten.«

Jenny lachte. »Ehrlich gesagt, wenn die Sache nicht so ernst gewesen wäre, hätte sie lustig sein können. Die Leute sind übers Geländer gesprungen – selbst das ältere Paar aus Plymouth! Ich habe noch nie jemanden so schnell rennen sehen. Und dann sind sie noch übereinander gestolpert, als sie durch die Tür gelaufen sind.«

Als sie sich an ihre Rolle als Betreuerin erinnerte, hörte sie auf zu lachen. »Ich glaube, ich wäre die Erste im *rondavel* gewesen, wenn ich nicht für die Gäste verantwortlich wäre.«

Ich wusste, wie ernst meine herzensgute Freundin ihre Aufgabe nahm, wenn sie ängstlichen Touristen Trost spenden musste, von denen viele die Gefahren des afrikanischen Buschs nicht kannten oder ihre ersten Reaktionen auf diese Risiken nicht hatten einschätzen können.

»Davon habe ich gar nichts mitbekommen«, übernahm Des die Fortsetzung. »Ich war damit beschäftigt, einen brennenden Stock zu schwenken, den ich aus dem Feuer gezogen hatte. Aber ich kann dir sagen, ich hatte totalen Schiss. Dieser Jumbo verfolgte eine Mission – jemanden zu töten! Rob sprang in den Landy und startete den Motor. Er hielt die Hand auf die Hupe gedrückt, ich schwenkte meinen brennenden Stock. Mann, das kam mir alles so sinnlos vor.« Des begann zu schwitzen.

»Dann glaubte ich, dieses riesige Monster würde mich packen. Immer noch peitschte er durch die Zweige. Er hatte es auf mich abgesehen – bis Rob mit dem Streitwagen auf ihn zuraste. Erst da hörte dieses Monster auf, auf den Baum einzudreschen. Er warf den Kopf hin und her, bevor er fortrannte, um einem anderen Baum ordentlich eins zu verpassen.«

Jenny schnappte nach Luft. »Ich hatte Angst um Des. Wir haben die Sache vom *rondavel* aus beobachtet.« Ihre Sorge schwand aus ihrem Gesicht, als sie kicherte. »Nachdem es vorbei war, haben wir gesehen, dass sich Shaddy und Elton hinter der Bar versteckt hatten. Die hockten da hinten und klammerten sich an einer weißen Serviette fest. Könnt ihr euch das vorstellen? Echt ein Witz.«

Wieder brach Jenny in Lachen aus, diesmal unterstützt von Des. »Ich glaube, die wollten weiße Flaggen schwenken«, sagte er mit einem Grinsen.

Die Angst der beiden hatte sich zu Heiterkeit gewandelt, wie dies beim Erzählen einer Geschichte passieren kann.

»Woher wisst ihr, dass es derselbe Bulle war, der mich verfolgt hatte?«, fragte ich. Ich war erstaunt, dass an einem Tag zwei brutale Angriffe nur fünfzehn Kilometer voneinander entfernt erfolgt waren. Herdenelefanten waren zutrauliche, friedvolle Tiere. Dieses Verhalten war eindeutig unnormal.

»Du hast doch Rob von diesem abgebrochenen Stoßzahn erzählt. Dieser Kerl passte auf die Beschreibung. Gott weiß, dass ich ihn mir verdammt gut aus der Nähe anschauen konnte«, brummte Des. Jetzt war er wieder ganz der Alte, der sich unter Kontrolle hatte.

Ich schüttelte den Kopf und berührte mitfühlend seinen Arm. »Schon gut, Des. Ich glaube dir ja. Ich war nur über sein schreckliches Vorgehen überrascht. Der Ärmste muss wirklich Schmerzen haben.«

Jeremy klopfte seine Pfeife an einem Pfosten aus. »Ha! Ich frage mich, wie ich Horaz kennenlernen werde. Dieser ganze Spaß scheint mir entgangen zu sein.« Er zwinkerte mir zu, als er zwei Laternen anzündete. »Jedenfalls bin ich reif fürs Bett. Ich glaube, wir könnten alle ein paar Stunden in der Koje vertragen.«

Er reichte Des eine Laterne und ergriff meine Hand. Ich zuckte bei dem Klang eines in der Ferne trompetenden Elefanten zusammen. Unsere Hütte schien noch weiter von der Bar entfernt zu sein als sonst. Ich fragte mich, ob Horaz noch immer dort war und auf eine Gelegenheit wartete, seine Wut loszuwerden. Mein gesunder Menschenverstand behielt jedoch die Oberhand. Wie standen die Chancen, dass er innerhalb von vierundzwanzig Stunden dreimal angreifen würde? Ich jedenfalls sehnte mich nach einem bequemen Bett als Abwechslung zu einem Schlafsack auf einer alten Matratze, die auf hartem Boden lag.

Wir atmeten alle tief durch. Ich versuchte, mir meine Anstrengung nicht anmerken zu lassen. Eng aneinandergelehnt, legten wir rasch und schweigend die fünfzig Meter zurück, bis wir in Sicherheit waren. Ich zog die Schultern ein. Ich fühlte mich ungeschützt, fühlte mich von unsichtbaren Beutejägern beobachtet, den Herrschern der afrikanischen Nächte.

Drei Jahre später wurde Horaz getötet. Sein Tod hatte nichts damit zu tun, dass er Menschen bedrohte. Er war nur, wie immer, zur falschen Zeit am falschen Ort.

Allen außer Des wuchs der reizbare Elefantenbulle ans Herz, auch wenn unsere ersten Begegnungen nach seiner anfänglichen Raserei von Respekt geprägt waren. Immer, wenn wir ihn trafen, ließen wir den Motor laufen, während wir seine Stimmung einschätzten. Und obwohl er seinen Kopf wütend schwenkte und hin und wieder zu einem vorgetäuschten Angriff ansetzte, bekam er nie wieder einen unkontrollierten Wutausbruch. Ich denke, ein entzündeter Abszess an seinem abgebrochenen Zahn musste diese erste außergewöhnliche Abfolge von Ereignissen hervorgerufen haben. Die Schmerzen mussten ihn sprichwörtlich in den Wahnsinn getrieben haben, und in Kombination mit der Musth waren sie ein todsicheres Rezept für Wutanfälle.

Nach unserer Rückkehr nach Australien verfolgten wir weiterhin die Fortschritte der Herde und hörten oft von Horaz' Rempeleien. Wir erinnerten uns mit bitterer Freude an ihn. So war es ein Schock für uns, als wir von seinem Tod und den Umständen erfuhren, die dazu geführt hatten:

Horaz befand sich oft in Gesellschaft zweier jüngerer Bullen. Die drei Freunde weideten gerade neben dem Flugzeuglandeplatz zu einer Zeit, als die Akazien voll mit ihren schmackhaften Schoten hingen. Doch mit dieser Angewohnheit waren sie nicht allein. Die Herde kannte alle Bäume in der Gegend. Während der Erntesaison wussten wir immer, wo wir nach den Elefanten suchen mussten, und in dieser Zeit hatten es die Bullen mit den Weibchen leichter. Sie waren stärker und konnten den Bäumen einen kräftigen Stoß verpassen, sodass mehr Schoten auf den Boden fielen. Ich war ganz hingerissen, wie großzügig die Jungs sein konnten, wenn es um diese geschätzte Nahrungsquelle ging, da sie sich normalerweise schon weigerten, frisches Wasser zu teilen, wenn es direkt aus den Rohren von künstlichen Wasserlöchern floss.

Oft hatte ich dominante Bullen wie Horaz beobachtet, deren Bäuche schon aufgebläht waren vom Wasser und die ihren Platz an vorderster Front trotzdem verteidigten. Wie rangelnde Jungs auf dem Schulhof blockierten sie stur das Rohr, während ihre

Gefährten sie anrempelten, um auch wieder einmal zum Zug zu kommen.

Am Tag seines Todes waren die Familienherden woanders, und Horaz und seine Gefährten teilten sich einträchtig ihr Lieblingsmahl. Sie strolchten am Rand der Landebahn entlang, um Schoten zu sammeln, die von den angrenzenden Akazien gefallen waren. Wie immer, wenn sich Elefanten auf der Landebahn herumtrieben, wurde ein Fahrzeug eingesetzt, um sie zu vertreiben. Horaz weigerte sich jedoch, sich allzu weit zu entfernen, sondern lungerte zwischen den Akazien herum. Elefanten in der Nähe einer Landebahn stellten eine Gefahr für Flugzeuge dar. Zum Glück war das Büro des Aufsehers nicht weit, sodass dieser in solchen Fällen nur ins Auto zu steigen brauchte, um die Elefanten zu vertreiben.

Leider nahm der Aufseher an diesem Tag an einer Konferenz in Harare teil. Es unterlag immer seiner Entscheidung, was mit den Elefanten passieren sollte, die sich über die Felder der Dorfbewohner hermachten. Gewohnheitsdiebe unter den Elefanten wurden erschossen, weil sie nicht nur die Lebensgrundlage der Menschen zerstörten, sondern oft auch deren Leben bedrohten. Der Tod eines Elefanten war Anlass für ein größeres Fest der Dorfbewohner. Für sie waren Elefanten ein wandelnder Metzgerladen. Also wurden bereits die Vorbereitungen für ein großes Festmahl getroffen, falls Horaz nicht zurückwich. Die Einheimischen unternahmen ein paar halbherzige Versuche, um Horaz fortzujagen, doch er wollte sich seine Schoten nicht abspenstig machen lassen.

Von einem Flugplatzmitarbeiter über die Entwicklungen in Alarmbereitschaft versetzt, versuchte der ortsansässige Safaribetreiber noch einzuschreiten, doch niemand hörte auf ihn. Horaz wurde erschossen. Er starb einen schweren Tod. Die Amateurschützen machten das Ende eines außergewöhnlichen, stolzen Bullen zu einem grausamen Drama.

Doch Horaz lachte zuletzt. Nachdem das Fleisch abgehackt worden war, bereitete das, was liegen geblieben war, den Flugzeugen noch tagelang Probleme. Tieffliegende Geier stellten eine weit größere Gefahr für startende und landende Flugzeuge dar als ein widerspenstiger Bulle, und der widerliche Verwesungsgestank stieg den Touristen, die hier zum Urlaub ihres Lebens herkamen, in die Nase. Mit den Kameras nahmen sie den Tatort auf, nachdem sie die traurige Geschichte gehört hatten. Naturschützer lockten die Medien an, und die Bilder von Horaz' Überresten gingen zur Hauptsendezeit um die ganze Welt.

Es wurde gesagt, das an Horaz verübte Blutbad habe einem sinnvollen Zweck gedient. Ich glaube, der Preis für diese Lektion war zu hoch.

Kapitel 9

Der Geist von Afrika

Eine Woche nach unserer ersten Begegnung mit Horaz bekamen wir Besuch von Golden Mbvaira, einem Vertreter des Touristikministeriums in Simbabwe. Er traf mit einer Delegation Untergebener ein. Unter anderem war er gekommen, um sich über den Fortschritt des Elefantenprojekts zu informieren und mich zu bitten, mit Frauen der umliegenden Dörfer über Themen wie Geburtenkontrolle und Heimarbeit zu reden. Ich hatte mich als Geisteswissenschaftlerin bereits dazu hinreißen lassen, einem Wissenschaftler bei der Erforschung der Elefanten zu helfen. Doch ich war keine Beraterin in wirtschaftlichen oder sonstigen Angelegenheiten. Und das sagte ich ihm. Doch Golden ließ sich von meinen fehlenden Referenzen nicht beeindrucken und machte deutlich, dass es sich um eine von mir zu erfüllende Pflicht handle.

In Wahrheit war ich viel glücklicher bei meiner Arbeit mit Tieren als mit Menschen. Dies mochte eine meiner seltsamen Eigenschaften sein. Auch wenn man mir eine lebhafte Persönlichkeit nachsagt, habe ich schon immer unter extremer Schüchternheit gelitten, und zwar von einer Art, die einen manchmal geschwätzig macht. Diese Schüchternheit versteckt sich hinter einer Maske des scheinbaren Selbstvertrauens. Die Kehrseite meines Dilemmas ist, dass ich merke, wenn andere mit den gleichen Problemen zu kämpfen haben. Extrovertierte Introvertierte leiden oft unter ihrer Fähigkeit, ihre wahre Natur zu verbergen. Ich passe in dieses Schema, aber wünschte, es wäre anders.

Ich dachte, Golden wäre über mich im Bilde, als er eine Augenbraue hob und polterte: »Sally, Sie sollten mehr Selbstvertrauen haben. Sie sind freundlich und sehr klug. Sie werden bei diesen Damen mit Ihrer Persönlichkeit und Ihren weisen Worten gut ankommen.«

Was konnte ich tun? Ich hatte das ungute Gefühl, dass Golden einen hervorragenden Diplomaten abgeben würde, aber als Untersekretär missbraucht wurde. Dies sagte ich ihm, woraufhin er in Lachen ausbrach. Doch sein Blick warnte mich, nicht abzulehnen, und als er mir mit dem Finger drohte, nahm ich seine Aufforderung oder vielmehr seine Anweisung an.

Wir luden ihn zu einem Dämmerschoppen in unser Lager ein. Wie üblich hatte ich meine Kaltwetter-Abendklamotten an: Jeans, ein Hemd, aus dem die Kugelschreiber sprossen, eine Weste und Stiefel. Im Gegensatz dazu trug Golden einen dunkelgrauen Savile-Row-Anzug und handgefertigte Schuhe. Er war ein gelehrter, weltkluger Mann, der in eine wohlhabende, mächtige Shona-Familie hineingeboren worden war. Er hatte eine anglikanische Eliteschule in Harare besucht und seinen Abschluss in Oxford gemacht.

Die Nacht brach schnell herein. Jeremy stapelte Holz in die Trommel und zündete das Feuer an. Wir entspannten uns in der wohligen Wärme, während Golden uns auf die wundervolle afrikanische Art mit den Nachrichten der Welt ergötzte. Er redete so deutlich wie ein BBC-Nachrichtensprecher, war dabei aber unterhaltsam wie ein großartiger Geschichtenerzähler. Wir unterhielten uns über Logik. Er fand es außergewöhnlich, dass wir unter diesen harten Bedingungen nur mit dem Allernötigsten lebten, und versicherte uns, er wäre dazu nicht in der Lage. Oh nein! Er würde nachher zurückfahren, um in einem luxuriösen Lager zu übernachten. Jeremy wartete nicht, bis Golden gegangen war. Ein langer Tag und ein voller Bauch sind das perfekte Rezept für Müdigkeit. Unser Gast lächelte, als mein Ehemann friedlich auf seinem Stuhl einschlief.

Der Moment schien gekommen, Golden von Horaz zu erzählen. Ich hatte mich noch nicht damit abfinden können, dass nur ich und Horaz den alten Mann gesehen hatten – den Mann, den ich als meinen Retter erachtete.

»Aha«, flüsterte er. »Der Geist von Afrika kam, um Sie zu retten. Sie haben noch mehr zu tun, bevor die Zeit zum Sterben gekommen ist.«

In seinem Gesicht zeichnete sich Verwunderung ab, als er sich vorbeugte. »Ich sage Ihnen was, Sally. Der alte Mann hat den Elefanten kurz von Ihnen abgelenkt. Er kam, um Sie zu retten. Ich denke, Sie sind eine Schwarze mit der Haut einer Weißen.« Goldens Gesicht leuchtete im Feuer, als er meinen Arm berührte. »Sie haben sehr viel Glück, weil ein Engel Sie begleitet.«

Zu sagen ich war überrascht, wäre milde ausgedrückt. »Sie sagen also, ich hatte recht damit, dass nur ich und Horaz diesen Mann sehen konnten? Ich dachte, die anderen waren so sehr auf mich und den Elefanten konzentriert, dass sie ihn einfach nicht bemerkt haben«, keuchte ich. »Das kann doch nicht wahr sein, oder?«

Er versicherte mir, es sei wahr, und erwähnte ähnliche Rettungen durch diesen Geist von Afrika. Golden sprach davon wie von einer Tatsache. Das ermutigte mich, ihm auch von dem Elefanten zu erzählen, der mein Leben am Savuti-Kanal gerettet und für immer verändert hatte. Wieder zeigte er sich nicht überrascht und wiederholte, dass der Geist von Afrika mich beschütze. Am Savuti-Kanal habe er die Gestalt eines Elefanten angenommen, diesmal sei er in der Gestalt eines alten Mannes erschienen. Ich diskutierte diese Ereignisse mit Golden, als wären sie etwas völlig Normales. Es gab nicht viele Weiße, mit denen ich mich in dieser Weise unterhalten konnte. Gerissen, wie er war, ging er davon aus, dass ich aufgefordert war, sowohl mit Elefanten als auch mit Menschen zu arbeiten.

Kurz darauf beobachtete ich eine starke Veränderung an Golden. Er wurde sehr ängstlich. Sein Gesicht glitzerte vor Schweiß, seine hübschen Lippen zogen sich nach innen, und sein wohlwollendes Gesicht wandelte sich zu einer Maske des Schreckens. Er starrte auf etwas hinter mir.

»Was ist los, Golden?«

Er zitterte. »Das ist *mshungu!*« Er verwendete das Wort für schwarze Magie. »Meine Schwiegermutter beobachtet mich aus diesen Büschen.«

Völlig verblüfft und verstört drehte ich mich um. Dort stand reglos eine Hyäne und blickte Golden an. Doch Golden sah die Mutter seiner Frau.

»Ich habe kein gutes Verhältnis zu dieser Frau«, flüsterte er schroff.

Ohne Zweifel glaubte Golden, die Frau stelle ihm in der Gestalt einer Hyäne nach. Er verließ uns sofort. Ich weiß, dass er die Wahrheit gesagt und eine menschliche Gestalt gesehen hatte, wo ich nur eine Hyäne ausmachen konnte. Ich glaubte ihm. Schließlich hatten Horaz und ich ein Wesen wahrgenommen, das den anderen gar nicht aufgefallen war. Mit Bedauern wurde mir klar, dass die Spaltung zwischen unseren Welten zu groß war, um offen über diese höchst persönlichen Themen zu reden. Golden hatte mir bereits sein Vertrauen gezeigt, indem er mir, einer Frau aus einem völlig anderen Kulturkreis, von seinem Glauben an einen Geist von Afrika erzählt hatte.

Ich musste einsehen, dass ich Afrika nie so gut kennen würde wie ein Afrikaner. Es ist ein Ort, wo Realität und *juju*, die Magie, in seltsamer Harmonie koexistieren.

Seit dieser Zeit war ich mehrmals Zeugin ähnlicher *juju* gewesen, die verwestlichte, gebildete Afrikaner beeinflusst hatten. Die Kluft zwischen Weißen und afrikanischen Eingeborenen zu schließen, wird immer mit Schwierigkeiten behaftet sein, weil die schwarzen und weißen Entwürfe des Lebens, was deren Kern betrifft, völlig unterschiedlich sind.

Dennoch hatte ich das Glück, den Geist von Afrika gesehen zu haben und von ihm gerettet worden zu sein. Ich hoffte, dieses Bewusstsein würde mich begleiten, sodass ich nie wieder eine dumme Entscheidung fällen würde, aufgrund derer sich der Geist von Afrika um mein Leben kümmern musste, weil die Zeit zum Sterben noch nicht gekommen war. Leider erwies sich meine Hoffnung in den kommenden Monaten als unhaltbar. Immer wieder stellte ich meinen Retter auf die Probe.

Kurze Zeit später traf ein Brief von Golden ein, in dem er mich um Informationen zu der Aufgabe bat, die er mir aufgetragen hatte. »Haben Sie Erfolg?«, fragte er. »Sind die Dorfbewohner kooperativ?« Ich wusste verdammt gut, dass ihn seine Kontakte auf dem Laufenden hielten und ihm klar war, dass ich noch gar nicht angefangen hatte. Im Grunde genommen war sein Brief ein höflicher Befehl. Golden hatte mir keine Anleitungen gegeben, und so musste ich mir selbst die Parameter erarbeiten. Aber wo sollte ich anfangen?

Ich beschloss, meine Fühler zunächst nach einem fortschrittlichen Projekt auszustrecken, das in Teilen von südafrikanischen Staaten umgesetzt wurde und mittlerweile gute Ergebnisse zeigte. Es war das CAMPFIRE-Projekt – Communal Areas Management Programme for Indigenous Resources –, von dem ich durch Elefriends Australia erfahren hatte, die Geld nach Simbabwe schickten, um die Operation zu unterstützen, lange bevor wir mit unserer Forschung an den Elefanten begonnen hatten. CAMPFIRE war ein ehrgeiziges Projekt, das den Naturschutz mit der landwirtschaftlichen Entwicklung verband, indem für den Eigenbedarf produzierende Bauern das Recht erhielten, das Wild in ihrer Gegend zu nutzen, um Geld für die Entwicklung der Gemeinschaft zu beschaffen. Der Plan funktionierte in einigen Gegenden gut, wo die Menschen offen für Gespräche waren – lange, zermürbende Gespräche. Gemeinden in CAMPFIRE-Gebieten mit hohem Wildanteil entschieden sich, Safari-Unternehmen zuzulassen, um sich durch Trophäenjäger eine dauerhafte Einnahmequelle zu verschaffen.

Ich glaube, in Afrika gibt es Platz genug für die Jagd. Auf einem Kontinent, auf dem die Menschen um ihr Überleben kämpfen, bekommen auch die wild lebenden Tiere nichts geschenkt. Die kommunalen Landbesitzer erhalten viel Geld von den Jägern, die für ihre Kunden gute Trophäen einsacken wollen. Diese stammen von älteren Tieren. Es liegt daher im Interesse der eingeborenen Besitzer, einen guten Bestand an älteren Tieren zu erhalten.

In den Gegenden, in denen auf diese Weise vorgegangen wurde, funktioniere es gut, wie mir gesagt wurde, sodass sogar diejenigen, die selbst einmal gewildert hatten, nun andere Wilderer den Behörden meldeten. Die Dorfältesten erkannten den Wert der wild lebenden Tiere und freuten sich über ihre wachsende Zahl. Sie arbeiteten daran, den Bestand zu erhöhen und gesund zu erhalten. Es war egal, dass sie die Tiere wie eine harte Währung betrachteten, denn schließlich wurde damit die Hoffnung auf einen Fortbestand von Afrikas Erbe aufrechterhalten. Und viele dieser Menschen hatten vorher als Wilderer in Nationalparks ihr eigenes Leben aufs Spiel gesetzt. Jetzt war ihr Blick auf ihre eigenen lebenden Vorräte gerichtet, was der Jagd in Nationalparks und den selbst um ihr Überleben kämpfenden Aufsehern, die gegen Wilderer vorgingen, den Druck nahm.

Die Menschen würden mehr Rechte erhalten, wenn sie das Wild in nachhaltigen Programmen zu ihrem eigenen Vorteil nutzten. Viele Dorfbewohner beobachteten und beneideten die weißen Safari-Betreiber – und gewisse Regierungsmitglieder mit luxuriösen Häusern –, die ausländische Währung anzogen und wie Könige lebten. Es war leicht zu verstehen, dass dies Begehrlichkeiten weckte, dass sie wollten, was die *muzungus* bereits hatten.

Ihre Lebensweise und ihre Handlungen beruhten jedoch auf dem traditionellen System, und das hieß: Kinder – je mehr, desto besser –, Rinder und Ziegen bedeuten Wohlstand. Doch damit ließ sich keine harte Währung erwerben. Kinder wurden in grausame Armut hineingeboren, doch je mehr Nachkommen ein Mann hatte, desto angesehener war er. Aus diesem Grund war Männern der Gedanke der Geburtenkontrolle verhasst, obwohl sie ihre Kinder nicht versorgen konnten. Rinder wurden selten verkauft. Die Anzahl der Rinder bestimmte den Status in der Gemeinschaft, ganz gleich, ob der Bestand krank und damit überflüssig war.

Es war sehr schwer, schlecht ernährte Kinder inmitten einer Herde leiden zu sehen, wenn die Kühe wegen der schlechten Bedingungen selbst nur wenig Milch gaben. Es war ein Teufelskreis. Im ganzen Gebiet unserer Studien verwandelten sich überweidete Ländereien in dürre Landschaften, deren Zustand sich durch die allgegenwärtigen Ziegen noch verschlimmerte.

Es war gut, dass ich mein Anthropologiestudium für die Erforschung des Sozialverhaltens von Elefanten nutzen konnte. Nun hoffte ich, dass es mir im Kontakt mit den Eingeborenen noch nützlicher sein würde. Durch meine frühere Arbeit mit Völkern auf den Fidschi-Inseln und mit den australischen Ureinwohnern hatte ich mir eine unschätzbare Grundlage für meinen Kontakt mit anderen Kulturen erworben. Jetzt musste ich mir so viel Wissen wie möglich über die Kultur der Matabele aneignen, bevor ich ihre Welt betrat.

Dies tat ich, indem ich Zeit mit Dingi, Bheki und den schwarzen Führern Raphael und Dickson verbrachte, die aus dem Matabeleland kamen. Sie lehrten mich einige Grundregeln des Anstands. Das Vertrauen dieser geduldigen Männer war ein Privileg für mich. Ich wusste, dass sich keiner von ihnen dem Paternalismus und der herablassenden Art, aber auch nicht dem Missbrauch durch die führende Elite hatte entziehen können – weder der schwarzen noch der weißen. Sie versicherten mir, ich würde nicht in allzu viele Fettnäpfchen treten.

Trotzdem war ich über die Maßen nervös, als ich die Dörfer mit meiner Kappe in der Hand erreichte. Mir war nur allzu bewusst, dass mich diese Menschen nicht zu sich eingeladen hatten. Nur langsam und mit Respekt konnte ich die Mauern um sie herum überwinden. Aufmerksam beobachtete ich, wie sie sich mir gegenüber verhielten, sodass ich ihnen in gleicher Weise begegnen konnte. Ich lernte bald, dass es einen verzwickten Prozess der Vorstellung und Begrüßung gab, der Geduld und Verständnis erforderte. Meistens reagierten die Menschen mit Würde und Dankbarkeit auf meine schüchternen und manchmal unbeholfenen Bemühungen, sie und ihre Lebensweise zu verstehen. Ich versuchte, mich in ihre Lage zu versetzen und mir vorzustellen, wie es sich anfühlen musste, wenn eine Frau aus einer fremden Kultur in mein Leben eindringen würde, besonders wenn diese Frau Änderungen vorschlug, die meiner Sicht auf die Welt völlig fremd waren.

Was ich tat, ging auch von einem anthropologischen Gesichtspunkt aus in die falsche Richtung. Beim Studium der menschlichen Kulturen geht es ums Beobachten. Anthropologen sind Beobachter, die nicht ihre eigenen Standards und Glaubensgrundsätze auf das soziale System übertragen, das sie untersuchen. Sie wollen nicht informieren, sondern etwas über die fremde Kultur lernen und sie aufzeichnen. Es verlangte mir einiges ab, die engen Grenzen meines Fachgebiets zu überschreiten, doch ich war dankbar für die Hilfsmittel, die es mir bot.

Da komplizierte Höflichkeitsregeln einzuhalten waren, erlangte ich das Vertrauen der Dorfbewohner nur langsam. Zeit war entscheidend. Ich musste übers Wetter reden, über ihre Familien, die Herde oder die Ernte, und ich musste warten, bis sie nach dem Grund meines Besuchs fragten. Wurde diese Frage nicht gleich beim ersten Besuch gestellt, musste ich so lange wiederkommen, bis sie sich sicher fühlten, um mit mir zu kommunizieren. Unsere Treffen dauerten lange und waren von Freundlichkeit geprägt. Als Grundregeln kristallisierten sich für mich Flexibilität, Geduld, Bescheidenheit und ein guter Sinn für Humor heraus. Lachen schuf schneller eine gemeinsame Basis als alles andere.

Ich lernte viel mehr von ihnen als sie von mir. Ich hatte bereits angefangen zu verstehen, dass das Leben der Tiere und der Menschen in Afrika miteinander verknüpft ist – dass ohne Kooperation seitens der Ortsansässigen, die letzten Endes die Hüter der Wildnis sind, Afrikas Wildtierbestand dem Untergang geweiht ist. Der starke Bevölkerungsdruck ließ nur wenig Spielraum. Konflikte zwischen Menschen und Wildtieren mussten zugunsten beider Seiten angegangen werden. Wenn beide ihren Beitrag für das wirtschaftliche Wohlergehen des Landes leisteten, würden beide Seiten ihren Wert unter Beweis stellen und sich die Anerkennung seitens der Regierung sichern.

Ich war zu der Überzeugung gelangt, dass Afrikaner keine emotionale Bindung zu wilden Tieren haben, sondern sie nur als Nahrungsquelle betrachten. Dies funktionierte so lange, bis die Weißen kamen. Dies jedenfalls erzählten mir die Männer. Die Frauen jedoch, die eigentlichen Ernährerinnen, schienen neuen Ideen gegenüber aufgeschlossen zu sein. Ihre Meinungen wurden oft wegen der althergebrachten Rollenverteilung zwischen Mann und Frau übergangen. Diese Verteilung spielte auch in meinem Umgang mit den Männern eine Rolle, aber nicht mit den Kindern. Am besten erreicht man die Älteren über die Erziehung der Kinder, die für neue Ideen empfänglich sind. Doch dies erfordert Zeit. Tragischerweise wurde der ländlichen Bevölkerung von Simbabwe diese Zeit unter der Herrschaft eines Despoten, der das Land gnadenlos in die Knie zwang, nicht gewährt.

Damals gab es noch Hoffnung. Die Frauen waren bereit, sich den Tourismus zunutze zu machen, indem sie sich der Heimarbeit zuwandten. Einige stellten Schmuck her oder betätigten sich in anderen Bereichen des Kunsthandwerks, um ihre Produkte an Touristen zu verkaufen. Ihre Ehemänner schnitzten wundervolle Skulpturen aus Holz und Stein, doch meistens wurden diese Sachen am Straßenrand zu peinlich niedrigen Preisen verkauft. Ich sprach mit den Frauen über die Möglichkeiten, Seife, gewebte Matten und Dekorationsgegenstände herzustellen, mit denen sie die örtlichen Safariunternehmen beliefern könnten, so wie Neil dies mit Gemüse vorhatte.

Ich fragte mich, warum meine Beobachtungen notwendig waren, als ich ein bereits profitables Unternehmen in Gwaai besuchte, das sich in der Nähe der geschmackvollen alten Kolonialkneipe von Harold und Sylvia Broomberg befand. Das freundliche Paar hatte den Bewohnern von Gwaai Land zur Errichtung einer Töpferei überlassen, die von dem netten Paar betrieben wurde, das Jessie und mich am Abend von Horaz' Angriff geheilt hatte. Aus der Idee, die Safarihütten und Lager in der Nähe mit Töpferwaren auszustatten, hatte sich rasch eine blühende Produktionsstätte für Ziegel entwickelt, die in großen Mengen in ganz Simbabwe und über die Grenzen hinaus verkauft wurden.

Ich lernte viel, indem ich die engagierte Art beobachtete, mit der die beiden Paare die Bewohner von Gwaai motivierten. Ihr Einfühlungsvermögen, mit dem sie den spirituellen und kulturellen Glauben anerkannten, war vielleicht der Hauptgrund für den Erfolg. Jeder Arbeitstag begann mit einer Meditation und Gebeten. Dabei wurde darauf geachtet, dass sowohl traditionelle wie christliche Elemente harmonisch aufeinander abgestimmt waren. In den anschließenden Liedern und Tänzen drückten die Mitarbeiter ihre Gedanken und Sorgen aus. Die Arbeit begann erst, wenn alle das Gefühl hatten, dass sie die schlechte *juju* vertrieben und die Geister besänftigt hatten. Dann legten sie voller Begeisterung los.

Die Töpfer durften der Arbeit zu wichtigen Anlässen wie Beerdigungen fernbleiben und brauchten erst zurückzukommen, wenn sie die Rituale auf traditionelle Weise beendet hatten. Sehr wenige nutzten das aus. Das gesamte Dorf profitierte von dem Geschäft, da sich die Menschen kritisches Denken angewöhnten und ein Selbstvertrauen gewannen, das ihnen Macht gab. Ich bete, dass dies immer noch der Fall ist. Die wunderbaren Menschen, die die Töpferei gegründet haben, wurden leider während der Bürgerkriegsunruhen aus Simbabwe vertrieben.

Bald wurde mir klar, dass ich nur wenig tun konnte, außer meine Beobachtungen an Golden weiterzugeben. Eine Seifenfabrik und einen Kunsthandwerksbetrieb zu errichten, war eine Vollzeitbeschäftigung. CAMPFIRE wusste bereits über die Situation Bescheid, und ich hatte schlicht keine Zeit. Die Elefanten hatten Priorität. Doch ich hoffte, bei anderen qualifizierten Freiwilligen das Interesse für die Arbeit mit den Eingeborenen geweckt zu haben. Sie könnten sich der Standards und Methoden bedienen, welche die vier Gründer in Gwaai, die unsere Mentoren geworden waren, aufgestellt hatten.

Eine ganz besondere Rolle als Guru hatte Harold, der unsere Herzen gewonnen hatte, noch bevor er uns in seine Geheimnisse der Kommunikation mit den Elefanten einweihte. Wann immer wir uns losmachen konnten oder in der Nähe von Gwaai waren, besuchten wir Harold und Sylvia und nährten uns an ihrer friedlichen Ruhe und ihrem Wissen. Harold hatte sein Leben schon immer mit Elefanten verbracht. Großzügig gab er wertvolle Informationen über ihr Verhalten weiter, das weit über die unantastbaren wissenschaftlichen Maßstäbe hinaus auch spirituelle Bereiche ansprach. Mit der Zeit vertraute er mir auch seine Überzeugung an, dass eine Kommunikation auch über die Artengrenze hinaus möglich ist. Er meinte, ich müsste lernen, wie ein Elefant zu denken, wenn ich diese Erfahrung machen wollte. »Dann, Mädchen, wirst du dich in ihrer Gesellschaft sicherer bewegen können.«

Er nahm mich unter seine Fittiche, bis ich dachte, ich könnte mir mich als Elefanten vorstellen. Als ich meine Erfahrungen unbedingt anwenden wollte, bestand er jedoch darauf, uns einen Tag von der Herde fernzuhalten, um unsere Energie wiederherzustellen. Dazu gingen wir in die Kneipe, die er und Sylvia führten, das Gwaai. Die Kneipe bot gleichzeitig auch Unterschlupf. Ein hoher, wackliger Sicherheitszaun umgab das Gebäude mit dem durchhängenden Strohdach und den mit Bougainvilleen überzogenen Steinmauern, die noch nach Kolonialzeit rochen, als Simbabwe den Namen Rhodesien trug. Das Gwaai war eine Ikone jener Tage.

Weiße Farmer und Jäger wurden wieder zu Rhodesiern, wenn sie den wundervollen Garten betraten, wo weiß gestrichene Eisentische und -stühle unter den ausladenden, bombastischen Bäumen standen. Die Männer trugen *vellies*, Wüstenstiefel, und räkelten sich mit breit gespreizten Beinen auf den Stühlen. Ihre Ehefrauen hielten unter den Falten ihrer betagten, blumengemusterten Kleider, die ebenso verblasst waren wie sie selbst, die Knie geschlossenen. Sie sahen müde und besorgt aus. Ihre Kinder neben dem verdächtig grünen Schwimmbecken spielten, schrien und weinten wie alle Kinder. Ihre Väter kippten importiertes Bier, ihre Mütter Pink Gins, und sie verdrückten schwer verdauliches englisches Essen. Bei Temperaturen über 35°C stopften sie Roastbeef mit Yorkshire Pudding in sich hinein und als Nachtisch schweren Sirupkuchen.

In der Bar verkehrten einsame, vom Wetter gezeichnete, wütende Männer, die Revolver an den Hüften trugen und Gewehre dabei hatten. Schwarze waren immer noch *muntus*, und der Präsident war ein Arschloch. Ein Mashona-Barmann in blendendweißem Hemd und mit einem roten Tuch um den Hals lauschte schweigend. Hin und wieder flammten seine ansonsten bewusst gleichgültigen Augen unter den großen Augenlidern auf. Die Rhodesier sahen das nicht, oder es war ihnen egal. Diese Jungs müssen verrückt oder dumm sein, dachte ich. Ein Bär von einem Mann tupfte sich Lavendelöl auf die Ohren und den bärtigen Hals. Das halte die Moskitos ab, sagte er. Er stank nach seinem dicklich-süßen Öl vermischt mit strengem Körpergeruch.

An den Wänden hingen Hörner und Geweihe, der schäbige, von Motten zerfressene Kopf eines Löwen und Vitrinen mit ausländischen Noten und Münzen, die Reisende hiergelassen hatten. In der Luft hing der Geruch von Bier, Schweiß – und Lavendel.

Harold ermunterte die Leute aus der Gegend, das Hotel zu benutzen. Sie kamen nur selten. Warum sollten sie? Es gab im Dorf bessere Gesellschaft und *Chibunku*-Bier, kräftiges Ale aus Sorghumhirse gebraut.

Als die Glocke zum Mittagessen rief, marschierten alle folgsam über knarrendes, blitzblank poliertes Parkett in den erhabenen, alten Speisesaal. Es gab ein festes Menü, die einzige Wahl bestand zwischen Fisch und Fleisch. Der Küchenchef, Diamond, war ein alter, stolzer Mann mit einer Sehnsucht nach den vergangenen Tagen. Er wies die Kellner mit einem Eisenstab an, mit dem er manchmal auch echte Schläge austeilte.

Ich war verwirrt, als mir ein Kellner unvermittelt den Teller wegriss, bevor ich mein Essen beendet hatte. Meine Verwirrung wuchs noch, als sich Diamond wie ein Feldwebel auf den unglückseligen Kerl stürzte, ihm einen Schlag gegen den Kopf verpasste und mächtig beschimpfte. Jeremy sagte, meine Augen hätten vor Zorn grün gefunkelt, als mein Teller hinter der Schwingtür zur Küche verschwunden war, um wieder aufgefüllt zu werden. Ich zwang mich, meinen Nachschlag hinunterzuwürgen, während Diamond ermutigend neben mir stand und sich bei der »guten Madam« für »diesen sehr dummen Jungen« entschuldigte.

Diamond war ein echter Kolonialherr, nur mit schwarzer

Haut. Harold und Sylvia sind die nettesten Menschen, die ich kenne. Sie liebten ihr Zuhause, und sie kümmerten sich um die Menschen von Gwaai. Sie boten allen Reisenden Unterschlupf und blieben unparteiisch, wenn die Gemüter aufbrausten. Und das taten sie oft in einem Land, das sich noch immer vom Bürgerkrieg erholte.

Es war Mittagessenszeit, und ich aß eine wässrige Suppe auf eine Art, die, wie ich hoffte, Diamonds Zustimmung fand. Ich beobachtete Harold und Sylvia am Stammtisch. Sie hielten die Köpfe geneigt, als beteten sie vor dem Essen. Bei ihnen saß das Paar, das die Töpferei leitete. Jeremy und ich waren gerade aus der Antikonfessionskapelle – »anti« in Bezug darauf, dass es hier keinen bestimmten Glauben und keine bestimmte Religion gab – gekommen, die die Broombergs an einem abgeschiedenen Plätzchen im Garten errichtet hatten.

Noch immer waren wir vom Frieden des Gottesdienstes erfüllt, der dort, an diesem heiligen Ort, abgehalten wurde. Wir waren in spärlicher Gesellschaft gewesen: eine schwarze, katholische Missionarsnonne, ein Buddhist, zwei Hindus, drei Juden und ein Paar nicht praktizierender Christen. Harold hatte uns durch eine Reihe freundlicher Gebete geführt, zu denen Lesungen aus der Bibel und der Bhagavad-Gita sowie den Lehren von Sai Baba und Kahlil Gibran gehörten. Er hatte große Philosophen zitiert. Er bat uns, einen Gedanken zu äußern, was wir alle taten, obwohl ich mich in dieser erlesenen Gesellschaft fehl am Platz fühlte. Aber so lief der Gottesdienst jeden Tag ab.

Die Wände der Kapelle reichten unter einem Strohdach nur bis zur Hüfte. Fenster gab es keine. Außer einigen wertvollen Ikonen verschiedener Religionen und Schätzen der Natur war der Raum nackt. Überrascht stellte ich fest, dass noch keine Paviane und Affen eingedrungen waren und Chaos veranstaltet hatten, wie sie es im Hotel taten, wenn Türen und Fenster offen standen. Scheinbar respektierten selbst sie die Heiligkeit des Ortes.

Nach dem Mittagessen gingen wir zu Harold, der an seinem Schreibtisch in einem Büro saß, dessen Wände mit Einschusslöchern übersät waren. Er hatte beschlossen, eine Vertiefung in der Decke zu lassen, wo im Bürgerkrieg eine Granate eingeschlagen war, während er weitergearbeitet hatte. Mit sanfter Stimme beschrieb er grausame Dinge. »Was hätte ich tun sollen?«, fragte er. »Das Leben geht weiter. Gott hat unser Leben geschützt.«

Sylvia nickte zustimmend. »Man hat sich daran gewöhnt. Wir hatten die Kinder nach Südafrika geschickt, waren selbst aber hiergeblieben, um uns um das Gwaai zu kümmern.«

Ich wusste, sie berief sich nicht nur auf das Hotel. Die Geschichte von ihr und Harold war im südlichen Afrika zur Legende geworden. Ich hatte sie in Botsuana und Namibia gehört, wo auch von Harolds wilder Jugend erzählt worden war, als er, noch bevor es diese Kneipe gegeben hatte, auf der Farm seiner Eltern gelebt hatte.

Es hieß, an den Samstagabenden sei er mit dem Eselskarren zwanzig Kilometer quer durch das von Löwen beherrschte Land gefahren, um Freunde zu treffen. Als er, völlig betrunken, bereit zur Rückfahrt war, legte er sich nur in den Karren und ließ die Zügel auf den Hals des Esels fallen. Dies war das Signal für das treue Tier, ihn nach Hause zu bringen. Am Morgen, wenn seine Eltern die Tür ihres Bauernhauses öffneten, lagen Harold und der Esel friedlich schlafend vor der Tür.

Ich blickte mir den mittlerweile alten, gebeugten und zerbrechlichen Mann an. Jeremy half ihm, sich von seinem Stuhl zu erheben. In meinem und dem Gesicht meines Mannes zeigte sich der gleiche Respekt.

Kapitel 10

Das Lied der Elefanten

Ich versuchte, in der Gegenwart von Elefanten wie sie zu denken und zu sprechen. Jeremy lachte, wenn ich meine kläglichen Laute von mir gab, die auffällig überhört wurden. Ich wollte aber nicht aufgeben. Wenn Harold sagte, es sei möglich, mit ihnen zu kommunizieren, glaubte ich ihm. Und wir konnten beobachten, wie dies die Elefanten miteinander auf ungewöhnliche Weise taten.

Wir erreichten einen kleinen, mit Gras bewachsenen *vlei,* bevor Schiefer Stoßzahn ihre Familie zwischen den Bäumen herausführte. Wie üblich begrüßte uns die Leitkuh mit einem Trompetenstakkato, schüttelte den Kopf und klatschte mit den Ohren, bevor sie weiterging. Manchmal neckte sie uns mit einem kurzen Spurt, doch nie jagte sie uns hinterher. Genauso behandelte sie Elefantenfamilien, die sich ihr näherten. Fahrzeuge von anderen allerdings verfolgte sie mit beachtenswerter Geschwindigkeit, uns aber ließ sie in Ruhe. Ich glaube, sie wollte uns an ihre Stellung als oberste Leitkuh erinnern. Es bestand kein Zweifel, dass sie uns erkannte und akzeptierte. Ihre Dominanz erstreckte sich über die gesamte Herde. Alle anderen Leitkühe fügten sich ihrer Macht, wie sie es gegenüber der Leitkuh vor ihr getan haben wird.

Schiefer Stoßzahn führte ihre Familie an uns vorbei zu einem viel benutzten Platz mit Mineralsalzen neben einer kleinen Quelle. Diesmal ging es nicht ums Trinken. Die Kühe marschierten bis zu den Knien ins Wasser, lösten mit ihren Stoßzähnen kompakte Erdklumpen und traten sie zu Staub. Ihre mächtigen Körper zuckten und zitterten unter der Anstrengung. Die Kleinen reckten ihren Hintern in die Luft, während sie mit der Schnauze den Boden bearbeiteten, als hinge ihr Leben davon ab. Und das tat es vielleicht auch, da ich beobachtete, dass einige Kühe und mehrere Kälber aufgescheuert waren. Ihre Beine waren mit Spuren von lockerem, grünem Kot überzogen. Scheinbar besuchten die Elefanten die örtliche Apotheke, um die Medizin einzunehmen, die ihrem verdorbenen Magen guttun würde. Vielleicht hatten sich die Alten zu lange in einer kargen Gegend aufgehalten oder zu viel fragwürdige Sachen zu sich genommen. Wir wussten, dass sie aus uns unerfindlichen Gründen hin und wieder leicht toxische Pflanzen fraßen. Und manchmal, wenn nach langen Trockenperioden schwere Regenfälle folgten, war das mit Wasser vollgesaugte Futter für ihre Verdauung wenig zuträglich und konnte zu einer schweren Magenverstimmung führen. Die Symptome dafür waren heftiges Bauchgrummeln und Durchfall.

Schiefer Stoßzahn und ihre süßen Kinder schienen nicht krank zu sein. Es waren die jüngeren Kühe, die viel mitgenommener aussahen. Schiefer Stoßzahn schwenkte den Kopf erschöpft hin und her. Vielleicht war sie etwas ungehalten über ihre jüngeren Schützlinge und die Situation.

Da tauchte eine andere Familie aus dem Busch auf, hinter ihr eine weitere, bis sich schließlich siebenundvierzig Elefanten aufgeregt begrüßten. Ohne Zweifel hatten sie sich hier verabredet. Wir hatten diese Versammlungen schon öfter beobachtet. Wir wussten, dass die Familien aus unterschiedlichen Richtungen kamen, was hieß, dass sie vorher nicht zusammen gewesen waren. Wir wussten auch, dass sie über Niederfrequenz-Klangwellen miteinander kommunizierten, die wir nicht hören konnten. Dazu gibt es verschiedene Theorien. Eine besagt, dass Niederfrequenzwellen eine weitere Strecke zurücklegen und um Hindernisse herumwandern, die normale Geräusche aufgehalten hätten. Eine andere Theorie lautet, dass die durch Klänge erzeugten Vibrationen durch den Boden wandern und die Elefanten diese über die Füße aufnehmen. Dadurch könnten sie sogar die Entfernung zwischen sich und dem anderen Tier berechnen. Auch wenn die Klänge und Vibrationen für uns nicht wahrnehmbar waren, spürte ich in meiner Brust einen tiefen Hall, wenn ich mich in einer großen Elefantengruppe aufhielt. Spürte ich ihre private Kommunikation?

Schiefer Stoßzahn tapste brummend durch die Herde und legte ihren Rüssel in den Mund der anderen Leitkuh. Ich fragte mich, ob sie den anderen von Weitem zugerufen hatte: »Passt auf die dicken, grünen Blätter von dem Diarrhoe-Baum auf!« Oder: »Wir gehen in die Apotheke und holen Medikamente. Kommt ihr auch?«

Eine Weile später gesellte sich noch die Elferbande dazu, blieb aber, als die Leitkuh zornig den Kopf schüttelte, wie üblich in einigem Abstand stehen. Nur in dieser Entfernung duldete sie die Jungs, bis auf Säbel, dem es gestattet war, sich den Kühen zu nähern. Wir vermuteten, dass er der Sohn der Leitkuh war. Auch er hatte einen seltsam geformten Stoßzahn, und seine Gesichtszüge ähnelten den ihren.

Säbel schnüffelte eine Weile an den Kühen herum, doch das war alles nur Schau. Wäre eine von ihnen tatsächlich in der Brunst gewesen, hätte er keine Chancen gehabt. Immer, wenn wir eine brünstige Kuh sahen, warteten ein oder zwei reife Männchen in der Nähe. Zwei Bullen, die um die Gunst einer Kuh buhlten, bedeuteten für unerfahrene Jungtiere eine Gefahr – in einem grausamen Kampf würde sie den Kürzeren ziehen. Säbel und der Rest seiner Elferbande machten sich in diesen Zeiten rar. Sie waren zu jung, zu klein oder zu alt, um einen mächtigen Bullen herauszufordern.

Als Säbel sein Schaulaufen beendet hatte, kehrte er zu seiner Bande zurück, die sich von der bevorzugten Behandlung, die ihm die Leitkuh angedeihen ließ, nicht beeindrucken ließ.

Plötzlich erstarrte die Herde, und es wurde beinahe totenstill. Ich beugte mich vor, um besser sehen zu können, und stellte fest, dass die Fontanellen der Tiere zitterten. Ich spürte ein tiefes Vibrieren in meiner Brust. Und dann brach unvermittelt die Hölle los.

Angeführt von den Männchen, stampfte die gesamte Herde los und floh schreiend und trompetend ins Gebüsch. Schiefer Stoßzahn bildete die Nachhut. Als auch sie die Büsche erreicht hatte, wirbelte sie in dem aufgewühlten Staub herum und stieß, den Kopf hoch aufgerichtet und die Ohren weit abgestellt, einen schrecklichen Schrei aus, den ich noch nie zuvor gehört hatte. Sie blickte uns an, fast so, als wollte sie uns auffordern, ebenfalls zu fliehen. Mit einem letzten Signal drehte sie sich wieder um und verschwand aus unserem Blickfeld.

Die Herde setzte ihre panische Flucht durch den Busch fort. Wir hörten Äste knacken und wildes Trompeten, während der Boden unter den trampelnden Füßen bebte.

»Was, um Himmels willen, ist da los?«, fragte ich. »Es muss doch einen Grund geben. Haben wir irgendwas angestellt?«

Jeremy wendete den Wagen für die Rückfahrt. »Nein, das waren nicht wir. Sie wurden durch etwas anderes furchtbar erschreckt«, erwiderte er.

Auf dem Nachhauseweg besprachen wir das seltsame Ereignis. Der Stress und die Angst der Elefanten hatten sich auf uns übertragen. Jeremys Miene war angespannt. Er fuhr wie ein Verrückter. Ich trieb ihn an, rieb meine Hände voller Sorge. Wir machten am Hwange-Hauptlager halt, um zu fragen, ob jemand etwas wusste. Der Aufseher, Frank Potts, schenkte uns Tee ein und versprach, sich darum zu kümmern.

»Vielleicht waren es Löwen oder Wildhunde«, überlegte er. Doch ich wusste, diese wären nicht Anlass zu so einer Massenflucht gewesen. Wir hatten Begegnungen zwischen Elefanten und Hunden gesehen, bei denen die Elefanten wütend die Angreifer verjagt hatten. Aber so etwas wie eben hatten wir noch nicht erlebt.

In dieser Nacht machte ich kein Auge zu. Ich konnte den Schrecken der Elefanten nicht vergessen. Am Morgen schickte Frank einen Führer mit der Nachricht zu uns, dass einer der sich in der Nähe aufhaltenden Bullen von einem Wilderer genau in dem Moment angeschossen worden war, in dem die Elefanten geflohen waren. Die Antiwildererbrigade hatte den Schuss gehört und den Elefanten eine Stunde später gefunden. Die Stoßzähne waren dem Bullen aus dem Kopf gehackt worden, während er noch gelebt hatte. Die Wilderer hatten keine zweite Kugel verschwendet, um den Elefanten von seinen Todesqualen zu erlösen. Das hatten schließlich die Aufseher bei ihrer Ankunft übernommen. Sie erzählten Frank, dass sich auf den Wangen des Elefanten noch die Spuren seiner Tränen abgezeichnet hätten.

Ich weinte um ihn und wegen meiner Scham, derselben Gattung anzugehören wie diese Wilderer. Das waren eiskalte Tötungsmaschinen. Wie konnte man sie nur als Menschen bezeichnen?

Aber wir wussten, dass der angeschossene Bulle im Moment des Schusses eine Warnung mit niederfrequenten Wellen losgeschickt haben musste. Die Herde hatte die Nachricht über die Entfernung von zwölf Kilometern empfangen. Scheinbar hatten sie gewusst, dass es sich um einen gewaltsamen Tod handelte und sie sich in Sicherheit bringen mussten.

Die Elefanten blieben für zehn Tage verschwunden. Als sie wieder aus dem Wald auftauchten, waren sie nervös. Trotzdem gestatteten sie uns, in ihrer Nähe zu bleiben, auch wenn jemand aus unserer Gattung einen von ihnen umgebracht hatte. Von diesen wohlwollenden Tieren müssen wir noch viel lernen. Im umgekehrten Fall hätte ein Elefant dafür bezahlen müssen. Im Konflikt mit Menschen sind sie unweigerlich die Verlierer.

Leider wussten wir, dass das Morden weitergehen würde. Die Wilderer waren nur kleine Fische und wollten nur ihre Familien ernähren, während ihre Auftraggeber den Rahm abschöpften und weiterhin Unsummen an Geld verdienten. Zu viele Menschen- und Tierleben waren bereits geopfert worden, um Gewinne einzustreichen. Vor diesem Hintergrund wurde es immer dringlicher, den Eingeborenen ein angemessenes Einkommen zu verschaffen, indem sie die wild lebenden Tiere wirtschaftlich nutzten und so ihre Macht zu stärken. Ich konnte mit den Wilderern und ihren Familien mitfühlen, doch nie werde ich die Brutalität verstehen, mit der ein sterbendes Tier seinem Todeskampf überlassen wurde, oder wie ein Afrikaner denken können, der ums Überleben kämpft.

Wir machten uns Sorgen, dass die Wilderer Säbel töten würden. Er war berühmt für seinen dicken, auffällig geformten Stoßzahn. Und ich war jedes Mal erleichtert, wenn ich ihn inmitten seiner

Elferbande erblickte. Säbel schließlich sollte auf meine Bemühungen reagieren, eine Nachricht zu übermitteln, auch wenn einer von uns beiden die Sprache nicht verstand.

Das erste Mal passierte es, nachdem wir die Elferbande lange Zeit beobachtet hatten. Der Morgen war wie im Fluge vergangen, da sich an dem austrocknenden Wasserloch zwar keine großen Tiere mehr aufhielten, dafür aber die Vogelwelt umso beeindruckender war. Ein Paar Kraniche mit eleganten Hauben stolzierte in einem ausgeklügelten Paarungstanz umeinander herum. Mit meinem Fernglas entdeckte ich einen Goliath-Reiher, der mit seinen langen Beinen durchs Riedgras schritt, bis er so rasch mit dem Kopf nach vorn schnellte, dass ich erst hinterher begriff, was passiert war. Nur der Klumpen, der langsam in seinem langen Hals nach unten rutschte, versicherte mir, dass sich »Seine Eminenz« tatsächlich gebückt hatte, um zu morden.

Die Tauben und Stare kamen herab, um zu trinken und zu baden. Die Sonnenstrahlen fingen sich in ihrem schillernd-grünen Federkleid. Ein hübsches Rotbauchwürger-Weibchen quälte mich, indem es sich immer nur kurz blicken ließ, während es durch die dichten Büsche huschte, um Stroh für sein Nest zu suchen.

Ich war völlig in die Beobachtung einer Familie ägyptischer Gänse versunken, als die Elferbande ohne Vorwarnung eintraf. Aufgeregt trompetend rannten sie auf das Wasserloch zu und nickten befriedigt, als sie bis zu den Knien durchs Nass wateten. Von unserer Anwesenheit ließen sie sich mittlerweile überhaupt nicht mehr stören. Sie schoben ihre gebogenen Rüssel in ihre nach oben gerichteten Münder, bevor sie sie erneut ins Wasser tauchten – *schlürfen, halten, schlucken, gurgeln.*

Eine Weile konzentrierte sich die Herde darauf zu trinken, und ihre Bäuche blähten sich allmählich von den großen Wassermengen auf, die für die vielleicht zweihundert Kilo Futter gebraucht wurden, die sie in den letzten vierundzwanzig Stunden gefressen hatten. Viele Wasserlöcher in ihrem Revier waren bereits ausgetrocknet. Dieser Stausee befand sich auf einem für die Safari freigegebenen Gebiet an der Grenze zum Hwange-Nationalpark. Das Wasser am Bohrloch wurde künstlich nach oben gepumpt, um den Wildtieren das Überleben zu ermöglichen. Das Geld für das Benzin zum Betreiben der Pumpe wurde von einem örtlichen Safariunternehmen gespendet. Jeden Tag stieg die Zahl der Tiere, die auf der Suche nach Wasser die unsichtbare Grenze überschritten.

Dadurch änderte sich auch der Ablauf unserer Studien. Unbekannte Elefanten kamen hinzu, die von den heimischen Bullen als Eindringlinge betrachtet wurden; es kam zu Raufereien. Doch wir befanden uns noch am Anfang der Saison, und die Elferbande war selbstbewusst und ruhig.

Das Wasserloch war so tief, dass die Elefanten ganz darin eintauchen konnten. Es war der ehrwürdige Van Gogh, der ausgelassen trompetend voranging. Sein großer, verstaubter Körper verschwand im Wasser. Nur noch die sich ausbreitenden Ringe auf der Oberfläche verrieten ihn. Einen Moment lang betrachteten seine Gefährten die Stelle, an der Van Gogh untergetaucht war. Schließlich war es für einen Elefanten nicht leicht zu verschwinden. Wie zwei glänzende schwarze Finger brach die Rüsselspitze durch die Oberfläche, um die anderen zu ärgern und zu locken. Weiter hinten tauchte sein Rücken auf, der Rüssel stieg weiter nach oben. Einen kurzen Moment lang erinnerte der Anblick an das berühmte Foto von Loch Ness.

Wie ein Wal hob sich Van Gogh aus dem braunen Wasser und schleuderte seinen Kopf zurück, bis sein Rüssel hinter ihm ins Wasser platschte. Dann ließ er seinen Rüssel nach vorn peitschen und trompetete seinen Gefährten herausfordernd zu. Sie ließen sich nicht lange bitten. Mit ausgestreckten Rüsseln stürmten sie voran und schoben eine riesige Bugwelle vor sich her, bis auch sie fast vollständig im tieferen Wasser eingetaucht waren.

Ein solches Gemeinschaftsbad von Elefanten war etwas Unvergleichliches. Grau glitzernde Kolosse in einer scheinbar amorphen Masse drehten sich, tauchten auf und ab. Ich konnte mir vorstellen, wie sie vor Freude die Augen zusammenkniffen über das Wunder, dass ihre mächtigen Körper scheinbar schwerelos in einem kühlen, weichen Medium schwebten.

Van Gogh schwamm und tauchte immer alleine und verbrachte mehr Zeit unter Wasser als die anderen, doch normalerweise sah man noch immer ein Teil von ihm über Wasser – eine Ohrspitze, seine eckige Stirn, seinen wild platschenden Rüssel oder seinen Rücken, der wie eine aufgepumpte Blase hüpfte. Vier der jungen Männchen taten sich zu zweit zusammen, um zu fechten, zu balgen und so zu tun, als würden sie sich gegenseitig besteigen. Dies war mit Sicherheit die einzige Möglichkeit für die Kleinsten, um zu lernen, wo es langging. An Land waren ihre Chancen auf eine sexuelle Begegnung äußerst rar.

Schließlich kamen neun Elefanten schwerfällig und leicht schwankend in die Nähe unseres Fahrzeugs, um ein Bad im Staub zu nehmen. Ich stellte mir trockene Nasenhöhlen vor, die mit eingeatmeten Staubkörnchen bedeckt wurden, bevor die Elefanten sie als rote Wolke über ihren Rücken pusteten. Bald war ihre glänzende schwarze Haut wie mit feinem rotem Talkum überzogen. Genauso wie unsere.

Zwei junge Bullen, vielleicht sechzehn oder siebzehn Jahre alt, blieben noch am Wasserloch. Einer sah aus wie ein Flusspferd, das sich ausruhte – er stand still und mit gesenkten Schultern da, während er den anderen beobachtete, der wild den Kopf schüttelte, bevor er wieder stillhielt und mit dem Rüssel ins Wasser pustete, das wie bei einem Geysir nach oben spritzte. Es war ein unbeschreiblicher Genuss zu sehen, welchen Spaß es ihm bereitete.

Schrotflinte, so benannt wegen der unzähligen kleinen Löcher in seinen Ohren, dachte offenbar dasselbe. Laut trompetend stieß er seinen Rüssel nach vorn, kletterte aus einem Loch, das er nach Mineralsalzen abgesucht hatte, und raste zurück ins Wasser. Die festgebackene rote Erde löste sich auf, als er nach unten sank. Drei glänzende schwarze Rücken bildeten eine Formation wie drei Speichen eines Rads. Mit Sicherheit berührten die Elefanten unter Wasser gegenseitig ihre Rüssel.

Die nächsten Stunden wechselten die Tiere ständig zwischen dem Wasser- und Staubbad. Alle nervenden Insekten und Parasiten waren längst von ihrer Haut verschwunden. Nur bei diesen ausgedehnten Badegelegenheiten hörte ich einen bestimmten Klang, der sich am besten mit einem lang gezogenen, brummenden Stöhnen bezeichnen ließ. Es war der Klang, der absolute Freude ausdrückte, ähnlich dem langen Stöhnen von Roy, dem Warzenschwein, wenn er sich seinen Rücken an einem Baumstamm scheuerte.

Schließlich hielt ein Elefant in seinem Spiel inne, gleich darauf auch alle anderen. Ihre starre Haltung und ihre zitternden Fontanellen verrieten mir, dass sie miteinander kommunizierten, auch wenn ich selbst nichts hörte. Kurz darauf schienen die Elefanten einen gemeinsamen Plan abgestimmt zu haben, und sie tapsten träge im Gänsemarsch in den Wald, um zu fressen. Von hinten sehen Elefanten immer etwas komisch aus, weil ihr Gang dem eines übergewichtigen Mannes ähnelt, der mit herunterhängenden Hosen und Pantoffeln durch die Wohnung schlurft. Die Tiere gingen an meiner Seite entlang, Säbel bildete den Schluss.

Wieder mal unternahm ich den Versuch, ihre Klänge zu imitieren. Meine besten – für das menschliche Ohr wahrnehmbaren – Ergebnisse erzielte ich, wenn ich die hohlen Hände über den Mund legte und laut mit den Lippen sprudelte. Während sie leise an mir vorbeigingen, reckte ich den Kopf aus dem Wagenfenster und sandte ihnen meinen Abschiedsgruß hinterher.

Die ersten Bullen waren bereits im Wald verschwunden. Säbel hatte sie mit seinem trügerischen Schlenderschritt rasch eingeholt. Mein letzter Lippensprudler geriet zum verzweifelten Stöhnen. Plötzlich ertönte ein tiefes Grummeln. Es klang genau wie meins. Säbel hatte die Ohren nach außen gestellt und machte eine Kehrtwendung. Einen Moment lang blieb er reglos stehen und blickte in unsere Richtung, dann rannte er plötzlich auf mich zu.

Jeremy stieß die Luft aus. »Da bleibt mir doch die Spucke weg!«

Ich war viel zu entzückt, um Angst zu haben, als Säbel eine Körperlänge entfernt stehen blieb und seinen Rüssel nach vorn streckte. Ich blickte tief in eins seiner warmen, lebhaften, gelbbraunen Augen. Einen winzigen Moment lang verstanden wir einander – diesmal ohne Worte. Doch viel zu schnell erinnerte sich Säbel an seinen ursprünglichen Plan und folgte den anderen in eine Welt, die wir nicht mit ihnen teilen konnten.

An diesem magischen Moment bedauere ich nur, dass ich keine Ahnung habe, was ich dem jungen Bullen gesagt hatte.

Kurz nach unserem fantastischen Erlebnis mit Säbel hatten wir eine weitere Begegnung mit einem jungen Bullen. Diesmal war es der Elefant, der uns auf komische, drollige Weise etwas mitteilte. Inkosikasi, eine große Kuh ohne Stoßzähne, hatte kurz zuvor ein weibliches Kalb geboren. Ihr heranwachsender Sohn Frodo war besonders eifersüchtig auf den Neuankömmling und heischte bei seiner geduldigen Mutter ständig nach Aufmerksamkeit. Wir dachten, Inkosikasi könnte ein Kalb zwischen den beiden Jungen verloren haben, da Frodo bereits sieben Jahre alt war. Er war sehr aufgebracht, dass die lange Phase, in der er seine Mutter allein für sich hatte, mit der Geburt seiner Schwester beendet war.

Wenn ein Elefant schmollen konnte, dann Frodo. Er begann, seine Wut mit lauten, unbeholfenen Angriffsversuchen an uns auszulassen. Wir blieben immer regungslos sitzen, und er musste kurz vor seinem Ziel stehen bleiben. Dann trieb er sich in seiner Staubwolke noch einen Moment vor dem Wagen herum, bevor er mit hängendem Kopf davonschlich, um sich seine verschämten Seitenblicke auf die äußerst amüsierten Kühe nicht anmerken zu lassen. Doch eines Tages kam er langsam auf uns zu, ohne einen Angriff vorzutäuschen. Er kam ans Seitenfenster des Wagens und fixierte mich mit seinen sanften braunen Augen. Ich könnte noch heute schwören, dass der Junge mir telepathisch eine Botschaft geschickt hat, mit der er mich bat, ihn gewinnen zu lassen. Dann drehte er sich um und kehrte zur Herde zurück.

In diesem Moment konnte ich beinahe die braunen Augen meines Sohns Lachlan sehen, der eine ähnliche Frage ohne Worte gestellt hatte, als er als Jugendlicher nicht wollte, dass ich ihn verhätschelte oder mich unnötig aufregte, während er seine älteren Freunde damit beeindrucken wollte, dass er mit einer Vespa fahren konnte. Damals verstand ich, dass ich mit Lachlyn kooperieren musste. Das Gleiche konnte ich jetzt für diesen Jungbullen tun.

Ich erzählte Jeremy von meinen Gefühlen, und er stimmte einem Pakt zu. Ein paar Minuten später signalisierte der Jungbulle seine Absicht anzugreifen. Er trompetete schrill mit seinem wild schwenkenden Rüssel, um sicherzustellen, dass die anderen die Schau nicht verpassten. Mit hüpfendem Kopf und stampfenden Füßen raste Frodo munter wie immer auf uns zu. Doch diesmal startete Jeremy den Motor und drehte um. Wir erfüllten dem jungen Bullen seinen Wunsch und flohen. Er folgte uns, bis uns die Herde nicht mehr sah. Dann blieb er stehen. Wir ebenso. Einen Augenblick lang zeigte er uns die würdevolle Haltung des großartigen Bullen, zu dem er heranwachsen würde. Anschließend drehte er sich um und marschierte stolz davon.

Wir folgten ihm langsam und hielten an einer Stelle, von der aus wir gerade noch die Reaktion seiner Familie beobachten konnten. Langsam wiegte er seinen Körper von einer Seite zur anderen, hielt die Ohren im rechten Winkel vom Kopf ab und ging auf seine Mutter zu. Sie streckte den Rüssel vor und berührte sanft seinen Mund. Er nahm ihren Gruß ernst entgegen. Alle vierzehn Kühe und Kälber zeigten ihm ihre Hochachtung. Von diesem Moment an ließ Frodo uns in Ruhe, und wir vermissten seine fingierten Angriffe beinahe. Aber er verfolgte noch Antilopen, Paviane, Vögel und Warzenschweine, die in sein Territorium eindrangen. Allerdings ging er bei diesen Aktionen selbstsicherer vor, und er stieg in der Hierarchie der Kälber ganz nach oben. Für ihn hatten die Riten für den Übergang ins Erwachsenenleben begonnen.

Kurz nach unserem Abenteuer mit Frodo trafen wir auf ein anderes männliches Kalb, das allerdings ohne den Schutz seiner Familie auskommen musste. Es war an einem trägen afrikanischen Nachmittag im Juni. Wir warteten neben dem Wasserloch auf das vorzeitige Eintreffen der Familie von Schiefer

Stoßzahn, die in unsere Richtung wanderte. Das einzige Geräusch war das einschläfernde Summen der Insekten, und die einzige Bewegung verursachten zwei kleine Enten, die mitten auf dem Wasser schwammen und wahrscheinlich schliefen. Jeremy schnarchte leise hinter dem Lenkrad, seinen Hut übers Gesicht gezogen. Schließlich gab auch ich mich dem Schlaf hin, überwältigt von der Stille, der Reglosigkeit und der einlullenden Hitze im Wagen.

Ich träumte von einer Nacht voller Nebel, durch den ab und zu das Meer sichtbar wurde, beleuchtet vom Scheinwerfer eines Schleppers, der unaufhörlich kurze, tiefe Signale ausstieß, um andere Schiffe zu warnen. Bei einem besonders lauten Ton aus dem Nebelhorn wachte ich auf. Dort, auf der gegenüberliegenden Seite des Wasserlochs, stand ein einsamer, kleiner, männlicher Elefant, der seltsame Tutlaute von sich gab und beständig den Kopf hin und her schaukeln ließ.

»Die Vorhut ist eingetroffen«, murmelte Jeremy.

Bald merkten wir jedoch, dass die Herde noch nicht im Anmarsch war und dieser Kleine ziemlich allein zu sein schien. Er sah irgendwie seltsam aus, aber wir konnten nicht sagen, weshalb. Aggressiv verscheuchte er einen Pavian, der zum Wasser gehuscht war, um rasch einen Schluck zu trinken. Das wütende Tier schwang sich auf einen Baum und schimpfte wütend nach unten zu dem mürrischen, kleinen Elefanten, der breitbeinig dastand und sich ebenso lautstark äußerte.

Zufrieden, dass er gewonnen hatte, drehte er sich abrupt um und eilte zurück zur Tränke. Er pumpte das Wasser in kurzen, kräftigen Stößen in seinen offenen Mund, doch der größte Teil schien an seiner Brust herunterzulaufen. Schließlich warf er sich auf den Boden, um sich im Nass zu wälzen. Die ganze Zeit über gab er in regelmäßigen Abständen abgehackte Trompetenlaute von sich. Es war deutlich, dass etwas nicht stimmte. Er stieß mit seinem Rüssel gegen seine kleinen Stoßzähne, schob die gespaltene Spitze in sein Ohr und seinen Mund, drehte sich auf den Bauch, erhob sich und wälzte sich erneut. Auf der Jagd nach imaginären Dingen rannte er aus dem Wasser, bevor er plötzlich stehen blieb und alles von vorn begann. Und die ganze Zeit über ließ er diese scharfen Laute hören. Wir schätzten ihn auf ungefähr neun Jahre, was für einen Elefanten zu jung war, um seine Herde zu verlassen.

Ich öffnete die Wagentür, um den Jungbullen besser beobachten zu können. Er bemerkte mein Vorhaben, was ihn dazu veranlasste, uns anzugreifen. Ganz eindeutig wollte er Jeremy und mich zerstören. Mit aller Kraft versuchte er, durchs tiefe Wasser auf uns zuzurennen, schob aber eine hohe Welle vor sich her. Er sah beeindruckend aus in seiner Wut, deren Heftigkeit mir aber auch einen gehörigen Schrecken versetzte. Die träge, verschlafene Stimmung hatte sich um hundertachtzig Grad gedreht. Der Angriff war zum Scheitern verurteilt, weil er mit weit aufgerissenem Maul auf uns zukam, um noch lauter zu schreien zu können, sich jedoch verschluckte.

Mir kamen die Tränen, weil ich mich plötzlich nach meinen Kindern sehnte. Seine Angst und Einsamkeit lösten eine Erinnerung an das Gesicht meiner Tochter aus, nachdem wir sie als Sechsjährige in einem Kaufhaus, in dem sie verloren gegangen war, wiedergefunden hatten. Lou hatte vor Erleichterung geweint, als ich sie in meine Arme geschlossen hatte. Scheinbar hatte dieses verlassene Kalb keine Mutter, die es trösten konnte.

So plötzlich, wie der junge Elefant uns gesehen hatte, schien er zu vergessen, dass wir da waren. Er torkelte aus dem Wasser, ohne einen weiteren Versuch zu unternehmen, uns anzugreifen, und jagte wieder unsichtbaren Feinden hinterher.

»Ich denke, er hat entweder einen Hirnschaden oder ist zurückgeblieben. Er kann erst acht oder neun sein«, sagte ich. »Viel zu jung, um aus der Herde gejagt zu werden. Scheinbar wollten sie sein Verhalten nicht mehr tolerieren.«

Jeremy schüttelte den Kopf. »Ich weiß nicht. Was ist mit einer Kopfverletzung, einer Entzündung. Oder einem Tumor?«

»Hm, möglich. Aber stoßen Elefanten kranke Jungtiere aus? Wenn er sich allerdings seiner Herde gegenüber so benimmt, hatte die wahrscheinlich keine andere Möglichkeit.«

Wir blieben bei ihm, bis er im Wald verschwand und sich sein gedankenloses Plärren verloren hatte. Das Problem schien an seinen Stoßzähnen zu liegen. Ständig berührte er ganz besonders einen. Wir hatten ja bereits gesehen, wozu Horaz vom Schmerz eines Abszesses getrieben worden war.

Ein paar Tage später berichtete uns ein Jagdführer, dass ein sehr junger männlicher Elefant gesehen worden war, der die Elferbande verfolgt hatte, allerdings ohne sich von ihnen sehen zu lassen. Er beschrieb ihn als einen seltsamen, kleinen Burschen – einsam und gemein.

Kurz danach trafen wir den jungen Elefanten, den wir mittlerweile Tom Däumling nannten, während einer Vesperpause auf unserer von Teakholzbäumen umgebenen Lieblingslichtung. In dicht bewachsenem Jagdgebiet aßen wir immer im Wagen. Doch trotz Jeremys Bemerkungen, ich würde das Blech verkratzen, saß ich zum Essen oft auf der Motorhaube. So auch an diesem Tag. Um uns herum war alles still wie zum Mittagsschlaf. Selbst die Bienen und Mopane-Fliegen, die die Feuchtigkeit suchten, waren anderweitig beschäftigt. Blätter, die ab und zu von den Bäumen fielen, waren das Einzige, was sich bewegte. Dadurch geriet der Auftritt des gewalttätigen Tom Däumling umso erschreckender.

Ich floh eilig in die relative Sicherheit des Wageninneren, und Jeremy, der den Motor bereits gestartet hatte, fuhr gleich los, doch Tom Däumling berührte bereits die hintere Stoßstange. Obwohl er so klein war, gab er uns einen kräftigen, beängstigenden Schubs.

Ich kniete auf dem Sitz und blickte nach hinten durchs Fenster, wo ich nur seine Stirn und seinen angespannten Rücken sah, während er verzweifelt versuchte, mit uns Schritt zu halten. Doch es gelang uns zu entkommen. Zurück blieb ein vor Wut schreiender, sichtlich frustrierter Elefant.

Bei dieser letzten Begegnung mit Tom Däumling hatte ich das einzige Mal Angst wegen der böswilligen Art eines dieser ansonsten sanften Riesen. Danach hörten wir nie wieder etwas von ihm.

Kapitel 11

Der König der Elefanten

König trat auf der Bush Pig Road im frühen Winter in unser Leben. Die schmale Sandstraße war mit dampfenden Elefantendunghaufen und abgebrochenen Zweigen übersät. Jeremy schaltete den Motor aus, und um uns herum wurde es still. Der starke Geruch nach Kot und der noch stärkere nach großen Wildtieren hing im Wageninnern und überlagerte sogar den nach Pflaumen duftenden Rauch aus Jeremys Bruyèrepfeife. Vom Regen genährt, der außerhalb der Saison gefallen war, hatte sich der Busch um uns herum zu einem undurchdringlichen Dickicht geschlossen.

Wir lauschten auf Geräusche. Alles deutete darauf hin, dass die Herde in der Nähe war. Der schwere Moschusgeruch der Elefanten stieg mir in die Nase, kurz bevor ein tiefes Poltern die Stille durchbrach. Jeremy berührte meine Schulter und deutete nach hinten. Dabei hielt er den Blick auf den Rückspiegel gerichtet. Kathy und ich drehten uns um.

Ein großer grauer Block nahm die ganze Straße ein. Die Elefanten kamen im Pulk auf uns zu, unter ihnen einige Kälber. Die Situation war nicht gerade angenehm. Unser Puls schnellte nach oben. Wir mussten auf die Stimmung der Muttertiere achten. Ich war froh, dass wir uns vor der Herde befanden, um rasch Reißaus nehmen zu können, falls einer der Elefanten aggressiv wurde. Nach rechts oder links konnten wir nicht ausweichen, dort war dichter Busch. Diese Begegnung unterschied sich mithin von denjenigen in der offenen Savanne. Ich griff zu meiner Kamera auf dem Armaturenbrett – und erstarrte: Vor unserem Wagen standen vier Bullen, die Rüssel über ihre grün gefleckten Stoßzähne weit nach oben gereckt, um unseren Geruch zu prüfen. Jetzt waren wir vollkommen von Elefanten umzingelt. Angefangen bei meinen Zehen, stieg die Angst nach oben, bis sie in meinem Hals pulsierte. *Ka-wumm, ka-wumm.* Die Tiere mussten so laut sein, dass Kathy und Jeremy sie hörten, aber vielleicht hörten auch sie nur ihre laut pochenden Herzen. Obwohl ich innerlich zitterte, war ich äußerlich völlig ruhig und blieb reglos sitzen, ebenso wie die beiden anderen. Die jungen Bullen blickten von oben auf uns hinunter.

Sie ließen ihre Rüssel über Bluey wandern. Einer von ihnen betastete mit seinem Greiforgan vorsichtig jeden Zentimeter der Antenne. *Er ist es. Ja, er ist es.* »Das ist Stan«, flüsterte ich erleichtert. »Und der da ist Laurel.« Mein Herzschlag beruhigte sich allmählich.

Stan erkannte ich an seiner Kummermiene. Die Elferbande war hier. Stan hielt die Antenne in seinem kleinen Maul zwischen den dicken Wangen, zog sie zurück, nach unten – und ließ sie los. Er war ebenso wie ich überrascht von der Wucht, mit der sie zurück ins Fenster und gegen meine Wange schnellte, bevor sie an seiner Nase landete. Dies schien ihm so zu gefallen, dass er es immer wieder tat, bis ich den Kopf zurückzog, um nicht verletzt zu werden.

Diese Elefanten kannten uns, doch sie waren wilde Tiere, und wir hatten uns unabsichtlich in eine gefährliche Situation begeben. Wir machten uns Sorgen, weil wir unsere Grundregel gebrochen hatten, alles zu vermeiden, wodurch sich die Elefanten durch unsere Anwesenheit bedroht fühlen könnten. Unter diesen Umständen konnten wir nur still sitzen, bis sich ein günstiger Moment ergeben würde.

Jeremy blickte weiter in den Rückspiegel. Ich versuchte vergeblich, nicht an meine Begegnung mit Horaz zu denken. Die Familienherde kam näher. Schiefer Stoßzahn war nicht weit. Sie beobachtete uns, während sie ihr Kleines mit dem Rüssel zu sich heranzog. Ich hoffte, Bette Midler steckte irgendwo anders.

Stan, Laurel, Popov und Renoir schwenkten ihre Rüssel über den Wagen, drängten sich gegenseitig zur Seite, sodass unser zerbrechliches Versteck schaukelte. Verärgertes Brummen vermischte sich mit den Geräuschen in ihren aufgeblähten Mägen, in denen enorme Mengen schlecht verdauten Futters gärten. Wir hätten nur hinausgreifen müssen, um ihre dicken Beine zu streicheln. Doch auf einmal waren sie fort.

Kathy umfasste meinen Arm mit stahlhartem Griff. »O Gott. Ein Musth-Bulle«, keuchte sie.

Uff, nein! Ist das Horaz? In Gedanken entschuldigte ich mich beim Geist von Afrika. Ich hatte es wieder getan!

Es war nicht Horaz. Dieser riesige Bulle hatte zwei perfekte Stoßzähne, die direkt auf uns zielten. Aber er war in der Musth. Ich erkannte die eindeutigen Zeichen: das »Grüne-Penis-Syndrom«, bei dem sein Schaft mit dunkelgrünem Schaum überzogen war und er ständig Urin abgab, sowie die temporär geschwollenen Schläfendrüsen, die ebenfalls eine zähe Flüssigkeit absonderten. Der Elefant kam immer näher.

Kathy und ich wimmerten in einer seltsamen Mischung aus Angst und Freude. Er war ein prachtvoller Bulle, dessen Auftreten Ehrfurcht und Bewunderung verlangte. Wäre ich eine Elefantenkuh, hätte ich ihn unwiderstehlich gefunden.

Er war von einer stinkenden Wolke umgeben, die die aufgeregten Weibchen über seinen Zustand warnten. Dies hier war die Welt der Elefanten, und mit unserer Anwesenheit störten wir ihre natürliche Ordnung. Das ganze Szenarium hatte etwas von einer klassischen Tragödie. Hinter uns verharrte noch immer die Familienherde, in den Busch konnten wir nicht, und vor uns war der Bulle! Nur noch drei Meter! Alles an ihm strahlte Stolz und Macht aus. Ich erschauderte vor Aufregung und Bedauern, während ich zu einer höheren Macht betete. *Ka-wumm, ka-wumm, ka-wumm,* machte mein Herz. *Das ist nicht Horaz,* dachte ich. *Ich sitze mit Freunden in diesem Fahrzeug. Wir haben eine Chance.*

Er rollte seinen Rüssel nach unten, bereitete einen Angriff vor. Ich glaube, wir drei hatten denselben Gedanken: Gott hilft denen, die sich selbst helfen.

»Das reicht, Jungs! Wir müssen ihn sofort ablenken!«, stieß Kathy gepresst hervor und begann gegen das Metall des Wagens zu klopfen. Angespornt durch ihre Energie und verblüfft über den plötzlichen Lärm nach der Stille, schlug auch ich wie wild auf das Metall ein. Jeremy hieb mit seiner Taschenlampe gegen die Fahrertür, nahm seinen Hut ab und schwenkte ihn in Richtung des Elefanten, der seinen Kopf hob und wieder sinken ließ und nach vorn schob. Mit seinen Stoßzähnen zielte er nun genau auf unseren Kühlergrill.

Gleichzeitig hörten wir, dass Rettung nahte. Ein Fahrzeug kam auf uns zu. Der Bulle hielt inne, abgelenkt von dem Geräusch hinter sich. Er hob den Kopf und wirbelte herum zu einem Landrover ohne Türen voller krakeelender italienischer Touristen. Ich war erstaunt, dass ich ihre Stimmen über den Motorenlärm hinweg hören konnte. Das Fahrzeug kam rasch näher. Normalerweise wäre ich entsetzt über dieses aufdringliche Verhalten, aber diesmal dachte ich, sie wurden uns als Engel geschickt.

Abgelenkt von seinem Plan, schwenkte der Bulle unentschlossen seinen rechten Vorderfuß, während er unsere lärmenden Erlöser begutachtete. Da ergriff die Familienherde die Flucht, fort von den durchdringenden Stimmen der Menschen und dem Lärm der Motoren. Staub wirbelte auf. Mit wildem Schreien hob der Bulle seinen Rüssel. Äste knackten, als auch er wütend in den Busch stürmte.

Keuchend atmeten wir die staubige Luft ein, während der Safariführer sich seinen Teilnehmern mit einer Schimpftirade und Gesten zuwandte, die einen Mike Tyson in den Schatten stellten. Erschrocken schwiegen sie und ließen sich tief in ihre Sitze sinken. Schließlich beruhigte sich auch der Führer, drehte sich wieder zu uns und schwenkte seinen breitkrempigen Hut in unsere Richtung. Dann ließ er den Motor aufheulen, wendete und raste mit ratschendem Getriebe los. Diese Safari war eindeutig zu Ende.

Von Safaritouristen in Afrika wird verlangt, dass sie die strengen Regeln einhalten, die vor jeder Fahrt erklärt werden. Der Führer gibt mit einer Reihe von Handzeichen an, wann die Teilnehmer leise sein sollen. Sein Fahrzeug ist wie ein Schiff, und er ist der Kapitän. Diese Regeln schützen das Wild auch vor unnötigem Stress. Ein lärmender Teilnehmer kann allen anderen den Spaß verderben, wenn wilde Tiere die Flucht ergreifen. In diesem Fall hatten sieben unfolgsame italienische Touristen jede Regel missachtet. Dennoch hatten sie uns wahrscheinlich das Leben gerettet und den Elefanten vor einer Tragödie bewahrt.

Am nächsten Tag gaben wir dem Bullen eine Nummer: E180. Wie immer missachteten wir die wissenschaftliche Regel, indem er von uns auch einen menschlichen Namen erhielt: König. Alles an diesem stolzen Tier war königlich. Seine Ohren und Stoßzähne wiesen keine Makel auf, seine Statur war stark und tadellos. Bei den seltenen Gelegenheiten, bei denen wir ihn sahen – nach den drei Monaten in seiner Musth –, trat er immer majestätisch auf. Später, als es uns gelang, scharfe Fotos von ihm zu schießen, konnten wir seine Identität über das Venenmuster auf seinen Ohren in unsere Kartei verzeichnen, obwohl er immer eindeutig als König zu erkennen war.

Nach unserem Erlebnis hielt ich immer nach ihm Ausschau, wenn wir mehrere Bullen sahen. Er war älter als die meisten Männchen in dieser Gegend und blieb für sich. War gerade keine Kuh brünstig, ließ er sich nur selten blicken, und wenn, hatten die Begegnungen immer etwas Dramatisches.

Wir frischten unsere Bekanntschaft mit König ein paar Wochen später am Ende eines langen Tages auf, an dem wir mit Kathy und einer freiwilligen Helferin Abschnitte im Busch markiert hatten. Abschnitte festzulegen, ist eine langweilige Arbeit. Kathy verzeichnete alle Sorten von Gras, Pflanzen und Bäumen entlang einer Hundertmeterlinie über einen Bereich unterschiedlicher ökologischer Zonen, in denen sich Elefanten aufhielten. Sie sagte an, ich schrieb – *Combretums terminalia mopane ad nauseum.* Alle paar Wochen wurden die Linien überprüft, um Änderungen festzustellen, die durch Tiere im Allgemeinen, aber insbesondere durch Elefanten verursacht wurden. Auf diese Weise wurde ein Muster aufgezeichnet, um langfristige Schäden in einer Gegend zu ermitteln, von der viele dachten, sie wäre mit den größten Dickhäutern überbevölkert. Die Arbeit erforderte nicht nur Genauigkeit und große Anstrengungen, sondern war auch gefährlich – insbesondere, wenn wir uns durch dichtes Gestrüpp zwängten, das nicht nur von Elefanten, sondern auch von Büffeln und Löwen bewohnt wurde.

Die Abschnitte wurden auf im Privatbesitz befindlichen Jagdgebieten entlang des Hwange-Nationalparks festgelegt. Dies bedeutete, dass Jeremy ein großes Gewehr Kaliber 375 mit sich tragen konnte, was im Nationalpark nur Aufseher, professionelle Führer und die Antiwilderer-Brigade oder dazu befugte Mitarbeiter wie Tierärzte tun durften. Wir hofften, dass das Gewehr nicht zum Einsatz kommen würde, und wenn, dann nur für einen Warnschuss. Ich wusste, die Verantwortung, uns zu beschützen, wog auf Jeremys Schultern genauso schwer wie das Gewehr, aber darüber verlor er nie ein Wort. Ich machte mir Sorgen, weil es anstrengend sein musste, ständig die schwere Waffe zu tragen und aufmerksam auf jedes kleinste Geräusch zu achten. Kathy und ich waren zu sehr beschäftigt, sodass wir uns keine Gedanken um die Gefahren machen konnten. Nun ja, jedenfalls keine allzu großen.

Rachel, unsere freiwillige Helferin, die unbedingt hatte mitkommen wollen, wurde schon sehr früh am Morgen ziemlich nervös. Bei dem kleinsten Geräusch schrie sie auf oder zuckte zusammen, was uns beinahe in den Wahnsinn trieb. Es war klar, dass sie Aufregenderes erwartet hatte, als das eine Ende einer Schnur zu halten, während Kathy und ich das andere Ende über den Boden spannten und Pflanzennamen in ein Notizbuch schrieben.

Schließlich rutschte sie neben mich. »Ich habe meine Tage«, flüsterte sie. »Ich glaube, die Löwen werden mich riechen.«

Kathy hatte mitgehört und riss ihre Augen erstaunt auf. »Um Himmels willen, Rachel, das ist lächerlich!«

Rachel zitterte. Gleich würde sie anfangen zu weinen. Ich roch ihren Angstschweiß. Ich war selbst schon an diesem Punkt gewesen und wusste, dass die Angst sich steigern würde, bis Rachel ihre Würde verlor. Das wollte ich nicht. »Wir müssen hier weg«, murmelte ich.

»Verdammt«, schimpfte Kathy und schüttelte den Kopf. »Wir werden diesen Abschnitt fertig machen. Geh und setz dich in den Wagen«, wies sie Rachel an, ohne sie auch nur eines Blickes zu würdigen.

Es war das erste Mal, dass ich Kathy so aufgebracht erlebt hatte. Später erfuhr ich, dass Rachel versucht hatte, Neil zu verführen, während Kathy zu einer Konferenz unterwegs gewesen war. Selbst die heitere Kathy hatte ihre Grenzen.

Jeremy hustete und räusperte sich, blieb aber ansonsten still. Das Zucken seiner linken Augenbraue sagte alles, als er kräftig an seiner Pfeife zog und in die Ferne blickte. Er behauptete, der Rauch würde die Mopane-Fliegen verscheuchen.

Ich war gereizt und ließ meine Wut an ihm aus. »Dir kann das ja egal sein. Du bist ein Mann. Was weißt du schon davon?«

Kathy blinzelte, überrascht über meinen Ausbruch. »Tja, nun, da hast du recht.« Sie kratzte sich einen Insektenstich auf, der zu bluten begann. »Siehst du, ich blute auch. Da wissen die Löwen gar nicht, wen sie zuerst futtern sollen.«

Die Spannung war beinahe mit Händen zu greifen. Nun zuckte auch noch Jeremys Mund unkontrolliert. Ich hasste ihn in diesem Moment.

»Komm, Rachel«, murmelte ich und fasste sie am Arm, um sie zum Fahrzeug zu begleiten, wo sie, wie ich wusste, in zweifelhafter Sicherheit eine lange Zeit würde warten müssen.

»Was mache ich, wenn ein Tier kommt?«, jammerte sie, als ich wieder zurückgehen wollte.

»Drück auf die Hupe!«, rief ich über meine Schulter nach hinten.

Eine Weile später fragte mich Kathy voller Schadenfreude: »Was, meinst du, wird Rachel tun, wenn die Elefanten kommen?« Elefanten waren die einzige echte Gefahr für Frauen, die ihre Tage hatten.

»Dann wird man ihr Kreischen bis zum Hauptlager hören.« Ich zuckte mit den Schultern, hatte es satt, mir wegen Rachels Überempfindlichkeiten Sorgen zu machen, nachdem sie uns schon bedrängt hatte, sie mitzunehmen. Zudem war ich müde.

Wir hatten uns den ganzen Tag durch Dornen und Dickicht gezwängt.

Ständig fielen Schwärme stachelloser Bienen auf der Suche nach Feuchtigkeit über uns her, besonders über Augen und Nasenlöcher. Ich hatte schon früh gelernt, helle statt dunkle Hemden zu tragen, trotzdem hingen die Plagegeister an unseren Gesichtern. Nach einer Weile gab ich auf und fand mich damit ab, dass ich ein paar der unglückseligen Viecher schlucken würde.

»Eine Vitaminspritze«, ulkte Jeremy.

Wir hatten unseren Rhythmus wiedergefunden und kamen schnell voran. Hin und wieder floh ein für uns unsichtbares Tier krachend durchs Gebüsch, während wir zu Statuen erstarrten. Die Stille nach der panischen Flucht war schlimmer. Ich fragte mich, welches Tier in der Nähe gewesen war und wo es jetzt steckte, bevor wir uns wieder an die Arbeit machten. Dann hörten wir ein heftiges Trampeln. Wir hatten einen alten Büffel aufgescheucht, der auf einem Auge blind war. Das andere tränte ununterbrochen. Sein böser Ruf hatte ihn in dieser Gegend zur Legende gemacht. Der riesige, schwarze Bulle warf uns einen einäugigen, triefenden Blick zu, bevor er tosend durchs Gebüsch brach. Es war unser Glückstag. Es gibt nur ein Tier, das gefährlicher ist als ein einsamer, alter Büffelbulle – ein verletzter, einsamer, alter Büffelbulle. Die Eingeborenen nennen diese Männchen »alte *dagga*-Jungs«, weil sie mit festgebackener Erdkruste überzogen sind, wenn sie sich ausgiebig in einem Schlammloch gesuhlt haben.

Wegen seiner Verletzung, der guten Aussichten, dass er zurückkehrte, und der Angst unserer freiwilligen Helferin, die verärgert im Auto wartete, machten wir Schluss und nahmen uns stattdessen vor, die Herde zu suchen und ein paar Stunden bei ihnen zu verbringen.

»Was ist jetzt los?«, stöhnte Jeremy auf, als wir uns dem Wagen näherten. Musik dröhnte hinter den beschlagenen Scheiben unseres Wagens. Rachel grinste albern, während ein Joint zwischen ihren Lippen hing. Rod Stewart lud sie ein, mit ihm zu segeln, was eine gute Idee hätte sein können, da sie dem Erstickungstod nahe war.

»Weg damit!«, fauchte Jeremy.

Jetzt war mein Mann ganz bei der Sache. Dumme Frauen, die sich ständig beschwerten, waren eine Sache; seinen geliebten Bluey zu vergiften, eine andere. Rachel kicherte, als er sie aus dem Wagen zog. Er blickte sich um. »Kommt und holt sie!«, rief er ins Dickicht, womit er die Löwen meinte, die dort verborgen sein konnten. Und hinter vorgehaltener Hand murmelte er uns zu: »Steigt ein. Wir fahren, bis sie uns nicht mehr sieht.«

Das taten wir, doch sie war so bekifft, dass sie uns einfach hinterherspazierte. »*He-he-he-he-he*«, sang sie schmachtend. »*I am sailing. I am sa-a-a-aaailing.*«

»Ach, um Himmels willen«, brummte Jeremy. Er fuhr zurück, sprang aus dem Wagen und schob sie neben mich auf den Rücksitz.

»Die will ich nicht!«, sagte sie lachend.

Und dann stimmten wir alle ein. »*We are sa-a-a-aaailing. We are sa-a-a-aaailing, cross the vleiiii, cross the vlei.*«

Alles war bestens. Während wir idiotische Texte zu unseren Lieblingsliedern vor uns hinträllerten, fuhren wir zu den Elefanten. Am Morgen hatten wir sie auf dem Weg zu ihrem Lieblingswasserloch gesehen. Nicht nur der Mensch ist ein Gewohnheitstier, der Elefant ist es auch. Wir waren uns fast sicher, dass wir sie am Mpofu-Wasserloch antreffen würden. Und so war es auch.

Sie wälzten sich glücklich am schlammigen Rand des Wasserlochs. Einige schwammen im Wasser, während andere nebenan Sandbäder nahmen. In sicherem Abstand auf unserem Hügel stiegen wir aus unserem stickigen Fahrzeug und sahen dem fröhlichen Treiben schweigend zu. Kathy hockte auf der Motorhaube, Jeremy und ich standen neben der Fahrertür, und Rachel versteckte sich hinter der offenen Ladefläche. Sie war wirklich ein ängstlicher Mensch, und in ihrem bekifften Zustand schien ihr dieser Platz der sicherste außerhalb unseres Wagens zu sein.

Die Abendsonne tauchte die Szenerie in ein sanftes Licht.

Es war eine Wonne. Wir tranken aus unseren Dosen, ohne uns darum zu scheren, dass der Inhalt warm war, und spülten damit die köstlichen, hier getrockneten Taro-Chips hinunter. Was konnte besser sein als ein Dämmerschoppen und was zum Knabbern, während man das herrliche Schauspiel ausgelassener, unbekümmerter Elefanten vor dem Hintergrund duftender, blühender Bäume beobachtete? Nichts, aber auch rein gar nichts.

Ein winziger Blütenzweig verschmolz mit dem nächsten und flocht einen wunderschönen Kranz, der sich im kühlenden Wind wiegte. Drei zierliche, gefleckte Buschböcke schritten in aller Seelenruhe darunter hinweg. Der Himmel, schon in zartes Rosa getaucht, bereitete sich auf den Sonnenuntergang vor. Mein Herz sang das Lied von Afrika. Niemand – nicht einmal Rachel – sagte ein Wort. Was sollte man auch sagen, wenn die Natur sprach?

Instinkt – oder ein freundlicher Stups von einer höheren Macht – wird in der Wildnis zu einem geliebten Freund. Irgendeine Ahnung ließ mich nach hinten blicken. Es war König, der rasch und geräuschlos auf uns zukam, genau auf Rachel zusteuerte. Sie blickte sich mit dümmlichem Grinsen das Schauspiel am Wasserloch an, genau wie die anderen. Der riesige Bulle würde sie in wenigen Sekunden erreicht haben.

Ich deutete mit dem Finger nach hinten. »Da ist König!«, rief ich und rannte zu Rachel. Ich schob sie auf die Ladefläche und kletterte hinterher, während Jeremy den Motor startete. Kathy klammerte sich fest. Bluey fuhr mit einem Satz los, kurz bevor König uns erreicht hatte. Wir preschten den Hang hinunter, direkt auf die erschreckte Herde zu. Schlammklumpen wurden von den Rädern nach oben geschleudert, ohne dass Jeremy den Wagen unter Kontrolle bekam. Wir steuerten auf den Morast zu, verfolgt von König. *Ka-wumm, ka-wumm*, sagte mein Herz. Rachel kreischte.

Der Klang des Motors veränderte sich, als die Reifen Halt fanden, gerade noch rechtzeitig, um aus der Herde herauszufinden. Rachel und ich klammerten uns an die Streben der offenen Klappe, um nicht König vor die Füße zu fallen. Er war so nah, dass wir nur noch seinen Bauch und die stampfenden, baumstammdicken Beine sahen. Erst als wir in sicherem Abstand waren, holte ich wieder Luft.

König blieb abrupt stehen, schüttelte den Kopf, schlug mit den Ohren und hob den Rüssel zu einem mächtigen Trompetenstoß. Innerhalb weniger Sekunden hatte er seine Würde wiedererlangt. Als wäre nichts geschehen, drehte er sich zu den Kühen und begann, gemächlich in ihre Richtung zu schreiten.

Am nächsten Tag packte Rachel ihre Taschen und reiste ab. *Juchhu!*

Eine Woche später verblasste die Begegnung mit König zur Bedeutungslosigkeit. Die Sicherheit unseres kleinen Heims wurde durch einen unbekannten Beutejäger bedroht, der gleichzeitig der größte war.

Und wieder stand das Essen im Mittelpunkt. Würste brutzelten auf dem Grill, den wir aus dicken Zaundrähten gebastelt hatten. Dieser lag auf einer verrosteten Hundertfünfzig-Liter-Tonne, die wir uns von einem alten Campingplatz besorgt hatten. Durch in die Seiten gebohrte Löcher konnte die Luft zirkulieren, womit das Ding zu einem Multifunktionsgerät wurde. Der würzige, köstliche Geruch der Boerwurst ließ mir schon das Wasser im Mund zusammenlaufen, während ich fleischige, rote Tomaten auf einem Tisch zerkleinerte, den »Stevie Wonder« aus ein paar rostigen Nägeln und einigermaßen geraden Stücken aus rohem Holz gezimmert hatte.

Ich legte die saftigen Tomaten zusammen mit einem Bündel Spinat in eine Pfanne. Den Spinat hatten wir bei einem der Dorfbewohner gekauft, der ihn in seinem *shamba* – seinem Garten – anbaute.

Da wir keinen Kühlschrank hatten, gab es frisches Fleisch nur nach einer Reise zum Metzger in Dete, dem nächstgelegenen Dorf. Der Name »Dete« heißt übersetzt »Durchgang«, was einige dazu veranlasste, dieses Dorf mit »Arschloch der Welt« zu bezeichnen. Ich hatte noch keinen Sommer auf der niedrig gelegenen *veldt* verbracht, aber mir wurde von Freunden versichert, die dort unter der lastenden Hitze, Sandstürmen, Insekten und den von ihnen übertragenen Krankheiten gelitten hatten, dass Dete diesem Namen durchaus gerecht wurde. Im Winter erschien das Dorf als angenehme, verschlafene Ansammlung von Lehmhütten, wo man das Wichtigste kaufen konnte. Ganz selten unternahmen wir eine ganztägige Einkaufstour in die an einem Hügel gelegene Stadt Hwange.

Fleisch wurde ein paar Tage in einer Kühlkiste aus Polyurethan aufbewahrt, die im Boden eingegraben war. Ich aß gerne Rindfleisch, auch rohes – dank meines dänischen Großvaters, der mir beigebracht hatte, wie man Rinderhack mit Eigelb, Olivenöl und frischen Kräutern zubereitete. Doch das Fleisch hier musste gut gekocht werden, um Parasiten sowie Verunreinigungen durch Mensch und Tier zu beseitigen.

Die Tierrümpfe hingen beim Metzger unter freiem Himmel und wurden auf einem blutigen Haublock in ungleichmäßige Portionen zerhackt – und waren manchmal gefährlich mit winzigen Holzsplittern durchsetzt. Dazu schwang der Metzger, ein Hüne mit dem passenden Namen Samson, eine Machete. Seine blau-weiß gestreifte Schürze war steif vor getrocknetem Blut, und er trug Sandalen aus Gummireifen. Er schlug die Fleischbrocken in Zeitungspapier ein und gab noch eine Papiertüte voller frischer Eier mit orangefarbenem Dotter dazu, die seine Hühner an diesem Tag gelegt hatten. Ich konnte sicher sein, dass die Hälfte von ihnen zwei Eidotter hatte.

»Der Meister muss viel mehr zum Essen haben, Madam. Jemand, der mit Elefanten geht, isst wie Elefanten«, bellte er, während er mit seinen blutigen Händen fröhlich auf seine eigenen elefantengroßen Oberschenkel klopfte. Nie hatte ich so gelacht wie mit meinen afrikanischen Freunden.

Als ich die Würste wendete, dachte ich über Samson nach und musste kichern. Über meinem Kopf summte die Laterne an einem niedrigen Ast und tauchte uns in gelbes Licht. Wir setzten uns auf unsere vier Klappstühle und aßen unser unvergleichliches Mahl – das aber immer noch nichts war im Vergleich zu dem, was Shaddy uns zubereitete. Unsere Musik bestand aus einem betörenden Medley aus Hyänengeschrei, Schakalgeheule und dem ununterbrochenen Kreischen und Rufen von Nachtschwalben und Eulen.

Hin und wieder spielten wir unsere Lieblingsmusik auf unserem kleinen Rekorder ab. Doch Batterien waren wertvoll und wurden am besten für die *News of the World* auf BBC aufgespart, besonders für die wöchentlichen Zusammenfassungen am Samstagabend.

An diesem Abend herrschte in der unsichtbaren Welt absolute Stille, was seltsam war, da es nie wirklich still war. Wie immer löschte Jeremy die Laternen, wenn das Geschirr abgeräumt war. Dies war die Zeit, um über die Ereignisse des Tages zu sprechen und einen Plan für den nächsten Tag aufzustellen. Selbst unsere leise Unterhaltung klang in der unnatürlichen Stille ungewöhnlich laut. Die Dunkelheit legte sich wie ein Leichentuch über mich. Das angenehm Unsichtbare wurde zum beängstigenden Unbekannten, und ich sah mich ständig veranlasst, über meine Schulter nach hinten zu blicken. Wir rückten näher an die Tonne – und näher zusammen –, doch die warmen Kohlen konnten uns nicht vor der Eiseskälte schützen, die uns frösteln ließ.

Plötzlich spürten wir die Gegenwart von etwas Bösem. Wir reagierten gleichzeitig, drehten die Köpfe in die gleiche Richtung und spähten in die Dunkelheit. Wir erstarrten. Ich dachte an Golden und seine Erscheinung und bekam eine Gänsehaut, als ich mir sicher war, dass das, was uns beobachtete, kein uns bekanntes Tier war. Wir konnten uns nur an unsere Hoffnung klammern, dass das Böse vom Guten abgewehrt wird. Hier konnten wir uns vor nichts und niemandem verstecken.

Regungslos saßen wir da. Ein fauliger Geruch stieg mir in die Nase. Irgendwo in der Stille erklang ein groteskes Rasseln, rollte ohne Pause, bis ich schreien musste, um das Geräusch zu übertönen. Dann stieg das Rasseln zu einem dünnen Laut an, als würde jemand einen Geigenbogen schroff über die Saiten ziehen bis zum höchsten Ton. Das Kratzen bohrte sich schmerzhaft in meinen Kopf. Es war ein fürchterliches Geräusch, wie ich es seitdem nie wieder gehört habe. In Gedanken begann ich, das Vaterunser zu beten, und ergriff Jeremys Hand. In dem Moment war es vorbei. Ich holte tief Luft und bekam gleichzeitig einen Schweißausbruch.

»Das war heftig«, krächzte ich. »Und mit Sicherheit keine Hyäne. Meinst du, es war ein Leopard? Oder Goldens Schwiegermutter? Ist sie auch auf mich sauer?«

Jeremy antwortete nicht, zuckte nur die Achseln. Er sah blass und mitgenommen aus. Einige Dinge blieben am besten ungesagt. Er griff zur Taschenlampe und leuchtete am Rand unseres Lagers entlang, sah aber nichts. Dann peitschten Schüsse durch die Luft.

»Geh in die Hütte«, schrie Jeremy. »Sofort!«

In Sekundenschnelle lag ich auf dem Boden. Jeremy verbarrikadierte die Tür mit einem Blechkoffer und legte sich neben mich.

»Sind das Wilderer? Oh, gütiger Himmel, hoffentlich holen sie sich nicht die Nashörner.« Rob hatte am Nachmittag Rose und ihr Junges in der Nähe von Konondo gesehen. Sie und ein paar andere weiße Nashörner in Hwange waren die einzigen freilebenden Tiere ihrer Art in Simbabwe.

»Wir können nichts tun. Hinter was auch immer sie her sind, es ist bereits tot. Das werden wir auch sein, wenn die Wilderer uns sehen«, erwiderte er.

Er hatte natürlich recht. Wieder herrschte völlige Stille. Plötzlich knackte draußen ein Ast. Jeremy zog mich näher zu sich heran und legte einen Finger auf seine Lippen. Dann hörten wir weiter entfernt zwei weitere Schüsse. Irgendwo in der Nähe kreischte ein Pavian. Die Tiere widmeten sich wieder ihrem nächtlichen Geschäft. Wir fühlten uns allmählich sicherer. Der Schlaf, der mich schließlich übermannte, bot mir allerdings keine Erholung. Ich wurde von Albträumen heimgesucht, die so beunruhigend waren wie der Besuch der geisterhaften Wilderer.

Nach Sonnenaufgang machten wir uns auf den Weg zur Zentrale des Nationalparks, um den Aufseher über die Vorkommnisse der Nacht zu informieren. In der Nähe des Lagers kam uns ein Lastwagen voller bewaffneter Männer entgegen. Offensichtlich wussten sie schon Bescheid. Dickson lehnte sich aus dem Fenster und erzählte, der Safaribetreiber habe einen Notruf abgesetzt. Man ging davon aus, dass die Schüsse zwischen unseren beiden Lagern abgegeben worden waren.

Etwa eine Stunde später fanden sie Rose. Ihr Gesicht und ihr Nashorn waren abgeschnitten worden. Ihre drei Monate alte Tochter neben ihr hielt die Totenklage. Sie wurde betäubt und direkt ins Chipangali Wildlife Centre nahe Bulawayo gebracht, wo sie von Menschen aufgezogen werden konnte. Die Wilderer waren davongekommen. Das taten sie meistens.

Wir blieben im Hauptlager, bis Dickson zurückkehrte. Ich erzählte ihm von den seltsamen Geräuschen vor der Schießerei. Sein Blick verfinsterte sich, und er redete ausweichend von Leoparden oder Löwen auf Beutejagd. Aber das nahm ich ihm nicht ab. Ich war entschlossen, eine Tabugrenze zu überschreiten, weil ich eine Antwort brauchte, um die nächste Nacht schlafen zu können.

»Meinst du, es könnte *juju* gewesen sein, der Geist der Wildnis, der uns gewarnt hat?«, bohrte ich nach.

Dickson blickte mich verängstigt an und weigerte sich zu antworten. Ich wich zurück. Der Ausdruck auf seinem Gesicht spiegelte den von Golden wider, als er die Hyäne erblickt hatte.

Das Unbekannte bereitet immer mehr Angst als eine reale Begegnung mit gefährlichen Tieren, wenn die Bedrohung ein Gesicht bekommt und die Gegner sich gegenseitig einschätzen können. Trotzdem fiel es mir immer schwer, einem drohenden Löwen in die Augen zu blicken. Pemba lebte bei Marius, dem Wildtier-Farmer, der uns sein Zelt geliehen hatte, und war kein durchschnittlicher Löwe. Er gehörte zur Familie und hatte seine eigene Bank im Wohnzimmer von Marius' Gehöft. Ich fuhr gern auf diese Farm, um Tee mit der Familie zu trinken. Wilmarie war eine fabelhafte Köchin und liebte es, uns mit einer köstlichen Auswahl traditioneller Afrikaaner-Kuchen und Gebäck zu bemuttern.

Kurz nach dem Mord an Rose fragte ich Marius und seine Frau, ob sie dachten, der Geist der Wildnis hätte uns einen harmlosen, wenn auch erschreckenden Besuch abgestattet. Ich hätte gerne gehabt, dass sie uns lachend zustimmten. Stattdessen warfen sich Marius, Wilmarie und Jeremy verstohlene Blicke zu, bevor Marius antwortete: »Ach was, ich glaube, es war eine Hyäne. Weißt du, die können einen ziemlichen Lärm machen.«

»Nein, Marius«, widersprach ich. »Das war das übelste Geräusch, das ich je gehört habe.«

Er blickte mich nur mit gerunzelter Stirn an. Wilmarie legte mir noch ein Stück Gebäck auf meinen bereits vollen Teller und klopfte mir schweigend auf die Schulter.

In dem Moment schlenderte Pemba herein und löste die Spannung. Meine Tischgenossen waren erleichtert. Ich nicht. Ich kam mir vor wie ein bestraftes Kind. Pemba legte sich auf seinen fadenscheinigen Thron. Gott bewahre, dass sich jemand auf seine Bank setzte. Die Teetasse in meiner Hand zitterte, ein deutlicher Hinweis darauf, dass mich Pemba mittlerweile mehr beschäftigte als der Geist der Wildnis. Jedes Mal, wenn er hier auftauchte, lief mir ein Schauder über den Rücken. Es gelang mir einfach nicht, mich daran zu gewöhnen, dass er hier zu Hause war.

Das hübsche Haus war von einer breiten Veranda mit bequemen Korbmöbeln und dicken, bestickten Kissen umgeben und lag inmitten eines rund ein Hektar großen Gartens. Irgendetwas blühte dort immer. In einem Wasserbecken aus Zement konnte man sich zwischendurch erfrischen, und Pemba löschte dort auch seinen Durst. Er schlief nachts in einem großen Gehege hinterm Haus, lief aber ansonsten frei herum.

Eine ältere Löwin mit einem behinderten Bein lebte dauerhaft in diesem Gehege. Marius fühlte sich verantwortlich für ihr Wohlergehen, nachdem einer seiner Jagdteilnehmer sie nicht richtig getroffen hatte. Als Marius zu ihr getreten war, um ihr den Todesschuss zu verpassen, hatte er Geräusche aus einem Busch in der Nähe gehört. Zu seinem Entsetzen hatte er zwei kleine, zitternde Junge gefunden. Er hatte dieses Weibchen für den Abschuss ausgesucht, ohne auf ihre geschwollenen Zitzen zu achten.

Marius war die ganze Sache noch immer unangenehm. Zur Wiedergutmachung hoben er und seine Männer das bewusstlose Weibchen und ihre Jungen auf die Ladefläche des Wagens und fuhren nach Hause. Irgendwie überlebte die Löwin, ohne dass die Milch versiegte. Sie stillte die Jungen während ihrer Genesung, doch die Milch reichte nur für das stärkere der beiden. Das Weibchen starb, das Männchen, Pemba, überlebte.

Er war ein glücklicher Löwe, seine Mutter weniger. Ihre wilden Instinkte ließen nicht nach, sie war beängstigend in ihrer Wut, wenn sich jemand dem Gehege näherte. Dass sie in Gefangenschaft lebte, war gegen ihre Art, doch in freier Wildbahn hätte die Verletzung ihren langsamen Tod bedeutet. Ihr Sohn hingegen konnte nicht freigelassen werden, weil er an das Leben unter Menschen gewöhnt war und nie gelernt hatte zu jagen.

Besonders gern erzählte Marius die Geschichte von dem herrischen Beamten, der aus der Stadt gekommen war, um einen Bestechungsversuch zu unternehmen. Marius hatte ihn ins Haus gebeten und Pembas Bank angeboten. »Hier, setzen Sie sich. Ich bringe Ihnen ein Bier«, hatte Marius gesagt.

Der Mann hatte nichts von dem zahmen Löwen gewusst. Als er sich auf die irgendwie müffelnde Bank setzte, verließ Marius das Zimmer und suchte nach dem Löwen. Zufällig schlenderte Pemba bereits die Veranda entlang, um den Neuankömmling zu begutachten. Marius duckte sich, damit ihn der Besucher nicht sah, ermunterte Pemba, ins Wohnzimmer zu gehen, und stellte sich ans Fenster, um das Schauspiel zu betrachten. Als Pemba das Zimmer betrat, wurde der Beamte aschfahl im Gesicht und bekam einen Schweißausbruch.

Marius brüllte vor Lachen. »Der Kerl hat sich echt in die Hosen gemacht. Ich meine wirklich ›echt‹. Das war *lekker*. So was Lustiges habe ich mein Lebtag nicht gesehen.«

»Ich glaube nicht, dass es *lekker* war«, hielt Wilmarie dagegen. »Schließlich musste ich den Dreck wegputzen!«

Ich saß auf einem Stuhl neben Pemba und versuchte, meine

zitternde Tasse unter Kontrolle zu halten. Ich hatte Mitleid mit dem Beamten, als ich einen Blick zu der riesigen Katze wagte. Der große wollene Kopf ragte über den Rand der Polsterbank hinaus. Pemba beobachtete mich in der Art, wie Löwen dies tun. Wohl fühle ich mich dabei nie.

»Mann, als der Kumpel hier gesehen hat, dass jemand auf seinem Platz sitzt, ist er durchgedreht. In dem Moment hat der *muni* sein Päckchen verloren. Ei-ei-ei. Er hat gefiepst wie eine Maus.« Marius klopfte sich auf die Schenkel. »Der Löwe ist einfach hochgesprungen und hat sich auf den Kerl gesetzt und so getan, als wäre da niemand.« Der Beamte belästigte sie nie wieder.

Marius und Wilmarie unterstützten uns sehr. Sie machten unser Leben mit einfachen Geschenken und Lebensmittelpaketen sehr viel angenehmer. Sie waren unsere ersten Gäste auf der Farm 41 gewesen und hatten uns ein Zelt geliehen, als wir wegen der ausgedehnten Wanderungen der Elefanten hatten auswärts schlafen müssen.

Kapitel 12

Das Lied meines Sohnes

Das Zelt diente als Unterschlupf für meinen Sohn Lachlan, als er aus Australien zu Besuch kam. Da er bald erwachsen werden würde, wollten wir ein großes Fest feiern. Ich hatte mit siebzehn geheiratet, meine Tochter Mary-Louise mit neunzehn und Lachlan mit einundzwanzig zur Welt gebracht – kurz nachdem mein Vater gestorben war. Es würde zwar etwas früh für das Fest sein, aber ich wollte sein Erwachsenwerden auf eine Weise feiern, die ihn glücklich machte. Ich selbst hatte dies damals vermisst. Er sollte die Elefanten kennenlernen und uns auf einer Kanufahrt auf dem Sambesi begleiten. Und ich musste ihn einfach sehen.

Einige Tage nach seiner Ankunft hatte er mit seinem Charme und seiner Musik bereits die Herzen unserer Freunde gewonnen. Des, Jenny oder die Führer, die gerade frei hatten, suchten immer nach einem Vorwand, um uns in unserem Lager zu besuchen und mit uns am Feuer, begleitet von Lachlans Gitarre, zu singen. Oder sie luden ihn zu sich ein, wenn sie wegen ihrer Gäste selbst nicht fortkonnten.

Jeremy und ich brachen in der Regel im Morgengrauen auf, während Lachlan noch schlief, und wenn wir ins Lager zurückkamen, war er unterwegs. Ich war froh, dass er glücklich war und sich beschäftigte, während wir eine schwierige Zeit mit den Elefanten durchmachten. Und ich ahnte nichts von dem Drama, das uns bevorstand.

»*Howzit?* Mein Name ist Garth. Würden Sie bitte dieses Formular ausfüllen, damit Sie die Firma im Falle eines Unfalls identifizieren kann?«, bat uns Garth, als er jedem von uns ein offiziell aussehendes Dokument reichte. Jeremy, Lachlan und ich blickten einander mit bitterem Lächeln an.

»Holt die Menschenfresser«, witzelte mein Sohn. Auch unsere Mitreisenden lachten nervös über diesen zweifelhaften Humor.

So begann eine Kanufahrt, die eine außergewöhnliche Landschaft und viel Spaß bot – und den absoluten Schrecken. Wir unterzeichneten die Formulare und ließen uns von unserem Führer darüber belehren, wie sich Kanus beim Paddeln verhielten. Besonders aufmerksam hörten wir zu, als er von den Gefahren erzählte, die von Flusspferden und Krokodilen ausgingen. Wir sollten mit den Paddeln gegen die Seiten schlagen, bevor wir an Flusspferdherden vorbeikamen, um sie vor uns zu warnen. Wir lernten, dass wir uns, wenn einer von ihnen unser Kanu zum Kentern brachte oder wir aus einem anderen Grund über Bord gingen, einfach treiben lassen sollten, ohne uns zu bewegen, bis wir gerettet wurden.

»Da gibt's eine Menge großer, hungriger Krokodile«, unkte Garth. »Also müsst ihr so tun, als wärt ihr ein Baumstamm.«

Na großartig. Ich hole meinen Sohn nach Afrika, um ihm eine Pause vom Lernen zu gönnen, und dann wird er allen möglichen Gefahren ausgesetzt.

»Wie oft kommen Leute zu Schaden?«, fragte Margaret, eine attraktive, fit aussehende Neuseeländerin mit zitternder Stimme.

Dankbar, dass jemand die Frage gestellt hatte, die jedem im Kopf herumging, richteten alle ihre Blicke auf Garth. *Erinnerungen an den Savuti-Kanal und Ira.*

»Bis jetzt ist mir noch niemand verloren gegangen«, scherzte Garth. »Und das ist meine sechste Saison als professioneller Führer. Wissen Sie, das werden die schönsten Tage Ihres Lebens. Echt *mushi*. Glauben Sie mir.«

Leicht benommen stimmte ich in das darauf folgende Lachen ein. Ich war mir nicht so sicher, ob »*mushi*« das Wort meiner Wahl gewesen wäre, um zu beschreiben, was ich für einen schlechten Tausch gegen die Zeit mit meinen Elefanten hielt.

Mit der Verantwortung für acht unerfahrene, aber kühne Touristen beladen, ermutigten uns Garth und sein Praktikant, in fünf Kanus zu steigen, die voll mit unseren Materialien waren.

Der Sambesi erstreckte sich breit von unserem sandigen Ufer bis zum Schilf auf der sambischen Seite. Wir hatten fünf Tage vor uns, in denen wir auf diesem herrlichen Strom paddeln wollten, ausgerüstet mit nur einem Gewehr und dem Nötigsten zum Leben. Wir waren eine Gruppe Touristen, die sich nach Abenteuer und Freiheit sehnte.

Im Moment allerdings war ich ganz damit beschäftigt, das unstete Kanu, in dem Jeremy und ich saßen, im Gleichgewicht zu halten. Während ich beim Paddeln wenig geübt war, hatte Jeremy zu Schulzeiten an Rudermeisterschaften teilgenommen. Doch ein Achter mit Ruder ist etwas anderes als die abwechselnden Paddelschläge in einem Zweisitzerkanu mit einer Partnerin, die hinsichtlich Körperbau und Erfahrung ein Leichtgewicht ist. Mit der Kraft, mit der Jeremy das Blatt ins Wasser eintauchte, konnte ich nicht mithalten. Eigentlich war er ohnehin zu hektisch für unser kleines Kanu. Bei unserer Schräglage und den Kreisen, die wir drehten, drohten wir bereits zu kentern.

Wir kämpften weiter, während der Rest unserer »Flotte« in einer ordentlich wirkenden, geschlossenen Formation am steilen Ufer des Flusses paddelte. Unsere gefährlich kippelnde Unterlage trieb in die Hauptströmung in der Mitte des einhundertfünfzig Meter breiten Flusses. Wild entschlossen warf sich Jeremy ins Zeug, als wollte er das leichte Kanu seinem Willen und seiner Kraft unterwerfen. Doch es drohte, bei jeder ausholenden Bewegung zu kentern. Ich hatte Angst, dass wir unsere wertvollen Filmkameras und die Ausrüstung verlieren würden, versuchte aber, ruhig zu bleiben, und bat ihn, etwas weniger hektisch vorzugehen.

Plötzlich schwamm ein riesiges, urzeitlich aussehendes Etwas an meinem Paddel vorbei. Ein boshaftes Auge blickte mich aus einem Kopf an, der länger als mein Bein war. Ich vergaß meine Kameras – wir hatten es hier mit einem Krokodil zu tun, einem wahren Ungeheuer, dem wir uns als potenzielles Futter anboten. Es reichte. Ich verlor die Geduld. »Schieb dir das mit deiner Kraft sonst wohin. Wir sind Geschichte, wenn wir das Kanu nicht unter Kontrolle kriegen.«

Dies war ein Fehler. Mit verletztem Stolz verstärkte mein Mann seine Bemühungen, als könnte er aufs Wasser steigen, das Kanu mitsamt mir hochheben und ans trockene Ufer marschieren. Ich war wie versteinert.

»Hey, hey, hey! Aufhören zu paddeln. Lasst das Kanu einfach treiben!«, rief Garth vor uns.

Das taten wir dann auch, bis unser Retter unseren Bug kreuzte und uns aus der Strömung zog.

»Legt euer rechtes Bein über die Seite von meinem Kanu«, wies er uns an und tat dasselbe bei unserem Kanu mit seinem linken Bein, ebenso wie Lachlan, der mit ihm fuhr. Mit unseren so verbundenen Kanus näherten wir uns langsam der Hauptflottille, die in der Nähe des Ufers wartete. Ich war sauer, dass wir diejenigen waren, denen der erste Patzer auf dieser Reise passiert war. Doch Jeremy machte ein unschuldiges Gesicht. Offenbar hatten alle Kanus irgendwelche Anfangsschwierigkeiten gehabt. Unsere waren nur einfach eine öffentliche Zurschaustellung von Dummheit gewesen. Garth beruhigte die gesamte Mannschaft mit ein paar ermutigenden Worten.

»Wisst ihr, Leute, es ist kinderleicht, ein Kanu zu paddeln, auch wenn ihr noch nie gerudert seid. Verlernen wir also wieder ein paar Sachen und fangen von vorn an.«

Jeremy tat so, als ginge ihn das alles nichts an, begann aber, vorsichtiger zu paddeln. Widerwillig vertraute ich ihm den Rang des Kapitäns unseres winzigen Bootes an, und auch die anderen gewannen nach intensivem Nachhilfeunterricht mehr Vertrauen. Wir kamen anständig in Fahrt und merkten bald, dass wir, außer an trägen Stellen, wirklich kaum paddeln mussten. Solange die Sache mit dem Lenken klappte, trieben die Kanus von alleine. Schließlich schafften wir es sogar, gekonnt zu bremsen, wenn die Strömung stärker wurde, oder die Kanus in schwierige Kanäle zu lenken, wenn auf umgestürzten Bäumen in der Nähe des Ufers Vögel saßen, die wir uns anschauen wollten.

Das gestärkte Selbstvertrauen in die Fähigkeit, sicher auf dem Wasser zu treiben und sich entspannt der Strömung hinzugeben, war wie das Gefühl bei einer herrlichen Abfahrt auf Skiern.

Ich konnte meinen Blick von der Wasseroberfläche nehmen und die Schönheit des Sambesi-Tals genießen. Der Fluss wälzte sich fett und ölig durch üppige Überschwemmungsebenen, die übersät waren mit kleinen Wäldchen aus Bäumen mit ausladenden Kronen. Ich erkannte Akazien-, Teakholz-, Mahagoni-, Eisen- und Ebenholzbäume. Auf der sambischen Seite des Flusses endeten die Ebenen am Steilabbruch einer Gebirgskette, die sich dem blauen Himmel entgegenstreckte. In der Vormittagssonne leuchteten die Gebirgswälder in einem Farbspektrum, das von Aprikose bis zu einem dunklen Lila reichte. Die Berge waren wie Wesen, die ihre Gefühle ausdrückten. Manchmal wirkten sie hart und grausam, meistens jedoch nebulös-verträumt. Ich sehnte mich danach, sie, die weit entfernt waren, aufzusuchen, um ihre Geheimnisse zu erkunden.

Ein Nebel ganz anderer Art kündigte Dörfer auf der sambischen Seite an. Die Grenze, die beide Länder trennte, war ein strömendes Etwas. Sie verlief in der Mitte des Sambesi, der keine Sicherheiten bot. Als wir nahe ans sambische Ufer paddelten, bevor wir um eine Biegung steuerten, sahen und rochen wir Rauch und hörten Menschen miteinander reden. Da wir nicht an diesem Ufer anlegen durften, ließen wir uns, gefolgt von den neugierigen Blicken der Erwachsenen und Kinder, vorbeitreiben. Mehrmals stellten sich diese »süßen« Kinder in eine Reihe, drehten uns den Rücken zu und zogen ihre Hosen nach unten. Mit der entsprechenden Miene zeigten sie uns, was sie von uns hielten. Ihr anschließendes Johlen und Lachen ließ aber erkennen, dass sie dieses Schauspiel eher zu ihrem eigenen Vergnügen als aus Bosheit veranstalteten.

Viele dieser Dörfer lebten von der Wilderei in Simbabwe. Stinkende Gestelle hingen voll mit trocknendem Fleisch, um das sich Schwärme von Fliegen drängten. Es war das widerliche Zeugnis für die illegalen, nächtlichen Ausflüge über den Sambesi nach Simbabwe, um Elefanten und Nashörner wegen der Trophäen und Antilopen wegen des Fleischs zu jagen.

Eines späten Abends, als wir nach dem Lager Ausschau hielten, in dem wir die Nacht verbringen wollten, fanden wir das grob geschnitzte Kanu von Wilderern mitten im Schilf in einem engen Kanal. Garth fuhr ans Ufer, stieg aus und rammte seine Axt wütend in den Boden des Kanus.

»Mistkerle«, zischte er. »Die hätten nichts zu lachen, wenn ich die erwischen würde.«

Diesmal stimmte ich zu. Diese Dorfbewohner litten nicht unter Hunger. Ihr Land war fruchtbar, Mais und Haustiere gediehen prächtig, Wasser war reichlich vorhanden. Sie leben ein ganz anderes Leben als die Menschen in dem Gebiet, in dem wir arbeiteten. Allerdings ließ ich nicht zu, dass mein Ärger lange währte. Ich war mit meinem Sohn im Urlaub. Und die Bewegung tat mir gut. Neue Muskeln wellten sich unter der Haut, die bereits hübsch braun geworden war und die Illusion vermittelte, ich wäre gut in Form. Mein Gesicht strahlte. Langsam fühlte ich mich so gesund, wie ich aussah. Als ich vor Lachlan stolz meine Brustmuskeln spielen ließ, brach er in Lachen aus.

Jeden Abend paddelten wir in schmale Seitengewässer, wo Kollegen von Garth bereits ein Lager vorbereitet hatten. Es war wie im Himmel. Nur nach der ersten Nacht mussten ein paar Veränderungen vorgenommen werden, da Jeremy so laut schnarchte, dass kaum einer der anderen auch nur ein Auge zutat.

»Such mir einen langen Stock, damit ich Jeremy stupsen kann, wenn er schnarcht«, flüsterte ich zu Lachlan, der mit einem irischen Stückeschreiber im Zelt neben dem unseren schlief. Doch all meine Bemühungen waren vergeblich. Er lockte mit seinem Lärm sogar die Löwen an, die die Quelle der Geräusche erkunden wollten.

Als wir am nächsten Abend in unserem Lager eintrafen, standen fünf Zelte nahe nebeneinander – und eins stand fünfzig Meter davon entfernt.

Die neue Anordnung war für alle anderen eine Erleichterung, doch auch ich hatte nicht vor, noch eine schlaflose Nacht zu verbringen. Wir klappten die Pritschen zusammen und legten die Matratzen nebeneinander auf den Boden. Hier waren wir genauso allein wie sonst auch, wenn Löwen, Elefanten und Büffel uns nachts besuchen kamen. Wie immer schlief Jeremy die Nacht durch – und schnarchte. Wie ich ihn um seine Fähigkeit beneidete zu schlafen, wenn Schlaf nachts angesagt war, um tagsüber wieder ganz in jeden Moment einzutauchen und bei der Sache zu sein. Damit glich er unseren afrikanischen Freunden. Vielleicht hielten auch sie ihn für einen Afrikaner mit weißer Haut, so wie Golden mich beschrieben hatte, da es bei Treffen nie lange dauerte, bis sie ihn wie einen der Ihren behandelten. Auch mir ebnete er damit den Weg – einer Frau, die Männerarbeit leistete, was sicherlich einigen dieser Männer höchst verdächtig vorkam.

Auf diese Weise machte Jeremy mir das Leben sehr viel leichter, doch oft war er nicht bei mir oder nicht in der Lage, mir zu helfen, wenn mir Gefahr drohte. Und dies war kurz darauf der Fall. Unser kleiner Flottenverband hielt sich zu lange in der Strommitte des Sambesi auf, und wir ergötzten uns an einem prächtigen Sonnenuntergang. Dunkelheit senkte sich wie ein schweres Tuch über die Landschaft – plötzlich war sie da. Schwärme karminroter Bienenfresser flogen zu ihren Nestern am Ufer, Flusspferde raunzten sich gegenseitig etwas zu, als sie aus dem Wasser stiegen und sich zum Abendessen verteilten. Garth durchbrach die magische Stille: »Dorthin verschwinden wir.« Er deutete auf den Eingang zu einem Kanal. »Es wird dunkel. Wir müssen sofort in die Strömung, sonst finden wir den Weg zu unserem Lager nicht mehr.«

An diesem Tag fuhr ich mit Garth in einem Kanu und saß mit gekreuzten Beinen erhöht im Bug. Wir lenkten die Boote in den flachen Strom, der zwischen zwei Meter hohen Uferbänken nur drei Meter breit war. Mit einem Finger an den Lippen, drehte sich Garth um und flüsterte den beiden im Kanu hinter uns zu: »Weitersagen: Wir müssen absolut leise sein – kein Ton.«

Und zu mir gewandt raunte er: »Zieh dein Paddel ein. Ich übernehme.«

Als ich sein besorgtes Gesicht sah, war mir klar, dass wir zu lange gewartet hatten, doch nicht, worin das Problem lag. Unter Garths kräftigen Zügen glitten wir rasch dahin. Klaustrophobische Gefühle machten sich bei mir bemerkbar. Das zerbrechliche Kanu lag sehr tief zwischen den Uferbänken. Vor mir war nichts.

Nah, ganz nah, bellte ein Flusspferd. Das Kanu zuckte, weil Garth sich erschrak. In meinem Bauch kribbelte es. Oben am Ufer bewegte sich etwas, ein großes Tier, das ich aber in der Dämmerung nicht erkennen konnte. Die Angst kroch mir in den Hals. Es war ein panisches Flusspferd, das uns oben auf der Uferbank mit stampfenden Schritten vorausrannte.

Garth schob das Paddel in den schlammigen Boden, um das Kanu anzuhalten. Das Flusspferd drehte um und rannte zurück. Blieb stehen. Wirbelte wieder herum und rannte los. Drehte sich und rannte. Drehte sich und rannte. Immer wieder.

Ich hatte meine Beine über den Rand des Kanus gehängt, bereit, ins Wasser zu springen und loszurennen. Das Wasser war flach. Plötzlich spürte ich einen starken Druck von unten, als würde jemand meine Beine nach oben und ins Kanu schieben wollen. Ich zog meine Knie in dem Moment nah an meinen Körper heran, als das riesige Flusspferd sprang. Es landete genau vor mir im Wasser, streifte den Bug.

Verzweifelt klammerten wir uns an die Ränder, als das Kanu zuerst auf die eine, dann auf die andere Seite kippte. Ein muffiger Geruch blieb in der Luft, als das Flusspferd bereits im Busch auf der anderen Uferseite verschwunden war. *Uff…* Ich wusste, dass das Flusspferd auf meine Beine gesprungen wäre und uns dann angegriffen hätte, um sich zu verteidigen, wenn ich sie nicht ins Boot gezogen hätte.

Garth berührte meine Schulter. »Tut mir leid. Paddeln wir schnell weiter.«

Mittlerweile war es stockdunkel geworden. Irgendwie lenkte uns Garth durch die schwarze Nacht, in der ab und zu ein unbekannter Ruf oder schweres Trampeln zu hören war. Zehn schreckliche Minuten später sahen wir einen orangefarbenen Schein, der uns zu einem kleinen Strand und einem einladenden Feuer führte. Meine Männer waren vor uns aus ihren Kanus gestiegen.

Lachlans jugendliches Gesicht hatte sich zu dem eines wütenden Mannes gewandelt, als er Garth am Hals packte. »Meine Mutter wäre fast umgekommen!«, schimpfte er. Dabei drohte er Garth mit der anderen, zur Faust geballten Hand unmissverständlich.

Garth zog sich zurück. Er schlenderte zu einem kleinen Tisch neben dem Feuer und schenkte Weinbrand in mehrere Gläser ein. Eins behielt er für sich, die anderen reichte er uns. Jeremy stieß mit ihm an und kippte sein Glas in einem Schluck. Ich war erstaunt. Die Anspannung wurde durch eine gemeinsame Umarmung gelindert, die den Rest der Gesellschaft einschloss. Es wurde eine wilde Nacht. Der Autor spielte Szenen aus seinen Stücken nach. Mitten in einer Geschichte krachte Lachlans Liegestuhl zusammen. Er blieb einfach liegen, als wäre nichts geschehen. Als ich ihn aufforderte, sich schlafen zu legen, warf er mir einen finsteren Blick zu und raunzte: »Hol mir noch ein Bier, Mädel.«

Mein Sohn war zum Mann geworden. Sein Spruch erinnerte mich an das männliche Kalb, das sich vor seiner Familie produziert hatte. Ich schenkte meinem Sohn die Achtung, die die Elefantenmutter ihrem Sohn geschenkt hatte, und ging früh schlafen. Ich war aufgewühlter, als ich den anderen zeigte. Sie wussten nicht, dass mich eine unsichtbare Kraft veranlasst hatte, meine Beine anzuziehen, bevor das Flusspferd in den Kanal gesprungen war. Dessen war ich mir so sicher, wie ich auch wusste, dass der Elefant am Savuti-Kanal mehr gewesen war als einfach eine Elefant. Ich dankte dem Geist von Afrika in einem Gebet und fragte mich, wie oft er mich noch retten würde. Ich forderte mein Glück geradezu heraus.

Garth hingegen hatte weniger Glück. In der Nacht bekam er einen Malariaanfall. Sein Gesicht war gelb, und sein Körper wurde von Krämpfen geschüttelt, als ich ihn am Morgen mit meinem Schlafsack zudeckte. Er lag unter vielen Decken im Delirium, doch nichts konnte ihn wärmen, so wie auch nichts die Hitze linderte, wenn das grausame Fieber in regelmäßigen

Abständen zurückkehrte. Das Sambesi-Tal ist dafür bekannt, dass hier die Malaria wütet, doch bei Garth hatten sich gefährliche Nebenwirkungen eingestellt, nachdem er jahrelang vorbeugende Mittel genommen und erst vor Kurzem abgesetzt hatte.

»Meine Leber ist geschwollen, mein Kopf tut weh«, stöhnte er. Als ich ihn fragte, was wir tun sollten, ächzte er: »Verbrenn mich!«

Keinem von uns fiel etwas Besseres ein, als ihn rasch nach Harare zu bringen. Wir hatten Medikamente dabei, doch nichts war idiotischer, als einen Menschen, dessen Leber von diesem Gift angegriffen war, genau damit zu behandeln. Doch wenn es sich um eine Hirnmalaria handelte, könnte er innerhalb von vierundzwanzig Stunden nach Auftreten der ersten Symptome tot sein. Jeremy bat Garths Helfer, per Funk Hilfe zu rufen. Die Zelte wurden rasch abgebaut und wir mit dem Auto zum Flugplatz am Ruckomechi Camp gebracht, von wo aus Garth in ein Krankenhaus nach Harare geflogen werden sollte.

Pip und Henry waren zum Flugplatz gekommen, um zu helfen, als sie den Funkspruch gehört hatten. Sie waren alte Freunde, die in der Nähe, mitten im Mana-Pools-Nationalpark, ein schlichtes Lager besaßen. Sie hatten keine Gäste und baten uns, auf ihr Lager und ihre Siamkatzen aufzupassen, während sie nach Harare mitflogen. Für sie war es ein Glückstreffer, einmal abhauen zu können, und für uns eine wunderbare Gelegenheit, noch ein bisschen im Paradies zu entspannen.

Die Katzen wanden sich um unsere Beine und schlossen ihre exotisch blauen Augen. Dabei miauten sie herzzerreißend, weil sie Pip und Henry vermissten, von denen sie wie ihre Kinder behandelt wurden. Ich befestigte dünne Leinen an ihren mit Glöckchen geschmückten Halsbändern und nahm sie zu einem Spaziergang rund ums Lager mit. Ständig maunzten sie, bis wir sie in Pips und Henrys *rondavel* für die Nacht einschlossen.

Jeremy versuchte vom Bürozelt aus über Funk Kontakt mit dem Krankenhaus in Harare aufzunehmen, um zu erfahren, wie es Garth ging. Er hatte Hirnmalaria, war aber rechtzeitig eingeliefert worden, sodass er gerettet wurde. Henry erzählte, Pip spende im Krankenhaus gerade Blut, weil sie dieselbe Blutgruppe habe wie Garth. Die Ärzte hatten das infizierte Blut aus Garths Körper gepumpt und ersetzten es mit gesundem. Wir entspannten uns, nahmen nacheinander ein Bad in einer riesigen Badewanne umgeben von einem *boma* aus Schilfgras, der sich zum Fluss hin öffnete. Ich empfand es als absoluten Luxus, an einem sicheren Ort in einem Schaumbad unter den Sternen zu liegen und gekühlten Wein zu trinken, während ich eine Herde Flusspferde beobachtete, die sich auf den Weg vom Fluss zu ihrem abendlichen Weideland machte. Ein freundlicher Elefant, der liebevoll Bill genannt wurde, kam gewohnheitsmäßig ins Lager. Leise stand er neben dem von Kerzen beleuchteten Tisch, während wir aßen, und begleitete uns zu unseren kleinen *rondavels*, als wir uns zum Schlafen zurückzogen.

Am Morgen wurden wir durch aufgeregte Rufe geweckt. »Madala, kommen Sie schnell. In der Nacht ist etwas Furchtbares passiert!« Der Koch hüpfte draußen herum und knetete seine Hände. Wir rannten ihm zu Pips und Henrys *rondavel* hinterher, das sich ein Stück vom Hauptlager entfernt befand.

»Modem, Sie müssen hier draußen bleiben«, flehte er, als er die Tür öffnete. »Es ist eine böse Sache.«

Gerührt, doch entschlossen, selbst nachzuschauen, folgte ich den Männern hinein. Blut war über den Boden verschmiert, Möbel waren umgekippt. Die Spur führte zu einem zerbrochenen Fenster. Eine Windbö ließ die Glöckchen an einem Halsband klimpern, das an einem gezackten Stück Glas hing. Die Katzen waren fort. Einer der Führer las die Geschichte aus den Spuren: Abdrücke im Blut auf dem Boden von größeren Pfoten vermischt mit denen von kleineren. Nur die größeren Abdrücke führten durchs Fenster und setzten sich draußen fort. Die Spuren verrieten, dass ein Leopard etwas neben sich hergezogen hatte – die Hauskatzen, die keine Chance gehabt hatten. Der Leopard war durchs Fenster eingebrochen, um sich seine Beute zu holen. Er musste sie eine Weile beobachtet haben, bis er wusste, dass die Menschen, anders als sonst, nicht da waren.

Ich erschauderte angesichts des zielgerichteten, gewagten Vorgehens des Leoparden.

Herzklopfen ganz anderer Art bekamen wir, als Pip und Henry heimkehrten. Sie nahmen die traurige Nachricht gefasst auf, doch in gewisser Weise fühlten wir uns für den Verlust verantwortlich.

Wir kehrten ins Lager zurück, wo ein persönlicher Schicksalsschlag auf uns wartete. Da die Leitungen zu den Funktelefonen in den Safarihütten oft gestört waren und wir die lange Fahrt nach Hwange, einer Bergwerkstatt mit einem funktionierenden Telefonnetz, nur in dringenden Fällen auf uns nahmen, schrieben wir uns mit unseren Familienangehörigen oft Briefe. Doch die Post war manchmal wochenlang unterwegs.

Als wir diesmal zurückkamen, wartete bereits eine Tasche mit Post auf uns. Jeremy und ich trugen unseren Schatz in den Aufenthaltsbereich und machten es uns auf den Plüschsesseln bequem, um uns mit den Neuigkeiten zu beschäftigen. Lachlan plauderte mit anderen Gästen, während wir lasen.

Zu unserem Schrecken sprang Jeremy plötzlich auf. »Nein, nein! Gott, nein!«, rief er und stolperte nach draußen. Lachlan und ich rannten ihm hinterher. Mein starker, ruhiger Ehemann begann wie unter Qualen zu weinen. Es mussten schockierende Nachrichten sein. Lachlan nahm ihm den Brief aus der Hand. Er berichtete von der Trauer von Jeremys Schwester Jay und ihrem Mann Colin, nachdem ihr einziger Sohn David bei einem Schießunfall getötet worden war. Jeremy hatte ihn wie einen eigenen Sohn geliebt. Er war der einzige männliche Nachkomme der zehn Kinder von Jeremy und seinen beiden Schwestern gewesen. Wir trauerten um einen wunderbaren jungen Mann. Jeremy plagten Schuldgefühle. Er war nicht für Jay, Colin und ihre Mädchen da gewesen, auch nicht für seine Töchter Jenny, Jackie und Kate, die auf ihre Weise mit dem Schmerz fertig werden mussten.

Eine Woche später saßen Jeremy und ich auf einem Ponton am Kariba-Stausee, wo weiße Stämme angeschwemmter toter

Bäume weit aus der silbernen Wasseroberfläche herausragten. Es war ein trüber Tag. Wir unterhielten uns über David, der in unserer Erinnerung immer noch lebendig war. Als ein Adler herabsegelte, um sich auf einen Stamm zu setzen, schwiegen wir. Er war so nah, dass wir ihn hätten berühren können. Mit seinen braunen Augen über seinem stolzen, gebogenen Schnabel beobachtete er uns abwechselnd. Ich glaubte, Davids Gesicht durch meine Tränen hindurch zu sehen.

Der Adler blieb lange bei uns sitzen. Jeremy war wie erstarrt. Als sich der Adler wieder in die Luft erhob, drehte er drei Kreise über unseren Köpfen, bevor er verschwand. Ohne dass ich Jeremy etwas von meiner Beobachtung mitgeteilt hatte, erzählte er später, er habe David in einem Adler gesehen. Er spüre, dass sein Neffe ihm vergeben habe und das Leben nun seinen normalen Lauf nehmen könne. So geschah es auch, als wir zur Farm 41 zurückkehrten. Lachlans Ferien waren fast vorbei, und wir planten eine Abschiedsparty.

Ich hielt meinen Blick auf die Gitarre gerichtet, die unter den Fingern meines Sohnes summte, während er seine wunderschönen braunen Augen auf die des hübschen Mädchens geheftet hatte, an dessen Wangen Tränen hinabliefen. Dabei sang er eine selbst komponierte Ballade über eine verlorene Liebe. Unsere Freunde waren aus den verschiedenen Lagern zu diesem *braai* zu uns gekommen. Alle waren sie da. Kathy und Neil; Josh; Aubrey und seine Frau Siti; Stevie, Des und Jenny; Rob und andere, die hier noch nicht genannt wurden; sogar Harold und Sylvia sowie Marius und Wilmarie nutzten die seltene Gelegenheit, den Abend nicht zu Hause zu verbringen. Dickson und Ekaim kamen mit ihrem Bruder George, der mitten im Hwange-Nationalpark wohnte und auf dem Weg zu seiner ersten Frau und Familie war.

Lachlan war von den jungen Führern umgeben, die sich zur Musik hin und her wiegten. Schließlich legte er die Gitarre zur Seite und wirbelte das Mädchen in einem wilden Tanz um das Feuer herum. Es war himmlisch. Ich dachte, es gäbe keinen glücklicheren Menschen auf Erden. Mein Traum, dass mein Sohn so frei ist, dass er erkennt, was ihm am Herzen liegt, hatte sich erfüllt.

Jeremy kehrte zur Regentonne zurück, um die brutzelnden T-Bone-Steaks und Boerwürste mit einer langen Gabel, einem umfunktionierten Drahtkleiderbügel, umzudrehen. Marius wollte ihn herumkommandieren, doch Jeremy achtete nicht auf ihn. Auch Des gab seinen Senf dazu. »Jetzt macht mal halblang, Jungs. Das hier ist ein australisches Grillfest.«

Marius und Des hoben die Augenbrauen, ließen ihn aber in Frieden und holten sich aus der Kühlbox noch etwas zu trinken.

Jenny zwinkerte mir zu. Sie stand neben mir, als ich die in Folie eingewickelten Kartoffeln auf dem Feuer mit einer selbst gebastelten Zange wendete. Es hatte etwas Befriedigendes, mit dem wenigen Werkzeug auszukommen, das man brauchte, damit das Leben einfacher wurde. Auch das Essen war einfach – und das Bier lauwarm. Dennoch schmeckte beides besser als ein Menü in einem eleganten Sterne-Restaurant.

Stevie Wonder hatte in einem großen Topf *sadza* – Maismehlbrei – zubereitet. »Das ist *echtes* Essen«, spottete er. »Afrikaner wissen, was ihnen guttut. Schaut euch diese Muskeln an.«

Und ich wusste, dass mein Matabele-Freund dabei war, sich zu betrinken. Er saß auf dem Boden und lehnte gegen einen umgefallen Baum. Ekaim schien der Alkohol ebenfalls zu schmecken. Er drehte sich um und schlug auf den Stamm. »Mann, wo sind die Trommeln?«, rief er Lachlan zu.

Lachlan verschwand in der Hütte, aus der er kurz darauf mit Bongos, einer Mbira – ein Lamellophan oder Daumenklavier – und einer Marimba wieder herauskam und begann, afrikanische Rhythmen zu spielen. George und Ekaim sprangen auf und wirbelten in einem wilden, kraftvollen Zulu-Tanz umher. Sie hoben und spreizten ihre Beine und stampften laut. Stevie ließ seinen *sadza* stehen, um mitzutanzen. Sie passten ihre tiefen Stimmen einander an. Schultern wackelten, Köpfe wurden zurückgeworfen und Hintern herausgestreckt. Es war sinnlich und hypnotisch. Selbst Wilmarie ließ sich anstecken, als wir anderen auch zu tanzen begannen – außer Jeremy, der vor sich hin sang, während er die Steaks umdrehte, Sylvia, die selig lächelte, weil sie einen bequemen Sessel ergattert hatte, und Harold, der es auf sich genommen hatte, den *sadza* umzurühren.

Der Zauber war gebrochen, als Jeremy rief: »Die Fütterung beginnt!«

Zähne versenkten sich in die Steaks, da rannten plötzlich zwei Honigdachse auf uns zu. »Heilige Mutter Gottes! Verzieht euch nach oben. Gleich-gleich!«, rief Aubrey und kletterte einen Baum hinauf. Die Gäste krabbelten auf Stühle oder huschten in die Hütte. Jeremy und Lachlan zwängten sich zu mir auf den Tisch.

»Werft ihnen die Knochen zu!«, rief Marius.

Die Furcht einflößenden Honigdachse drehten ihre finsteren Köpfe und knurrten, während sie kurze Angriffe starteten. Mit ihren großen, mit langen Nägeln ausgerüsteten Pfoten ergriffen sie ihre Trophäen. Honigdachse gehören in Afrika zu den fiesesten Tieren. Zielstrebig, wie sie sind, steuern sie direkt auf die Genitalien ihrer Feinde zu. Es heißt, ein Elefant spazierte einmal einen schmalen Pfad entlang, als er einem Honigdachs begegnete. Der Elefant wich dem Dachs aus!

Als ich mich an diese Geschichte erinnerte, blickte ich mich um und brach in Lachen aus. Alle Männer mit Ausnahme von Lachlan hielten ihre Hände schützend über ihre Genitalien. Mein Sohn wusste nicht, worauf es die Honigdachse abgesehen hatten. Er kauerte neben mir inmitten der Salatschüsseln und beobachtete vergnügt die beiden Tiere, die sich mit den Knochen der T-Bone-Steaks zum Fressen hingesetzt hatten. Ihre unglaubliche Selbstsicherheit war ein Hohn für diejenigen, die sich nach oben geflüchtet hatten. Als sie fertig gespeist hatten, warfen sie noch einen Blick in die Runde und verschwanden.

Kathy kletterte rasch von ihrem Stuhl, stemmte ihre Arme in die Hüften und verbeugte sie sich theatralisch vor jedem einzelnen Mann.

»Meine Helden«, spottete sie mit glänzenden Augen. »Meine

Damen, ein Applaus für diese tapferen Helden.« Dann hielt sie sich den Bauch vor Lachen.

Schlecht gelaunt stieg Aubrey von seinem Baum. »Ach ja? Du kannst auch verschwinden«, brummte er. »Diese Kerle hatten ein Ziel vor Augen. Den Spaß wollte ich ihnen nicht gönnen.«

Alison nutzte die Gelegenheit, um sich in Lachlans Arme zu werfen. Über ihren Kopf hinweg blinzelte er mir zu. »Mich trifft doch keine Schuld, oder? Ich hatte ja keine Ahnung. Grünschnäbel tun das, was einem die Älteren vormachen.«

Bald zischten wieder die Dosen, und Lachlan griff zur Gitarre. Heute sagt er, Hyänen und Schakale, die Rufe der Nachtvögel und die Geräusche der Insekten beeinflussen den Rhythmus seiner Musik noch immer.

Schlafsäcke lagen übers Lager verteilt, als ich am nächsten Morgen aus der Hütte kam. Nur die älteren Paare fehlten. Die Altersweisheit hatte sie nach Hause geführt, kurz nachdem die Dachse abgehauen waren. Shaddy bot sich an, für das Frühstück zu sorgen. Es gab Pfannkuchen mit einer in Rum eingelegten Füllung und mit einer mit Likör versetzten Zitronenbuttersoße. Sie schmeckten köstlich. Die Füllung und die Butter reaktivierten den Restalkohol vom Vorabend.

Kurz darauf wurde Lachlan zu einem Spiel aufgefordert, bei dem er einen Stock nach oben halten und die Spitze ansehen sollte, während ihn zwei andere ein paarmal im Kreis drehten. Das Ergebnis war, dass er unter schreiendem Gelächter höchst unelegant stolperte und hinfiel. In der Zwischenzeit wurde Shaddy gebeten, noch weitere Pfannkuchen zu backen. Rob erzählte mir später, dass er auf dem Heimweg immer wieder hinter dem Steuer eingeschlafen war – betrunken von sechs Pfannkuchen.

Aubrey und Siti kehrten nach Bulawayo zurück. Wenn ich an Aubrey denke, sehe ich ein gelbliches Braun wie das in den Augen eines Fuchses vor mir. Seine Augen und seine Sommersprossen waren gelbbraun, und auch sein dichtes Haar war gelbbraun, aber mit Grau gesprenkelt. Es machte ihm Spaß, Menschen auf den Arm zu nehmen – sie zu fuchsen.

Aubrey war ein hervorragender Erzähler, der aus jeder Pore Charme versprühte. Während unseres Essens hatte ich ihn beobachtet, wie er bei den noch kräftig nachgesalzenen Spareribs ordentlich zugelangt hatte – in der Hoffnung, sein dritter Herzinfarkt würde noch eine Weile auf sich warten lassen. Seine Vorliebe für die Kruste vom Schweinebraten, fettes Biltong, salziges Essen und reichlich Scotch hatte zweifelsfrei sein Herz in Mitleidenschaft gezogen. Ein weiterer Faktor war seine Risikobereitschaft. Er leitete sowohl die Vereinigung der Jäger als auch eine größere Umweltschutzorganisation.

Anfangs war mir dies ein Rätsel, doch bald erkannte ich, dass wahre Umweltschützer oft dieser Spezies entstammten. Aubrey hatte sich vom wilden Jäger zu einem engagierten Fürsprecher der wild lebenden Tiere gemausert, nachdem er, wie er zugab, in einer Anwandlung von Grausamkeit an einem Abend elf Löwen erschossen hatte. Als Leiter der Vereinigung der Jäger konnte er Reviergrenzen und Abschussraten festlegen. Damit ließ sich dauerhaft ein Einkommen erzielen, das dafür sorgte, dass zwischen ständig wachsender Bevölkerung und Tierwelt ein Ausgleich stattfand.

Kapitel 13

Spartakus und andere Löwen

Ich war zu einer Konferenz in Kenia eingeladen, die zur gleichen Zeit stattfand, als Lachlans Ferien zu Ende waren. In Harare trennten sich unsere Wege. Ich flog nach Ostafrika, mein Sohn trat die lange, anstrengende Reise mit dem Flugzeug zurück an die Ostküste Australiens an.

In Kenia traf ich meinen Freund Salim, der mich dem Leben der Löwen näherbrachte. Er war mein Führer, wenn ich aus Nairobi floh, um mir Masai Mara und die Serengeti anzusehen. Die Nationalparks von Ostafrika bieten dank ihrer Ebenen von jeder Stelle aus einen herrlichen Blick auf die Tiere, anders als bei uns im Gestrüpp und in den Wäldern im südlichen Afrika, wo ein guter Ausblick eine Seltenheit ist. Doch ich hätte nicht tauschen wollen. Ich zog das Geheimnis und die Wildnis des Südens vor. Die Zufriedenheit war stärker, wenn eine lange Suche von Erfolg gekrönt wurde. Für Touristen allerdings, die sich nur kurz in Afrika aufhalten, bietet die baumlose Savanne rascher einen vollständigen Überblick über die Vielzahl der Wildtiere.

Als die Konferenz zu Ende war, nahm ich an einer kurzen Safari in die Mara teil. Wir wohnten in stabilen *rondavels*. Das Gefühl der Sicherheit, das hier geboten wurde, gestattete mir ein paar Nächte ungestörten Schlaf, auch wenn mich meine innere Uhr jeden Morgen um halb sechs weckte, als bereits schwaches Licht durchs Fenster drang. Um sechs Uhr war eine kleine Gruppe von uns bereits unterwegs in Richtung Osten. Ich stand aufrecht im Minivan, den Kopf durch das Dachfenster gestreckt, und atmete den Duft der Blätter und den Geruch der Tiere ein. Der anbrechende Tag in Afrika hat nichts Freundliches, ist nicht von Pastellfarben geprägt. Jeden Morgen schiebt sich arrogant eine große rote Scheibe über den Horizont. Beim Sonnenuntergang ist es dasselbe, nur umgekehrt – der Tag geht nicht einfach nur zu Ende, sondern er wird nachgerade ausgelöscht durch eine Explosion von Farben. Meine Augen brannten, was nichts mit dem Wind zu tun hatte, der mir das Haar ins Gesicht peitschte.

Salims breite Schultern waren in eine abgetragene, glänzend braune Safarijacke aus Polyester gezwängt. Sein wie mit einem Topf geschnittenes angegrautes Haar hing wie der Saum einer Soutane nach unten. Die Ellbogen weit ausgestreckt, lag er fast auf dem Lenkrand, die Augen zum Teil von einer verspiegelten Sonnenbrille verdeckt. Er sah verwegen aus, als wir so über die Savanne brausten.

Anfangs hatte ich befürchtet, unsere Safari würde Kenias Antwort auf eine Stunde im Louvre sein. Doch ich täuschte mich und gewann bald den Eindruck, dass Salim Augen wie Fliegen hatte, mit denen er gleichzeitig nach vorn, nach hinten und zu den Seiten sehen konnte. Wenn er wie ein Formel-1-Fahrer reagierte, dann nur, um sich schneller zwischen den sich bewegenden Sehenswürdigkeiten zu bewegen, damit seine Kunden die Zeit hinter ihren Fotoapparaten optimal nutzen konnten. Er schien zu spüren, wo der nächste wunderbare Moment lauerte.

Wir beobachteten rechts zwei Zebrahengste, die ihre Kräfte mit wilden Tritten ihrer Hinterbeine auf die Probe stellten, als Salim uns mit einer scharfen Linkskurve den Boden unter den Füßen nahm. Ich klammerte mich an die Rückenlehne vor mir, während der Wagen über felsigen Untergrund auf Bäume zusteuerte, die einen Fluss säumten.

»Ich habe einen Löwen rennen sehen«, rief Salim über seine Schulter nach hinten. »Ein männlicher *simba* rennt nur, wenn er fressen, kämpfen oder Liebe machen will.«

In dem Moment brach auch schon ein Löwe mit dunkler Mähne durch die Bäume auf der anderen Seite des flachen Flusses. Salim riss das Lenkrad herum und jagte auf das Wasser zu. Der Wagen holperte über das schmale, steinige Flussbett und erreichte den weichen Kies so schnell, dass er keinen Moment die Bodenhaftung verlor. Salim hielt den Kopf zwischen

Nach der Begegnung mit dem Flusspferd konnte ich mich beim Paddeln auf dem Sambesi-Fluss nie wieder entspannen. Ich war ein Eindringling in ihre Welt und nahm mir vor, mich in Zukunft leise durch die afrikanische Wildnis zu bewegen.

Am Vorabend unserer Hochzeit.

Cathy, die Tochter von Schiefer Stoßzahn, jagt fröhlich Vögeln hinterher. Wenn Kälber spielen, ist die Welt in Ordnung.

Eine Begrüßung mit ausgestellten Ohren von Säbel. Ich fürchtete, er würde wegen seines riesigen rechten Stoßzahns das Ziel von Wilderern werden. Säbel und ich teilten einen einzigartigen Moment des gegenseitigen Verstehens.

Innerhalb weniger Minuten kamen einzelne Familien aus unterschiedlichen Richtungen nach Kanondo und begrüßten sich ausgelassen – als hätten sie sich hier verabredet. Die Kuh ohne Stoßzähne, Inkosikasi, fühlte sich in unserer Gegenwart wohl.

Vor der reizbaren, unberechenbaren Bette Midler hatten wir großen Respekt. Sie war ein liebenswürdiger Schlingel. Hier bleibt sie nah bei ihrem Kalb, während sie überlegt, ob sie uns fortjagen soll. Sekunden später trompetete sie kräftig und preschte auf uns los. Wir suchten das Weite.

Schiefer Stoßzahn, Tunny und Dilingane wälzen sich in Mataka im Schlamm. Hier verließ mich meine Hoffnung, die Elefanten bald voneinander unterscheiden zu können.

Eine Familie tauscht sich über ihren letzten Triumph aus. Wieder einmal mussten die Kühe tief graben, um auf der Suche nach sauberem Wasser ein Wasserrohr zu knacken.

Die reizende Tunny war immer die erste Kuh, die uns begrüßte, wenn wir zur Herde zurückkehrten.

Ich werde mich immer an die erste Begegnung mit Dilingane erinnern. Alles an ihr war schön – makellose Ohren, perfekt passende Stoßzähne, angenehmes Auftreten und eine lebhafte Persönlichkeit. Sie war die liebevolle Friedensstifterin der Herde.

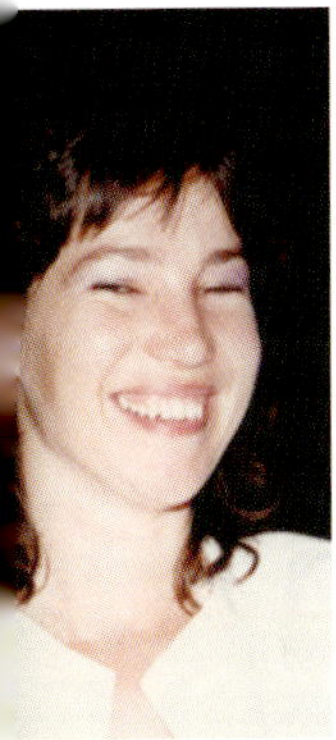

Links außen: Kathy Rogers, geb. Martin, begleitete meine Einführung in das Forschungsprojekt mit unerschütterlicher Geduld. Wir erlebten gemeinsame Zeiten der Freude, Ehrfurcht und Trauer, als wir die komplexe Welt der Elefanten betraten. Unsere gemeinsame Leidenschaft, der Herde zu helfen, entwickelte sich zu einer geschätzten Freundschaft.
Links: Harold Broomberg, der freundliche Guru von Gwaai.

Wenn ich dachte, ich würde sterben, oder einfach ein Pflaster brauchte, floh ich zu Jenny Delange ins Safarilager, das sie mit ihrem Mann, Des, leitete. Ihre Freundlichkeit und Fürsorge für die verrückten Elefantenleute war rührend.

Links außen: Mein Sohn, Lachlan Anning, liebt den Rhythmus von Afrika.
Links: Jane Williamson rette Jeremy, als er zusammenbrach.

Bheki kümmerte sich um uns. Er begrüßte uns auch, als wir 2006 wiederkamen.

Tenzi der Ältere (links) und Steve überraschten mich mit einem Giraffenkopf im Gefrierschrank. Janaman (rechts) zauberte in einem winzigen Herd und aus der einfachsten Zutaten fantastisches Essen.

Jedes Mal, wenn wir George Ndlovu in Ngweshla besuchten, brachte er mir mehr von der Kultur der Matabele und dem Leben in der Wildnis bei. Wir verbrachten zauberhafte Abende an seinem Lagerfeuer, während am Wasserloch die Elefanten trompeteten.

Memory Ndlovu war Georges Ehefrau »Nummer zwei«. Wir hatten keine gemeinsame Sprache, sondern verstanden uns nur als Mütter. Das genügte.

Kälber testen das Futter im Maul ihrer Mütter. So lernen sie auszuwählen. Doch dieser Kleine trank auf diese Weise immer Wasser von seiner Mutter, was ungewöhnlich war.

In der typisch stolzen Haltung eines Bullen in der Musth, marschiert König majestätisch auf die Familienherde zu.

Meine Hände zitterten, als ich dieses Foto schoss, kurz bevor uns Tom Däumling angriff. Der kleine, traurige Elefant tat mir leid. Doch auch Jungelefanten verfügen über unglaubliche Kraft.

Glückliche Elefanten am Mpofu-Wasserloch. Schiefer Stoßzahn (links am Ufer) siebt die Erde nach Mineralien.

Die Familienherde betritt friedlich das Akazienwäldchen. Nach Jahren der Trennung erkannten sie uns und vertrauten uns, obwohl die Wilderei stark zugenommen hatte.

Ein seltener Abend in der Wildnis.

Aubrey Packenham erkannte in meiner temperamentvollen Tochter, Lou Anning, einen verwandten Geist. Der freche Politiker und das wilde Mädchen sorgten für eine ausgelassene Stimmung am Lagerfeuer.

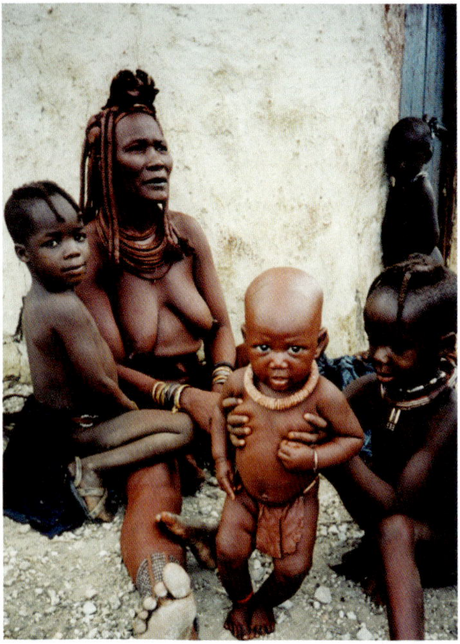

Ein Himba-Dorf in der Nähe unseres Safarilagers bei Hoanib in Namibia. Die traditionell mit Ocker bemalten Angehörigen des Himba-Volkes widersetzen sich Veränderungen und beschränken sich auf die Haltung von Rindern und Ziegen, um sich ihr Überleben zu sichern.

Eine Löwin verjagt Hyänen von einem von Wilderern getöteten Elefanten. Dessen niederfrequenter Warn- und Hilferuf erreichte die Familienherde über eine Distanz von mehreren Kilometern. In dem Moment wussten wir nicht, warum sie panisch davonstürmte, aber es war genau der Zeitpunkt, als ein Aufseher einen Schuss gehört hatte, von dem wir und die Herde jedoch nichts mitbekommen hatten. Das größte Privileg wurde uns zuteil, als uns die Herde trotz der menschlichen Grausamkeiten in ihrer Nähe duldete.

Jeremy und Rembrandt auf der Farm 41. Die Elferbande besuchte oft unser Lager. Einmal hängte ein junger Bulle seinen Rüssel auf der Suche nach Wasser in den Strahl, als ich gerade eine Dusche nahm.

Wir unterbrachen unsere Reise von Australien nach Simbabwe in Ägypten. Vom »Fluch der Pharaonen« befallen, war ich eine Weile in Sorge. Eine Woche später waren alle noch vorhandenen Zweifel vergessen, als ich die Herde am Wasserloch traf.

Ein Sturm braut sich über den Elefanten zusammen.

Eine Herde Springböcke ergreift die Flucht. Ich überraschte sie, als ich am Hoanib River Camp in Namibia entlangging.

Flusspferde sind Reviertiere. Ich war dankbar, dass ich einen Angriff überlebte, als ich mit dem Kanu in einem Seitenkanal des Sambesi unterwegs war und unabsichtlich zwischen einen Bullen und seine Herde geriet. Doch er verteidigte nur sein Revier.

Nachdem ich Effie, ein gelbschnäbeliges Nashornvogelweibchen, vor einem Schakal gerettet hatte, wurde sie unser Lagermaskottchen.

Das weiße Nashorn, Rose, wurde von Wilderern getötet. Wir fanden ihr Kalb weinend neben ihrer Leiche. Roses Gesicht und Nashorn waren abgehackt worden.

Giraffen kauen manchmal auf Knochen, weil sie Mineralien brauchen. Im Maul dieses alten Männchens jedoch, das ich Gierhals nannte, steckte immer ein Knochen.

Unten: Wildhunde jagen im Verband, sind aber vom Aussterben bedroht. Auf Farmen werden sie wie Ungeziefer abgeschossen. Dieses Rudel drängte einen Kudu gegen unser Zelt. Nach wenigen Minuten war es aufgefressen.

Die Säbelantilopen verteidigten ihre Jungen vor einem riesigen Rudel gefleckter Hyänen. Einmal bin ich dazwischengegangen.

Frühstück im Teakwald mit Freunden. Rob (kniend), Aubrey und Jeremy beobachten Shadrick, der seine legendären Pfannkuchen zubereitet. Hinter Jeremy hofft Stevie Wonder wahrscheinlich, etwas sadza abzubekommen.

Wir richten uns in der Hütte ein, die Stevie Wonder für uns gebaut hat. Eine unter die Tür geklemmte Schaufel war unser einziger Schutz vor großen Raubtieren. Das Lager war ein sicherer Zufluchtsort, bis wir entdeckten, dass eine ägyptische Kobra bei uns wohnte.

Lachlyn und Lou begrüßen mich bei meiner Rückkehr nach Australien.

Auf meinem Lieblingsversteck am Mpofu-Wasserloch, wo ich die Elferbande beobachtete. Hier begegnete ich mehreren wilden Tieren – unter anderem einer tödlichen Boomslang.

Mit Cleophis (links) und Bellamy in Sikumi ein paar Stunden vor unserem Wiedersehen mit der Familienherde im Juni 2006.

die Arme gesenkt, als er das andere Ufer hinauf aus dem Wasser fuhr.

Der Löwe war uns ein gutes Stück voraus. Als wir uns seiner Geschwindigkeit angepasst hatten, erwartete ich, dass er auf unseren Lärm reagierte, doch er hielt seinen riesigen Kopf nach vorn gerichtet, die Nase leicht nach oben gereckt. Er folgte eindeutig einem starken Geruch. Blasiger Speichel spritzte über die markante Linie seines offenen Mundes. Es war ein prächtiger Anblick.

Er steuerte auf eine Gruppe goldbrauner Tiere zu. Salim näherte sich einer Löwin und drei noch nicht ganz erwachsenen Jungen, deren Fell noch immer dunkel gesprenkelt war. »Ha! Da ist die Gattin. *Simba* ist zu einem Techtelmechtel unterwegs«, sagte er kichernd.

Er irrte sich. Zehn Meter vor der fauchenden Löwin blieb der Löwe plötzlich ein paar Sekunden stehen. Ohne einen Ton von sich zu geben, warf er einen Blick auf die verängstigte Familie, dann nahm er seinen Weg wieder auf. Als Salim den Gang einlegte, um ihm zu folgen, liefen zwei weitere Löwen von hinten um unseren Wagen herum und folgten dem Anführer. Auch sie waren hoch konzentriert, anders als sonst, wenn sie den Kopf gesenkt hielten und eher schwerfällig schwankten. Die drei Löwen hielten ihre Schwänze waagerecht nach hinten gerichtet, während die schwarzen Quasten unaufhörlich zuckten.

Ich war wie gebannt. Offenbar waren wir von diesen Löwen auf unserer Jagd durch die Savanne verfolgt worden. Wie es sich für stolze Tiere gehört, sind Löwen in der Gegenwart von Menschen normalerweise zurückhaltend, lassen sich aber auch anmerken, wenn wir ihnen lästig sind, indem sie sich verächtlich abwenden. Dieses Trio benahm sich jedoch, als existierten wir überhaupt nicht. Außerdem war es ungewöhnlich, dass die Tiere so lange so schnell rannten, auch wenn sie ein Ziel verfolgten. Selbst Salim kratzte sich verwundert am Kopf.

Wir folgten ihnen etwa zehn Minuten lang über die trockene Ebene.

Schließlich drosselte »Schwarze Mähne« seine Geschwindigkeit, riss das Maul weit auf, schloss die Augen und brüllte so kräftig, dass der Speichel an seiner zotteligen Brust hinablief. Seine jüngeren *askaris* ein Stück hinter ihm schwiegen.

Gleich vor ihm blickte ein junger Löwe mit halber, blasser Mähne dem Trio entgegen. Er war angespannt, sein Maul drohend – oder ängstlich – aufgerissen. Er wich trotz der auf ihn zueilenden Löwen kein Stück von der Stelle. Innerhalb weniger Sekunden hatte Schwarze Mähne ihn erreicht.

Tiefes, wütendes Knurren erschütterte die Morgenluft. In einer grotesken Paarungsparodie stieg der Angreifer dem Opfer auf den Rücken und zwang ihn, in die Hocke zu gehen. Schwarze Mähne versenkte seine gelben Zähne in den verwundbaren Hals und spuckte mit angewiderter Miene die Haare wieder aus. Er schüttelte den Kopf und wischte sich sogar mit den Pfoten übers Maul.

Die ganze Zeit über umkreisten die geschmeidigen *askari* ebenfalls brüllend und knurrend die Arena. Staubwolken wirbelten auf. Ungeachtet seiner Wunde am Hals, aus der Blut lief, wirbelte der angegriffene Löwe herum, um die Gegner im Blick zu behalten. So wie er von den anderen Löwen umzingelt wurde, verdiente er unseren Respekt und unser Mitgefühl.

Mit Verwunderung registrierte ich meine eigenen Reaktionen auf den furchtbaren Kampf. Alles in mir bebte vor Aufregung, ich biss mir auf die Zunge, um mich davor zu bewahren, in lautes Kampfgebrüll auszubrechen. Die Kraft, die von den muskulösen Körpern ausging, weckte einen tief in mir schlummernden Instinkt. Ich war nicht die Einzige, die von diesem blutigen Schauspiel fasziniert war. Später gaben meine Begleiter zu, ähnlich reagiert zu haben. Bald war ich überwältigt von dem Mut, mit dem dieser einsame Nomade seinen Gegnern gegenübertrat, und verzweifelt wegen des unvermeidlichen Ausgangs.

Die drei Angreifer verfolgten eine seltsame Strategie. Abwechselnd traten sie in den Ring, um gegen »Spartakus« zu kämpfen. Ich hätte schwören können, dass »Schwarze Mähne« diese Strategie mit seinen Gefährten abstimmte. Während einer sich auf den Kopf konzentrierte, machte sich der andere über die Rückseite her. In der Zwischenzeit malträtierte Schwarze Mähne die Wunde, die er bereits geschlagen hatte. Angewidert spuckten die drei nach jedem Angriff das Fleisch wieder aus, das sie dem Gegner herausgerissen hatten. Verwundet und dem Untergang geweiht, ließen Spartakus' Kräfte rasch nach, dennoch versuchte er nicht zu fliehen.

Am Ende ging alles ganz schnell. Zum ersten und einzigen Mal machten sich die Männchen gleichzeitig an Spartakus zu schaffen. Die beiden anderen nahmen ihn von vorn und hinten in die Zange, während Schwarze Mähne nach oben sprang und seine großen Reißzähne in die Wunde am Rücken hieb. Mit überraschter Miene fiel Spartakus wie ein Stein zu Boden. Seine Wirbelsäule war gebrochen. Vom Hals abwärts gelähmt, hob er noch den Kopf, um seinen Angreifern hinterherzublicken.

Angeführt von Schwarze Mähne, stolzierten die drei keuchend ein paar Meter in den Schatten, wo sie sich anmutig niederließen. Sie würdigten ihr Opfer keines Blickes, schlossen stattdessen mit offensichtlicher Genugtuung ihre Augen und begannen, sich zu putzen. Der sterbende Löwe sah ihnen mit einem ungewöhnlich sehnsüchtigen Blick zu. Salzige Tränen bahnten sich einen Weg über meine schmutzige Haut bis zu meinem Mund.

Die drei Löwen beendeten ihre Pflege, indem sie sich voller Zuneigung gegenseitig ableckten. Schließlich erhoben sie sich und machten sich auf den Rückweg. Spartakus, der ihnen noch immer hinterhersah, war bereits von Fliegen übersät, die Köpfe zweier heranschleichender Schakale zuckten in die Höhe und senkten sich wieder. Eine Hyäne wartete nur darauf, dass wir weiterfuhren. Ihr hässlicher Kopf war schräg nach oben gerichtet, dicke, schwarze Nüstern erschnüffelten den berauschenden Gestank des nahenden Todes. Ich wollte nicht Zeugin eines Endes sein, das dieses würdigen Kämpfers unwürdig war. Noch bevor ich etwas sagen konnte, fuhr Salim los.

Wir folgten der stattlichen Prozession der Sieger. Niemand sagte ein Wort. Es gab nichts zu sagen. Die Chancen waren klar verteilt gewesen – die Stärkeren hatten überlebt. Dies war der Lauf, den das Leben in den afrikanischen Ebenen nahm. Wir folgten dem Trio, immer noch neugierig, was als Nächstes passieren würde. Der Kampf hatte auch ihnen die Kräfte geraubt, sie marschierten langsam und mit gesenkten Köpfen. Als wir uns der Stelle näherten, wo wir die Löwin mit den Jungen gesehen hatten, tauchte eine geschmeidige Gestalt aus einem niedrigen Gehölz auf und kam auf Schwarze Mähne zu. Zwei gelbbraune Gesichter spähten durch die Blätter, dem Versteck, in das die Mutter ihre Jungen gebracht hatte.

Schwarze Mähne richtete sich zu seiner vollen Größe auf, als das Weibchen an seinem Körper entlangstreifte. Er verzog seine Lippen zu einer furchtbaren Grimasse, um zu schnüffeln, als sich ihr Schwanz verführerisch unter seinem Maul schlängelte. Alle Müdigkeit war schlagartig vergessen. Laut fauchend drehte er sich zu seinen Begleitern um, die sich rasch in den Schatten eines Dornenbaums zurückzogen. Um ihren Stolz zu wahren, begannen sie, sich ausgiebig zu putzen. Nur hin und wieder warfen sie dem Liebespaar sehnsüchtig-frustrierte Blicke zu.

Jetzt war mir die Situation klar. Die Löwin kam in die Brunft, und dies hier war das Revier von Schwarze Mähne. Wäre er ein Fremder gewesen, hätte er die heranwachsenden Männchen mit Sicherheit getötet oder verjagt. Also waren sie wahrscheinlich seine Jungen, und dies hier war – vorerst noch – sein Hoheitsgebiet. Der junge, unterlegene Löwe hatte den unwiderstehlichen Geruch des Weibchens wahrgenommen und war in das fremde Revier eingedrungen, um seine Chance zu ergreifen. Hätte er als wenig ebenbürtiger Rivale den Kampf überlebt, wenn er den Schwanz eingezogen und die Flucht ergriffen hätte?

Am Abend fuhr Salim zurück, um zu sehen, was aus Spartakus geworden war. Staub vernebelte den roten Schein der untergehenden Sonne hinter einer surrealen Szenerie, die von Dali hätte gemalt sein können. Hunderte von Geiern krümmten sich über die Überreste. Widerlich kreischend spreizten sie ihre Flügel, um sich einen Platz zu sichern, und sprangen sich gegenseitig auf den Rücken, wo sie ihre ausgezehrten Köpfe nach unten senkten und mit ihren krummen Schnäbeln zuhackten. Ihre nackten, schlangenförmigen Hälse wanden sich, wenn sie

Fleischstücke schluckten. Wenn einer von ihnen unbeholfen nach oben flog, nahm ein anderer gleich den freien Platz ein. Vollgefressen und zu schwer zum Fliegen, hockten sie sich auf die umstehenden Bäume, wo sie sich wie Todeswachen vor dem glühenden Himmel absetzten.

Doch in der Nähe wurde neues Leben gezeugt. Schwarze Mähne bestieg seinen Preis jede Viertelstunde, um das Leben einer neuen Generation von Löwen sicherzustellen, die wie alle anderen ihrer Spezies kämpfen, lieben und sterben würden – sofern ihnen unsere Spezies dies erlaubte.

Am Abend leistete uns Salim Gesellschaft beim Essen. Ich freute mich schon immer im Voraus darauf. Er war ein hervorragender Erzähler – eine nie versiegende Quelle großartiger und beängstigender Geschichten von Begegnungen mit wilden Tieren. Einige davon gehörten sicher in das Reich der Fantasie, doch die folgende Geschichte hatte sich tatsächlich so ereignet. Das weiß ich, da Salim unter Kollegen und Safaribetreibern als Antiheld berühmt wurde.

Zu dieser Geschichte gehört Salims reizende Art zu sprechen. Ich will ihn nicht lächerlich machen. Er spricht viele afrikanische Dialekte, beherrscht aber auch eine Reihe europäischer Sprachen. Ich spreche nur Englisch fließend.

Salim schob einen Holzstock ins Feuer, bevor er sich auf einen Stoffstuhl setzte, um uns seine Geschichte zu erzählen. Am Anfang sprach er zu den Flammen …

Nachdem er an diesem Tag während der Regenzeit besonders lange mit dem Auto durch sumpfiges Gebiet gefahren war, war er müde. Gleich nach dem Abendessen zogen sich seine ebenso erschöpften Mitarbeiter in die kleine Hütte zurück, die ihnen hinter dem Hauptlager zugewiesen worden war. Der Himmel war wolkenverhangen. Salim schützte sich vor dem Regen mit einem Ölzeugmantel, den er hoch über dem Kopf und über die Parafinlampe hielt, mit der er seinen Weg beleuchtete. Er eilte einen schmalen Pfad entlang, der den Mitarbeiterbereich vom Gästebereich und dem Hauptgebäude trennte. Sein Ziel war die letzte der kleinen Hütten, die beiderseits des matschigen Wegs standen.

Endlich angekommen, huschte er erleichtert unter das Verandadach, von dem das Wasser des kegelförmigen Strohdachs in Strömen herunterlief. Er hielt nur kurz an, um seine Stiefel auszuziehen und seinen Regenmantel über einen vorstehenden Ast zu hängen, bevor er die Tür aus Holz und Lehm aufstieß.

Die Lampe beleuchtete ein rundes Zimmerchen, in dem gerade eine einzelne Pritsche Platz hatte. Luft kam aus einem Loch in der Spitze des Dachs, das durch einen Aufsatz geschützt war. Wie so oft beschloss Salim, die Tür ein Stück offen stehen zu lassen, um den »gesunden Schlaf« zu fördern. Trotzdem war es stickig in der Hütte. Er zog sich aus, blies das Licht aus und legte sich auf die Decke. Es dauerte nicht lange, bis ihn, »Salim, der schwerer arbeitet als ein sich fortpflanzender Löwe«, der Schlaf übermannte.

Mit pochendem Herzen wachte er wieder auf. Es hatte aufgehört zu regnen. Ein widerlicher Wildgeruch stach in seine Nase. Von Todesangst gepackt, huschte sein Blick zur Tür, wo er nach einem Spalt in der Dunkelheit suchte. Nichts zu sehen. Die Tür war geschlossen. Salim entspannte sich. Der Wind musste sie zugeschlagen haben und der Gestank von einer vorbeiziehenden Hyäne stammen.

»Ich denke mir also, dass alles in Ordnung ist. So ein plötzlicher Tod, nur weil ich die Tür offen gelassen habe, wäre nicht gut gewesen.«

Mit dem Instinkt eines jeden großen Geschichtenerzählers machte Salim eine Pause. Als wie auf Befehl in der Ferne eine Hyäne kreischte, entblößte er seine leuchtenden Zähne und antwortete mit dem Kichern eines Wahnsinnigen. Unser Märchenerzähler riss die Augen auf, erhob sich und entfernte sich vom Feuer, als wollte er den Teufel suchen. Wir blieben sitzen und warteten, unsere Blicke angestrengt in die Dunkelheit gerichtet. Als er schließlich zurückkam, nestelte er an seinem Hosenschlitz herum. Salim hatte sich genau den Moment, wo die Spannung am größten war, ausgesucht, um sich zu erleichtern, da er die Zuhörer auf seiner Seite wusste. Einfach genial.

Er ging zu seinem Hocker am Feuer zurück, wir saßen ihm gegenüber im Halbkreis, beugten uns vor, warteten auf seine Fortsetzung. Afrikaner wissen die Stille zu schätzen und fühlen sich nicht gezwungen, sie mit unaufhörlichem Geplapper zu füllen. Natürlich diente seine Verzögerung nur dazu, unsere Anspannung zu erhöhen.

Salim fuhr fort. »So... die Tür ist also geschlossen. Jetzt ist mir zu heiß. Die Decke lässt mich am Rücken schwitzen. Ich denke: Vielleicht gehe ich nach draußen, da ich pinkeln muss.»

Mit einer leichten Verbeugung, die Hände in Gebetshaltung, blickte Salim mich an, die einzige Frau in der Runde. »Es tut mir leid, *memsahib*, aber es ist notwendig, von diesen Dingen zu sprechen, da sie so sind.«

Ich nickte.

Beruhigt setzte Salim seine Erzählung fort. »Ich beginne, mich zu bewegen. Ich bleibe stehen. Irgendein anderes großes Ding bewegt sich neben mir – im Haus!«

Salim saß stocksteif da, seine Augen wanderten von einer Seite zur anderen. Wir waren äußerst angespannt.

»Salim liegt sehr still, ohne zu atmen.« Er tippt mit den Fingern auf seine Brust. »Dieses Herz klopft sehr laut, sodass das Ding, das neben mir liegt, es auch hören muss. Ich sage euch, meine Freunde, ich habe solche Angst.«

Salim legte sich steif wie ein Brett auf den Boden, das Gesicht vor Schreck verzerrt. Er hatte vergessen, dass er nur spielte. Wir auch.

»Jetzt ist das Tier aufgestanden, und ich weiß, wie groß es ist. Ich denke, ist es wirklich eine *fisi*?« Er meinte eine Hyäne. »Ihr Atem geht sehr laut. Sie riecht schlecht. Sie schlägt heiß gegen mein Gesicht. Der alte Salim versucht, sich in ein Bett zu verwandeln. Jetzt will ich unter der Decke sein, um mich zu schützen.«

Fasziniert beobachtete ich, wie er seine Hand langsam an seinem Bein entlanggleiten ließ, bis er die imaginäre Decke berührte, die er ebenso langsam über sich zog.

»Ich ziehe die Decke über meinen Kopf, als es wieder zu regnen beginnt. Salim fragt sich, was für ein schreckliches Ding sein Haus mit ihm teilt. Und dann brüllt es laut. Ich sage euch, ich mache ins Bett, lasse meinen Urin einfach laufen!«

Diesmal deutete er seine entschuldigende Geste mir gegenüber nur an. »Wieder tut es mir sehr leid, *memsahib*!«

Salim, der Schauspieler, lag immer noch zusammengerollt auf dem Boden, sah aus wie ein Ball. Er war so in sein Drama vertieft, dass ich nur hoffte, er würde sich hier nicht auch in die Hosen machen.

»Ich rieche den Urin. Dieser alte Mann zittert schrecklich. Er denkt, seine Stunde hat geschlagen. Das Tier ist ein Löwe. Ich bin sicher, der Löwe wird mich fressen. Er ist sehr wütend. Er brüllt. O ja, er ist ein sehr wilder *simba*. Er will aus diesem Gefängnis raus, in das er gegangen ist, um sich vor dem Regen zu verstecken. Ich sage euch, dieser Löwe brüllt und brüllt. Und er rennt hin und her, kann aber die Tür nicht finden. Er springt gegen die Wand. Er springt sogar aufs Bett zu Salim, aber er weiß nicht, dass eine Beute darunter liegt, die vor Angst weint. Jetzt entleere ich auch noch meinen Darm! Da ist der Geruch vom Löwen wie Parfüm im Vergleich zu dem Geruch vom armen, alten Salim.«

Ich merkte, dass er sich wieder rücksichtsvoll entschuldigen wollte, und kam ihm zuvor. »Schon in Ordnung. Was ist passiert?«

»Meine Freunde kommen, um zu sehen, was mit diesem lauten Löwen nicht stimmt«, fuhr er fort, wobei er sich immer noch an die imaginäre Decke klammerte. »Sie haben ihn in den anderen Häusern brüllen hören. Ich weiß, diese Männer denken, dass es der Wille Allahs ist, wenn Salim von *simba* gefressen wird. Ich denke das auch. Weil ich genau an diesem Tag einen anderen Löwen verletzt habe. Meine Schande ist sehr groß. Ich spreche zu Allah aus meinem Herzen heraus. Ich sage ihm, die Verletzung war ein Unfall, und ich werde das nie wieder tun.«

Mit zum Gebet nach oben gerichteten Händen erhob sich Salim auf die Knie. Sein Gesicht leuchtete in frommer Dankbarkeit. »Allah hat mein Gebet erhört. Gelobt sei Allah«, flüsterte er voller Hingabe.

Fasziniert beobachtete ich, wie er sich vorbeugte, um mit seiner Stirn den Boden zu berühren. Das war mehr als nur Schauspiel. Salim dankte seinem Gott erneut. Wir warteten schweigend.

Kurz darauf stand er auf. »Der Rest dieser Geschichte gehört meinen Freunden, die aufs Dach geklettert sind, um die Tür mit einem großen Stock zu öffnen. Sie sagen, dass *simba* mit seinen Nachtaugen die Freiheit gesehen hat und hinausgesprungen ist. Ich konnte nur sein Brüllen hören.«

Salim machte eine Pause und nickte ernst. »Ich sage euch«, fuhr er düster fort, »dieser Löwe war so glücklich, aus dem Gefängnis und fort von den Gerüchen von Salim zu kommen, dass er ganz schnell weggerannt ist.«

Wir lachten gemeinsam mit Salim, der nach der kraftvollen Inszenierung seines beängstigenden Erlebnisses schweißgebadet war. Mit einem tiefen Seufzer sank er in seinen Stuhl und nahm dankbar ein kühles, wohlverdientes Bier entgegen.

Noch vor dem Morgengrauen des Tages, an dem sich Salims Löwen-Geschichte zugetragen hatte, war er mit acht Touristen von der Amboseli-Hütte losgefahren. Sie würden auf dem Weg nach Tsavo, wo sie die Nacht verbringen wollten, den ganzen Tag über Wildtiere beobachten.

An diesem Tag, wie an so vielen anderen zuvor, wollten seine Kunden Löwen sehen. »Es ist keine gute Idee, wenn Salim im hellen Tageslicht nach wilden Tieren sucht«, seufzte er. »Sie wollen immer nur *simba*. Überall suche ich nach diesen Löwen. Das ist nicht gut für mich. Sie schlafen in ihren Betten, wo ich sie nicht sehen kann.«

Salim legte sich wieder mit dem Rücken auf den Boden, wo er einen trägen, schlafenden Löwen imitierte. Atemlos warteten wir, während Salim, der Löwe, zu schlafen schien und hin und wieder mit dem Gesicht zuckte und mit der »Pfote«

imaginäre Fliegen verscheuchte. Ich konnte sie beinahe summen hören.

Irgendwann rührte er sich wieder, setzte sich auf seinen Stuhl und fuhr mit seiner Geschichte fort. »Die Affen waren nicht glücklich. Oh, ich bitte um Entschuldigung, aber diese Leute sind wie schnatternde Affen. Ich sage euch, selbst wenn man für sie eine Gepardenmutter mit ihren Jungen findet, sind sie nicht glücklich!« Wieder seufzte er enttäuscht.

»Zum Mittagessen machen wir unter einem freundlichen Eukalyptusbaum halt. Dieser Freund steht allein in der Ebene, wo er uns Schatten spendet.« Er wurde zum Baum mit seinen ausgestreckten Armen, mit denen er eine ausladende Krone andeutete, während er sich im Kreis drehte. Mit angewidertem Gesichtsausdruck setzte er sich wieder. »Zwei *sahibs* sitzen oben.« Ich stellte mir vor, dass das Dach des Fahrzeugs offen war; zwei dieser Männer saßen darauf und ließen die Beine herunterhängen. So hatte ich es selbst oft gemacht.

»Diese Leute essen«, fuhr Salim fort. »Sie haben volle Münder. Sie kauen und jammern, dass sie *simba* sehen wollen. Sie kauen weiter. Das ist nicht gut. Ihre Bäuche werden auch brummen.«

Salim rieb seinen Magen und stieß einen kräftigen Rülpser aus. »Essen ist heilig. Es ist ein Gebet, wenn man schweigend isst. Glaubt ihr, Salim konnte essen? Nein, er kann nur denken: Wo sind diese Löwen?« Seine Darstellung war so echt, dass ich spürte, wie mein eigener Verdauungstrakt in Aufruhr geriet.

Mit einer Geste der Anstrengung schob er die Gedanken an Essen beiseite. »Ich sage diesen Affen, *simba* wird zum Fressen rauskommen, wenn die Sonne sich schlafen legt. Lasst uns nach Hause gehen und schlafen, um uns für später vorzubereiten.«

Salim legte seine Hände wie zum Gebet an seine Brust. »Ich sage in meinem Herzen zu Allah: ›Gelobt sei Allah. Bitte, Sir, finde diese Löwen, wenn die Nacht kommt.‹«

Einen Moment lang blieb er mit geschlossenen Augen in dieser ehrfürchtigen Pose sitzen. Seine Zuhörer, die er in seine Welt mitgenommen hatte, beugten sich vor. Irgendwo in der Nähe kicherten Hyänen. Eine Nachtschwalbe schrie, als sie tief über das Feuer flog. Und plötzlich sprang Salim erschreckt auf. »Geht rein! Geht rein!«, rief er.

Er war so bei der Sache, dass ich nach einem Versteck suchte. Er tat, als zöge er kräftig an Beinen, die von oben herunterhingen.

»Da ist *simba*. Auf dem Dach!«, rief er. »Salim spricht zu Allah. Allah weiß, der Löwe schläft in einem Baum. Allah weckt ihn auf und sagt ihm – dieser Mann Salim braucht dich. Das war gut. Und das war schlecht. Es war gut, dass Allah mein Gebet gehört hat. Es war sehr schlecht, dass mein Gebet kein gutes Gebet war.« Seine Augen waren bei der Erinnerung weit aufgerissen.

»Ich ziehe die Leute rein, die schreien. *Simba* brüllt und brüllt. Er ist sehr groß. Salim steht auf einem der Menschen, um das Dach zu schließen. Die Tatze vom Löwen ist drin.«

Salims Gesicht glänzte vor Schweiß, während er mit dem unsichtbaren Dach kämpfte. Dann kippte er nach hinten und startete den Motor.

»*Simbas* Tatze war im Dach eingeklemmt. Dieser Wagen fährt zu schnell mit dem Löwen, der auf dem Dach brüllt. Die Affen im Wagen kreischen. Salim schreit. Ich sage euch, der Wagen will umkippen.«

Er schaukelte mit dem Stuhl so heftig hin und her, dass er umkippte, sprang aber sofort wieder auf und deutete mit wedelnden Armen an, was nur ein Löwe sein konnte, der oben auf dem Fahrzeug hin und her schwankte. Es war nicht schwer, sich vorzustellen, wie der Van über die Savanne schlingerte, während neun erschreckte Menschen nach oben zum Dach blickten, das unter dem Gewicht des unglücklichen Löwen knarzte, der mit einem Bein dort festhing.

»*Simba* fuhr sehr lange mit uns mit. Das ist schlecht, was Salim getan hat. Dieser Löwe war krank, als er nach unten fiel. Die Pfote war verletzt. Das Gehen ging nicht.«

Salims Haltung drückte Niedergeschlagenheit aus. Lange Zeit drückte er das Kinn auf die Brust. Schließlich erhob er sich, verbeugte sich und ließ uns allein über die Geschichte nachdenken.

Kein Wort mehr fiel darüber. Aber es war klar, warum Salim das Gefühl hatte, die Welt der Löwen hätte sich in der verregneten Nacht in seiner Hütte rächen wollen.

Kapitel 14

Die Schatten der Geister

Meine Rückkehr nach Simbabwe fiel mit einem Besuch von Aubrey zusammen. Er führte eine Gruppe Freiwilliger von Earthwatch an, um im Westkorridor des Hwange-Nationalparks eine Elefantenzählung durchzuführen. Dieser Korridor liegt neben dem Gebiet, das unsere Herde bewohnte. Das Ergebnis seiner Arbeit würde für unsere Zählung sehr nützlich sein.

Aubrey traf uns im Konondo Pan, nachdem er seine Mannschaft in verschiedenen Verstecken neben einer Reihe von Wasserlöchern im Nationalpark untergebracht hatte. Dort würden sie zweiundsiebzig Stunden ausharren und immer nach ihren Sechs-Stunden-Schichten schlafen. Wir hatten angeboten, am Abend darauf, einer Vollmondnacht, an der zur Grenze zwischen dem Nationalpark und dem Jagdgebiet nächstgelegenen Stelle bei der Zählung zu helfen.

Er stieg aus seinem Landrover, schlug die Hacken zusammen und salutierte mit zitterndem Arm.

»Hauptfeldwebel ›Wunder Hintern‹ meldet sich zum Dienst. Darf ich heute mitkommen?«

Jeremy und Kathy waren in der Hütte, während ich meine Kameraausrüstung im Wagen zusammenbaute. Ich schob das Fenster zur Seite, als Aubrey mit breitem Grinsen auf mich zukam. Er nahm mein Gesicht auf eine für ihn lächerlich sanfte Weise zwischen seine Hände und setzte mir einen dicken Kuss auf die Lippen. »*Howzit*, meine Schöne?«, fragte er, bevor er mir einen zweiten Kuss auf die Wange gab. »Der hier ist von Siti.«

Er blickte kurz zum Himmel. »Und der hier ist vom Köter«, sagte er und gab mir noch einen Kuss auf die zweite Wange.

»Stopp!«, hielt ich ihn lachend auf. »Das reicht schon.«

Jeremy kam mit drohend erhobener Faust aus der Hütte, doch

seine Augen strahlten Freude aus. »Lass meine Frau in Ruhe, du tollwütiger, alter Hund«, brummte er, bevor er ihn unbeholfen in den Arm nahm.

Kathy war das nächste Opfer für Aubreys gespielte Leidenschaft. Sie kniff die Augen zusammen und rieb sich ebenso gespielt übers Gesicht. »Bäh, wie kommt Siti nur mit diesem Geschlabber zurecht?«

Wie immer war etwas los, wenn Aubrey da war. Er setzte sich neben Kathy in den Wagen, klatschte vergnügt in die Hände und blickte sich um. »Und wohin geht's heute?«, fragte er. Dann drehte er sich nach hinten, wo ich auf der Ladefläche hockte. »Darf ich heute Nacht meinen Schlafsack neben dir ausrollen?«

»Natürlich, ich bestehe darauf«, antwortete ich, erfreut darüber, dass er in unserem einfachen Lager bleiben wollte, obwohl er jederzeit im äußerst bequemen Hauptlager übernachten konnte. Wir berichteten von unserem Fortschritt, während wir auf die Herde warteten. Wir waren bereits an ihr vorbeigekommen, als sie zielstrebig auf das Becken zusteuerte.

Zum Höhepunkt der trockenen, kalten Jahreszeit kamen viele Elefanten aus dem Park zu den künstlichen Wasserlöchern innerhalb des Territoriums unserer Herde, die allerdings auf Eindringlinge nicht gut zu sprechen war. Die Herde stellte sich stur, als wollten feindliche Truppen sie kolonialisieren. Familien vereinten sich, um dem gemeinsamen Feind zu trotzen.

Innerhalb einer großen Herde hielten einzelne Leitkühe ihre Familie zusammen, doch wenn es darum ging weiterzuziehen, war Schiefer Stoßzahn für die Logistik zuständig. Sie führte alle in die Lichtung. Würdig stand sie da und beobachtete aufmerksam die vorbeimarschierenden Elefanten, als würde sie sie zählen, bis sie sicher das Wasser erreicht hatten. Erst dann gesellte sie sich zu ihnen. Auch die Elferbande, die ihren Hintern nervös im Auge behielt, folgte ihr rasch.

Nach einer Weile entspannten sich die Elefanten, aber nicht lange. Plötzlich brachen drei riesige Bullen aus der Baumlinie hervor und blieben kurz stehen, um die Situation mit nach vorn gereckten Rüsseln einzuschätzen. Die Herde protestierte lautstark mit weit nach außen gerichteten Ohren. Die Jungtiere und Kälber wurden von den Erwachsenen schützend umzingelt.

Leider standen wir zwischen den Fronten. Jeremy startete den Motor und fuhr zum Rand des Beckens, als Schiefer Stoßzahn die Bullen mit einem kräftigen Trompetenstoß und wild schlackernden Ohren vertreiben wollte.

»Ja, weiter!«, rief Aubrey. »Hey, endlich ist hier was los! Schnapp sie dir, Mädchen!«

Aubrey war unverbesserlich. Doch es war aufregend zu beobachten, wie die draufgängerische Kuh auf drei kräftige Männchen zuraste. Dilingane und Bette Midler folgten ihr, dann noch weitere Kühe und schließlich einige Männchen aus der Elferbande. Ihre Muskelkraft war beinahe beängstigend, doch nicht für Aubrey, der auf und ab sprang und rief: »Mach sie fertig, diese wollenen Stümper. Bring sie um, diese Schweine! Auf sie mit Gebrüll!«

Schiefer Stoßzahn und ihre sie umgebende Staubwolke war den drei Bullen schon sehr nahe, als diese sich zur Flucht entschlossen. Schiefer Stoßzahn schrie, blieb aber stehen, den Kopf aufgerichtet wie eine Kobra und die Ohren steif vor Ärger und Entrüstung. Von den Kühen, die ihr gefolgt waren, umringt, akzeptierte sie stolz die anerkennenden Berührungen der Rüssel an ihrem Mund.

Während der Konfrontation hatte sich der Rest der Herde neben uns gestellt. Das konnte man getrost als Vertrauensbeweis werten, und ich war regelrecht gerührt, als Schiefer Stoßzahn zurückkehrte, um auch uns die Leviten zu lesen. Wir mussten uns in Sicherheit bringen.

Als wir später zur Herde zurückkehrten, war alles wieder ruhig. Allerdings hielten die Tiere sich länger am Konondo auf als üblich. Es schien, als wollten sie die Fremden fernhalten. Meine Schultern begannen bereits zu schmerzen, nachdem ich die Herde, die im Wasserloch schwamm, sich im Staub wälzte und nach Mineralsalzen suchte, lange Zeit gefilmt hatte.

Es war schon später Vormittag, als Schiefer Stoßzahn schließlich den Marschbefehl gab. Wieder stellte sie sich neben uns, als die Herde vorbeidefilierte, bevor sie uns eher aus einem Pflichtgefühl heraus halbherzig warnte. Schiefer Stoßzahn führte ein strenges Regiment.

»Ta-ta«, rief Aubrey. »Das ist mein Zeichen fürs Mittagessen im Lager.»

Auf der Wiese, wo Horaz mir seine Aufwartung gemacht hatte, aßen wir Toasts mit Käse und Tomaten und tranken dazu Malawi-Shandys. Aubrey verließ uns, als wir uns in den Forschungsbunker zurückzogen, um die Daten zusammenzufügen. Wir vereinbarten, uns am Abend mit Aubrey, Kathy und Neil in unserem Lager zum *braai* zu treffen, ein Abend, der auch den Elefanten gehören sollte. Sie kamen, als die Würste brutzelten, und blieben bis zur Morgendämmerung bei uns.

Am nächsten Abend nahmen wir unsere Schlafsäcke und unsere Ausrüstung zur Plattform in Hwange zu einem Stelldichein bei Mondschein mit, um weitere Elefanten zu zählen. Das hatten wir jedenfalls vor. Stattdessen erfuhren wir, wodurch sich der schöne, scheue Buschbock den Ruf als mutiges Tier verdient hat.

Mit dem Sonnenuntergang verschwand auch die Wärme. Ich hatte einen dicken Trainingsanzug, einen Parka und Fausthandschuhe angezogen und eine Mütze aufgesetzt und schenkte unbeholfen Tee aus einer Thermosflasche ein. Die Kälte in unserem Versteck zeigte sich an den Dampfwölkchen vor unseren Lippen, wenn wir uns flüsternd über das unterhielten, was wir am Tag gesehen hatten. Der Verdruss schwand, als die Tiere begannen, aktiv zu werden.

Am anderen Ufer murrten und kreischten in einem großen Teakholzbaum Paviane, die sich zum Schlafen vorbereiteten. Diese Geräusche waren leicht zu erkennen. Andere hingegen, mit denen sie sich vermischten, konnten wir nicht so leicht zuordnen. Sie kamen von Tieren am Wasserloch. Um zehn Uhr abends begann der Horizont zu leuchten. Langsam ging der Mond auf, wurde immer größer, bis er als orangefarbene Scheibe am Himmel stand. Ein zarter Schleier umgab ihn. Je höher er stieg, desto mehr tauchte er die Landschaft um das Wasserloch herum in kaltes, weißes Licht und spiegelte sich auf der silbernen Oberfläche.

Ein einzelner Elefant schlenderte langsam auf die Baumlinie zu. Ich schrieb eine »eins« auf mein Earthwatch-Formular. Bevor es wieder hell wurde, hatte ich die unmissverständlichen Geräusche erkannt, die Elefanten machen, wenn sie Wasser in ihren Rüssel saugen und anschließend in ihre Mägen pumpen. Mir war der schwere, süße, grasige Geruch seines Kots in die Nase gestiegen, doch ich hatte keine Ahnung, ob sich nur einer oder mehrere dieser grauen Geister dort in der Dunkelheit aufhielten. Da wir leise waren, hatte er sich nicht von uns stören lassen. Ich bezweifelte, dass es einer der Bullen aus unserem Revier war, doch das mussten wir nachprüfen.

Eine gefleckte Eule stieß glockenhelle Töne aus, eine Nachtschwalbe schrie, als sie tief über schwarz-braun-weiß gestreifte Stachelschweine flog, die watschelnd einer Ameisenspur folgten.

Oft werden wir gefragt, ob wir uns in den langen Wartezeiten nicht langweilten. Aber nein, nicht eine Sekunde lang war mir langweilig! Ich wünschte eher, ich hätte vier Augen, mit denen ich auch die kleineren Tiere wie Termiten beobachten konnte. Deren riesige Erdhaufen sind die unterhaltsamsten und architektonisch perfektesten Städte der Welt. Jeder hofft, Löwen zu sehen, doch die schlafen tagsüber. *Das* kann langweilig sein.

Um zwei Uhr morgens tauchte ein zart gefleckter Buschbock auf. Er stakste geduckt vorwärts wie jedes Tier, dessen Hinterbeine länger sind als die Vorderbeine. Seine Männlichkeit zeigte er durch kleine, leicht spiralförmig gedrehte Hörner und eine kräftige Statur. Da er fast so groß war wie ein Impalabock, schätzte ich seine Schulterhöhe auf etwa einen Meter. Das Mondlicht war hell genug, sodass ich die weißen Punkte auf seinem Rumpf erkennen konnte. Es war immer ein Vergnügen, diese scheue Antilopenart zu sehen, weil sie sich als nachtaktives Tier nur selten blicken lässt.

Eine dunkle Wolke zog vor dem Mond vorbei. Die plötzliche samtene Dunkelheit war fast greifbar und schien sich gegen mein Gesicht zu drücken. Ein Pavianwächter bellte Alarm – oder war es eine der Antilopen? Ich suchte Jeremys Hand, als ein Tier in unsere Richtung galoppierte. In der Nähe spottete ein anderes Tier über die Panik. Wenn jagende Hyänen ihre widerlichen Todessignale ausstoßen – Rufe, die direkt aus dem Hades heraufzudringen scheinen –, erschaudern Mensch und Tier, egal, wie stark sie sind. Hyänen stimmen ihren Angriff perfekt ab. Panische Beutetiere begehen Fehler; gerade in völlige Dunkelheit getaucht, sind sie eine sichere Beute.

Fauliger Geruch stieg in meine Nase, was hieß, dass die Hyänen sich nahe an unserem Versteck herumtrieben. Ich war versucht, unsere Regel zu brechen, die da hieß: In der Nähe von nachtaktiven Tieren kein Licht einschalten! Eins der möglichen Opfer floh ins Wasser.

Als der Himmel seine eigenen Scheinwerfer wieder einschaltete und die Landschaft genauso schnell beleuchtete, wie er sie zuvor in Dunkelheit getaucht hatte, stand der Buschbock drei Meter weit im Wasser. Laut hustend und mit den Vorderhufen trampelnd, wehrte er sich gegen drei gefleckte Hyänen, die immer wieder auf ihn zurannten, aber jedes Mal kurz vor dessen wild stampfenden Beinen stehen blieben. Es ließ sich kaum sagen, ob sie sich vom tieferen Wasser oder von den Drohungen des Bocks aufhalten ließen und geduckt zurückwichen. Allerdings waren sie nicht die einzigen Beutejäger.

Das einsame Krokodil, das in diesem flachen Becken lebte, glitt hinter dem Buschbock ins Wasser. Die Oberfläche kräuselte sich kaum. Wahrscheinlich hätte der reizbare Bock das Krokodil auch nicht bemerkt, wenn es einen Salto geschlagen hätte. Seine ganze Aufmerksamkeit war auf den tödlichen Kampf mit den Hyänen gerichtet. Nachdem das Krokodil ein letztes Mal untergetaucht war, hob es seine Schnauze und schnappte nach dem Bauch des Bocks. Wasser spritzte, als der Buschbock mit den Hinterbeinen einsackte und näher ans Ufer, aber auch näher zu den Hyänen sprang. Er war frei, doch am Bauch verletzt. Blut tropfte ins Wasser. Das Krokodil wartete im tieferen Wasser auf seine nächste Chance, während am Ufer drei sabbernde Mäuler vor Aufregung knurrten und Kicherlaute ausstießen. Sich vor Schmerzen krümmend, spritzte er Wasser umher und warf seine Hörner von einer Seite zur anderen.

Mein Herz schlug bis zum Hals, da ich mich an eine Episode aus meiner Kindheit erinnerte. Als Sechsjährige hatte ich versucht, einer Gruppe von Kindern zu entkommen, die mich an den Armen festhielt, während ein anderes mit einem Stock auf meinen Bauch einschlug.

»Zum Teufel mit der Zählung«, flüsterte ich Aubrey zu. »Die können wir beim nächsten Vollmond nachholen.«

Er wollte allerdings noch bleiben.

Jeremy und ich fuhren die fünfundvierzig Kilometer ins Lager schweigend zurück. Meine Gedanken überschlugen sich bei der Erinnerung an die Qualen, die ich während meiner Kindheit erlebt hatte, und an den unglücklichen Bock. Zu Hause rollte ich mich in meinem Schlafsack zusammen. Die Rufe der umherstreifenden Hyänen widerten mich an.

Noch bevor der Morgen anbrach, wachte ich auf, weil ein Löffel in einem Becher klapperte. Ich zog mich rasch an und ging zu Jeremy ans Feuer. Ich muss so traurig ausgesehen haben, wie ich mich fühlte. Er nickte zu Bluey. »Fahren wir los«, forderte er mich auf.

Wir fuhren über eine in sanftes rosa Licht getauchte Ebene, ohne von den Tieren beachtet zu werden. Ich ging nicht davon aus, am Wasserloch noch Spuren des nächtlichen Spektakels vorzufinden, doch ich lag falsch. Der Buschbock war erschöpft, aber nicht erledigt, und stand näher am Wasserrand.

Aubrey nahm die Thermoskanne mit heißem Kaffee, lehnte aber den Zwieback ab. Er wirkte erschöpft, aber er habe das Drama nicht verpassen wollen, sagte er. Wie wir war er erstaunt, dass der verwundete Buschbock sowohl die Hyänen als auch das Krokodil vier Stunden in Schach gehalten hatte. Wann würde er zusammenbrechen? Immer noch stampfte er mit den Füßen auf und stieß mit den Hörnern nach vorn, doch es war nicht zu übersehen, dass seine Kräfte schwanden. Seine Zunge hing heraus, und er klang heiser. Mir wurde schlecht. Jemand sollte ihn erlösen …

Auf der anderen Seite des Beckens stand eine kleine Herde Säbelantilopen seelenruhig beim Trinken. Den Hintern nach oben gereckt, löschten auch die Paviane ihren Durst, behielten aber den Buschbock im Auge. Vögel schwirrten in dichten Schwärmen herab, um zu trinken. Sie landeten auf den umstehenden Bäumen, deren Äste sich unter dem Gewicht senkten und hörbar zischend nach oben sausten, wenn die Vögel sich wieder in die Luft erhoben. Oder war es das Geräusch der unzähligen Flügel?

Ein alter Büffel stapfte mit zotteligem, tief hängendem Kopf zum Wasser. Kurz blieb er stehen, um sich das Schauspiel auf der anderen Seite anzusehen, bevor er anfing, langsam zu trinken. Schließlich schlenderte er zu einer viel benutzten Suhle und drehte sich mit sichtlicher Freude in dem herrlichen Matsch. Und die ganze Zeit über kämpfte der Buschbock um sein Leben.

Im zunehmenden Licht sah ich jedoch, dass dieser Kampf nicht mehr lange dauern würde. Die Augen des Buschbocks waren stumpf geworden, und seine Kraft ließ immer mehr nach. Ein schauriger Anblick, ein würdeloses Ende für solch ein erhabenes Tier. Doch das Schicksal hatte einen Plan, um diesen Raubtieren die Beute zu verwehren.

Lautes Brüllen drang über die Savanne. Ebenso wie die Hyänen blickte ich in die Richtung, aus der das Geräusch gekommen war. Ein großer Löwe kam direkt auf uns zugerannt, krümmte sich und sprang auf den Buschbock. Die Hyänen stieben frustriert heulend auseinander, das Krokodil zog sich diskret in die Mitte des Wassers zurück. Der Löwe kauerte über dem Buschbock und packte dessen Kehle. Bis auf den Büffel, der langsam davontrottete, war kein Tier mehr am Wasserloch.

Von hinten sah der Rücken des Löwen sehr dünn aus. Keuchend hob er seine zottelige, dunkle Mähne, um seinen Triumph zu begutachten. Sein Unterkiefer hing locker herunter, ein Zahn ragte über die schlaffe Unterlippe. Mit Sicherheit hatte er ein seltsames Schicksal erlitten. Vielleicht hatte er versucht, eine Giraffe zu reißen, dabei aber einen kräftigen Schlag von ihrem Hinterbein erhalten. Seine furchtbare Verletzung bedeutete für ihn den vorzeitigen Tod, doch im Moment hatte er noch etwas zu fressen gefunden – auch wenn er dieses nur unter Schmerzen genießen konnte. Seine Flanken spannten sich an, als er den Bock aus dem flachen Wasser zog, dann machte er sich mit einem drohenden Blick in unsere Richtung über sein Mahl her.

Als wir an den knurrenden Hyänen vorbeikamen, gab ich meinem kindischen Verlangen nach und drehte ihnen eine Nase. Das sechsjährige Mädchen in mir genoss den Triumph.

Wir ließen Aubrey wie einen Fuchs in unserer Höhle schlafen und fuhren zum Hauptlager, um die Earthwatch-Teams zu ihren ihnen zugewiesenen Verstecken zu bringen, wo sie zum letzten Mal die Tiere zählen sollten. Erholt wachte Aubrey wieder auf. Es war Zeit, seine Mannschaft für die Rückreise nach Bulawayo einzusammeln, doch er machte einen Umweg, um sich den Schauplatz des nächtlichen Kampfes noch einmal anzuschauen. Wir folgten ihm.

Der gesättigte Löwe döste unter einem Busch, ohne zu merken, dass sich Fliegen in seinem verletzten, blutverschmierten Maul tummelten. Unter einem Teppich aus Geiern lagen die wenigen Überreste des Buschbocks. Selbst jetzt schien sein Geist den Kampf fortzuführen – die Hörner sahen aus, als stießen sie gegen die Geister des Todes, die sich über seinen Kopf hermachten.

Bevor Aubrey abreiste, teilte er uns noch mit, was der Aufseher von Ekaims Bruder, George Ndlovu, erfahren hatte, der im Nationalpark lebte und arbeitete. Ein Elefantenbulle hatte sich in seinem Lager herumgetrieben. Er hatte große Schmerzen, nachdem er mit einem Bein in die Schlinge eines Wilderers geraten war. Wir mussten die Sache überprüfen, freuten uns aber auch über die Gelegenheit, einige Zeit mit der Familie Ndlovu verbringen zu können.

George war ein Pumpenwärter. Er wohnte mit seiner Frau

Nummer zwei, Memory, und ihren Kindern neben einem künstlich bewässerten Becken. Seine Frau Nummer eins blieb mit den Kindern, die im Schulalter waren, im Dorf. Sie kümmerte sich um den kleinen Gemüsegarten, die Kuh und die Ziegen. Dies war für alle Beteiligten eine zufriedenstellende Lösung.

Alle drei Monate nahm George eine Woche Urlaub, um seine Frau Nummer eins und ihre Kinder zu besuchen. Diese Reise allein dauerte schon zwei Tage pro Strecke in klapprigen Bussen, sodass ihm nur noch drei Tage Zeit für zu Hause blieben. Mehr Urlaub bekam niemand, der für den Nationalpark arbeitete. Aber es schien ihnen egal zu sein. George war glücklich, diese Arbeit ausüben zu dürfen.

Immer, wenn wir in der Nähe des Ngweshla-Beckens waren, stellten wir unser Zelt auf ein kleines Grundstück neben Georges *rondavel* aus Beton. Es gab eine Toilette, eine Dusche und einen mit Stroh gedeckten Unterstand – für uns Luxus pur. Aber mehr als das genossen wir es, am Feuer zu sitzen und Geschichten mit George auszutauschen.

Er schien zu wissen, wann wir ankommen würden, da er immer am verbeulten Gatter stand. Dann trug er seine beste Uniform, in die Memory mit einem mit Kohlen geheizten Bügeleisen scharfe Falten geplättet hatte. Es war egal, dass die kurzen Hosen ausgefranst waren oder die Kniestrümpfe über den polierten Stiefeln bereits fadenscheinig wurden.

Georges Stolz über seine Erscheinung passte zu seiner Würde. Und obwohl ich Jeremy kurz vor unserer Ankunft immer bat anzuhalten, damit ich mir Gesicht und Hände waschen, die Haare kämmen und Lippenstift auftragen konnte, kam ich mir schmuddelig vor, wenn dieser freundliche Riese feierlich meine Hände zu einem afrikanischen Handschlag ergriff.

Auch diesmal wieder erwartete uns George am Gatter, als wir eintrafen, um mit ihm über das Problem mit dem Elefanten zu reden. »Jetzt seid ihr zu Hause. Willkommen in diesem Haus«, begrüßte er uns. »Der Tee kommt bald.«

Die Kleinen konnten ihre Aufregung nicht lange zurückhalten. Von Memory ermutigt, spähten sie mit großen Augen hinter den Röcken ihrer Mutter hervor und kamen zögernd auf uns zu. Sie wussten, dass wir Süßigkeiten, Luftballons und frische Früchte für sie dabeihatten. Ihre junge Mama war noch zurückhaltender. Wie üblich blickte sie George an, von dem sie die Zustimmung erwartete, dass sie mit einem Knicks das Fleisch und die anderen Vorräte von uns annehmen durfte. Ich hatte es aufgegeben, dies zu ändern. Sie tat es aus Gewohnheit.

Sobald die Männer allerdings verschwunden waren, um nach dem Elefanten zu sehen, änderte sich ihr Verhalten. Sie kicherte ungeniert und erzählte mir in Ndebele den neuesten Tratsch. Keine von uns verstand ein Wort von dem, was die andere sagte. Aber das spielte keine Rolle. Wir waren Frauen, die gegenseitig ihre Haut und ihre Haarpracht bewunderten. Memorys Frisur war bezaubernd. Mit der Wolle, die sie in ihre Locken flocht, erzeugte sie komplizierte Muster. Ich glaube, mein Haar war für sie interessant, weil es weich und locker war, gekämmt werden konnte und ganz leicht rötlich schimmerte. Sie liebte es, mein Haar zu bürsten und zu kleinen Zöpfen zu flechten. Ich dachte, wir unterschieden uns nur wenig von Affen, die ihre Freundschaft stärkten, indem sie sich gegenseitig lausten, oder von mir als Mutter, die ihre vor Wonne stöhnenden Kinder kitzelte.

Jeden Morgen und Abend lief George zu Fuß die hundert Meter zur Pumpe, um das Benzin aufzufüllen – sofern es Benzin gab. Tauchten wilde Tiere auf, so blieben ihm nur seine zwei kräftigen Beine, um sich in Sicherheit zu bringen. Die schwarzen Aufseher patrouillierten auf alten Fahrrädern durchs Revier, was mir schon unglaublich mutig vorkam. Doch George war nur ein einfacher Pumpenwärter, der kein Anrecht auf ein solch teures Gerät hatte.

Am nächsten Morgen wachte ich um fünf Uhr auf, weil jemand neben dem Zelt mit kehliger Stimme flüsterte: »Kommt, meine Freunde. Die Wildhunde sind hier, um einen Kudu zu töten.«

Zwitscher- und Pfeifgeräusche vermischten sich mit den Schreien eines erschreckten Tieres. Etwas Schweres stieß gegen das Zelt. Ich stürzte nach draußen. Jeremy war gleich hinter mir und schaltete die Taschenlampe ein. Der weiße Lichtkegel beleuchtete eine Szene des Grauens: Das Rudel hatte einen ausgewachsenen Kudu gegen die Zeltwand gedrängt und riss an ihm, während dieser immer noch auf den Beinen stand. Ich betete, dass der Schock seinen Schmerz dämpfte. Die Augen blickten vor Qual geradeaus ins Nichts. Seine Zunge hing aus dem Maul, während er, dem Tode nahe, stöhnte. Als die Wildhunde dem Kudu den Bauch aufrissen, stürzte er tot zu Boden. Innerhalb weniger Minuten war nichts mehr von ihm übrig. Die neun Wildhunde leckten sich gegenseitig die blutigen Mäuler sauber und huschten noch einen Moment herum, bevor sie sich schwanzwedelnd und mit vollen Bäuchen verdrückten. Von uns hatten sie keinerlei Notiz genommen.

Die ganze Zeit über hatte ich mir die Hand vor den Mund gehalten. Jetzt bückte ich mich und übergab mich, während Jeremy und George ein Feuer anzündeten. Als ich mich zu ihnen gesellte, sah ich, dass George, der aus einer Tasse Tee trank, glatt rasiert und tadellos angezogen war. Im Gegensatz dazu sah Jeremy wie ein Wilder aus. Er hatte einen Stoppelbart, war barfuß, und er zitterte in der morgendlichen Kälte, da er in der Eile nur rasch eine Kanga um sich gewickelt hatte. Vielleicht war George schon munter gewesen, als die Hunde eingetroffen waren.

Für unseren Freund Josh, den Wildhundforscher, notierten wir alles, was wir gesehen hatten. Er hatte immer noch nicht miterlebt, wie Wildhunde ein anderes Tier erlegten. Ich wusste, er würde sein Pech bedauern, auch wenn er sich über unser Glück freute – sofern man dies als Glück bezeichnen konnte –, da wir schon zum zweiten Mal Afrikas effizienteste Tötungsmaschine in Aktion gesehen hatten. Andererseits war Josh Zeuge einiger Aspekte des Elefantenverhaltens gewesen, die uns entgangen waren.

Nach dem Frühstück ging Jeremy mit George zum Wasserloch, doch sie kamen zurückgerannt. Der lahme Elefant war eingetroffen, er schien furchtbare Schmerzen zu haben. Wir fuhren mit dem Auto gerade so weit auf ihn zu, dass er nicht in Panik geriet. Er stand neben dem Wasser und machte sich mit dem linken Bein am rechten zu schaffen. Gleich oberhalb seines Fußes war es über und unter der tief einschneidenden Schlinge stark geschwollen. Eiter quoll heraus.

Wieder wurde mir übel. Diesmal, weil ich mich schämte, einer Art anzugehören, die Tieren bewusst Fallen stellte und damit einem unschuldigen Tier Todesqualen bereitete. Der faulige Geruch der Zersetzung drang bis zu uns herüber. Der Elefant würde an seiner offenen Wunde sterben. Wir funkten Mike an, einen Tierarzt, der an der Westgrenze von Hwange Nashörner enthornte. Er schwieg lange, bevor er schweren Herzens antwortete, dass er für den alten Kerl nichts mehr tun könne. Er wollte dem Aufseher sagen, er solle den Bullen von seinen Qualen erlösen.

Um seine Schmerzen zu lindern, ging der Elefant tiefer ins Wasser. Dort stand er den ganzen Tag. Wir warteten mit ihm, bis der Aufseher kam. Leider musste der Bulle aus dem Wasser auf die Ebene getrieben werden, bevor ihn die Kugel erlösen konnte, sonst wäre das Wasserloch von seiner sich zersetzenden Leiche verunreinigt worden. Ich fühlte mich wie Judas, als die Männer den Elefanten zwangen, sein Gewicht zu seinem letzten, erzwungenen Marsch auf den verletzten Fuß zu verlagern. Franks Kugel traf haargenau. Der Elefant war tot, noch bevor er auf den Boden fiel.

»Mit den *munts*, die ihm das angetan haben, würde ich nicht so sorgsam umgehen«, brummte er. »Ihnen würde ich in die Eier schießen.«

Franks Laune besserte sich nicht, als seine Männer dem Elefanten die Stoßzähne abhackten, um sie in ein Zentrallager zu bringen, wo sie auf einer Auktion als Ausschussware verkauft werden sollten.

Ich beneidete Frank nicht um seine Arbeit. Einen Großteil der Zeit verbrachte der Aufseher damit, um Geld zu betteln, damit seine Mitarbeiter bezahlt werden konnten. Ich wusste, dass er selbst Verzicht leistete, damit andere etwas bekamen.

Bis zum Abend waren wir alle so müde, dass wir beschlossen, noch eine Nacht bei der Familie zu verbringen.

Wir machten Popkorn und brieten für Harmony und Loveless Marshmallows über dem Feuer, bevor Memory die beiden ins Bett brachte. George blieb bei uns und umklammerte einen Becher Tee. Nur die Umrisse seiner kräftigen Gestalt waren vor dem Nachthimmel zu erkennen. Er erzählte uns die Geschichte, als er einem Aufseher hatte aushelfen wollen.

»Einmal, als die Sonne gerade den Tag begrüßte, fuhr ich mit einem Fahrrad los, um eine Pumpe zu reparieren. Dieser Mann war bekannt dafür, dass er in der Mitte der Straße fuhr. Wisst ihr, da waren Löwenspuren vor mir – viele, viele Abdrücke, also viele Löwen. Die Straße war aus Beulen und Löchern gemacht. Ich konnte nicht schnell fahren.«

Er machte eine Pause und blickte aufmerksam in die Dunkelheit. »Eine Sache war gar nicht gut. Auf einer Seite der Straße saßen vier Vater-Löwen auf dem Kadaver einer *mpofu* – einer Elenantilope. Auf der anderen Seite der Straße waren vier Mutter-Löwen und ihre Kleinen. Sie hatten hungrige Bäuche. Wisst ihr, diese Väter, die sind zu selbstsüchtig mit dem Fleisch.«

Seine weißen Zähne schimmerten, als er sein Gesicht verzog. »Die Mutter-Löwen saßen nur da und warteten, bis ihre Männer fertig waren. Ihre Kinder hatten großen Hunger – und George war in der Mitte.«

»Hattest du Angst, George?«, fragte ich.

»Ach, nein. Wirklich nicht. Ich hielt nur an und blieb neben dem Fahrrad stehen«, antwortete er.

»Hat dein Herz schnell geschlagen?«, fragte ich weiter.

»Ach, nein. Wenn mein Herz laut geschlagen hätte, hätten die Löwen meine Angst bemerkt.«

Er nickte ernst. »Ein Vater-*shumba* rannte los. Er brüllte. Er hielt kurz vor diesem Mann an. Ich blickte nicht in die Augen von diesem großen Vater. In die Augen von einem Löwen zu blicken, ist sehr verrückt. Damit zweifelt man seinen Mut an. Ich stand lange bei den Löwen. Als sie noch mehr von dem Kadaver aßen, schob ich so das Fahrrad.«

George ging rückwärts, während er ein imaginäres Fahrrad schob.

»Dieser Mann dachte, seine Ahnen rufen ihn«, fuhr er fort. »Ich konnte meine Ohren nicht davor verschließen. Aber ich musste die Pumpe reparieren. Das war meine Arbeit.«

Er trank von seinem Tee. Sein Blick war nach unten auf das Feuer und seine Erinnerungen gerichtet.

»Die Löwen haben sich hingesetzt. Sicher. Sie wollten diesen Mann nicht essen. Aber sie ließen mich nicht aus den Augen. Ich stieg nur auf das Fahrrad und fuhr zur Pumpe.«

»Aber du musstest denselben Weg zurückfahren, oder?«, fragte ich.

»Ah, sicher«, antwortete er. »Ich dachte viel über diese Löwen nach. Den ganzen Tag. Zu viel. Wasser trinken machte meinen Mund nicht feucht. Er war trocken.«

George deutete auf seine Lippen, als er die Bewegungen wiederholte.

»Als ich mit meiner Arbeit fertig war, kam ich zurück. Die Vater-Löwen schliefen. Sicher. Die Mütter und Kinder fraßen. Ich hob das Fahrrad in die Luft und ging zu Fuß – um sie herum. Ich sage euch, es wäre nicht weise, ihren Mut wieder anzuzweifeln. Diese Familie speiste. Sie wollten ihr Essen nicht an George verlieren.«

»Warum bist du nicht mit dem Fahrrad um sie herumgefahren?«, erkundigte ich mich. »Das wäre schneller gewesen.«

»Wirklich, Mama Ndlovu, ich hob das Fahrrad von meinem Freund hoch, weil da Stacheln waren, die seinen Reifen wehgetan hätten. Diese Dinge sind viel zu teuer.«

»Ich denke, du bist ein tapferer Mann, George«, sagte ich.

»Ah, nein«, wehrte er ab. »Vielen Dank.«

Ich fragte ihn, vor welchem Tier er sich am meisten fürchtete. Er rieb sein Kinn, als überlegte er. Seine Aufmerksamkeit schenkte er immer derjenigen Person, die ihn ansprach, als wäre sie für ihn das Wichtigste auf Erden. Seine Höflichkeit war verbindlich und schmeichelhaft. Ich dachte, er hätte einen guten Diplomaten abgegeben, doch seine Würde war nicht einstudiert. Er war der geborene Kavalier.

Nach langem Überlegen antwortete er, die einzigen Tiere, vor denen er sich wirklich fürchtete, seien Giftschlangen. Ich sollte mich ein paar Tage später an seine Antwort erinnern, doch in dem Moment hatte ich größere Säugetiere im Sinn. Ich formulierte meine Frage um und fragte ihn, welches der Großen Fünf – Elefant, Nashorn, Löwe, Büffel und Leopard – er für das gefährlichste Tier hielt. Diesmal antwortete er sofort, es sei der Kaffernbüffel.

»Seht ihr, meine Freunde, wenn ein Büffel rennt, bleibt er nicht stehen – sicher! Ihr müsst wegrennen. Ah … aber das ist nicht gut, weil dieser Büffel schneller rennt als ein Mensch. Dieses Tier denkt. Ihr müsst besser denken. Wenn ihr einen seht, der sich im Schatten ausruht, müsst ihr schnell wegrennen. Sucht nach einem großen Baum, um hochzuklettern.«

Ekaim nickte. »Freunde von mir wurden von Büffeln aufgespießt und getötet«, dröhnte er, als erzählte er eine Selbstverständlichkeit.

George erhob sich, ging zu einem Kameldornbaum und legte seinen Kopf an den Stamm. »Dies ist der Freund, den ihr sehen solltet, wenn der Büffel euch jagt«, sagte er. »Ihr müsst sehr hoch klettern und warten. Sicher. Manchmal bleibt dieser Büffel sehr lange bei euch.«

George schüttelte bewundernd den Kopf. »Wisst ihr, selbst wenn euch dieser alte Mann verlässt, ist es weise, lange zu warten.« Büffel seien sehr klug, betonte er, und würden einen Busch suchen, in dem sie sich verstecken und warten. »Aber dieser Kopf ist auch schlau«, sagte er und tippte sich an seinen eigenen Kopf. »Dieser Mann kommt nicht schnell runter. Erst, wenn der Büffel mich vergessen hat.«

George beugte sich mit ernstem Gesicht vor und erklärte, Löwen und Elefanten gäben Warnungen ab. »Beim *shumba* ist es gut, wie eine Statue zu stehen und nicht in seine Augen zu blicken. Wenn sich der Körper des Löwen entspannt, gehst du rückwärts. Du darfst ihm nie den Rücken zeigen. Oder rennen. Dann hält er dich für die Beute.

Beim Elefanten müsst ihr auch still sein. Man kann ihn ablenken. Aber wenn seine Augen auf euch gerichtet sind, weil ihr ihm Sorgen bereitet habt, wird er angreifen. Und er wird nicht stehen bleiben, wenn ihr rennt. Der Baum wird nicht hoch genug sein, um euch vor einem Elefanten zu schützen. Wenn er sehr wütend ist, wird er den Baum töten und den Menschen, der sich dort versteckt.«

George lachte. »Dann wird er sich auf dich draufsetzen!« Er erzählte uns, viele Menschen würden viel zu vertraut mit wilden Tieren umgehen und seien deswegen gestorben. Er schüttelte traurig den Kopf, als er von einem Aufseher sprach, der mit seinem Fahrzeug neben einem Wasserloch angehalten hatte, um seinen Kunden zu zeigen, wo Elefantenmütter und ihre Jungen tranken. Der Aufseher stieg aus dem Wagen und führte die Gruppe auf die Familie zu. Die Elefantenkuh warnte ihn mit einem kurzen Angriff.

George riss seine Augen auf. »Er ärgerte diese Mutter. Dieser verrückte Kerl ist weiter auf sie zugegangen, auch als sie immer wieder warnte: ›Bleib von meinen Kindern weg!‹ Er hat nicht gehört. Sie hat ihn getötet.«

Er schüttelte den Kopf, als er erzählte, wie der Elefant auf ihm gekniet und einen Stoßzahn durch seinen Oberkörper geschoben hatte. »Sie hatten Angst und rannten zum Jeep, aber sie waren keine Buschmenschen und wussten nicht, wie sie den Motor starten sollten. Sie saßen da und hatten große Angst, bis jemand vorbeikam.«

Ich sprang auf, als ein Elefant in der Nähe trompetete. Auch Ekaim erhob sich und leuchtete mit der Taschenlampe in die entsprechende Richtung.

»Siehst du, Madala«, fuhr George fort, »dieser Elefant, der da draußen frisst, jagt uns nicht fort. Er weiß, wir sind schwach und sehr klein, aber er lässt uns leben. Wir drohen seinem Geist nicht, uns auf seinen Schatten zu stellen.«

Ekaim kam zurück und schob einen Stock ins Feuer, während George fortfuhr. »Die Elefantenmutter ließ die Leiche von dem Mann liegen und brachte ihre Familie an einen sicheren Ort. Die ängstlichen Menschen ließ sie in Ruhe.«

Er seufzte. »Diese Tiere sind wie ihr und ich; sie sind wilde

Tiere, die ihre Kinder beschützen. Und dann wollen diese Regierungsmänner kommen und die Mutter und ihre Familie erschießen – um sie für den Tod von diesem Mann zu bestrafen, der die Mutter aufgefordert hat, ihn zu töten.«

Von der Tragödie sei in der ganzen Welt berichtet worden, erzählte er. »Viele Menschen lesen diese Sachen in den Zeitungen. Lange Zeit kamen keine Touristen mehr zu uns. Jeder musste leiden. Sogar meine Freunde haben die Arbeit verloren. Es war kein Geld da, als die Besucher nicht mehr kamen.«

Im Lauf der Jahre lernten Jeremy und ich viel von George. Uns gefielen seine Geschichten, die, in seiner ruhigen, nachdenklichen Art mit sanfter, melodischer Stimme erzählt, gleichzeitig entzückend und beängstigend waren.

In gewisser Weise bereitete mich Georges Löwengeschichte auf das vor, was noch passieren würde. Eine Zeit lang verließ mich mein Optimismus, nachdem ich das leidvolle Sterben des Elefantenbullen hatte mitansehen müssen. Ich fragte mich, ob es eine Hoffnung für die Wildnis gab. Ob Shakespeare recht hatte, als er sagte, alles habe seine Zeit. Ich hielt mich nahe am Lager und überlegte, ob sich die Zeit der wilden Tiere in Afrika dem Ende näherte und ob wir mit unseren Bemühungen sinnlos gegen den Strom schwammen. Es war klar, dass die Menschheit die letzten Rückzugsmöglichkeiten für Afrikas Wildtiere und Wälder zerstörte.

Meine Freunde überlegten, wie sie meine düstere Stimmung vertreiben konnten. Neil kam ins Lager. Ich war erfreut, als er mir seinen hoch gewachsenen, schlanken Beifahrer vorstellte, der sich aus dem Auto schälte, seinen verbeulten Hut hob, meine Hand schüttelte und mir ein wundervolles Angebot machte. »Würde es Ihnen etwas ausmachen, mich zu begleiten, um eine Welwitsch-Nachtschwalbe zu suchen?«, fragte er ohne Umschweife und fügte ehrerbietig hinzu: »Natürlich nur, wenn Sie möchten.«

»Würde ich gerne«, stimmte ich zu, bevor er beschließen würde, allein zu fahren.

Ich wollte Jim schon lange kennenlernen, einen Experten in der Welt der Federn und des Flugs und in gewisser Weise eine Legende in Simbabwe, was sein Wissen und seine Bereitschaft anging, trotz seines zurückhaltenden Wesens Safaris anzubieten. Jedes Mal, wenn er in der Gegend war, hatte ich Neil gegenüber geäußert, wie schade ich es fand, ihn verpasst zu haben, sodass meine Freunde wahrscheinlich mein aufkeimendes Interesse für Vögel als Vorwand benutzt hatten, um ein Treffen zu organisieren.

Wir machten uns an einem leuchtenden Wintertag auf den Weg; wegen der heißen Sonne war leichte Kleidung angesagt. Jim parkte seinen Wagen neben dem Pfad und führte mich ein ausgetrocknetes Flussbett entlang. Ich fühlte mich sicher neben ihm. Die Brille mit runden Gläsern auf seiner Hakennase ließ ihn ein wenig professoral aussehen. Wie er hob ich beim Gehen vorsichtig die Füße. Oft blieb er stehen, um den Busch mit besorgtem Blick zu beobachten, während er sein langes schwarzes Haar zurückstrich, sodass es hinten wie die Haube eines Storches herausstand. Eigentlich sah er ohnehin wie ein Storch aus. Ich kicherte leise über meine Neigung, Menschen das Verhalten und Aussehen von Tieren zuzuordnen.

»Geht's, Mama Ndlovu?«, fragte er mit hochgezogener Augenbraue. Ich wusste, er meinte nicht: »Gibt es da draußen was zu knabbern?« Er hatte gesehen, dass ich kicherte.

Vom Hals bis zum Haaransatz stieg mir die Röte ins Gesicht. Es schien, als verfügte er auch über die Wahrnehmungsgabe eines Vogels. Mist! Ich kam mir dumm vor. Ich lief Gefahr, nicht nur Neils Vertrauen in mich aufs Spiel zu setzen, sondern auch die wertvolle Gelegenheit, von Jim zu lernen. Dass Jim mich überhaupt mitnahm, war ein Privileg – besonders da er mit mir Nachtvögel beobachten wollte, die es zwar immer gibt, die man aber nur selten zu sehen bekommt.

Jim ging langsam weiter. Er schien mir vergeben zu haben, weil er auf alle Vögel zeigte, die wir sahen, und sie benannte, selbst jene, die wegen ihrer Ähnlichkeit von einer Praktikantin wie mir kaum zu unterscheiden waren – sofern sie nicht ihre

Erkennungsmelodie zwitscherten. Die schlichtesten Vögel gaben ausnahmslos die schönsten Töne von sich. Wir gingen nah am Ufer entlang und hielten Abstand zum dichten, dornigen Gebüsch. Das Zwitschern der Vögel und das Summen der Insekten erfüllte die Luft. Kleine Eidechsen, welche die letzte Wärme des Kalahari-Sandes tankten, huschten zur Seite. Es war die Spielwiese des Gottes der kleinen Dinge – bis ich ein Raubtier entdeckte. Jim blieb im gleichen Moment stehen wie ich.

Eine schlanke Löwin stieg direkt vor uns das Ufer hinauf. Sie machte das gleiche schockierte Gesicht wie ich. Wie gelähmt beobachteten wir, wie sie sich brummend und fauchend niederkauerte, die Ohren anlegte und ihren Schwanz zucken ließ. Alles an ihr deutete auf einen Angriff hin.

Ich wusste, dass Jim nur schießen würde, wenn ihm keine andere Wahl mehr blieb. Ich wusste auch, dass der erste Schuss über ihren Kopf hinwegfegen würde. Langsam zog er seinen Revolver aus dem Halfter. Ein anderer Löwe brüllte in der Nähe. Unser Adrenalinspiegel stieg. Ich konzentrierte mich auf die Waffe. Sie versprach Sicherheit, aber wir waren in Schwierigkeiten. In meinem Bauch rumorte es.

Jim deutete mit der Hand nach hinten, was hieß, dass wir zurückweichen sollten. Langsam, ganz langsam bewegten wir uns. Ich beobachtete seine wackligen Knie, dicke Knollen im Vergleich zu seinen dünnen Beinen. Auf diese konzentrierte ich mich, bis die Löwin wieder meine Aufmerksamkeit auf sich zog, indem sie auf das Brüllen des unsichtbaren Löwen antwortete.

Ihre Flanken blähten sich auf. Wieder erstarrten wir, beobachteten die Löwin nur aus dem Augenwinkel heraus. Zitternd erinnerte ich mich daran, was George erzählt hatte. Sie würde meine Angst spüren, wenn mein Herz raste, aber wie sollte ich es davon abhalten oder meinen Angstschweiß unterdrücken? Wieder hörte ich George. Wir durften die Löwin nicht mit direkten Blicken herausfordern, uns aber auch nicht abwenden. Ihr Körper entspannte sich etwas, als der andere Löwe wieder brüllte. Er schien sich ganz in der Nähe aufzuhalten.

Jim hob vorsichtig seine schlaksigen Beine und ging noch ein

Stück rückwärts. Ich ahmte seine Bewegungen hinter ihm nach. Wieder wand sich die Löwin, bereit zum Angriff. Jim hob den Revolver und zielte über ihren Kopf hinweg. Dieses Stück Metall flößte mir Vertrauen ein. Eine andere Löwin brach aus dem Busch hervor, blieb neben der ersten stehen und starrte uns an.

In dem Moment stieß ich gegen einen dicken Baum, hinter dem wir uns versteckten. Die Löwinnen konnten uns jetzt zwar nicht mehr sehen, aber damit konnten auch wir nicht mehr sehen, was sie taten. Als würde vor uns nichts geschehen, deutete Jim auf den Baum und flüsterte: »Das ist ein *Terminalia sericea.*«

In diesem Moment waren mir sowohl der Baum als auch die Katzen egal. Ich konzentrierte mich auf eine große Echse, die über uns auf einem Ast saß. Sie blickte mir ein paar Sekunden in die Augen, bevor sie am Stamm hinunterhuschte. Ihre langen, gekrümmten Krallen kratzten über die Rinde. Ich erinnerte mich daran, dass in Westqueensland einmal ein zwei Meter langer Waran über mich hinweggelaufen war, und mir rieselte es kalt über den Rücken. Ich wunderte mich, wie meine Gedanken abschweifen konnten, während ich zwischen Löwen und einem afrikanischen Waran stand.

Wir schlichen ein Stück weiter, ohne uns sehen zu lassen, bevor Jim einen Blick wagte. Ich spähte hinter seinem Rücken hervor: Die Löwinnen hatten den Waran, der mit seinem ruderförmigen, hypnotisierend schwenkenden Schwanz beharrlich auf den dichten Busch zusteuerte, scheinbar amüsiert ins Visier genommen.

»Geht's?«, flüsterte Jim. Er schien sich über den seltsamen Anblick zu freuen. Mit dem Finger auf den Lippen deutete er an, dass wir uns noch weiter zurückziehen sollten. Er zeigte hinter mich und flüsterte mir ins Ohr: »Lauf zu diesen Büschen. Ich gebe dir Deckung.«

Kurz darauf war er bei mir. Die Katzen hatten uns vergessen, hatten uns ihren Rücken zugekehrt. Ihre Köpfe waren ins Dickicht getaucht, in das der Waran seinen Rückzug angetreten hatte. Die Bedrohung für uns war vorbei.

Mittlerweile war es fast dunkel. Schatten legten sich über die Bäume, und wir hatten keine Gänsehaut mehr vor Angst, sondern vor Kälte. Auf dem Rückweg zum Wagen kamen wir rasch vorwärts, achteten allerdings auch nicht auf die Dornen, die unsere nackten Beine zerkratzten. Gerade als wir losfuhren, landete eine Welwitsch-Nachtschwalbe auf der Straße vor uns, um im Staub zu baden. Jim bremste scharf. Schließlich hatten wir diesen Nachtvogel mit seinem breiten Körperbau doch noch zu Gesicht bekommen.

Kapitel 15

Der Gute, der Böse und der Schokoladendieb

Ein paar Tage später erinnerte ich mich daran, dass George erzählt hatte, er fürchte sich vor allem vor Giftschlangen. Ich konnte diese Angst nachempfinden, auch wenn ich eher Respekt vor warmblütigen Raubtieren hatte. Schlangen waren immer da, selbst wenn man sie kaum sah. Man konnte sie viel zu leicht vergessen, wenn man durch den Busch streifte, oder wenn wir uns in scheinbarer Sicherheit auf einen Baum flüchteten.

Es war immer schön, Elefanten zu beobachten, wenn sie tranken, schwammen und sich im Schlamm suhlten, aber von einem Versteck in einem hohen Baum, der neben einem Wasserloch wuchs, noch viel mehr. Wenn Bäume dem Zyklus von Tod und Wiedergeburt unterworfen sind, müssen sie sich während ihres vorangegangenen Lebens ein gutes Karma verdient haben, da ihre Wurzeln in einem ansonsten dürren Boden genau die Stellen fanden, an denen es Wasser gab.

Auch diesmal entschuldigte ich mich bei den Bäumen für unser aufdringliches Verhalten, als wir mit unserer Ausrüstung die Stufen hinaufkletterten, die wir aus einfachen Brettern direkt an den Stamm genagelt hatten. Die Plattformen selbst waren von Bohlen umgeben, waagerecht angebrachte Bretter dienten als Geländer.

Ich lernte, darauf zu achten, was uns oben erwarten könnte, und unsere Ankunft anzukündigen. Aber wir wurden nicht immer rechtzeitig gehört.

Eines Tages hob ich den Kopf und blickte in die Knopfaugen einer Südlichen Grünmeerkatze, die sichtlich erschrocken eine Armeslänge entfernt saß. Sekunden vergingen, bevor das Tier einen grellen Warnruf ausstieß und nach oben zwischen die Äste sprang. Die nächsten Stunden über quälte es uns unter den bewundernden Blicken seiner Familie mit einer nicht enden wollenden Schimpfkanonade.

Die Kleinen seiner Truppe spielten mit glänzenden Augen Verstecken, sie spähten um Blätter herum und duckten sich, sobald ich sie erblickte, und wir ahmten uns gegenseitig nach. Es war das gleiche Spiel, das ich mit kleinen Menschenkindern gespielt hatte.

Ein junges Männchen nahm allen Mut zusammen und schrie uns in einem Ton an, als wäre er im Stimmbruch. Scheinbar über sich selbst erschrocken, fiel er mitten im Schrei von seinem Ast auf unsere Plattform und rutschte auf dem Bauch fast bis vor unsere Füße. Von unserem Lachen begleitet, ergriff er unrühmlich die Flucht.

An einem anderen Morgen verjagten wir eine Herde Paviane – aber erst, nachdem sie die Plattform mit ihrem stinkenden Kot überzogen hatten. Schlimmer war jedoch, dass wir nicht verhindern konnten, dass unsere Hände, Kameras und Stiefel beschmutzt wurden. Wir hätten rasch ans Wasser gehen können, um uns zu waschen und die Plattform zu putzen, wenn sich nicht ein einzelner Büffelbulle ausgiebig und freudig stöhnend im Matsch gewälzt hätte. Der Film, den wir von ihm drehten, machte die Qualen, die wir durch den Gestank erlitten, beinahe wett.

Meistens saßen wir auf meiner bevorzugten Plattform auf einem Kameldornbaum am Mpofu-Wasserloch. Mpofu heißt übersetzt »Platz der Elenantilope« – ein nicht angemessener Name, wie mir schien, da ich diese notorisch scheuen Antilopen nur einmal ganz kurz an diesem Wasserloch zu sehen bekam.

Eines Nachmittags ruhte ich mich mit meiner Freundin Celia, die mich aus Australien besuchen kam, dort von den aufregenden Stunden aus, die wir am Vormittag mit den Elefanten verbracht hatten.

Noch vor Morgengrauen hatten wir an einem anderen Wasserloch in der Gesellschaft der Elferbande ein leichtes Frühstück aus Zwieback und getrockneten Früchten eingenommen. Celia und ich saßen auf der Ladefläche, Jeremy blieb hinterm Steuer, bereit loszufahren, falls die Elefanten ihre Stimmung änderten.

Die Bullen zankten sich um den besten Platz an der Quelle, wo das Wasser aus einem Rohr floss und wo Rembrandt wie üblich provokativ stehen blieb, obwohl er seinen Durst bereits gestillt hatte. Er machte ein unschuldiges Gesicht, während er die Spitze seines Rüssels fest um das Rohr gewickelt hielt und mit zuckenden Muskeln die drängelnden Rüssel seiner Freunde abwehrte.

Als sich Rembrandt schließlich langweilte, löste er sich aus der Gruppe und schlenderte gemächlich zur Rückseite des Wagens. Rembrandt hatte gute Laune. Er legte seinen Rüssel aufs Dach, nachdem er bereits herausgefunden hatte, dass seine Stoßzähne genau zwischen die Seitenwände des Wagens passten. Bei den ersten Malen waren wir ihm ausgewichen, doch dank seiner Geselligkeit ließen wir ihn schließlich gewähren. Sein Vertrauen war uns eine Ehre.

Auch an diesem Tag rieb Rembrandt mit den Enden seiner Stoßzähne sanft an den Seiten der Ladefläche entlang, wo Celia und ich mit dem Rücken zur Tür und zu ihm saßen. Lange Zeit verweilte er dort und brummte zufrieden. Doch im Gegensatz zu mir zitterte und schwitzte Celia vor Angst. Menschen, die an das Leben in der Wildnis nicht gewöhnt sind, fürchten sich, wenn ihnen Elefanten zu nahe kommen – genauso war es mir am Anfang auch ergangen. Es ist aber nicht allein eine Frage des Muts, sondern auch der Einsicht, dass jeder nur einen winzigen Platz im Universum einnimmt. Hatte ich nicht genau das bei Horaz gelernt?

Ich versuchte, das Wohlwollen eines wilden Tieres nicht als Selbstverständlichkeit zu nehmen, genoss aber trotz eines gesunden Misstrauens den entspannteren Umgang mit den Elefanten.

Als Rembrandt schließlich wieder abzog, fuhren wir zum Mpofu-Wasserloch, damit sich Celia während der heißesten Stunden des Tages ausruhen konnte. Da mein Filmmaterial fast aufgebraucht war, ließ Jeremy uns schlafen und fuhr allein ins Lager, um leere Kassetten zu holen. Alles war ruhig. Celia und ich setzten uns auf alte Klappstühle, die wir in den Ruinen eines verlassenen Bauernhauses gefunden und geflickt hatten. Erstaunlich, welche Freude einem selbst kaputte Dinge bereiten konnten, wenn das Leben hart war! Außerdem wussten wir in unserem Freilufttheater vorher nie, was geboten werden würde. Und wenn nichts Aufregendes geschah, war das auch egal – es genügte schon, hier zu sein.

Wir nutzten diese ruhigen Momente im Versteck auch, um unsere Notizen zu entziffern, die wir in hektischen Momenten hastig gemacht hatten. Manchmal musste ich die Notizen beiseitelegen, um zu dösen, Yoga zu machen oder zu meditieren. Die Plattform war groß genug für Dehnübungen, mit denen ich meine Verspannungen im Hals- und Schulterbereich lockerte, nachdem ich beim Beobachten der Herde lange in einer unnatürlichen Position verharrt war und eine rasche Abfolge von Ereignissen auf Film oder Papier aufgezeichnet hatte.

An dem Tag, als Celia und ich uns dort oben ausruhten, zog ich meinen Hut übers Gesicht und döste vor mich hin. Die Wildtiere verhielten sich ruhig, nur das Summen der Insekten und das leise Schnuppern einer stinkenden Warzenschweinfamilie, die im Matsch unter uns nach Leckerbissen suchte, waren zu hören. Der Friede währte aber nicht lange. Instinkt, Intuition oder spirituelle Kraft – wie auch immer man sie nennt – lassen sich nicht beschreiben und sind vielleicht ein und dasselbe. Ich hatte plötzlich eine Gänsehaut, ohne eine Gefahr zu erkennen. Aber ich habe gelernt, auf Warnungen dieser Art zu achten.

Langsam hob ich eine Hand, zog den Hut vom Gesicht und legte ihn auf meinen Oberkörper. Ohne den Kopf zu bewegen, ließ ich meinen Blick schweifen. Celia lag hinter mir und schlief, wie ich vermutete, da ich nichts von ihr hörte. Am Rand meines Gesichtsfelds zuckte etwas, ließ ein leises Zischen hören, glitt mit geschmeidiger Eleganz vom Geländer, auf dem Fotoapparat und Filmkamera bereitstanden, auf die Holzbretter neben meinen Stiefeln herab.

Ich flüsterte Celia zu, sie solle sich nicht bewegen. Ihr leises Stoßgebet verriet, dass sie wach war und die Gefahr mitbekommen hatte. Kaum atmend, beobachtete ich die Schlange, die langsam näher kam, dachte an meine nackten Beine zwischen meiner kurzen Hose und den Socken. Mit Sicherheit hatten wir es hier nicht mit einer harmlosen Schlange zu tun. Ihr ovaler Kopf ließ anderes vermuten. Die Oberseite ihres Körpers, auf dem sich jede einzelne Schuppe deutlich absetzte, schimmerte leuchtend grün.

In Australien hatte ich gelernt, wann eine Schlange noch weit genug von mir entfernt war, um mich rasch zurückzuziehen, und wann ich einfach nur stehen bleiben musste. In diesem Moment war bleiben angesagt. Abgesehen davon hörte ich, dass die Elefanten eintrafen. Wir würden nirgendwo hingehen können. Hoffentlich würde es auch Celia schaffen, sich nicht zu bewegen.

Die Schlange spannte ihre Muskeln an, bevor sie ihren Kopf hob und nahe vor meinen Beinen hin und her schwenkte. Ich hatte keinen Zweifel mehr, dass es sich um eine Giftschlange handelte. Es ist seltsam, was einem in den Momenten in den Sinn kommt, wenn man sich schützen muss. Meine Gedanken überschlugen sich, sprangen von der unmittelbaren Gefahr über das nächste Gegenmittel ein paar Stunden entfernt in Bulawayo bis zum Vorlesungssaal, wo vor ein paar Jahren der Theologieprofessor das Pantheon der Hindus erklärt hatte. Die Schlange war das Symbol des Hindu-Gottes Shiva, der Leben gibt und nimmt. Das Mantra »*So Hum. So Hum*« fiel mir ein: »Gott und ich sind eins. Wir sind eins. Shiva und ich sind eins.«

Die Schlange züngelte. Ich fürchtete, dass sie die Vibration meines ängstlichen, flachen Atems spürte. Ich umklammerte meinen Hut auf meiner Brust und schloss die Augen in der Hoffnung, eine Möglichkeit zu finden, das Adrenalin und die Geruchssignale unter Kontrolle zu bekommen, die mein eigenwilliger, überhitzter Körper dieser Schlange sendete. Das Bild von meinem sensiblen Terrier tauchte vor mir auf, der sein Gesicht unter meinen Arm geschoben hatte, als wir in die Tierklinik gefahren waren. Für ihn existierte eine Gefahr wohl nicht, wenn er sie nicht sah. Vielleicht funktionierte dies bei mir auch.

Als Celia hinter mir leise die Luft ausstieß, wagte ich einen Blick. Die Schlange zog sich langsam zum Rand der Plattform zurück, glitt mühelos und elegant nach oben und übers Geländer auf einen Ast in der Nähe. Schon griff ich zur Videokamera, um mit dem Rest des Bandes die anmutige Schlange aus nächster Nähe in bewegte Bilder zu bannen.

Celia umklammerte immer noch die Rückseite der Plattform. Sie war erstaunt. »Menschenskind, Sally! Was machst du da? Bist du denn jetzt völlig übergeschnappt?«, schimpfte sie. »Ich kriege gleich einen Herzschlag.«

Ich lachte. »Schon in Ordnung, Celia. Die Gefahr ist vorüber.«

Trotzdem wich ich ein Stück nach hinten. Durch Celia hatte ich mich daran erinnert, dass Fotografen leicht allzu große Risiken eingehen. Die scheinbare Entfernung der durch den Apparat betrachteten Schlange vermittelte mir ein falsches Gefühl der Sicherheit.

Als Jeremy zurückkehrte, musste er im Wagen sitzen bleiben, bis die siebzig Elefanten weitergezogen waren. Und irgendwo in der Nähe bewegte sich eine Schlange zwischen den Ästen.

Am Abend beschrieb ich Ross, der als Führer arbeitete und Amateur-Herpetologe war, die Schlange. Er schnalzte traurig mit den Fingern. »Mann, das war eine Boomslang. Eine Baumschlange. Warum hast du sie dir nicht geschnappt und für mein Schlangenhaus mitgebracht?«

Als Antwort verzog ich nur mein Gesicht.

Ross, der auch »Wütende Ameise« genannt wurde, war dafür bekannt, dass er während einer Jagd heftig bremsen konnte, um in aller Seelenruhe auszusteigen und Giftschlangen einzusammeln. Einmal packte er eine lange schwarze Mamba am Schwanz, steckte sie in eine Tasche und fuhr weiter, ohne sich um die Angst der sieben Touristen zu kümmern, die nichts anderes mehr sahen als den zuckenden Stoff seiner locker zugebundenen Tasche auf dem Beifahrersitz.

Diesem dunkelhäutigen, spindeldürren, hyperaktiven Menschen schien seine Jugend eine Last, und er forderte das Schicksal immer wieder gefährlich heraus. Wenn seine Wut durch Widerspruch, autoritäres Verhalten oder Enttäuschung angestachelt wurde, fürchtete ich um seine Sicherheit – und um meine.

Zweimal bekam ich sein unzumutbares Verhalten und die ungebändigte Wut in einem Streit zu spüren. Einmal war die Herde nach einer Begegnung mit Wilderern nervös und vorsichtig. Nachdem wir ihr Vertrauen langsam zurückgewonnen hatten, freuten wir uns, als die Tiere sich in ihrem Lieblingsakazienwäldchen zu uns gesellten, und hielten es für angebracht, still sitzen zu bleiben und sie nicht mit dem Klicken und Surren unserer Kameras zu erschrecken.

Nach einer Stunde hörten wir, wie sich ein Fahrzeug mit hoher Geschwindigkeit näherte, erwarteten aber, dass der Fahrer beim Anblick der Elefanten stehen bleiben würde. Dem war nicht so. Der Fahrer, der an seinem Markenzeichen, der umgekehrt aufgesetzten Baseballkappe, leicht zu erkennen war, hing über seinem Lenkrad und raste mit Vollgas auf die Elefanten zu, die hektisch ins Dickicht flohen. Die verwirrten, verängstigten Kühe mit ihren erschreckten Kälbern waren die Letzten, die verschwanden. Ich bebte innerlich, als Ross seinen Mund vor Schadenfreude weit aufriss und mit der Hand aufs Lenkrad schlug, während er neben uns mit quietschenden Bremsen hielt. Einen Moment lang herrschte angespannte Stille. Ich blickte in seine eng stehenden, schwarzen Augen, die er in seinem vertrauten »Todesblick« auf mich gerichtet hielt.

Der Ausdruck der Schadenfreude auf seinem Gesicht erlosch, und er schaute grimmig von Jeremy zu mir. »Was ist?«, rief er abwehrend.

Bevor ich ihm eine runterhauen konnte, drehte er das Lenkrad herum und brauste davon. Wir warteten, bis unsere Wut verebbt war, um die Angelegenheit in einem ruhigen, vernünftigen Gespräch zu klären. Er hielt uns provozierend den nach oben gereckten Mittelfinger entgegen und stürmte fort zu seiner Hütte, wo er sein Gewehr lud und die Drossel erschoss, die ihn jeden Morgen weckte, weil sie an seinem Fenster auf ihr Spiegelbild einhackte. Jeremy und Des brachten ihn auf ihre Art zur Ruhe. Am nächsten Tag kam die »Wütende Ameise« mit einem hübschen Veilchen aus der Hütte. Ich stellte keine Fragen.

Anschließend herrschte eine Art Waffenruhe zwischen uns und

Ross. Einmal kam er uns zu Hilfe, als Lovemore eine ägyptische Kobra in unserer Wäsche fand. Unsere Kleidung musste regelmäßig gebügelt werden – auch meine empfindliche Unterwäsche –, um die Eier der Mangofliege zu vernichten, die sie auf der Suche nach einem Wirt dort ablegt. Gelangen diese Parasiten von der Wäsche auf feuchte Haut, entwickeln sie sich zu Maden und bohren sich in die Haut, wo sie widerliche Furunkel bilden.

Doch genauso schockierend wie die Eier der Mangofliege konnte der Anblick einer Schlange sein, die sich einen Berg schmutziger Wäsche auf dem Boden als warmes Nest ausgesucht hat. Ich saß am morgendlichen Feuer und hielt einen Becher Kaffee in meinen kalten Händen, als ich Dieseldämpfe roch und Stocks Traktor hörte, der den Weg entlangtuckerte. Stock saß wie eine Statue hinter dem Lenkrad, eine nicht angezündete Zigarette zwischen den Lippen. Wie immer war er betrunken. Hinter ihm stand der kleine Lovemore. Er trug einen breitkrempigen Stetson, den er von einem Gast zum Dank erhalten hatte. Der Hut bedeckte sein halbes Gesicht und ließ ihn noch mehr wie einen Zwerg aussehen. Wie ein Blinder deutete er in meine Richtung.

»Möchtest du einen Schluck Wasser?«, zog ich Stock auf, weil ich wusste, dass er ablehnen würde.

Ich glaube, seine Blutgefäße hätten sich entsetzt zusammengezogen, wenn etwas anderes als Alkohol durch sie hindurchgeflossen wäre. Lovemore sprang vom Traktor und verschwand in der Hütte, um die Wäsche zu holen. Gleich darauf kam er schreiend wieder herausgerannt. »Mama! Mama!«, rief er mit seltsamer Baritonstimme. »Da ist ein schreckliches Ding – es will mich beißen!«

Er sah aus wie ein afrikanischer Kobold, als er auf der Stelle hüpfte und auf die Hütte zeigte. »Du musst kommen und die böse Schlange aus der Hose des Herrn holen!«

Ich verkniff es mir, einen Scherz darüber zu machen, dass ich mehr Angst vor der Schlange in der Hose eines Mannes hatte als vor denen im Busch, und marschierte entschlossen auf die Hütte zu. Überflüssigerweise blickte ich Hilfe suchend zu Stock – er war über dem Lenkrad eingeschlafen.

Ich wusste, wie sehr Afrikaner dieses mystische und magische Tier verabscheuten, aber ich mochte es genauso wenig. Klar, in Australien war ich gezwungen gewesen, Schlangen zu beseitigen, doch dort hatte ich gewusst, wie sie sich verhielten, was schon bei der Boomslang im Versteck am Mpofu-Wasserloch nicht mehr der Fall gewesen war. Von Lovemore in sicherem Abstand verfolgt, spähte ich entschlossen um die Ecke auf den Kleiderhaufen. Als ich ein Stück Schwanz aus dem Bein einer Khaki-Hose herausragen sah, war mir klar: Das ist keine Aufgabe für »Mama«.

Jeremy war unterwegs, um Brennholz zu sammeln, doch auch er wäre sicher damit einverstanden gewesen, einen Fachmann hinzuzuziehen. Nachdem ich Lovemore hinter einem Baum als Wache postiert hatte, rief ich Ross über Funk an.

»Wunderbar. Ich werde gleich-gleich da sein!«, rief er erfreut. Da er fünfzehn Kilometer entfernt war, bedeutete »gleich-gleich« ungefähr zwanzig Minuten, und das war noch flott gerechnet bei dem Schrotthaufen eines Landrover, den er passenderweise »Streitwagen« nannte.

Jeremy kehrte mit einer Ladung Holz zurück, während ich Ross filmte, der stolz das Gerät hin und her schwenkte, mit dem er die Kobra fangen wollte. Lovemores Hut lugte hinter dem Baum hervor. Der Junge hatte sich nicht von der Stelle gerührt, seit ich ihn gebeten hatte, auf die Schlange aufzupassen. Ich war sehr erleichtert, als der Streitwagen, Ross und die Schlange in einer Wolke aus Auspuffgasen verschwanden, und das umso mehr, als Ross entdeckt hatte, dass sich die Kobra in einer Höhle unter unserer bescheidenen Hütte eingenistet hatte.

Nur noch einmal mussten wir eine Schlange aus unserem Lager vertreiben, eine Puffotter, die Ross ebenfalls in sein Schlangenhaus brachte. Seltsamerweise ließ »Wütende Ameise« die Schlangen immer wieder frei, wenn er seine Beobachtungen abgeschlossen hatte. Hier wuchs ein kleiner Naturschützer heran, auch wenn er kaltblütige Reptilien bewunderte. Vielleicht trieb er damit seine persönlichen Dämonen aus.

Als Kind des australischen Buschs hatte ich einen gesunden Respekt vor Giftschlangen entwickelt. Ich hatte schon früh gelernt, meine Anwesenheit durch Singen, Pfeifen oder Trampeln anzukündigen, wenn ich durch hohes Gras lief. Allerdings erschreckte mich einmal ein Waran, als ich reglungslos unter einem Baum stand und ein Vogelnest betrachtete. Das ein Meter lange Tier musste mich mit einem Baumstamm verwechselt haben, da es an mir hinauf-, über meinen Kopf hinweg- und auf der anderen Seite wieder hinunterkrabbelte.

Ein andermal wusch ich gerade Wäsche im Waschhaus auf unserem abgelegenen Grundstück, als ich auf etwas trat, das ich für einen Schlauch hielt. Dieser »Schlauch« erhob sich vor mir bis auf Brusthöhe. Noch immer frage ich mich, wie ich es geschafft hatte, auf einen Tank zu springen, um der Schlange auszuweichen. Meine Kinder waren damals noch sehr klein, sodass wir beschlossen, unter dem Boden des Gehöfts einen Thalliumköder in einer Kondensmilchdose auszulegen. Ein paar Tage später hatte die Schlange den giftigen Köder geschluckt. Es war eine drei Meter lange Mulgaschlange, eine der tödlichsten Schlangen der Welt, die ihr Gift in großen Mengen in ihr Opfer spritzt. Hätte mich die Schlange gebissen, wäre ich tot gewesen, bevor wir die hundertfünfzig Kilometer unbefestigter Straße nach Charleville, der nächstgelegenen Stadt, geschafft hätten.

Meine Angst vor Schlangen wurde noch größer, als Jenny mir von ihrer Begegnung mit einer schwarzen Mamba erzählte, die sich eine Woche vor unserer Ankunft im Lager ereignet hatte. Jenny hielt sich eher nüchtern an die Fakten, statt maßlos zu übertreiben, was ihre Geschichte noch beängstigender machte.

Es war ein sehr heißer Tag gewesen, trotzdem hatte sie das Fenster ihres kleinen Transporters hochgekurbelt, bevor sie angehalten hatte, damit eine Herde Säbelantilopen die Straße überqueren konnte.

Den Blick auf die Tiere vor sich gerichtet, hörte sie, wie neben ihr ans Fenster geklopft wurde – eine schwarze Mamba, die es auf Jenny abgesehen hatte, hackte auf die Scheibe ein. Mit jedem Schlag verschmierte die aufgebrachte Schlange das Glas mit ihrem Gift. Voller Panik raste Jenny auf die Säbelantilopen zu. Im Rückspiegel sah sie, wie die Schlange in grotesken Zuckungen fast vollständig vom Boden abhob, während sie vorwärtshüpfte.

Als sie wieder im Lager war, schätzte Des die Mamba aufgrund der Höhe der Giftspuren am Fenster auf eine Länge von über drei Metern. Von da an fuhr Jenny nur noch mit geschlossenen Fenstern, egal, wie heiß es war.

Ihre Geschichte erinnerte mich daran, wie ich einmal durch ein viel kleineres Tier zu Schaden gekommen war, als ich, wie ich es gerne tat, meinen Kopf aus dem fahrenden Auto hielt.

Schillernde, dunkelgrüne Käfer prallten an meinem Gesicht ab. Jeremy fuhr schnell, während ich mich aus dem Beifahrerfenster lehnte und den Busch nach Elefanten absuchte. Ich war viel zu sehr damit beschäftigt, um mir wegen der Käfer Sorgen zu machen. Ich wischte sie nur fort, obwohl eine Stelle am Hals und am linken Auge bereits brannte.

Plötzlich entdeckten wir Bette Midler, die sich mit ihrer Familie im Schlamm neben einem Wasserloch wälzte. Herrlich. Eine Weile war ich so davon fasziniert, dass ich das Brennen vergaß. Bette ließ sich von uns nicht stören, bis sie sich aus dem Berg der schlammigen Körper herauslöste und auf uns zupreschte. Ihre Angriffe waren nie nur ein Täuschungsmanöver. Wie immer trompetete sie ihr Unbehagen laut heraus, während sich ihre Familie bereits in die entgegengesetzte Richtung zurückzog.

Wir kehrten ins Lager zurück. Im Rasierspiegel entdeckte ich eine seltsame Schwellung an meinem Hals und außen an meinem linken Auge, und ich konnte nur noch verschwommen sehen. Jeremy beschloss, ins Safarilager zu Des und Jenny zu fahren, die vielleicht wussten, was zu tun war. Normalerweise hätte ich mich um die Insektenstiche nicht weiter gekümmert, doch Augenprobleme wollte ich nicht auf die leichte Schulter nehmen. Wir legten einige tote Käfer in eine Dose, um sie identifizieren zu lassen.

Als wir im Lager eintrafen, zeigte ich Des die Käfer und die

Stiche. Er schüttelte den Kopf. »Schande, Mann. Du hast was von dem Sekret des Blasenkäfers abbekommen!«

»Sollte ich mir Sorgen machen?«, fragte ich ängstlich. »Es gibt bestimmt eine Antihistaminlotion.«

»Leider nein, Sally«, antwortete er mit besorgtem Blick. »Bei diesen kleinen Dingern kriege ich eine Gänsehaut.«

Er beugte sich vor und blickte mir ins Gesicht. »Ja, das Bläschen hier wird noch viel größer, bis es platzt und eine Flüssigkeit absondert, die wie eine Säure wirkt.«

Er lehnte sich zurück und verengte die Augen zu Schlitzen, fletschte die Zähne und krümmte seine Hände zu Klauen. Mir war gar nicht nach Witzen zumute.

»Mann, wo das Zeug die Haut berührt, bilden sich neue Bläschen. Ei-ei-ei! Ich glaube, du solltest dich zum Arzt nach Bulawayo aufmachen. Du brauchst eine gute *muti.*« Er meinte Medizin. »Mit den Augen darf man nicht spaßen.«

»Das ist ja eklig«, sagte ich. »Klingt wie eine Mischung aus Science-Fiction und Horrorgeschichte.«

Jeremy stimmte Des zu. »Wir fahren gleich bei Tagesanbruch los.«

Jenny schlüpfte in die Mutterrolle und bestand darauf, dass wir über Nacht blieben. Sie brachte mich in die luxuriöseste *rondavel.* »Mach dir keine Sorgen, Kleines. Nimm erst mal ein schönes, langes Bad, und dann kannst du die Gäste kennenlernen. Das bringt dich auf andere Gedanken.«

Sie machte ein genauso erschrecktes Gesicht wie ich über die mittlerweile herabhängenden, mit Säure gefüllten Pusteln, die jede Minute größer zu werden schienen. Verängstigt und entsetzt konnte ich den Luxus der großen Wanne gar nicht richtig genießen. Die Blase am Hals schwoll an wie der Kropf eines Marabu, und sowohl diese als auch die am Auge brannten.

Zum Abendessen zog ich eins von Jennys wunderschönen Kleidern an. Seit Monaten hatte ich kein Kleid mehr getragen. Der Spitzenkragen war so hoch, dass er die Blase am Hals verdeckte, aber nicht abdrückte. Wie ich das andere am Auge verstecken sollte, wusste ich nicht. Eine Außerirdische schien mir aus dem Spiegel entgegenzublicken. Als Jeremy kam, lag ich schluchzend auf dem Bett. »Ich kann so nicht unter die Leute. Denen vergeht doch der Appetit«, schluchzte ich.

Er nahm mich fest in den Arm, während er mir die Tränen forttupfte, ohne dieses »Ding« zu berühren. »Für mich siehst du wunderschön aus«, flüsterte er. »Jetzt wirst du erst mal was trinken, Schatz. Dann geht's dir schon besser.«

Wieder blickte ich in den Spiegel. Die Blase zitterte, als ich lachte. Ich sah aus wie die Kleine Waise Annie, die schwere Stiefel ohne Socken und ein hübsches Kleid trug. Mit meinen Haaren versuchte ich, die Blase am Auge zu verdecken, und Arm in Arm machten wir uns auf den Weg.

Die anderen Gäste waren sehr höflich und ließen keine Bemerkungen über mein seltsames Aussehen fallen. Ich vermutete, Des und Jenny hatten sie zuvor instruiert. Nach dem Essen setzte ich mich draußen auf den *stoep*. Die Bläschen strahlten eine Wärme aus und würden sicher bald platzen, nachdem sie noch dicker geworden waren. Ein Mann setzte sich neben mich. Er stellte sich als Howard vor, Senator in der Regierung von Simbabwe. Eine Zeit lang unterhielten wir uns über die Herausforderung, der er sich als einer der beiden einzigen weißen Senatoren stellen musste. Meine Finger irrten immer wieder zu meinem Auge hinauf. Schließlich ergriff Howard meine Hand. »Darf ich Ihnen helfen?«, fragte er. »Ich praktiziere Reiki. Ich glaube daran, mit der Energie des Universums heilen zu können.«

Ich erinnerte mich an die heilenden Hände des Paares aus Gwaai an dem Abend, als Horaz mich angegriffen hatte. »Ja, bitte!«, drängte ich.

Ein paar Minuten lang hielt er seine Hände über die Blase an meinem Auge. Sein Magen grummelte, während er sich auf die durch ihn hindurchfließende Energie konzentrierte. Bald spürte ich, wie es am Auge kühler wurde. Als er fertig war, ging er zu Jeremy. »Sie sollte sich jetzt hinlegen«, sagte er. »Morgen früh wird es *lekker* sein.«

Bevor ich einschlief, war ich erstaunt darüber, welche Menschen eine spirituelle Seite zeigten. Das mysteriöse, magische Afrika hinterließ seine Spuren.

Gleich am nächsten Morgen rannte ich zum Spiegel. Erleichtert stellte ich fest, dass das Bläschen neben meinem Auge viel kleiner geworden war und ich auch wieder normal sehen konnte. Doch das Bläschen am Hals war aufgeplatzt, und drei neue hatten sich gebildet. »Verdammter Mist!«, rief ich so laut, dass Jeremy aus dem Schlaf schreckte. »Ich habe vergessen, ihn zu bitten, auch das Bläschen am Hals zu heilen.«

Aber am Auge hatte Howard tatsächlich ein Wunder vollbracht. Innerhalb einer Woche war neben dem Auge nur noch ein roter Fleck zu sehen, während das Bläschen am Hals einen üblen Schaden angerichtet hatte. Wir verzichteten auf die lange Fahrt nach Bulawayo, da keine Gefahr mehr für mein Auge bestand. Dafür klebte ich Pflaster unter die neuen Bläschen am Hals, um die Säure aufzufangen. Doch es dauerte Monate, bevor die Verletzungen abheilten. Selbst heute noch leuchten die Stellen an meinem Hals rot, wenn ich nervös bin oder Fieber habe.

»Weißt du, ich hätte nie gedacht, dass ich das einmal sagen würde, aber ich will heute keine Elefanten sehen«, sagte ich am nächsten Morgen zu Jeremy, als wir wieder in unserem Lager waren. »Sie würden sowieso nur schreiend die Flucht ergreifen, wenn sie die Bläschen bemerkten. Ich brauche ein bisschen Zeit für mich und muss entspannen.«

Ich dachte auch an die verführerische Schachtel mit belgischer Schokolade, die Jenny mir gegeben hatte. »Du musst dir was Gutes tun«, hatte sie in mütterlichem Ton gesagt. »Ich werde nur fett, wenn ich alles alleine esse.«

Es war ein großzügiges Geschenk. Gute Schokolade war in Simbabwe nur in der Stadt zu bekommen, ansonsten gab es nur Dauerlutscher und Bonbons aus den für meinen Geschmack viel zu sauren Früchten des Affenbrotbaums. Mir lief schon das Wasser im Mund zusammen bei der Aussicht auf zarte Pralinen und Trüffel.

Jeremy wollte sich mit einem Stuhl, ein paar Pralinen und

einem Buch ans Wasserloch setzen, ich blieb in der Hütte, um ein Nickerchen zu machen. »Schieb die Schaufel unter die Tür«, riet er mir noch, da es kein Schloss gab.

Es war ein viel zu heißer Tag, sodass ich die Tür lieber offen stehen ließ. Ich schob mir ein Stück Schokolade in den Mund, stellte die Schachtel mit dem Rest oben auf unsere Vorratskiste und ließ mich auf meinen Schlafsack sinken. Mit der Vorfreude auf das nächste Stück Schokolade schlief ich ein.

Doch als ich die Augen wieder öffnete, lag ein genüsslich schlabbernder und stöhnender Warzenschweinkeiler neben dem Bett! Sein haariges, warziges Gesicht und seine riesigen, gebogenen Stoßzähne waren mit Schokolade verschmiert, die Nase steckte schnüffelnd in der leeren Schachtel.

»Verschwinde, du verdammtes Schwein!«, rief ich und schleuderte ihm ein Buch entgegen. Das Warzenschwein sprang vor Schreck auf. Ohne an meine eigene Sicherheit zu denken, hüpfte ich aus dem Bett, griff zur Schaufel und knallte sie ihm auf den Rücken. Der Keiler schrie, als würde er geschlachtet werden, und rannte mit aufgerichtetem Schwanz hinaus in den Busch. Ich folgte ihm nach draußen und rief ihm so laut Schimpfwörter hinterher, dass Jeremy mich hörte.

»Was ist denn los?«

Als ich ihm erzählte, dass dieses Warzenschwein meine wertvolle Schokolade gefressen hatte, bog er sich vor Lachen, bis ich drohte, ihm mit der Schaufel eins überzubraten.

»Ich habe dir doch gesagt, du sollst das Ding unter die Tür schieben«, grölte er. »Das geschieht dir recht. Du hast Glück gehabt, dass es nur ein gieriges Schwein und kein gefräßiger Löwe war!«

Er zog eine in Zellophanpapier eingewickelte Praline aus seiner Tasche. »Hier, Zwerg, nimm das. Es ist die letzte. Ich habe sie für später aufgehoben.«

Es war eine Kirschpraline, die mir am wenigsten schmeckte. Aber ich nahm sein Angebot an und ließ sie langsam im Mund zergehen.

Kapitel 16

Jeremy fällt in Ohnmacht

Kathy kam uns an diesem Abend besuchen und brachte ein Döschen Creme mit, eine alte simbabwische Medizin gegen die Narbenbildung bei der Abheilung der Bläschen, wie sie sagte. Ihr Vorschlag, Jessie solle vorher meine Wunden lecken, überzeugte mich eher weniger. Kathy und viele unserer Freunde in Afrika liebten ihre Jack Russels abgöttisch, aber es gab Grenzen. Auch wenn ich bei meinen eigenen Hunden bemerkt hatte, dass deren Wunden schneller heilten, wenn sie daran leckten, führte ich dies eher darauf zurück, dass sie mit ihrer Zunge abgestorbenes Material entfernten. Die Säure aus den Bläschen beseitigte bereits genügend Gewebe, und ich war nicht bereit, Jessie nahe an meinem Auge oder meinem geschundenen Hals lecken zu lassen.

Jack Russels scheinen die Lieblingshunde weißer Afrikaner zu sein. Sie unterscheiden sich zwar von denjenigen in anderen Ländern, aber mit ihren zu kurzen Beinen, dem drahtigen Fell und den langgestreckten Körpern sind und bleiben sie Jack Russels. Legendäre Geschichten über ihren Mut machen die Runde, wenn sie mit ihrem aggressiven Verhalten große Wildtiere in die Flucht schlagen.

Jessie stammte aus einem Wurf der allseits bewunderten Hündin von Pebbles Williamson, die mit ihren sieben Jack Russels – manchmal zwölf, wenn es Junge gab – in einer Hütte in der Nähe unseres Forschungsraums im Hwange-Safarilager lebte. Pebbles war exzentrisch wie viele weiße Frauen, die in Afrika leben. Ihr Aussehen war ihr egal, trotzdem behängte sie sich mit einer seltsamen Mischung aus Goldschmuck und billigem Kram. Etwa einmal im Monat verpasste sie ihrem altmodischen Bubikopf eine andere Farbe oder versetzte ihn mit lila- oder mahagonifarbenen Strähnchen.

Trotz ihrer lustlosen Art schaffte es Pebbles immer, eine Arbeit zu finden, wo andere Frauen in Afrika ab einem gewissen Alter aufs Abstellgleis geschoben werden und ohne Sozialversicherung verarmen oder arbeiten, bis sie umfallen, wenn sie nicht genügend Rücklagen gebildet haben. Derzeit organisierte sie Safaris für Touristen.

In Pebbles Hütte war immer eine Hündin läufig, was die Rüden aus dem Dorf anlockte – eine schlanke, üble Rasse, die mit ihren aufgestellten Ohren den australischen Dingos ähneln.

Eines Tages kam eine läufige Kalahari-Hündin zu Pebbles nach Hause. Vielleicht suchte sie nach besseren Genen für ihre Jungen oder einem besseren Leben. Sie bezog Stellung unter einem Baum außerhalb des abgezäunten Bereichs, in dem die Männchen eingesperrt waren, und begann leise zu schmachten, während die aufgekratzten Hunde ununterbrochen bellten und jaulten.

Erbost über das Durcheinander, drohte die Geschäftsleitung Pebbles mit Entlassung, wenn sie nicht ihre Jack Russells, die Hündin vor dem Zaun oder gleich beides fortschaffte. Sie kam zu uns in den Bunker und bat Jeremy, ihrem Sohn Bloat zu helfen, der die Hündin einfangen und in ein entfernt gelegenes Dorf bringen wollte. Sonst müsste die Hündin erschossen werden. Der Appell an unsere Herzen hatte Erfolg. Wir schlugen vor, Jessie mitzunehmen, um die Hündin zu beruhigen, während wir versuchen wollten, sie in den Wagen zu locken. Kathy sagte voraus, Jessie würde die fremde Hündin entweder hassen oder sie zu ihrer besten Freundin machen. Innerhalb weniger Sekunden leckte Jessie die unterwürfige Hündin, die sich diesen Diensten gerne hinzugeben schien. Das war ein gutes Zeichen.

Bloat stand mit einem Gewehr in der Nähe, doch wir hofften, dass die Sache ohne Probleme über die Bühne gehen würde. Mit einem Lasso hinter seinem Rücken näherte sich Jeremy langsam der Hündin, ging in die Hocke und streckte als Geste seiner Unterwürfigkeit eine Hand nach ihr aus. Ohne Warnung schnappte sie zu und lief davon. Bloat hatte keine andere Wahl, als sie zu erschießen. Ich rannte zu Jeremy, um mich um die tiefe Bisswunde zu kümmern.

»O Gott, *Daaarling*«, jammerte Pebbles gedehnt. »Diese undankbare Hündin hat den Tod verdient.«

Sie warf ihrem unschuldigen Sohn einen anklagenden Blick zu. »Bloat!«, brummte sie mit rauer Stimme. »Warum hast du sie nicht gleich erledigt?«

Das Gesicht uns zugewandt, verdrehte er seine Augen. »Jetzt mach aber mal halblang, Ma«, beschwerte er sich. »Du wolltest doch die barmherzige Samariterin spielen.«

Das überhörte Pepples einfach, was mich noch wütender auf sie machte. Leider hatten wir es nicht geschafft, die Hündin in ihr Revier zurückzubringen. Schlimmer war, dass sie Tollwut gehabt haben könnte. Jeremy würde sich in Bulawayo die »lila Qual« verpassen lassen müssen, eine Reihe riesiger Tollwutspritzen, die er wegen der Farbe des Serums so getauft hatte.

Unbeeindruckt vom erfolglosen Ausgang der Aktion, bat uns Pebbles ein paar Wochen später erneut, sie bei der Ausrottung einer anderen Plage zu unterstützen. Diesmal waren es Elefanten.

Pebbles Liebe galt nicht nur ihren Jack Russels und ihren drei strammen Söhnen, die alle als Safariführer arbeiteten, sondern auch ihrem Garten, den sie trotz der vielen Tiere bewirtschaftete, die sich über ihren Erfolg hermachen wollten. Sie war die Witwe eines legendären Jagdaufsehers, dem es Spaß gemacht hatte, sich mit seinen Freunden darin zu messen, wer am weitesten, höchsten und längsten pinkeln konnte, ohne auf Pebbles Pflanzen Rücksicht zu nehmen. Diese Wettkämpfe waren ihre Entschuldigung für die Unmengen von Bier, die sie tranken. Sie müssten, wie sie gesagt hatten, Material für die anstehende Herausforderung sammeln.

Laut Bloat habe sein Vater auch seine Frau ärgern wollen. »Warum auch nicht?«, sagte er mit einem breiten Grinsen. »Schließlich ist meine Mutter selbst total schräg drauf.«

Pebbles rümpfte zwar ihr Näschen, sagte aber nichts mehr zu den Spielchen ihres Mannes. »*Daaarlings*, nachdem mich dieser Stinker verlassen hat, muss ich ihm beweisen, dass meine Pflanzen länger leben.«

Die Streitereien und ihr sarkastischer Humor hatten ihrer Liebe füreinander nichts anhaben können.

Tagsüber wurde Pepples' Garten von ihrem »Hund-und-Garten-Mädchen« bewacht, nachts verteidigte die Herrin ihre Festung höchstpersönlich. Sie hatte rund um den Garten Fallen mit einem verzwickten System aus Blechdosen, Kuhglocken und Flaschen aufgestellt, die mit Schnüren und Seilen miteinander verbunden waren. Sobald ein Tier eine der Schnüre berührte, wurde ein Alarm ausgelöst. Beim ersten Gong oder Krach sprang Pebbles aus dem Bett. Oft sah man sie, nur spärlich bekleidet, mit dem Revolver durch den Garten rennen, während sie trillerte: »*Daaarlings*, im Garten sind Eindringlinge.«

Pebbles hielt ihr Heiligtum gut in Schuss, doch plötzlich entdeckten die Elefanten die köstlichen Orangen und Pampelmusen, die an dürren Ästen herabhingen. Beim ersten Überfall brachte Pebbles die Safarileitung dazu, über die Köpfe der Bullen hinwegzuschießen. Damit wurden sie fürs Erste verjagt, doch vor einem weiteren Raubzug war Pebbles nicht geschützt.

Am nächsten Tag stand sie vor der Tür des Forschungsraums. Ihre schweren Metallarmreifen klimperten, als sie mit besorgter Unschuld heftig gestikulierte. Sie war leicht zu durchschauen, doch ich spielte mit. Früher oder später würde sie zur Sache kommen, wenn ich es nicht tat. Wie immer wendete sie sich direkt an Jeremy. »*Daaarling*«, säuselte sie. »Du musst mir helfen. Wir müssen einen Graben ziehen, damit deine Tierchen nicht mehr durch meinen Garten trampeln.«

Als sie seine zweifelnde Miene sah, schlenderte sie zu mir und drückte mich an ihren ausladenden Busen, der reichlich mit Bernsteinschmuck und venezianischen Glasperlen behängt war. *Autsch!*

»Sag's du ihm, Susie«, säuselte sie mir zu.

»Pepples, ich heiße Sally!«, korrigierte ich sie nicht zum ersten Mal. Sie konnte sich keine Namen merken, deswegen hießen bei ihr alle *Daaarling*.

»Ach, ist doch egal, *Daaarling*. Sag's ihm einfach«, bettelte sie.

Also sagte ich es ihm.

Am Nachmittag begannen Jeremy und einige Freunde mit Pebbles' kräftiger Unterstützung, einen Graben auszuheben, der sich über zwei Seiten des Hauses bis zum Hochsicherheitszaun erstreckte, der den Rest des Gartens umgab und ihn von der eigentlichen Hütte abtrennte. Der Graben musste so breit und tief sein, dass ihn die Elefanten nicht überqueren konnten. Nach getaner Arbeit befestigte Pebbles mit meiner Hilfe noch ihre Dosen und Flaschen. Wie ein braves Kind rannte ich hin und her und tat, was sie mir auftrug.

Wir blieben mit einigen Freunden noch zum *braai*, um zu sehen, ob die Verteidigungsstrategie funktionierte. In dieser Nacht wagte sich kein Elefant in unsere Nähe. Ich schlug Pebbles vor, sie solle jeden Abend eine solche Party veranstalten, da jedes wilde Tier mit ein bisschen Anstand dem lauten, grässlichen Gesang und dem derben Gelächter fernbleiben würde. An diesem Abend beschwerte sich auch die Firmenleitung nicht, weil sie alle auf der Party waren.

Am nächsten Tag arbeiteten wir bis abends elf Uhr im Bunker, dann schlichen wir zu Pebbles Haus, um zu sehen, ob sich dort Elefanten herumtrieben, bevor wir in unser Lager weiterfuhren. Drei Elefantenbullen standen am Graben und schwangen frustriert mit einem Vorderbein vor und zurück. Sie hatten bereits das Alarmsystem ausgelöst, und einer von ihnen versuchte, in den Graben hinunterzuklettern. Er rutschte aus und landete mit dem Kopf voran, sodass er den Hintern nach oben recken musste, um sein Gleichgewicht zu halten und, unter den verwunderten Blicken seiner Kollegen, rückwärts wieder herauszukrabbeln. Rasch traten sie den Rückzug an.

Pebbles muss am Fenster gesessen und die Elefanten beobachtet haben, da sie es mit dramatischem Schwung öffnete und ihren Daumen nach oben reckte. »Hier, *Daaarlings*, nehmt das«, rief sie ihnen hinterher. »Jetzt hab ich euch drangekriegt, was? Und sagt euren verdammten Freunden, mit mir ist nicht zu spaßen. Pebbles hat gewonnen.«

Pebbles Sohn Bloat war ein Säufer – und ein Hüne von einem Mann mit schneeweißem Haar. Dahinter verbarg sich ein freundliches Wesen mit einer sanften Stimme. Er war mit Jane verlobt, einer ehemaligen Krankenschwester und einer lebhaften Person, die jetzt ein Zeltlager im Busch leitete. Sie war groß und blond und hatte ein pausbackiges Gesicht voller Sommersprossen. Die beiden besuchten uns oft in unserem Lager, wenn sie vor den Touristen Reißaus nehmen wollten.

Am Abend nach einem langen Tag, an dem wir die Wanderbewegungen von Dilingane und ihrer Familie beobachtet hatten, waren wir bei zu uns zum *braai* verabredet. Den ganzen Nachmittag folgten wir den Elefanten und notierten, was sie fraßen. Dilingane eilte durch den dichten Busch direkt auf die Farm 41 zu, was uns sehr zugute kam. Doch wir hatten Mühe, in dem unwegsamen Gelände vorwärtszukommen.

Als Jeremy einen Hang hinauffuhr, blieben wir plötzlich mit einem Rad in einem großen Loch zwischen den Gleisen der Schmalspurbahn von Bulawayo zu den Victoriafällen hängen. Wir würden zum Lager zurücklaufen müssen, das, wie wir vermuteten, nicht weit entfernt war. Gerade als die Elefanten abzogen, brach Bette Midler aus einer anderen Richtung aus dem Dickicht hervor.

Innerhalb weniger Sekunden saßen wir wieder im Wagen. Jetzt hing unsere Sicherheit von Bettes Laune ab. Sie wäre die letzte Kuh gewesen, der wir ohne Fluchtmöglichkeit hätten begegnen wollen. Uns schwante nichts Gutes, während sie einen Moment lang regungslos stehen blieb und uns anstarrte. Schließlich stieg sie noch ein Stück höher und schlug empört mit den Ohren gegen ihre Schultern.

»Heiliger Strohsack! Wir können doch nicht einfach so rumsitzen. Wir müssen sie aufhalten, bevor sie uns angreift. Also los, Mädels!«, rief Jeremy und drückte auf die Hupe.

Schwitzend begannen wir zu brüllen. Die Erinnerung an die Begegnung mit König, dem großen Bullen, blitzte vor mir auf. Kathy schlug mit einem Schraubenschlüssel von innen gegen die Beifahrertür. Dilingane drehte sich überrascht um, scharte ihre

Familie um sich und wich zurück. Bette war nicht näher gekommen, doch sie hatte sich aufgeplustert wie ein sturer Ochsenfrosch. Ein Angriff war immer noch nicht auszuschließen.

Sie hob den Kopf noch höher, als wir hörten, wie sich ein Fahrzeug näherte. Gott sei Dank … Bloats Geländewagen kam uns auf dem Gleisbett entgegen. Er fuhr den Hang hinunter an uns vorbei und direkt auf Bette zu. Sie trompetete wütend, drehte sich um und eilte zu ihrer Familie, die sich irgendwo zwischen den Bäumen versteckt hatte. Die Hupe verstummte, dafür ertönten die Schreie und die Trompetenstöße der wütenden Elefanten aus dem Busch.

Bloat und Jane waren auf dem Weg zu unserem Lager gewesen, als sie unser Hupen gehört hatten, das im afrikanischen Busch nur heißen konnte, dass jemand ernsthafte Probleme hatte und Hilfe brauchte. Die beiden leisteten die Hauptarbeit, als wir Bluey mit Schaukeln und Ziehen aus dem Loch hievten. Ein paar Minuten später bretterte die Dampflok übers Gleis, wie sie es jeden Nachmittag um fünf Uhr tat. Menschen spähten aus den Fenstern. Und wie immer fuhr der Zug viel zu schnell durchs Jagdgebiet. In der Vergangenheit waren bei Zusammenstößen mit großen Tieren mehrmals Waggons entgleist, Menschen und Tiere gestorben. An diesem Tag hatte Bloat uns, Bette und den Zug gerettet. Während des Abendessens erhoben wir unser Glas auf unseren rotgesichtigen Ritter. Einige Wochen später übernahm Jane die Rolle der Retterin.

Der Tag war geprägt von kaltem Wind, aggressiven Elefanten, nervösen Wildtieren, grauen Wolken, rissigen Lippen, Fausthandschuhen und Problemen beim Filmen. Schiefer Stoßzahn rannte angriffslustig auf uns zu, blieb empört schnaubend stehen, zog sich wieder zurück und ließ ihre Wut an ihrer Familie aus. Alle standen unter Beschuss. Mit ihrer Wut hatte sie ihre ganze Familie angesteckt. Gereizte Kühe schoben rangniedrigere zur Seite, bis sich die letzte mit eingezogenem Schwanz davonschlich. Nur die Kleinsten durften unbeschwert spielen, auch wenn sie oft nervös zusammenzuckten.

Heftige Windstöße brachten das Leben in der Savanne immer wieder durcheinander. Beutetiere drängten sich mit zitternden Ohren und Nasenflügeln zusammen, darauf bedacht, eine Gefahr sofort wahrzunehmen. Der Geruch eines Raubtiers, ein panischer Sprung in die entgegengesetzte Richtung, bevor der nächste Windstoß sagte, dass die Luft rein war – für den Moment. Ein paar Minuten Ruhe, dann begann alles von vorn. Aber auch ohne dass die potenziellen Opfer einen Geruch aufnahmen, sprangen sie nervös hin und her, sodass die Raubtiere nicht zum Zug kamen.

Der Wind nahm zu, je höher die Sonne stieg. Ich entdeckte einen Leoparden, der sich im hohen Gras versteckte. Leoparden nutzen das Geheimnis ihrer Tarnung und verschmelzen mit der Umgebung ihres Verstecks, auch wenn man sich bei ihren schillernden Farben nicht vorstellen konnte, dass sie in der Lage waren, sich zu tarnen. Doch stürmische Tage taten keinem Lebewesen einen Gefallen, auch uns nicht. Als Jeremy den Motor ausschaltete, erstarb auch die Heizung. Klirrende Kälte erfüllte den Wagen. Kurz nach Morgengrauen war es immer am schlimmsten.

Der Leopard blieb reglos sitzen, während sich ihm ein einjähriges Impalafohlen näherte. Da wirbelte eine Staubwolke über den Rücken des Leoparden und trug dem Fohlen den Geruch des Feindes an die Nase. Es brachte sich in dem Moment in Sicherheit, als der Leopard losrannte. Leoparden sind grausame, schlaue Mörder mit einer hohen Erfolgsrate. Allein ihr Blick lässt mir die Haare zu Berge stehen.

Gegen Mittag fuhren wir, vom kühlen Wind und von den erhitzten Gemütern von Mensch und Tier getrieben, ins Lager zurück. Wir freuten uns darauf, dass Aubrey die Nacht bei uns verbringen wollte, nachdem eine allgemeine Zählung der Wildtiere durchgeführt worden war.

Am Nachmittag, als der Wind die Bäume heftig peitschte, polterte Aubreys Landrover ins Lager. Ich hängte den Kessel übers Feuer, um Tee zu kochen, und lief zu ihm, um ihn zu begrüßen. Jeremy ruhte sich aus, noch immer geschwächt von seinen Magenproblemen.

»Ich habe eine Überraschung für dich, Mädchen«, gluckste Aubrey. »Ich habe im Hauptlager eine Kühltasche abgestellt, und das Abendessen geht auf mich.«

Er weigerte sich, den Inhalt der Kühltasche zu verraten. »Ein Geheimnis«, sagte er mit breitem Grinsen. »Wo ist dein Großer?«

Jeremy erschien mit blassem Gesicht in der Tür. Sie umarmten sich andeutungsweise, das Höchste, das sie an Nähe zulassen konnten.

»Tag auch, alter Sack. Wie geht's?«, fragte Jeremy.

»Besser als dir, du kleiner Scheißer«, grölte Aubrey. »Ei, ei, ei! Dünnpfiff, hm? Du musst mal ordentlich einen heben. Den Alkoholspiegel so hoch halten, dass es keine Bakterie in dir aushält.«

»Ach, hör doch auf«, wehrte Jeremy ab. »Deine Eingeweide schwimmen doch in Alkohol.«

»Ich hatte noch nie Malaria. Kriege ich auch nicht«, knurrte Aubrey. »Die Blutsauger machen um einen wie mich einen großen Bogen. Abstinenzler sind für sie das gefundene Fressen!«, höhnte er.

Ich lauschte dem Geplänkel, wusste aber, dass es um Aubreys großes Herz nicht gut bestellt war. Seine Tage waren eindeutig gezählt. Im selben Moment, als ich dies dachte, verzog er sein Gesicht, nahm eine kleine Flasche aus seiner Hemdtasche und schob eine Tablette unter seine Zunge. Er bemerkte meinen besorgten Blick.

»Hey, die Angina hat sich gemeldet, als ich dich gesehen habe, schönes Mädchen.« Er lächelte mit dem Charme eines Iren. »Keine Sorge. Greg Botha sorgt schon für meine Pumpe. Hey, der Kerl da oben will mich noch nicht. Und der Kerl in der Hölle hat schon genug zu tun.«

Soweit ich von dem berüchtigten Dr. Botha gehört hatte, bezweifelte ich das. Eher wahrscheinlich war, dass er Aubreys Exzesse unterstützte. Ich hoffte, mit dem Rest hatte mein Freund recht. Wir setzten uns an der windgeschützten Seite der Hütte zum Tee. Wolken flogen über den dunkelblauen Himmel dahin, der Wind nahm den Rauch der Feuerstellen und den Staub mit, der von den vielen Wild- und Haustieren aufgewirbelt wurde. Bei Windstille hatte der diesige Himmel über Simbabwe anders als jetzt keinerlei Ähnlichkeit mit dem tiefblauen Himmel über den ausgedehnten Ebenen Australiens.

Aubreys freudig zwinkernde Augen verschwanden in den Falten, als er mit der Hand über sein geflecktes Gesicht hinweg in sein gelbbraunes, grau werdendes Haar strich. »Die Überraschung wartet, Aschenputtel. Los, zieh dein Ballkleid an.«

Es war kein Ballkleid, doch ich schlüpfte in die einzige schicke, schwarze Hose, die ich dabeihatte, und in eine hübsche rosa Bluse. Ich stöberte weiter in meinen Sachen herum, bis ich ein Paar feine, mit Muscheln besetzte Sandalen fand, die ich in Griechenland gekauft hatte. Befreit von den schweren Stiefeln, fühlten sich meine Füße leicht und elegant an.

Diese Pracht erforderte auch etwas Schminke. Zum Glück war wenigstens der kirschrote Lippenstift nicht geschmolzen, der zu meiner Bluse passte. Dies animierte mich dazu, meine grünen Augen mit einem pflaumenfarbenen Kajal zu unterstreichen. Früher, wenn ich widerwillig als Model gearbeitet hatte, hatten die Maskenbildner immer behauptet, diese Farbe würde meine grünen Augen betonen. Ganz hingerissen von der Wirkung, trug ich auch etwas Lidschatten auf und schob zwei große Goldringe durch meine Ohrläppchen. Bereit für die Party, stolzierte ich hinaus, um die bewundernden Kommentare der Männer in Empfang zu nehmen. Es fühlte sich gut an, eine Frau zu sein.

Die Sonne ging bereits unter, als wir im Hauptlager eintrafen. Der Wind hatte sich gelegt. Eine Bar mit dem liebevollen Namen Wasserloch befand sich in einem Baumhaus neben einem künstlichen Stausee. Die Füße aufs Geländer gelegt, tranken wir unseren Dämmerschoppen. Auch jetzt, in der Trockenperiode, war das Gras um die Gebäude herum saftig grün, weil es täglich gegossen wurde. Langgezogene Berieselungsanlagen boten eine Herausforderung für die Touristen, die zwischen den Fontänen hindurchspringen mussten, um zum Stausee und den Tieren zu gelangen, die dort ihren Durst löschten. Trockene braune Blätter, vom Wind von den Bäumen gerissen, wurden bereits von Arbeitern in ihren grünen Overalls zu Haufen zusammengerecht.

Jenseits des trockenen Grabens, der mit einem Elektrozaun aus zwei Drähten gesichert war, war der Busch von Staub eingehüllt und der Boden von den Wildtieren platt getrampelt. Ein einzelnes Krokodil verließ seinen Sonnenplatz und tauchte ins schlammige Wasserloch. Eine Kudufamilie, drei Giraffen, ein Büffel und mehrere Zebras blickten ihm hinterher. Kiebitze eilten mit ihren »Ping-ping-ping«-Rufen herbei, eine Familie ägyptischer Gänse zuckelte ins Riedgras zum Schlafen. Ein zierlicher Duiker schlenderte an den Bäumen entlang und überlegte, ob es ratsam wäre, übers offene Terrain zum Wasserloch zu huschen.

Elefanten erfreuten sich an einer Salzlecke unterhalb unseres Standorts. Oft überwanden sie den elektrischen Zaun des Lagers an einer schmalen Stelle des trockenen Grabens. Dort, wo in der Nähe unser kleiner Forschungsbunker stand, hatte ich Horaz das erste Mal gesehen. Ich gab mich ganz der Schönheit des Moments hin, als sich Jeremy über den Magen rieb. »Ich hoffe, ich enttäusche Aubrey nicht, aber ich kann noch nicht so viel essen«, flüsterte er.

»Schade. Wirkt das Imodium denn nicht?«, fragte ich besorgt.

»Wie Beton.« Er verzog das Gesicht. »Aber da grummelt es noch ganz schön. Ich gehe lieber auf Nummer sicher und halte mich an klare Suppe und trockenes Brot.«

Jane und Bloat trafen ein. Auch sie waren mit der Einladung überrascht worden. Wir schlenderten zum Restaurant. Der Leiter, Simon, führte uns an einen Tisch, der unter den Reichtümern, die das Meer zu bieten hatte, zusammenzubrechen drohte: frischer roter Hummer, Platten mit großen Austern und Garnelen, riesige Fische, garniert mit Zitronenscheiben und Kapern sowie spiralförmig angeordnete Sprotten mit Tatarsoße dazwischen. Und all das am Rande der Kalahari-Wüste!

Aubrey strahlte wie ein stolzer Vater, als wir vor Freude von einem Ohr zum anderen grinsten und Jane und ich ihm dankbar um den Hals fielen. Dann stürzten wir uns aufs Essen – außer Jeremy, der mit seinem Brot spielte und schweigend die Elefanten beobachtete, die sich auf der Wiese blicken ließen.

Als wir über den Hunger hinaus unseren Magen gefüllt hatten, traten Jane und ich ans Fenster, um die Elefanten zu betrachten. Plötzlich hörten wir einen Knall, dann herrschte Stille.

»Herr im Himmel«, rief Aubrey. »Jeremy ist zusammengebrochen!«

Jeremy lag bewusstlos auf dem Boden. Ich rannte zu ihm und hockte mich nieder, um seinen Kopf in meinen Schoß zu legen. Er war aschfahl im Gesicht, sein Unterkiefer hing schlaff herunter. Jane – ganz die Krankenschwester – legte ein Ohr auf seine Brust.

»Scheiße! Er atmet nicht mehr«, murmelte sie. »Er macht schlapp.«

Dies waren die schlimmsten Worte, die ich je gehört hatte, auch wenn ich innerlich ganz ruhig war. »Was können wir tun?«, drängte ich sie.

Aubrey bekam Panik. »Leg ihm eine von diesen Tabletten unter die Zunge«, rief er. »Das ist ein Herzinfarkt!«

Jane schob seine Hand beiseite und griff zu einer Zuckerdose auf dem Tisch. »Ich bin hier die Krankenschwester, Aubrey. Das hier brauchen wir. Wenn das nicht hilft, mache ich Wiederbelebungsversuche.«

Jeremy ging es wirklich übel. Sein Darm hatte sich entleert. Abgesehen von Aubreys Rufen herrschte im Restaurant Totenstille. Ich warf einen Blick auf die anderen Gäste, deren Gesichter starr vor Schreck waren. Einige von ihnen rümpften die Nase. Der Geruch war nicht gerade angenehm.

Innerhalb von Sekunden löste sich der Zucker auf Jeremys Zunge auf. Es funktionierte. Er holte tief Luft, und auch ich begann wieder zu atmen. Mein Mann öffnete die Augen, schnüffelte, blickte mich schockiert an und flüsterte: »Verdammter Mist! Ich habe mir in die Hosen gemacht.«

Jeremys Farbe im Gesicht kehrte rasch zurück. Die Elefanten

standen an den Fenstern und schauten herein, als hätten sie gespürt, dass etwas nicht stimmte. Zum Glück lenkten sie die anderen Gäste ab, die aufstanden und zu den Fenstern eilten.

Simon und Bloat brachten Jeremy in eine der Suiten. Ich ließ Badewasser ein, während Jane ihn im Auge behielt. Als sie sicher war, dass für ihn keine Gefahr mehr bestand, hoben wir ihn in das lauwarme Wasser.

»Was ist passiert? Was hat er?«, fragte ich. Erst jetzt zitterte ich.

»Ich habe schon vorher solche Zusammenbrüche gesehen«, antwortete sie. »Ich vermute, es war ein Vasovagalsyndrom: Man fällt in Ohnmacht, weil das Gehirn nicht mehr genügend Sauerstoff und Glukose bekommt. Wahrscheinlich weil er krank ist. Höchstwahrscheinlich aber hat die Kombination aus Essen und Medikamenten zu einem Schock geführt. Jetzt ist alles wieder in Ordnung. Aber er muss sich ein paar Tage ausruhen.«

Jane schenkte uns einen kräftigen Schluck Scotch ein. Sie blieb noch eine Stunde, bis sie wirklich sicher war, dass sich Jeremys Zustand stabilisiert hatte. Simon kam und bot seine Hilfe an. Er bestand darauf, dass wir noch mindestens eine Nacht hierbleiben sollten. Bei einer anderen Gelegenheit wäre ich vor Freude an die Decke gesprungen. Jetzt wünschte ich mir nur noch einen fliegenden Teppich, der uns in die Praxis unserer Freundin Sue Newton bringen würde, damit sie sagte, dass mit Jeremys Gesundheit wirklich wieder alles in Ordnung war.

Jeremy riss ständig Witze über seinen Sündenfall, bis ich das Gefühl hatte, ich müsste schreien. Als er endlich eingeschlafen war, schlich ich nach draußen, um einen Mülleimer für die stinkende Hose zu suchen. Ich wollte sie nie wieder sehen. Am Morgen änderte ich meine Meinung. Die Hose war die einzig anständige, die er besaß. Gleich bei Tagesanbruch ging ich zurück zur Mülltonne – nur die Hose war fort, der andere Müll lag noch in der Tonne. Ein trauriges Zeugnis für die schreckliche Armut in Afrika.

Jeremy schien wieder ganz der Alte zu sein, als er aufwachte. Sein Magen hatte sich beruhigt, und er hatte Hunger.

»Bist du sicher, dass du die Blicke erträgst?«, fragte ich, als er vorschlug, ins Restaurant zum Frühstücken zu gehen.

»Aber klar doch«, versicherte er mir. »Ich könnte ein ganzes Flusspferd futtern. Ach, warum nicht gleich einen Elefanten!«

Dennoch beschloss ich, unser Frühstück lieber im Garten statt im Restaurant einzunehmen. Als wir am Speisesaal vorbeikamen, schob Simon seinen Kopf heraus. »Morgen, junger Mann«, murmelte er ernst. »Möchten Sie hereinkommen und sich in mein Restaurant legen?«

Ich liebte Simons Sinn für Humor und die selbstironische Art, in der mein Mann mit seinen Witzen für Entspannung bei den Kellnern sorgte. Doch noch Wochen nach dem Vorfall ließ ich Jeremy nicht aus den Augen. Erst als wir einen Arzt aufgesucht hatten, der Janes Diagnose bestätigte, beruhigte ich mich.

Kapitel 17

Von Verzweiflung zur Begeisterung

Jeremy erholte sich rasch. Doch langsam hinterließ das harte Leben auch bei mir seine Spuren. Anfang August, dem Höhepunkt der trockenen, kalten Jahreszeit, wenn das verdorrte Gras in der Eiseskälte verbrannte, zogen die Elefanten weit fort von der Farm 41. Wir folgten ihnen. Gegen Abend fanden wir einen guten Standort. Ich stellte einen Klapptisch auf, während Jeremy die Heringe und Spannseile für unser Zelt sortierte.

Es war ein ungemütlicher Tag, der Himmel bedeckt. Ein unangenehmer kalter Wind wirbelte dichten Staub auf und machte die Tiere nervös. Diese Tage während der kalten Jahreszeit in Simbabwe waren für mich die schwersten. Nur bei voll aufgedrehter Heizung in unserem Wagen fühlte ich mich wohl. Nachts fiel die Temperatur unter den Gefrierpunkt, und nicht einmal die Wärmflasche half mir in meinem dünnen Schlafsack im Zelt. Wir schliefen in Thermounterwäsche, Socken, dicken Trainingsanzügen und Wollmützen. Ein unheimlicher Wind pfiff über das Zelt und verstärkte das Gefühl von Einsamkeit und Unbehagen und bescherte uns eine Nacht voller Albträume.

Ich war es schon beinahe gewohnt, ohne Föhn auskommen zu müssen, was in der feuchten Luft ohnehin kein Problem war, doch jetzt stand mein mit Staub verklebtes Haar senkrecht vom Kopf ab. Ich war statisch aufgeladen, sogar Blitze zuckten auf, wenn ich mit den Armen wirbelte. Metallgegenständen näherte ich mich nur noch vorsichtig. Wenn ich vergaß, meine Hände mit Stoff zu schützen, bevor ich den Türgriff vom Auto berührte, erhielt ich einen Stromschlag, den man sogar hören konnte. Der Staub in der Luft verklebte unsere Nasenhöhlen, raubte uns den Atem und ließ uns husten. Unsere gebräunte Haut schälte sich und sah aus wie gekochte Hühnerschenkel. Lächeln war auch nicht möglich, da unsere rissigen Lippen bei der leisesten Bewegung aufplatzten. Creme nützte auch nichts. An unseren Nasen hing immer ein Tropfen, den wir nicht fortzuwischen wagten, damit abheilende Fissuren nicht wieder aufrissen. Stattdessen schmierten wir Wollfettsalbe in unsere roten Nasen und fügten uns unserem grässlichen Schicksal. Quer über meine Nase bildete sich ein Striemen, nachdem ich ständig mit dem Ärmel darübergewischt hatte.

»Zum Glück ist es deine kleine Stupsnase und nicht meine, Zwerg!«, lästerte Jeremy. »Mein Zinken ist schon genug geplagt.«

Wir litten beide gleichermaßen, und die Anstrengung übertrug sich auch auf unser Gemüt. Wir raunzten uns wegen der kleinsten Kleinigkeit an. Jeremys Bemerkungen wechselten von witzig zu bissig und wurden von mir durch stumpfe Blicke, humorlose Flüche und dem Satz erwidert: »Jetzt lass aber mal gut sein.«

Unser Zelt nahm gerade Form an, als wir von lautem Trompeten unterbrochen wurden. Ich wirbelte herum und erblickte einen riesigen Elefanten, der mit Höllentempo auf uns zuraste. Jeremy hatte Blueys Batterie abgeklemmt, weil er etwas reparieren wollte, sodass wir nicht fliehen konnten. Der Bulle hatte uns fast erreicht, als Jeremy zu einer Zeltstange griff und ihm entgegenrannte, während er ihm das zurief, was er sonst bei widerspenstigen Rindern tat: »Eh-eh, auf geht's, auf geht's!« Aber hier wedelte er keinem Rind mit der Stange zu, sondern einem Tier, das weit weniger zu kontrollieren war.

Doch der Bulle schien sich beeindrucken zu lassen. Er blieb abrupt vor uns stehen. Jeremy spürte, dass sein Trick funktionierte, wedelte noch kräftiger mit der Stange und rief noch lauter: »Eh-eh-eh, auf geht's, auf geht's!«

Ich sprang auf den kleinen Tisch, was lächerlich und feige war – Asche über mein Haupt –, konnte aber durch den Staub, den der Elefant beim Bremsen aufwirbelte, kaum sehen, was dort vor sich ging. Schließlich widmete sich der Elefant unserem Wagen. Er schob seinen Rüssel über die offene Ladefläche und zerrte eine Kiste mit Vorräten heraus. Orangen rollten über die

Erde. Jeremy und ich zogen uns hinter einen Baum zurück und beobachten den Kerl, der sich den Bauch mit unserem Obst vollstopfte. Nicht ein einziges Stück ließ er uns übrig! Befriedigt von seiner Beute, schlenderte er davon, verfolgt von den Blicken zweier verblüffter Menschen, die von diesem niederträchtigen Elefanten in die Knie gezwungen worden waren. Was mein Verhalten betraf, war mir die Situation völlig peinlich.

Wir kamen zu dem Schluss, dass der Elefant die Früchte gerochen hatte und er uns gar nicht hatte angreifen wollen. Wir hatten zum ersten Mal Zitrusfrüchte dabeigehabt, weil es bis dahin keine gegeben hatte. Und wir packten auch nie wieder welche in unseren Fresskorb.

Am Abend kochte ich Jeremy etwas Besonderes und ließ bedenkenlos zu, dass meine Lippen erneut aufrissen, als ich ausgelassen über seine Witze lachte – auch als er über meine feige Flucht auf den Tisch herzog – und ihm die einem Helden gebührende Lobhudelei zukommen ließ.

Nach unserer Begegnung mit dem Bullen sorgten wir dafür, dass Bluey immer in der Nähe unseres Zelts stand, damit wir bei Bedarf rasch das Weite suchen konnten. Das Leben war hart. Die Tiere waren auf Wanderschaft, sodass wir selten länger als zwei Tage an einem Ort blieben. Ich verbrachte mehr Zeit damit, Feuerholz zu suchen, als die Tiere zu beobachten. Ich schwöre, ich konnte bei starkem Südwind aus der Antarktis die Robben riechen. Wenn sich der Wind legte, verdunkelte eine dichte Wolkenbank die Sonne. Nachts kauerten wir uns ans Feuer und versengten uns die Vorderseiten, während wir am Rücken froren.

Die Elefanten sahen genauso elend aus, wie wir uns fühlten. Sie waren ständig in Bewegung, auf der Suche nach dem bisschen Nahrung, das es gab. Unter dürren Mopane-Bäumen lagen gelbe Schichten aus verdorrten Blättern. Die Wasserlöcher trockneten zu glitschigen Tümpeln aus, in denen sich nur noch Sumpfschildkröten und sterbende Fische tummelten. Die Natur um uns herum hatte schwer zu leiden. Paviane niesten und husteten wegen des umherwirbelnden Staubs, der in ihre Nasen drang. Und nach wenigen Tagen bekam ich Fieber. Ich widerstand Jeremys Forderungen, die zweifelhaften Fähigkeiten von Charity, die das Krankenhaus in Dete leitete, in Anspruch zu nehmen, bis der Husten so stark wurde, dass mein Bellen selbst die Elefanten alarmiert in die Flucht schlug. Also stellte ich mich im Krankenhaus in die lange Warteschlange.

Charity erhob sich hinter ihrem voll beladenen Schreibtisch, als ich das Sprechzimmer betrat. Sie war irgendwie klasse – gut über zwei Meter groß mit einem ausladenden Hintern, dessen beide Hälften sich unabhängig voneinander bewegten, als würden Frettchen in einem Sack miteinander kämpfen. Sie trug eine steife blaue Uniform, auf ihrem aufgetürmten Haar eine weiße Schwesternhaube. Ich sank in einen Stuhl, bekam einen Hustenanfall und wartete, bis sie mich untersuchte.

»Ah«, bellte sie. »Das ist die Grippe!« Sie reichte mir ein paar Tabletten. »Sie müssen diese *muti* nehmen. Viermal am Tag zwei Tabletten.«

»Aber Sie haben weder die Temperatur gemessen noch meine Lungen abgehört«, erwiderte ich.

»Ah, nein«, antwortete sie und blickte mich stirnrunzelnd an. »Das ist die Grippe. Das weiß ich. Ich darf Ihnen nicht zu nahe kommen. Meine Patienten brauchen mich. Sie müssen mir vertrauen. Ich bin die Ärztin.«

Also vertraute ich ihr, doch ein paar Tage später war ich mit neuen und viel unangenehmeren Symptomen ans Bett gefesselt. Jeremy kramte aus unserem Gepäck ein paar Antibiotika heraus, die allerdings schon seit Monaten abgelaufen waren. Das war damals in Afrika nicht unüblich. Pharmazieunternehmen spendeten an Dritte-Welt-Länder oft Medikamente, deren Verfallsdatum längst überschritten war. Es war besser als nichts. Aber wir trauten der Sache nicht. Die Zeit war gekommen, einen richtigen Arzt aufzusuchen.

Jenny vereinbarte per Funk einen Termin für mich mit dem renommierten Dr. Botha in Bulawayo. »Er ist ein komischer Kauz, aber er ist gut, Sally. Allerdings musst du noch vor dem Mittagessen einen Termin bekommen«, sagte sie kichernd.

»Er ist doch auch Aubreys Arzt, oder?«, fragte ich misstrauisch nach. »Derjenige, der am Nachmittag gerne mal ein oder zwei Schlückchen trinkt?«

Doch niemand achtete auf meine Zweifel. Ehrlich gesagt, war ich viel zu krank, um weiter nachzubohren. Jeremy fuhr mit einem Affenzahn, damit wir noch vor dem Mittagessen eintrafen. Am Stadtrand von Bulawayo wich er einer Frau aus, die mitten auf der Straße lag. Ich erhaschte beim Vorbeifahren einen Blick auf ihr erschrecktes, zuckendes Gesicht.

Jeremy fuhr langsamer, als ein anderer Fahrer rief: »Weiterfahren! Das ist Absicht.«

Später erfuhren wir den wahren Grund für die Aktion der Frau. Verzweifelte Männer hatten sich von einem *nyanga*, einem Medizinmann, einreden lassen, dass sie nur von AIDS geheilt werden konnten, wenn sich ihre Ehefrauen auf die Straße legten und von Autos überfahren ließen. Im Falle einer Weigerung würden die Frauen auch sterben, aber – was für sie viel schlimmer war – zusammen mit ihren Kindern.

Wenn alles andere fehlschlug, belegten die *nyangas*, die *mshungu* – schwarze Magie – betrieben, ihre besorgten Patienten mit einem schrecklichen Fluch. Ihr Glaube an die Macht der *nyangas* war so stark, dass sie tatsächlich oft starben und die Prophezeiungen erfüllten. Es war auch nicht anders als in meinem eigenen Land, wo die *kadaitcha*-Zauberer eine starke Macht auf Aborigines ausübten.

Für mich war also der Grund, warum diese Frau von einem Auto überfahren werden wollte, schockierend, aber nicht überraschend. Die böse *juju* der afrikanischen Medizinmänner hatte auch uns bereits erfasst. Jeremy war gewarnt worden, mich nie allein zu lassen, nachdem mehrere weiße Frauen vergewaltigt worden waren, weil ein *nyanga* den Männern erzählt hatte, damit würden sie von AIDS geheilt werden.

An all das dachte ich nicht, als wir die breiten Straßen entlangfuhren, die von den Stadtvätern geplant worden waren, damit zwölfspännige Ochsenwagen bequem wenden konnten. Die Weitläufigkeit und die Anmut der Stadt steht im Widerspruch zur dunklen Geschichte der Kriege zwischen den Stämmen und den Rassen, wodurch sich die Stadt den Titel »Blutiges Bulawayo« eingehandelt hat. Ich fühlte mich so elend, dass ich mich nur noch nach Dr. Bothas Sprechzimmer sehnte. Es lag im Erdgeschoss eines eleganten Kolonialhauses aus Stein in der Nähe des Stadtzentrums. Erschöpft setzte ich mich ins Wartezimmer. Eine elegante schwarze Frau in traditioneller ghanaischer Kleidung und mit einem leuchtenden Turban auf dem Kopf, saß neben mir. Mit meinem Bemühen, mein Zittern zu unterdrücken, scheiterte ich kläglich. Die Frau nahm meine Hand in ihre und tätschelte sie besorgt.

»Meine Liebe«, sagte sie. »Sie kommen sicher gleich dran. Ich denke, Sie haben Malaria.«

Ich versicherte ihr, es sei nur eine Grippe, und erwartete, sie würde sofort vor mir zurückweichen. Doch sie zog lediglich ein Taschentuch aus einer geräumigen Tasche und wischte mir vorsichtig übers Gesicht.

In dem Moment trat ein großer, gebeugter, abgemagerter Mann mit einem Kneifer auf der Nase aus dem Sprechzimmer. In undeutlichem britischem Akzent rief er mich auf. Unter jemandem mit dem Namen »Botha« hatte ich mir einen kräftigen, schroffen Kerl vorgestellt, der in kehligem Afrikaans spricht.

»Mein Gott, Frau«, platzte er heraus, als er sah, welche Antibiotika in welcher Dosierung ich nahm. »Das sind gefährliche Medikamente. Dreimal am Tag eine Kapsel ist die korrekte Dosis. Was Sie genommen haben, bringt sogar ein Pferd um!«

Dr. Botha schnitt für sich und Jeremy die Spitze einer Zigarre ab, bevor er das Rezept für ein anderes Antibiotikum ausstellte.

»Sie müssen in Bulawayo bleiben, bis ich Ihnen die Erlaubnis gebe, wieder aufs Land zurückzukehren«, ordnete er hinter dem Rauch seiner Zigarre an, der mich erneut husten ließ.

Er beugte sich nach vorn und öffnete einen Mahagonischrank mit einer Reihe von Kristallkaraffen darin. Eine davon nahm er heraus und schenkte großzügig ein Glas für sich und Jeremy ein. »Hier, Mann, trinken Sie das«, forderte er Jeremy auf. Einen solchen Arztbesuch hatte ich noch nicht erlebt.

Ich warf Jeremy einen fragenden Blick zu. Mein Mann zwinkerte, hob das Glas an die Lippen und trat ans Fenster. Es gab Momente, in denen mein Mann gezwungen war, seine Abstinenz zu verbergen.

Ich bekam einen heftigen Hustenanfall. Jeremy leerte sein Glas in den Garten, während ihm der Arzt den Rücken zuwandte, und stellte es auf den Schreibtisch.

Dr. Botha blickte Jeremy an und hob die Karaffe. »Noch einen?«

»Nein, danke. Ich bringe das Mädchen hier lieber ins Bett. Aber es war *lekker.*« Jeremy wischte sich mit scheinbarer Befriedigung lächelnd über den Mund.

Wir vereinbarten für den nächsten Tag einen weiteren Termin und lösten das Rezept in einer kahlen, dürftig ausgestatteten Apotheke ein, bevor wir zu einem Freund, einem Berufsjäger, nach Hause fuhren. Sein hübsches, mit Stroh gedecktes Haus im afrikanischen Stil stand inmitten eines Gartens voller Kakteen und Felsbrocken auf einer Kuppe mit Ausblick auf das Matopo-Gebirge, wo Cecil Rhodes Grab weit oben über der Welt lag. Barney war nicht zu Hause, doch wir durften jederzeit zu ihm kommen und übernachten. Sein Hausangestellter begrüßte uns mit Tee und Kuchen mit Butter, bevor er uns in den abgetrennten Gästebereich führte, der mit orangefarbenen Bougainvilleen und Jasmin umgeben war.

Jeremy brachte mich zu Bett und besorgte uns etwas Chinesisches zum Essen. Ich verriet ihm nicht, dass ich weder etwas schmeckte noch roch.

Irgendwann in der Nacht wachte ich von Fahrzeuggeräuschen auf. Männerstimmen brummten, als schwere Gegenstände in Richtung Küche geschleppt wurden. Jeremy schlief tief und fest, sodass ich über den Hof in die Küche schlich, um zu sehen, was dort los war. Barney war mit seinen Trophäen von der Jagd heimgekehrt: Kudus, Elenantilopen und Säbelantilopen. Der Geruch von Blut und Tod erfüllte die Luft.

Als Barney seine Kappe abnahm, fielen seine blonden Locken auf seine Schultern hinab. Sie passten nicht zu der tief gefurchten Stirn und dem Boxergesicht dieses wilden Menschen. Jahre zuvor war er in den frühen Morgenstunden nach einem Saufgelage mitten auf einer Straße eingeschlafen. Ein Auto war über seinen Kopf gefahren, das Loch in seinem Schädel musste mit einer Stahlplatte geflickt werden. Er war ziemlich stolz auf seine Narben und erzählte seinen potenziellen Eroberungen die schrecklichsten Lügen darüber, von welchen großen Tieren er angegriffen worden sei. Doch auf Mitleid konnte er nicht bauen, und deswegen lebte er noch immer allein.

»*Howzit?*«, fragte er, während er ein Bier kippte und mir mit seiner blutverkrusteten Hand ein anderes anbot. »Habe euren *bakkie* vor der Tür gesehen. Komm, erzähl mir, was es Neues gibt.«

»Äh, heute Abend nicht, Barney. Ich habe eine Grippe. Am besten hältst du Abstand.«

Als ich wieder im Bett lag, dachte ich, die Szene gehörte zu einem Albtraum. Doch auch am Morgen war Barney da, ebenso wie die Köpfe der toten Tiere. Ich fragte, ob wir unser Frühstück im Garten einnehmen könnten, fernab der anklagenden Blicke der Antilopen. Barney war trotz allem ein engagierter Naturschützer, der sich um die Welt der Wildtiere sorgte. Er spendete einen großen Teil der beträchtlichen Summen, die ihm seine Kunden für den Abschuss bezahlten, um die noch lebenden Tiere zu schützen. Es waren die Safaritouristen, die Spaß daran hatten, wilde Tiere zu erlegen, und anschließend entzückt in die toten Augen der an die Wand genagelten Köpfe blickten. Berufsjäger hingegen suchten sorgfältig ältere Tiere aus und mussten oft den von einem Kunden verpfuschten Abschuss zu Ende bringen.

Am Abend ging es mir bereits so gut, dass ich mit Jeremy einen Ausflug ins Stadtzentrum wagte. Ich blieb aber im Wagen sitzen, während er auf dem Marktplatz die Einkäufe erledigte. In Bulawayo musste man nicht nur die Gegenstände in einem Fahrzeug beschützen, sondern auch das Fahrzeug selbst. Autodiebstahl gehörte in den simbabwischen Städten mittlerweile zum Leben dazu. Innerhalb weniger Minuten waren die Nummernschilder ausgetauscht und das Äußere mit Sprühlack unkenntlich gemacht.

Jeremy tauchte in der Menschenmenge unter, verfolgt von einer Frau mit einem schlafenden Baby in einem Tuch auf ihrem Rücken. Lautstark bedrängte sie ihn mit großen Taschen voller Orangen, während sie ihre Rivalen beiseitescheuchte. Auch mehrere Männer in zerlumpten Kleidern folgten ihm. Einer bot einen protestierenden, an einem Fuß gefesselten Hahn an, ein anderer hielt ihm handgeschnitzte, unterschiedlich große Giraffen und Elefanten aus Holz und Stein vors Gesicht. Er lächelte ununterbrochen über ihre Köpfe hinweg, weil er wusste, dass jedes Anzeichen von Interesse das Signal für viele andere Händler sein würde, ihn mit weiteren Waren zu bedrängen. Es waren zum Teil schöne Sachen, die in den Ländern der ersten Welt gutes Geld eingebracht hätten. Doch hier reichte das Geld, das die Kunsthandwerker dafür bekamen, kaum zum Überleben.

Der offizielle Marktplatz war eine große überdachte Freifläche, nicht offizielle Verkäufer breiteten ihre Waren, deren Farbenpracht einen krassen Gegensatz zu der eher eintönigen Natur darstellte, auf dem Boden davor aus. Die Verkäufer jedoch sahen aus, als wären sie für eine Beerdigung gekleidet.

Ich dachte an die grelle Aufmachung der Ghanaerin im Wartezimmer des Arztes, doch die hier lebenden Frauen trugen schlichte Röcke und Blusen mit ausgeblichenen Blumenmustern. Das meiste stammte aus Altkleidersammlungen und wurde hier beim Waschen mit Steinen geklopft, wobei der letzte Rest an Farbe herausgespült wurde. Die Männer trugen dunkle Hosen und schlichte Hemden, die über ihren dünnen Oberkörper flatterten.

Einige Männer spielten auf Trommeln oder Flöten, aus Radios plärrte moderne Musik, Kinder schrien, Babys heulten, Frauen lachten, Männer stritten – oder schienen zu streiten. Rauch von kleinen Feuern waberte durch die Luft, darüber hingen mit Maiskolben voll gepackte Gitter. Der Duft von Rosen, die in Plastikeimer gepfercht waren, vermischte sich mit dem Geruch scharf gewürzter Eintopfgerichte, die in großen gusseisernen Töpfen blubberten, und mit dem von Hühnern, Enten und dem Schweiß vieler Menschen.

Als Jeremy in der Menge untertauchte, erwählten mich die umherziehenden Verkäufer als Ziel. Ich hielt die Fenster geschlossen und blickte überallhin, nur nicht zu ihnen. Ich fühlte mich unwohl. Ihre Not war mir nicht gleichgültig, aber ich wusste, dass mich noch viel mehr Verkäufer bedrängen würden, sobald ich nur eine Sache kaufte, und das Chaos und der Streit wären perfekt. Ein Mann stieg auf die Motorhaube und presste sein Gesicht an die Scheibe, flehte mich mit seinen Augen an, während er Kettchen aus Samenhülsen und Elfenbeinperlen anbot. *Hopp! Nun leg mal einen Zahn zu, Jeremy!*

Ein anderer Mann mit einem ungewöhnlich leuchtenden Hawaii-Hemd trat an die Wagentür. Er jagte die anderen fort und lächelte mich freundlich an, während er ans Fenster klopfte. *Jetzt sei nicht doof, Sally. Das ist doch ein Trick. Ach, was soll's.* Ich drehte die Scheibe einen Zentimeter nach unten und fragte, was er wolle. Er hielt ein Blatt Papier vors Fenster, das ich mir ansehen sollte, einen offiziell aussehenden Brief, den ich so aber nicht lesen konnte.

»Guten Morgen, Madam«, grüßte er ernst. »Würden Sie bitte diesen Brief unterschreiben, um meinen Sohn Nummer eins bei der Aufnahme in die Schule zu unterstützen? Bitte, helfen Sie uns, Madam. Wir sind sehr arm. Mein Sohn ist ein guter Junge. Er will lernen, damit er der Familie helfen kann.« Sein flehender Blick beschämte mich.

Ich kurbelte das Fenster noch ein Stück weiter nach unten, um den Brief entgegenzunehmen. Der Mann redete ununterbrochen auf mich ein und scheuchte die anderen fort. Sein Blick wurde härter, seine Stimme lauter, trotzdem vernahm ich das Klicken rechts von mir: Ein anderer Mann hatte die Fahrertür aufgebrochen und schnappte nach meiner Handtasche. Ich streckte den Arm aus, um die Tasche festzuhalten. Beide zerrten wir daran. Ich kochte vor Wut! Denk nach, denk nach … *Dreh das Fenster mit der linken Hand nach oben und versuche, mit der Tasche auf die Hupe zu drücken.*

Ich blickte den Dieb mit funkelnden Augen an und presste die Zähne zusammen, um, wie ich hoffte, wie eine unnachgiebige Richterin auszusehen. »Gott sieht dich«, sagte ich. »Das ist sehr böse, was du da tust.«

Er blickte verwirrt und mit glasigen Augen zurück – vom *gunja*, dem Marihuana, wie ich vermutete.

»Für jemanden, der stiehlt, gibt es keinen Platz im Himmel. Das sagt mir Gott gerade in diesem Moment!«, betonte ich mit stahlharter Miene, während mein Herz hämmerte. *Hoffentlich zittern jetzt nicht meine Lippen …*

Der Dieb beugte sich noch weiter ins Auto hinein und wollte meine Tasche einfach nicht loslassen. Mir war gesagt worden, meine Augen könnten in die Seele meines Gegenübers blicken. Jetzt war der Zeitpunkt dafür gekommen. Ich hatte das Gefühl, seine Augen mit meinem Blick zu durchbohren, und es dauerte nicht lange, bis er sein Gesicht zu einem reumütigen Lächeln verzog. Er ließ von der Tasche ab, drehte sich um und rannte fort.

Der Mann mit dem Brief hatte als Ablenkung gedient und war schon längst über alle Berge.

Leute kamen mit besorgten Gesichtern angerannt. Eine Frau hob entrüstet die Hände und begann zu weinen. »Es tut uns so leid. Das sind böse Männer. Bitte glauben Sie mir, Madam. Sie werden bestraft werden.«

In dem Moment erschien Jeremy voll beladen mit Lebensmitteln. Als er die vielen Menschen um unseren Wagen herum sah, begann er zu rennen. »Was ist hier los?«, dröhnte er. »Lasst meine Frau in Ruhe!«

»Nein, bitte, auf diese Leute hier brauchst du nicht wütend zu sein. Sie haben nichts gemacht«, hielt ich ihn zurück. Jeremy ist nur schwer aus der Fassung zu bringen, aber noch schwerer zu beruhigen. Rasch erzählte ich ihm meine Geschichte.

Die Frau, die sich entschuldigt hatte, hielt mir eine hübsche Halskette entgegen. »Bitte, nehmen Sie dieses Geschenk«, bot sie an. »Diese bösen Männer bringen Schande über mein Volk.« Sie trug zerrissene, aber saubere Kleider, echte Tränen rannen an ihrer Wange hinab. Jeremy ließ seine Schultern wieder sinken, doch sein Blick blieb eiskalt.

»Danke, gute Frau«, flüsterte ich. »Ich kenne die Wahrheit.«

Ich nahm ihre Halskette an und kaufte drei weitere zum geforderten Preis, auch wenn ein Handel auf den afrikanischen Marktplätzen anders verläuft. Verkäufer haben ihren Spaß am Handeln und lachen über Ausländer, die dieses Spiel nicht mitspielen. Dank meiner Haltung und meiner Weigerung zu verhandeln, war der Frau klar, dass ich ihr Volk nicht wegen des versuchten Diebstahls verurteilte.

Doch es war noch nicht zu Ende.

Jeremy wollte mich zurück zu Barney fahren, um anschließend wegen unserer Elefanten allein das dafür zuständige Amt aufzusuchen. »Jetzt ist doch alles in Ordnung«, beruhigte ich ihn. »Jemand muss auf Bluey aufpassen. Du wirst nicht lange in dem Büro sein, und es liegt auch nicht in der Nähe vom Markt.«

Niemand belästigte mich während seiner kurzen Abwesenheit. Als er zurückkam, begleitete ihn ein Freund. Zu dritt lehnten wir an der Fahrerseite und tauschten Neuigkeiten aus. Die Beifahrerseite war abgeschlossen. Ein Mann näherte sich.

»Sir, Sie haben ein Problem mit Ihrem Reifen. Ich werde ihn reparieren«, bot er mit besorgtem Blick an.

Verblüfft sah ich nach und bemerkte einen platten Reifen. Und diesmal war es unser Freund, der das Klicken hörte. Er rannte um Bluey herum und nahm einen Mann in die Zange, der die Beifahrertür aufgebrochen hatte und mit der verlockendsten Handtasche fliehen wollte, die es an diesem Tag in Bulawayo wohl gab. Der Dieb wand sich wie eine Schlange und entwischte in eine Seitenstraße. Sein Komplize, der offenbar ein Loch in den Reifen gestochen hatte, während ich im Wagen gewartet hatte, war nirgends zu sehen.

Jeremy schüttelte den Kopf. »Ich glaub es nicht. Wer denkt denn, dass man zweimal an einem Tag überfallen wird?«

Mittlerweile zitterte ich vor Erschöpfung. Ich blickte mich um und sehnte mich zum ersten Mal nach meinem sicheren australischen Zuhause.

Als wir wieder bei Barney waren, brach ich zusammen. Ich hielt die Krankheit, die Trennung von Freunden und Familie sowie den Druck, in einer rauen Umgebung und in primitiven Verhältnissen zu leben, nicht mehr aus. Ich weinte stundenlang, vermisste meine Kinder, meine Mutter, meine Freundinnen. Frauen brauchen ihre Freundinnen. Wir unterhalten uns und trösten einander, wenn wir traurig sind.

Jeremy versuchte, die Rolle auszufüllen, indem er mir auf den Rücken klopfte und literweise starken Tee kochte. Er verschwand für eine Stunde in die Stadt, während der ich mir ausmalte, wie er ausgeraubt und zusammengeschlagen wurde, bis ich mir schließlich sicher war, dass man ihn umgebracht hatte. Erleichtert begann ich zu weinen, als er, mit den Augen zwinkernd, hereinkam.

»Jetzt ist alles gut«, tröstete er mich. »Wenn du dich besser fühlst, fahren wir nach Botsuana. Ich habe mit Hugo Langdon vereinbart, dass er uns an den Savuti-Kanal mitnimmt. Wir werden ihn ein paar Tage in seinem Lager besuchen.«

»Aber das können wir uns nicht leisten«, schniefte ich an seiner Schulter.

»Doch, das können wir. Und das ist noch nicht alles! Erinnerst du dich, dass Skiv uns eingeladen hat, ihn in seinem Lager im Okavango-Reservat zu besuchen? Ich habe ihn angefunkt. Wir fahren vom Savuti-Kanal aus zu ihm.«

Jeremy hielt mich auf Armeslänge von sich, um mir ins Gesicht zu blicken. »Das gefällt dir doch, oder? Vielleicht finden wir diese Buschmenschen, nach denen du gesucht hast. Also, wie gut auf einer Skala von eins bis zehn fühlst du dich jetzt?«, ulkte er wie ein Kind.

Ich wurde ganz zappelig, und eine Welle des Wohlbehagens durchströmte mich. »Äh, ich denke ungefähr sieben, was von null aufwärts eine ganz schöne Verbesserung ist.«

Drei Tage später waren wir in der wilden Grenzstadt Maum in Botsuana und hielten im Safaribüro ein Telefon in der Hand. »Wartet neben dem Stapel mit Lebensmitteln am Ende der Landebahn«, rief Hugo durch die Leitung. »Dort treffen wir uns.« Er kam mit seinem kleinen Flugzeug vom Lager am Savuti-Kanal, um die Vorräte – und uns – abzuholen.

In der Ankunftshalle suchten wir nach einer Möglichkeit, auf die Landebahn zu gelangen, ohne aufgehalten zu werden. Eine Gelegenheit bot sich, als eine Turboprop-Maschine der South African Airways aus Johannesburg eintraf. Die Flughafenmitarbeiter waren mit den ankommenden Fluggästen beschäftigt und bemerkten uns nicht, als wir in entgegengesetzter Richtung nach draußen huschten. Wegen meiner Verwegenheit und der feuchten Hitze außer Atem, hielt ich mich, gefolgt von Jeremy, dicht am Zaun. Von dort aus schlenderten wir auf einen Berg mit Kisten zu.

Dampf stieg neben der Landebahn aus Löchern mit trübem Wasser und ließ die Sonnenbrillen beschlagen. In der Nacht hatte es geregnet, Feuchtigkeit hing in der Luft. Ich hatte eher das Gefühl, durch die Luft zu schwimmen statt zu gehen. Unsere Rücksäcke wurden immer schwerer, lange bevor wir die Kisten mit Tomaten, Kohl und Essen in Dosen erreichten.

Wir warteten und warteten, waren angespannt vor Angst, dass jemand uns sehen und die Soldaten verständigen könnte. Kleine Flugzeuge starteten und landeten. Wartende Piloten mit Kopfhörern blickten uns und die Kisten neugierig an.

»Komm schon, Hugo«, beschwor ich ihn.

Schließlich kam eine kleine Cessna auf uns zugeflogen. Ich erkannte Hugo an seinem Markenzeichen, einer Kappe. Quietschend brachte er die Maschine zum Stehen und wendete in einem lächerlich engen Radius. Der Flügel, auf den er beim Aussteigen sprang, zitterte, während der Motor immer noch dröhnte.

»Wie geht's?«, flüsterte er in schleppendem Ton, der in seltsamem Kontrast zu seinem raschen Schritt stand. Hugo war schnell. Alles an ihm war schnell. Wenn er rennen konnte, tat er es, und wenn er gezwungen war, langsamer zu gehen, tat er dies mit kleinen Schritten wie im leichten Galopp.

»Ah, da ist ja Sally, unsere Sally! Sehr schön, dich zu sehen.«

Er drückte mich mit unsäglicher Kraft gegen seinen untersetzten, muskulösen Körper, bevor Jeremy ihn in die Arme nahm.

Hugo rückte seine Kappe wieder zurecht, die bei der stürmischen Begrüßung verrutscht war, und blickte zu dem Berg an Kisten. »Wer hat die längsten Arme?«, fragte er. Ich bedauerte, dass ich das war, als ich begann, die Kisten weit in das Flugzeug hineinzuschieben. Als die Fläche ausgefüllt war, stapelten wir die anderen oben drauf.

»Gut, verschwinden wir aus diesem Loch.« Hugo rieb sich die Hände und machte ein entschlossenes Gesicht.

Schließlich merkte ich, dass hinter den beiden Vordersitzen kein Platz mehr war. »Neben der Tür ist Platz für dich, Mädchen«, kam er meiner Frage zuvor. »Du sitzt auf dem Boden. Mussten die Sitze wegen der Lebensmittel rausnehmen.«

Jeremy machte ein besorgtes Gesicht, doch Hugo hatte nie Zeit zu streiten, und ehe ich mich versah, waren wir an Bord. Ich saß mit angezogenen Beinen zwischen Tür und kippelnden Kartons, ohne die Männer vor mir sehen zu können. Aber was sollte ich tun? Wir waren in Afrika, und ein kurzer Flug an den Savuti-Kanal war längst nicht so schlimm, wie zehn Stunden in den Dünen knien und sich mit dem Toyota durch den Busch schlagen.

Schon nach wenigen Minuten holperten wir gefährlich schlenkernd übers Rollfeld. Der Start schien eine Ewigkeit zu dauern. Gerade als ich dachte, wir würden in die Bäume hineinbrettern, hob die Cessna ab. Schon ertönte ein Warnsignal. Es wies darauf hin, dass die Maschine überladen war. Und es hörte nicht auf zu piepen. Das Flugzeug schwebte nur ein paar Meter über dem Boden, was ich durch ein winziges, nicht abgedecktes Fenster sehen konnte. Ich dankte Gott, dass das Gestrüpp niedrig war. Die Männer riefen sich über den Lärm etwas zu, was ich aber nicht verstehen konnte. Später erzählte mir Jeremy, Hugo hätte versucht, ihn zu beruhigen. Mein Magen verkrampfte sich, als ich dies hörte, weil Hugo schon mehrmals einen Absturz erlebt – und überlebt – hatte.

Schließlich stieg das Flugzeug doch noch in sichere Höhen. Die Kisten rutschten und drückten mich noch mehr gegen den dünnen Rumpf. Ich stemmte die Beine gegen einige der Kisten, andere hielt ich mit den Armen ab. Ich stand kurz vor einer Panikattacke.

Als wir die vorgeschriebene Höhe erreichten, fand die Ladung endlich ihren Platz.

Plötzlich rief Hugo: »Da unten sind Elefanten! Wir gehen tiefer, um sie uns genauer anzusehen.«

»Nein!«, meldete ich mich von hinten, aber er hörte mich nicht.

Der Flügel auf meiner Seite senkte sich, als Hugo das Flugzeug abdrehte und nach unten flog. Kisten stürzten über mich, ich sank in mich zusammen und sah keinen einzigen dieser Elefanten.

Ich weinte fast vor Erleichterung, als die Räder schließlich den Boden berührten. Kurz darauf öffnete Jeremy die Tür. Ich fiel samt einiger Kohlköpfe und Tomaten heraus. Er schaffte es gerade noch rechtzeitig, mich von den hinter mir herauspurzelnden Kisten fortzuziehen.

»Alles in Ordnung mit dir?«, fragte er immer wieder. »Ich konnte dir nicht helfen. Scheiße, ich dachte mir, dass du da hinten Probleme hast.«

In der Zwischenzeit war Hugo zu einem der beiden Landrover gerannt, die neben dem dürftigen Landestreifen standen, und kramte dort herum. Zwei seiner Mitarbeiter begannen, die Waren in den Wagen zu laden. Nach einer scheinbar erfolglosen Suche drehte sich Hugo zu den Männern um. »Wo ist mein Scotch?«, fragte er mit grimmiger Miene.

In aller Seelenruhe zog Custard einen mit Leder überspannten Flachmann aus seiner Tasche und warf ihn ihm zu. Hugo fing ihn, drehte den Verschluss auf und nahm einen großen Schluck. Dann sprang er auf den Fahrersitz und startete den Motor. »Wir fahren los«, sagte er.

Er klopfte auf den Sitz neben sich, um zu zeigen, wo ich sitzen würde, und reichte mir den Flachmann. Für Jeremy war kein Platz mehr. Er stieg zu den Männern ins andere Fahrzeug.

Wir fuhren über eine staubige Piste dem Horizont und dem roten Sonnenuntergang in der Kalahari-Wüste entgegen. Ein lila *kopje* war alles, was sich über der Wüste erhob, die kein Ende zu nehmen schien und nur hin und wieder von verkümmertem Gestrüpp und dornigen Salzbüschen aufgelockert wurde. Gelegentlich rollten im Wind Kugeln aus getrocknetem Riedgras an uns vorbei. Die Luft hier war trocken, nachdem es lange nicht geregnet hatte. Das Land ächzte unter der Dürre, strahlte für mich aber mehr Schönheit aus als zuvor. Vor Jahren hatte ich ein mumifiziertes Krokodil gesehen, das sich in eine Höhle zurückgezogen hatte, als der Savuti-Kanal ausgetrocknet war. Kaum zu glauben, dass diese Tiere vor noch nicht allzu langer Zeit die ausgedehnten Wasserstellen beherrscht hatten.

»Sie hat mich verlassen«, sagte Hugo, den Blick stur nach vorn gerichtet.

Überrascht drehte ich mich zu ihm. Ich hatte die Worte gehört, sie aber nicht verstanden. Tränen liefen an seinen gebräunten, eingefallenen Wangen hinab.

»Sag das noch mal«, verlangte ich.

»Olivia! Sie hat mich wegen Dries verlassen. Heute! Wegen diesem Schwein!« Er schluchzte laut los.

»Na, na.« Mehr brachte ich nicht heraus, da auch ich anfing zu weinen. Meine Wut über den gefährlichen Flug war vergessen. Es war furchtbar, diesen Mann so hilflos zu sehen. Ich reichte ihm den Flachmann, den er in einem Zug leerte.

»Sie sind in ihr Lieblingslöwenversteck gegangen«, erzählte er. »Ich würde am liebsten sterben.«

Mit diesen Worten trat er das Gaspedal durch. Ich war überrascht, dass er ausgerechnet mir diese traurige Nachricht erzählte. Immerhin war ich für ihn fast eine Fremde. Wahrscheinlich gab es am Savuti-Kanal niemanden, mit dem er reden konnte, oder bei einer Frau, einer Fremden, konnte er sich eher ausheulen. Wir preschten über tiefe Schlaglöcher hinweg und ließen das zweite Fahrzeug weit hinter uns zurück.

»Fahr langsamer, Hugo«, flehte ich. »Es hat doch keinen Sinn, dass auch der Landrover ruiniert wird.«

Meine Worte schienen ihn zu beruhigen, und er nahm den Fuß vom Gaspedal. »Meine Frau hat sich in den Lagerleiter verliebt, und jetzt verlässt sie mich«, wiederholte er. »Sie wollte noch ein letztes Mal zu ihren verdammten Löwen – mit ihm!«

Ich hörte zu und säuselte tröstende Worte, bis wir das Lager erreichten. Ich musste gleich zur Toilette, wo Jeremy mich fand. Er war wütend. »Dieser Mistkerl ist lebensmüde, und er hat auch dein Leben aufs Spiel gesetzt!«, schimpfte er.

Ich erklärte ihm kurz, was Hugo mir erzählt hatte, und blickte hinauf zu den Sternen über dem Savuti-Kanal. Sie erinnerten mich an meine Epiphanie, die ich hier vor langer Zeit gehabt hatte. »Das ist der Ort meiner Freiheit«, flüsterte ich. »Hier wurde ich wiedergeboren. Es ist ein seltsamer, wunderschöner, herzzerreißender Ort. Vielleicht musste auch Hugo so etwas passieren.«

Am Abend saß ich mit Hugo und seinen Gästen am Lagerfeuer und beobachtete ihn, wie er seine Heldengeschichten zum Besten gab. Sie alle waren wirklich passiert. Er führte kein gewöhnliches Leben. Eine kurze Zeit lang vergaß er seine Probleme, während er seine Zuhörer unterhielt und zum Elefanten, zum Zebra und zur Eule wurde. Das englische Paar neben mir hatte jahrelang für diese Safari gespart. Als Profi ließ Hugo nicht zu, dass sein persönlicher Schmerz ihren Urlaub beeinträchtigte. Einmal machte er eine Pause, legte seine Finger auf die Lippen und ließ uns in den Schatten blicken. Zwei schmutziggelbe Löwen schlichen vorbei. Seine Zuhörer richteten sich höher auf ihren Stühlen auf, doch sie erschraken nicht. Aber ich. Wir saßen gerade einmal hundert Meter von der Stelle entfernt, an der ich meine lange Nacht mit den Löwen verbracht hatte. Doch dann atmete ich wieder ruhiger. Diesmal wusste ich, dass ich sicher war.

Ich bekam bohrende Kopfschmerzen und wollte ins Bett gehen, als sich auch die anderen zurückzogen, doch Hugo bestand darauf, dass wir ihn zu einem Versteck mit Blick auf eine kleine Wasserstelle unterhalb des Lagers begleiteten. Er wollte nicht allein sein, und er redete und redete, und wir hörten zu. Elefanten kamen geräuschlos zur Wasserstelle und zogen ebenso leise wieder ab. Hyänen und Löwen waren in der Ferne zu hören. Ich kam mir klein und unbedeutend vor, als ich zum Mond hinaufblickte, der immer noch über der ewigen Wüste auf- und untergehen würde, wenn ich schon längst aus allen Erinnerungen gelöscht sein würde. Als ich dies auch äußerte, nahm Hugo meine Hand und küsste sie. Vielleicht schenkten ihm meine Worte Trost.

Um zwei Uhr morgens wurde ich von einem Albtraum geweckt. Trotz der Hitze zitterte ich vor Kälte. Mein Kopf drohte vor Schmerzen zu platzen. Jeder Teil meines Körpers tat weh, als ich mich vom Bett erhob. Ich schaffte es nicht mehr bis nach draußen und erleichterte und übergab mich in den Nachttopf. Jeremy maß mir die Temperatur. Ich hatte vierzig Grad Fieber. Kurze Zeit fühlte ich mich besser, dann begann mein Körper zu brennen. Noch nie hatte ich mich so krank gefühlt. Ich dachte, ich würde sterben. Ich wollte sterben.

Jeremy gab mir drei Tabletten. »Du hast Malaria, Schatz. Nimm die hier, und in ein paar Stunden gebe ich dir die nächsten.«

Ich behielt sie irgendwie bei mir und begann, um mein Leben zu kämpfen. Wir konnten nicht warten, bis ein Arzt unsere Befürchtungen bestätigte. Wenn ich Malaria hatte, mussten wir sofort mit der Behandlung beginnen. Die nächsten Stunden waren, so erinnere ich mich, eine Tortur aus seltsamen Albträumen, Enttäuschungen, erniedrigenden Symptomen und Angst.

Zwei lange Tage später stürmte Hugo mit vor Aufregung leuchtendem Gesicht ins Zelt. »Los, kommt! Wildhunde haben einen Leoparden auf einem Baum im Sumpf in die Enge getrieben. Das müsst ihr unbedingt sehen.«

Ich vermute, die Tabletten wirkten, da ich trotz Jeremys Einwänden und meiner Erschöpfung entschlossen war, mir das Schauspiel nicht entgehen zu lassen. Wie sich zeigte, würde ich meine Entscheidung schon wenige Minuten später bereuen, doch ich brachte den Ausflug hinter mich und durfte mitansehen, wie der Leopard über den Köpfen der Wildhunde hinweg floh.

Wahrscheinlich hatte mich die Malaria so arg gebeutelt, weil ich nach der Grippe noch geschwächt war. Es war unglaublich, aber nach ein paar Tagen hatte ich mich erholt. Hugo meinte, dies war ein verdammtes Wunder und wahrscheinlich Jeremys sofortiger Medikamententherapie geschuldet. Allerdings glaube ich, dass der Savuti-Kanal wieder mit seinem Zauber gewirkt hatte. Dieser Ort schien auch in meinem zweiten Leben eine starke Heilkraft auf mich auszuüben. Statt wochenlang dahinzusiechen, strotzte ich vor Energie und war begierig darauf, tiefer ins Okavango-Reservat vorzudringen, um Skiv zu besuchen.

Eine Woche später stand ich in Skivs Lager im Moremi-Wildreservat an Jeremys Krankenbett.

»Um Himmels willen, geh, Mädchen«, brummte er.

»Ich kann nicht einfach verschwinden und dich hier leidend zurücklassen«, erwiderte ich. »Du könntest auch Malaria haben.« Ich wischte mit dem nassen Waschlappen über seine Stirn.

»Quatsch!«, blaffte er. »Ich habe nur eine Grippe. Die habe ich von dir.«

Skiv rief mich von draußen. »Beeil dich, Sally, die Herrschaft ist nicht erfreut!« Er meinte den schottischen Lord und seine Familie, die meinetwegen auf den Start der Safaritour warten mussten.

Ich dachte, dass Jeremy mit seiner Diagnose recht hatte. Bei Malaria läuft einem nicht die Nase, und man hustet nicht. Trotzdem kam ich mir wie eine Verräterin vor, wenn er hier lag, während ich mich vergnügte.

»Geh! Ich brauche nur Ruhe«, stöhnte er.

Skivs Partnerin Maree brachte Saft aus frisch gepressten Zitronen mit Honig. »Es ist eindeutig keine Malaria. Ich behalte ihn im Auge. Es ist das Beste, wenn er schläft.«

Beruhigt ging ich über den erhöhten Holzweg durch die Anlage, in der Tiere frei umherlaufen konnten, ohne die Gäste zu gefährden. Der schottische Gutsherr und seine Frau saßen in der ersten Reihe des an den Seiten offenen, von oben mit einer

Plane geschützten Landrover. Ihr Sohn und ihre Tochter, beide noch jugendlich, saßen auf der etwas erhöhten Bank hinter ihnen. »Tut mir leid, dass ich Sie habe warten lassen«, entschuldigte ich mich. Sie antworteten nicht und vermieden es, mir in die Augen zu blicken. Verwundert über den kühlen Empfang, huschte ich auf den Beifahrersitz.

Es war ein wunderbarer Herbstnachmittag. Die Wassermengen der Regenzeit in Angola waren endlich hier eingetroffen, sodass wir die Wasserwege des Deltas erforschten. Es wimmelte nur so von Wildtieren. Skiv hielt regelmäßig an, um den hochnäsigen Schotten die verschiedenen Tiere zu zeigen und ihre Gewohnheiten zu erklären. Ihr Schweigen passte mir ganz gut. Endlich konnte ich einfach entspannen und mir die Tiere ansehen.

Als wir Elefanten begegneten, brauchte ich nicht hastig Notizen zu machen. Ich fühlte mich wie im Himmel! Das heißt, bis wir stecken blieben und das Wasser zwischen Inseln aus Bäumen rasch anstieg. Skiv und ich beschlossen, Äste von den Inseln vor uns zu sammeln und sie unter die Vorderreifen zu legen, um in dem Schlick mehr Halt zu bekommen. Die schottische Familie rührte sich im Landrover nicht von der Stelle. Skiv hob seine buschigen Augenbrauen. »Meinst du, sie werden sich auf unsere Ebene herabbegeben, damit wir den Wagen frei bekommen?«

Ich lachte und zuckte mit den Schultern. »Wahrscheinlich haben sie Muffensausen.«

Skiv erhob sich. »Am besten Sie steigen aus und vertreten sich die Beine », sagte er bestimmt.

Keine Antwort. Entweder verstand keiner den Wink, oder sie waren Volltrottel. Ich dachte, dass wenigstens der stramme Sohn reagieren würde, doch niemand bewegte sich. Also platschten Skiv und ich durch knöchelhohes Wasser zur Insel, um Holz zu sammeln. Ich war noch nicht ganz bei Kräften. Mein Puls raste, und mein Kopf drohte zu platzen, als ich meinen Berg an Ästen zum Wagen zurückschleppte. Auch das zeigte bei der Familie keine Wirkung. Sie saßen einfach nur da und spähten durch ihre Ferngläser.

Nach mehreren Gängen hatten wir genug Äste, um einen Versuch zu unternehmen, uns aus dem Morast zu befreien. Keuchend stand ich neben dem Auto, während Skiv den Motor startete. Die Reifen drehten auf der Suche nach Halt quietschend durch. Skivs Flüche wurden immer lauter, woraufhin der Lord seine Nase verächtlich noch ein Stück höher hob. Die Situation war besorgniserregend. Skivs Versuche, per Funk mit dem Lager Kontakt aufzunehmen, blieben erfolglos. Scheinbar steckten wir in einem Funkloch. Mittlerweile war die Sonne untergegangen. Zikaden trommelten mit den Flügeln ihren Willkommensgruß für die Nacht. Ich spürte förmlich, wie Skiv aus jeder Pore vor Wut dampfte.

Im gleichen Augenblick, als ich dies dachte, drehte er sich mit einem wie in Stein gemeißelten Gesicht ruckartig zu den Schotten um. Sein schwarzes Haar stand nach oben wie die Borsten eines Stachelschweins. »Okay. Aussteigen! Sofort!«, befahl er.

»Na, hören Sie mal! Was ist, wenn dort Löwen sind?«, erwiderte die Frau im Namen aller.

»Gott, nein«, antwortete ich. »Wir sind hier ziemlich sicher, und wir müssen Skiv helfen, den Wagen frei zu bekommen.«

»Ei-ei-ei«, brummte Skiv und sprang vom Fahrersitz. Gemeinsam marschierten wir erneut los, um noch mehr Holz zu suchen. Als wir zurückkehrten, stand die Familie dicht gedrängt am Wagen. Ohne ihr Gewicht konnte Skiv ihn fast problemlos über den Berg aus Holz fahren, blieb aber nicht stehen, bis er festeren Grund erreicht hatte. Die Herrschaften schienen allerdings ihre Würde vergessen zu haben. Sie hüpften hinterher und sprangen noch auf, bevor der Wagen zum Stehen kam. Ich bildete die Nachhut, bemüht, meinen Lachkrampf zu unterdrücken.

Doch das Lachen verging mir schlagartig: Nach der ersten Kurve standen wir vor einem Rudel aus neunundzwanzig Löwen, die sich auf der höchsten Erhebung der Insel tummelten. Sie hatten uns die ganze Zeit im Blickfeld gehabt, als Skiv und ich nur fünfzig Meter von ihnen entfernt Holz gesammelt hatten. Plötzlich hatten die Schotten alle gleichzeitig ihre Sprache wiedergefunden. Skiv war sauer, versuchte aber, ihre wütenden Bemerkungen mit seinen witzigen abzuwiegeln.

Und wir hatten wieder Funkempfang. Eine Stunde später war Maree bei uns, neben ihr ein Bündel grauer Decken. Es war Jeremy, der aussah wie Scott aus der Antarktis. Er hatte eine Wollmütze tief in die Stirn gezogen, zitterte aber trotz der Decken. Ihn hatte nichts aufhalten können, sich die große Löwenherde anzuschauen. Die schottische Familie vergaß ihre Wut und war genauso begeistert wie wir von den herumalbernden Jungtieren und ihren geduldigen Müttern. Schließlich trieb sie die Kälte tiefer ins dichte Gestrüpp und uns zurück zu einer heißen Dusche. Jeremy legte sich mit einer Wärmeflasche wieder ins Bett.

Beim Abendessen auf Silbergeschirr erzählten die Schotten – wie es jeder tun würde, der etwas derart Aufregendes erlebt hat – immer wieder von ihrem Abenteuer. Skiv zwinkerte mir zu. Unser ansonsten enthaltsamer Gastgeber kippte mit dem Lord einen Scotch nach dem anderen, bis sich beide aneinander klammerten und wilde schottische Tänze aufführten. Ich erinnerte mich meiner Vorfahren und tanzte mit. Sehr viel später kehrte ich ins Zelt zurück, wo Jeremy friedlich in einem nassgeschwitzten Bett schlief. Ich weckte ihn, um die Bettwäsche zu wechseln.

»Dein afrikanischer Geist hat dich wieder gerettet, hm?«, brummte er verschlafen. »Ich scheine nie da zu sein, wenn du mit wilden Tieren aneinandergerätst.«

Ob er recht hatte? Mir schien es jedenfalls angebracht, meinem unsichtbaren Freund meinen Dank auszusprechen.

Am nächsten Morgen wartete eine weitere Überraschung auf mich: Ein kleiner junger Buschmann kam ins Lager. Seine faltigen, ockerfarbenen Wangen wurden durch ein breites Lächeln noch betont. Dies war meine lang ersehnte Begegnung mit einem Kind von Mantis! Mantis – wie das lateinische *mantis*, die Gottesanbeterin – ist eine Gottheit. Mit den Namen der Götter drücken diese Völker ihre Verehrung für die Natur aus.

»Schau mal, wer hier am Brunnen gewartet hat.« Skiv lächelte. »Ich glaube, dieser junge Mann sucht Arbeit.«

Er hatte lebhafte, schräg stehende Augen. Sein kleiner Lockenkopf drehte sich immer zu dem, der gerade sprach. Er verstand nicht unsere Sprache, aber unsere Absichten. Sein Lächeln und sein unschuldiger Ausdruck veränderten sich nicht. Mit seinen leuchtenden Augen schien er in meine Seele zu blicken. Ich war wie verzaubert. Am Gesichtsausdruck meiner Begleiter sah ich, dass es ihnen genauso erging.

Als wir die Möglichkeiten erörterten, eine Arbeit für diesen Buschmann zu finden, antwortete er mit einer Reihe von Klackgeräuschen, beugte sich vor und zeigte mit seinem knorrigen Finger aufs Gras, aufs Gestrüpp und hoch in die Bäume. Er lachte und warf die Arme in die Höhe, als wollte er sagen: »Das ist sinnlos. Diese Leute verstehen mich nicht.«

Dann ergriff er Skivs Hand und führte ihn zu einer Schubkarre. Uns bedeutete er, ihm zu folgen, dann schob er die Karre. Er plapperte ununterbrochen und blickte uns fragend an, ob wir verstanden, was er sagte. Unsere Verwirrung war so offensichtlich, dass er etwas Gras ausriss, vorsichtig in die Schubkarre legte und den nächsten Büschel ausriss.

»Ich verstehe«, sagte Skiv. »Ich denke, er sagt uns, dass er im Garten arbeiten will.« Er nickte dem Buschmann zu und rief zur Küche: »Hey, spricht irgendjemand von euch San?«

Ein Farbiger schob seinen Kopf durch die Tür. Er riss die Augen auf, als er unseren Begleiter sah. »*Klick-tut-klicketi-tut*«, rief er ihm zu.

»Er scheint San zu sprechen«, sagte Skiv und nickte zum Koch hin, der passenderweise Benevolent – der Gütige – genannt wurde. »Und? Was will der Kleine?«

Zwischen dem Koch und dem Buschmann, der immer wieder eine Gartentätigkeit nachahmte, entwickelte sich eine längere Unterhaltung.

»Dieser Buschmann sucht Arbeit«, sagte der Koch schließlich. »Er meint, er kann viele Dinge tun. Er heißt Twee.«

Eine Stunde später kehrte Skiv mit seinem neuen Mitarbeiter zurück, der stolz die kleinste Uniform inspizierte, die der Hausmeister hatte finden können. Trotzdem versank er im Khakihemd, und seine drahtigen Waden stachen aus der kurzen Hose hervor, die mit einem dünnen Seil oben gehalten wurde. Doch Twee schien entzückt zu sein, ergriff eine Hand nach der anderen und blickte uns mit Augen an, die Dankbarkeit, Demut, Wissen, Freude, Spaß und Liebe ausdrückten, ohne dass er ein Wort sagte. Er entsprach meinen Vorstellungen eines Buschmanns nicht nur, sondern übertraf sie noch.

»Das ist doch ein süßer, kleiner Kerl, hm?«, flüsterte Maree. Ihre grauen Augen wurden feucht, Jeremy putzte sich die Nase, und Skiv räusperte sich. Niemand konnte sich gegen den Charme und die Unschuld dieses Buschmanns wehren.

Twee machte sich voller Begeisterung an die Arbeit, er sprang und tanzte hinter seiner Schubkarre her und sang den ganzen Tag. Ich folgte ihm, fasziniert von seiner ununterbrochenen Freude. Sein Alter ließ sich nur schwer schätzen, da Buschmänner schon als Jugendliche Falten haben.

Oft blieb er stehen, um dem Wartungswagen hinterherzublicken, der durchs Lager rumpelte, um in der Luft zu schnuppern, seine breiten Nasenlöcher an exotische Blumen zu halten und über ihren Duft zu kichern. Die Bougainvillea flößte ihm zunächst Respekt ein. Er machte vor den Dornen einen Satz nach hinten, dann tänzelte er herum, schüttelte den Kopf und lachte laut über seine Dummheit. Einige Zeit blieb er mit gesenktem Kopf unter einem mächtigen Affenbrotbaum stehen, als betete er, dann lehnte er seinen kleinen Bogen und seinen Köcher mit den Pfeilen an den glatten, rosa Stamm.

In der Nacht wurden wir von einem fürchterlichen Knall geweckt. Wir schnappten uns die Taschenlampen und rannten hinaus, um nachzusehen, welches Tier dort draußen dieses Chaos veranstaltete. Doch es war der Buschmann. Der Transporter stand leicht gekippt an einem Baumstamm, der Kopf des Kleinen ragte kaum über das Lenkrand hinaus. Hatte er überhaupt etwas sehen können? Es war eine Szene wie aus *Die Götter müssen verrückt sein*!

Skiv war bereits dort. »Gütiger Himmel!«, rief er.

»*Klick-twitter-klick-tuck*«, erwiderte der Schuldige mit ernsthaftem Nicken, als er durchs Fenster kletterte und auf uns zukam. Er ergriff Skivs Hand und schüttelte sie. »Sch-sch-sch-sch«, beruhigte er uns immer wieder.

»Hol Benevolent«, forderte Skiv einen der Küchenmitarbeiter auf, der das Geschehen schadenfroh beobachtete – zur Abwechslung steckte mal jemand anderes in Schwierigkeiten.

Als Benevolent eintraf, nickte uns der Buschmann zu, als wollte er sagen: »Jetzt können wir die Sache klären.«

Schließlich bat der kleine Mann Benevolent mit breitem Lächeln, uns seine Geschichte zu erzählen. Demnach liebte er dieses große Ding – den Transporter – und wollte dessen Geheimnisse erkunden. Das war alles.

Skiv untersuchte den Transporter. Der Schaden sei eher kosmetischer Art, sagte er, doch der Wagen werde ein paar Tage nicht zu gebrauchen sein. Benevolent unterbrach ihn, da er sagen sollte, dass Twee für den Schaden bezahlen wolle.

»Ich will den Kleinen nicht an die Luft setzen«, versicherte er uns. »Aber er muss lernen, vorher zu fragen, bevor er Geheimnissen auf den Grund geht.« Über Benevolent ließ er dem mittlerweile betrübt dreinschauenden Twee mitteilen: »Ich muss jede Woche etwas von deinem Lohn abziehen, bis das bezahlt ist, womit der Wagen geheilt wird.«

Der Buschmann verzog sein Gesicht wieder zu einem breiten Lächeln und nickte heftig. »Sch-sch-sch-sch«, beruhigte er Skiv und nahm dessen Hand. Und unsere ebenfalls.

Am nächsten Nachmittag erblickte ich Skiv hinter dem Lenkrad des Transporters – mit dem kleinen Buschmann auf seinem Schoß. Er gab ihm Fahrunterricht. Die Stoßstange war verbeult, doch der Motor dröhnte und brummte zur sichtbaren Freude des Buschmanns.

Twee schien eine heilende Wirkung auf das Lager zu haben: Jeremy erholte sich rasch. Niemand konnte der offensichtlichen Ehrlichkeit des Buschmanns und seiner ansteckenden Lebensfreude widerstehen. Er schien jeden Moment in vollen Zügen zu genießen. Von seinem freien, liebenden Wesen konnten wir uns alle eine Scheibe abschneiden.

Kapitel 18

Werden sie sich an uns erinnern?

Mit zusätzlichen Decken ausgerüstet, die wir unterwegs gekauft hatten, kehrten wir erholt und voller Tatendrang nach Simbabwe zurück. Die Decken waren nicht nur für uns – ein besonderer weiblicher Gast hatte sich angemeldet. Bevor sie eintraf, verbrachten wir jede wache Minute damit, anhand der Bewegungen der Elefanten ein bestimmtes Muster zu erkennen. Bis dahin hatte sich unsere Arbeit darauf konzentriert, einzelne Herdenmitglieder zu identifizieren. Jetzt hatten wir konkrete Beweise für einen wichtigen Aspekt ihres Verhaltens. Die Elefanten waren wählerisch, was ihre Weidegewohnheiten betraf. Keine einzige Baum- oder Buschart war in dieser Gegend dezimiert worden – die Elefanten ließen zumindest in Zeiten des Überflusses in der Speisekammer noch etwas Futter für später übrig. Allerdings würde diese Theorie in der nächsten Dürre auf die Probe gestellt werden. Wenigstens hatten wir ein paar Ergebnisse, die wir Mandebele vorlegen konnten.

Zum ersten Mal seit Beginn unserer Forschungen kam Schiefer Stoßzahn nahe an Bluey heran und döste in aller Seelenruhe, als wollte sie uns zu Haus willkommen heißen. Ich war dankbar für ihr Vertrauen. Die Welt war in Ordnung und würde noch besser werden.

Ein wunderschönes Mädchen stieg aus dem Flugzeug, auf ihrem blonden Lockenkopf einen breitkrempigen Hut. Er flog fort, als sie mit ausgestreckten Armen auf uns zulief. Meine lebhafte Tochter Mary-Louise, Lou genannt, besuchte uns. Den ganzen Weg über bis zum Lager plapperte sie, schwieg nur kurz, wenn sie Tiere entdeckte und aufgeregt in die Hände klatschte.

Stevie Mpofu hatte für sie eine kleine Hütte neben unserer gebaut, doch ihr zweifelnder Blick überzeugte mich, dass es besser war, wenn sie wenigstens in den ersten Nächten den Platz mit Jeremy tauschte. Noch bevor sie ihren Schlafsack ausgerollt hatte, tauchte ihr erster Bewunderer auf. Brian hatte sie am Flughafen gesehen. Zur Teezeit buhlten bereits vier junge, herausgeputzte Männer um ihre Aufmerksamkeit. Sie war viel zu sehr damit beschäftigt, mir von ihren Flugstunden und ihrer Absicht, Pilotin zu werden, zu erzählen, um auf ihre Verehrer zu achten. In dem Moment wusste ich noch nicht, dass sie Jahre später für eine Hilfsaktion der Vereinten Nationen das Flugzeug mit Herkules an Bord in den Sudan fliegen würde. Im Moment erlebte sie den Beginn ihrer Liebesaffäre mit Afrika. Aber es würde eine Feuerprobe werden.

Stevie hatte den Tag damit zugebracht, eine elektrische Heizung in den Duschkopf einzubauen, um das Wasser zu erwärmen. Dazu hatte er heimlich die Stromleitung einer Wildtierfarm angezapft. Nicht zufällig hieß er Stevie »Wonder«. Wir waren über diesen Luxus hocherfreut und gestatteten Lou stolz, die erste Dusche zu nehmen. Sie schnappte sich ihr Handtuch und verschwand hinter dem Sichtschutz aus Riedgras. Kurz darauf hörten wir einen Schrei. Mein erster Gedanke war: Schlangen. Lou lag nackt und zitternd auf dem Boden. Jeremy zog sich rasch zurück, als er sie sah. Das Wasser lief noch, sodass ich mich vorbeugte, um es abzudrehen.

»Nicht das Wasser berühren!«, kreischte sie. »Diese verdammte Dusche hat mir einen elektrischen Schlag verpasst!«

Ganz vorsichtig streckte ich die Hand über die Pfütze auf dem Boden und um den Wasserstrahl herum aus, um den Hahn abzudrehen. Lou richtete sich mühsam auf, riss mir das Handtuch aus der Hand, das ich ihr reichte, und warf mir ihren flammenden »Louie-Blick« zu. »Willst du mich umbringen?«, rief sie. »Ich bin regelrecht gegen die Wand geschleudert worden.«

Ich beruhigte sie, während Jeremy die Heizung abklemmte. So viel zu unserem Traum von einer heißen Dusche! Auch Stevie war schließlich ein fehlbarer Mensch.

Lous Ärger legte sich wieder. Sie half mir dabei, das Abendessen vorzubereiten, während Jeremy den ungewöhnlich hohen

Ansturm von neugierigen jungen Männern abwimmelte, die mit allen möglichen Entschuldigungen in unser bescheidenes Lager strömten. Doch an diesem Abend wollten wir unser Familienleben allein genießen und Neuigkeiten austauschen. Um Mitternacht wünschten wir Jeremy eine gute Nacht und schlüpften in unsere Schlafsäcke. Lou bezweifelte, dass die Tür mit der Schaufel sicher verschlossen war, doch ich versicherte ihr, es funktioniere sehr gut.

»Ach ja? So wie mit der Dusche?«, frotzelte sie.

Ich war kurz davor einzuschlafen, als draußen Kochtöpfe klapperten. »Was ist das?«, fragte Lou mit ängstlicher Stimme.

»Wahrscheinlich Hyänen«, murmelte ich.

Aber bitte nicht heute Nacht! Wir krabbelten aus unseren Schlafsäcken und schlichen auf Zehenspitzen zum scheibenlosen Fenster, um zu sehen, was uns den Schlaf raubte. Der Mond wurde von einer Wolke verdeckt, doch ich bemerkte, dass sich draußen etwas bewegte. Wieder ein Scheppern. Ein paar leise »Auuu-auuu«. Lou klammerte sich an mich.

»Was ist das, Mama?«

»Ich glaube, wir haben Besuch von Löwen«, flüsterte ich im selben Moment, als ein lautes Brüllen ertönte.

Lou presste mir die Luft aus den Lungen.

»Es ist alles in Ordnung, Häschen. Sie können nicht rein. Sie spielen mit den Sachen da draußen.«

In der Regel spülten wir gleich nach dem Essen das Geschirr ab, um keine Hyänen und Schakale anzulocken. Doch an diesem Abend hatten wir es nur weggepackt, um den Abwasch am nächsten Morgen zu erledigen. Der Geruch der Essensreste musste die Löwen ins Lager gelockt haben. Ich überredete Lou, wieder ins Bett zu gehen. Die Löwen blieben noch eine Weile.

»Sind wir hier wirklich sicher?«, fragte Lou immer wieder. »Was ist mit Jersey?« Sie meinte Jeremy.

Ich wusste, dass Jeremy seinen Spaß hatte, wenn er sich das Szenario in unserer Hütte vorstellte. Mit Sicherheit würde er nicht kommen und nachsehen. Am Morgen erwartete uns das Chaos. Überall lagen Töpfe herum, aber dass unsere wertvollen

Campingstühle kaputt waren, glich einer Katastrophe. Sie waren sehr teuer und nur schwer zu bekommen gewesen. Doch das Wichtigste: Sie waren bequem gewesen. Jetzt mussten wir wieder auf einfachen Holzklötzen ohne Rückenlehne sitzen. Lou legte ihre Hand auf die Fußspur eines Löwen, die so groß wie ein Essteller war, und ununterbrochen malte sie stolz das aufregende Abenteuer mit den nächtlichen Besuchern aus. Und mir hätte sie fast die Rippen gebrochen …

Ein Aufseher nach dem anderen machte seine Aufwartung. Lou betonte, sie habe einen Freund in Australien, was dem Eifer der jungen Männer einen Dämpfer versetzte. Nach reiflichem Überlegen nahm sie schließlich Robs Einladung zu einem nächtlichen Ausflug in den Busch an. Sie mochte diesen freundlichen, vergnügten Hünen und schien ihm zu vertrauen, auch wenn ich ihm unterstellte, nicht den Heiligen spielen zu wollen.

Lou verbrachte einen aufregenden Tag. Immerhin hatte sie Elefanten beim Suhlen beobachtet. Mein Kopf dröhnte bereits von ihren ununterbrochenen Fragen, doch ihre rasche Auffassungsgabe kam ihr zugute, da Rob sie mit einer Gruppe Amerikaner im Dunkeln zu einer Safari mitnehmen wollte, bei der sie sich als professionelle Führerin ausgeben musste. Am frühen Abend holte Rob sie ab.

Um Mitternacht waren sie immer noch nicht zurück. Ich kochte vor Wut. »Rob ist sonst so zuverlässig. Er hat versprochen, sie bis zehn Uhr nach Hause zu bringen«, wiederholte ich besorgt.

Gerade als Jeremy beschlossen hatte, dass wir uns auf die Suche machen sollten, traf der Landrover ein. Lous zweiter Abend war noch spannender gewesen als ihr erster. Eine Stunde lang erzählte sie uns davon.

Die ersten Stunden mit den Kunden hätten nicht besser verlaufen können. An einer Stelle mit Blick auf das bevorzugte Wasserloch der Elefanten hatten sie ihren Dämmerschoppen genommen. Lou gefiel ihre Rolle als »Praktikantin«, die amerikanischen Touristen waren begeistert. Ein großes Krokodil sonnte sich auf der Bank vor dem Landrover. Lou wusste viel über diese

Reptilien zu erzählen – zu Hause gehörten australische Salzwasserkrokodile zum Inventar, und die in Afrika unterschieden sich nicht allzu sehr von ihnen.

Als es dunkel wurde, packte Rob das Essen und die Kühltasche ein, um auf dem Heimweg nach Leoparden, Ginsterkatzen und anderen Nachttieren Ausschau zu halten. Lou freute sich schon auf das Abendessen. Rob drehte den Zündschlüssel und … nichts.

»Ganz ruhig«, beruhigte er seine Gäste. »Ich rufe ein anderes Fahrzeug zu Hilfe.«

Leider hieß eine leere Batterie, dass auch das Funkgerät nicht funktionierte. Rob tat, als würde er das Basislager anfunken, um die Kunden nicht weiter zu verängstigen. Lou glaubte auch, dass Hilfe im Anmarsch war, bis er ihr zuflüsterte, dass das Funkgerät außer Betrieb sei und niemand wisse, wo sie sich aufhielten. »Lass nicht durchblicken, dass da was nicht stimmt«, verlangte er.

Lou hatte Angst, wie sie uns später erzählte, doch sie schaffte es, vertrauensvoll zu lächeln. »Schauen wir mal, was das Krokodil macht«, piepste sie und griff nach Robs Scheinwerfer.

Er hielt ihre Hand fest. »Denk dran«, erinnerte er sie leise. »Der läuft auch über die Batterie.«

Das war ihr letzter Strohhalm gewesen, an den sie sich geklammert hatte. In dem Moment brüllte ein Löwe ganz in der Nähe. Sehen konnten sie nichts, weder den Löwen noch das Krokodil. Die nachts verwendeten Landrover hatten kein Dach, sodass sie in dem offenen Fahrzeug völlig ungeschützt waren. Von diesen Problemen hatten die Amerikaner jedoch keinen blassen Schimmer.

Nach einer Stunde näherte sich ein Fahrzeug mit einer Gruppe, die ebenfalls zu einer nächtlichen Safaritour unterwegs war und die Löwen gehört hatte. Im Licht ihrer Scheinwerfer tauchte Robs Wagen auf, direkt daneben eine Löwin, die rasch die Flucht ergriff. Die Amerikaner passten noch auf das zweite Fahrzeug, doch Rob und Lou mussten warten, bis sie ins Lager abgeschleppt werden konnten. Der andere Tourführer überließ ihnen eine starke Taschenlampe, um die lange Wartezeit sicher überstehen zu können. Lou hätte sich am liebsten unter den Landrover verkrochen.

Erst später gab Rob zu, er habe selbst nicht gewusst, wie er sich und seine Kunden aus der misslichen Lage hätte befreien sollen.

Ich hatte beinahe Mitleid mit dem schüchternen Rob, den sich Lou aus scheinbar unerfindlichen Gründen auserkoren hatte. Wie sich später zeigen würde, hatte er bei ihr zwar nicht als Retter in der Not auftrumpfen können, aber er wurde ihr trotzdem ein guter Freund.

Am nächsten Mittag schlüpfte meine Tochter aus ihrem Schlafsack und wollte frühstücken. Dieselben schweren Augenlider wie die meines Vaters hoben und senkten sich, während sie mich ungeduldig anblickte. Als ich sie so sah, reifte ein Entschluss in mir. Mein Vater hatte im Zweiten Weltkrieg im Dschungel von Borneo seine Leidenschaft für Orang-Utans entwickelt, war aber nie wieder dorthin zurückgekehrt. Während meiner Kindheit hatte mich seine Begeisterung für alle wilden Tiere begleitet. Die unerfüllten Träume meines Vaters, in der Wildnis zu leben, hatten in mir das Interesse für den Naturschutz geweckt. Er war der Grund, dass ich mich verwaister Kängurubabys, Reptilien und Vögel angenommen hatte.

Sein Erbe wurde über mich an seine Enkelin weitergegeben. Ich hatte ihr Bücher über die Arbeit von Jane Goodall und Stella Brewer mit Primaten gekauft, besonders mit Schimpansen. Sie hatte ihr Taschengeld gespart, um es an Gerald Durrells Zoo auf der Kanalinsel Jersey zu schicken. Dort fanden vom Aussterben bedrohte Tierarten Zuflucht. Zudem wollte ich endlich einmal Schimpansen in freier Wildbahn sehen. Und dies war nun die Gelegenheit, mir zwei Träume gleichzeitig zu erfüllen: die Situation der Elefanten in Uganda unter die Lupe zu nehmen und meine seltsame Lust zu befriedigen, einen Schuhschnabel zu sehen. Am Abend schließlich erklärte sich Jeremy damit einverstanden, bei den Elefanten zu bleiben, solange Lou und ich in Uganda sein würden.

Eine Woche später flogen wir nach Kampala. Das Flugzeug stieß tief über den Victoriasee hinab und auf Entebbe zu. Nach dem Terrorregime von Idi Amin und Milton Obote herrschte in Uganda ein zerbrechlicher Friede. Zollbeamte bombardierten uns mit Fragen über das Leben in Australien. In der Ankunftshalle wurden wir von Einheimischen bedrängt, die uns ihre Geschichte erzählen und unsere hören wollten. Sie waren begierig nach Wissen und hofften, dass nach den bald stattfindenden allgemeinen Wahlen endlich Ruhe einkehren würde.

Die Straße in die Stadt führte um den See herum, wo die Fischer in ihren Booten lümmelten, da die Fische praktisch von allein in ihre Hände sprangen. So schien es jedenfalls, da ich während der Fahrt fünf Angeln zählte, an denen die zappelnden Dinger an Bord gezogen wurden. Ohne Rücksicht auf das schrottreife Taxi, das wahrscheinlich jemand anderem gehörte, bretterte unser Fahrer über tiefe Schlaglöcher, als hoffte er, bei seiner Geschwindigkeit über sie hinwegzufliegen. Menschenmassen bewegten sich zu Fuß oder auf klapprigen Fahrrädern entlang der Straße, und ich hatte Angst, dass er jemanden überfahren würde.

Große farbenprächtige Bäume in verwüsteten Parks und baufällige Herrenhäuser deuteten an, welche Eleganz diese Stadt in ihrer Blütezeit ausgestrahlt haben musste. Jetzt säumten Särge die Straßen, und potenzielle Käufer verhandelten mit den Verkäufern um die letzten Ruhestätten für ihre Toten.

Wir kamen an den aufgeblähten Kadavern von Hunden und einem Esel vorbei. Die grotesken Kehlkopfsäcke der Marabus schwangen hin und her, während sich diese Sensenmänner über die Überreste hermachten. Männer, Frauen und Kinder staksten vorsichtig um die Leiche eines Menschen herum, die auf einer Verkehrsinsel lag, wo unser Taxi im Stau stecken blieb. Blass im Gesicht und mit großen Augen drückte sich Lou an mich. Mein Magen verkrampfte sich angesichts der Gleichgültigkeit der Passanten. Der Fahrer zuckte mit den Schultern, als ich ihn fragte, was man tun könne. Der Tod war hier ein ständiger Begleiter. Aber wie konnte ich darüber urteilen? Ich kannte mich in diesen

Dingen, mit diesen entsetzlichen Gräueltaten, nicht aus. Atme tief durch, sagte ich mir. Nimm alles in dich auf, aber sei still.

Am nächsten Tag flohen wir aus Kampala. Neun Stunden lang fuhren wir durch ein großartiges grünes Land zum Murchison Falls National Park. Abseits des Unrats der Stadt war Uganda überraschend schön. Die fruchtbare rote Erde versprach eine reiche Ernte an schmackhaftem Obst, Gemüse und Mais. Das Land hatte von seiner Energie nichts eingebüßt, Menschen kamen und gingen, doch die Erde ließ sich nicht zerstören. Die Tierwelt hatte es da schwerer. Ohne Hilfe waren viele Arten dem Untergang geweiht.

Am Abend erreichten wir ein baufälliges Safarilager, das in einem Land ohne Touristen ums Überleben kämpfte. Krishna, der Leiter, war indischer Abstammung und lebte in zweiter Generation in Uganda, doch die ethnischen Säuberungen in den Jahren zuvor hatten viele wie ihn zur Flucht in ein Mutterland gezwungen, das sie nicht kannten. Krishna war gerade erst aus Indien in sein Geburtsland zurückgekommen und wollte sein neues Leben beginnen. Er sei Kommunikationstechniker, erzählte er, doch sein Geschäft und sein Haus in Kampala seien während der Unruhen von einem niederträchtigen Armeegeneral beschlagnahmt worden. Jetzt war er gezwungen, in einem Bereich zu arbeiten, in dem er sich nicht auskannte, doch er war stark, schlau und voller Begeisterung. Ich hoffte, seine Energie würde belohnt werden.

Es wohnten nur sechs Gäste in dem idyllischen Lager, von dem aus die Murchison-Wasserfälle zu hören waren. Niemand von uns machte regelmäßig Urlaub, und ich fragte mich, wie ein Safaribetrieb, bei dem wenigstens die Hälfte der zwanzig *rondavels* belegt sein musste, ohne Touristen überleben konnte.

Im großen Essbereich, wo Lou und ich bei den anderen am Tisch saßen, hallte das Echo von den Wänden wider. Zwei unserer Mitgäste waren im Auftrag der Vereinten Nationen hier, die anderen waren medizinische Mitarbeiter von Ärzte ohne Grenzen. Am kleinen Wasserloch vor uns löschten eine Herde Kob-Antilopen, eine Pferdeantilope und fünf Büffel ihren Durst.

Nach dem Essen ging ich mit einer Tasse Kaffee auf die geflieste Terrasse. Krishna gesellte sich zu mir. Ich fragte ihn, warum um den Stirnhöcker eines Büffels mit riesigen Hörnern, der an einem Pfosten in der Nähe angebracht war, ein Blumenkranz hing.

»Das ist Arjuna«, antwortete er. »Er ist vor einem Monat gestorben. Ich werde Ihnen die Geschichte erzählen, aber erst muss ich meinem heiligen Bullen *prasad* geben.«

Krishna erhob sich von seinem Liegestuhl, schenkte etwas Milch aus einem Krug in eine Untertasse und ging zu den Stirnhöckern. Ehrerbietig stellte er seine Opfergabe auf den kleinen Tisch darunter, der als Altar diente. Einen Moment lang hielt er seine Hände zum Gebet vor die Brust, dann begann er, seine Geschichte zu erzählen. Ich platzte bereits vor Neugier.

»Also ... es begann vor acht Monaten, als ich gerade mit dieser Arbeit hier angefangen habe.« Er machte eine Pause und blickte mich mit seinen traurigen braunen Augen an. »Wissen Sie, ich war sehr dankbar, dass ich diese Arbeit hier bekommen habe, weil wir Inder in Uganda nicht mehr gerne gesehen sind.«

Ich nickte. Fleißige, schwer arbeitende indische Kaufleute und Händler hatten den Markt in ihrer Wahlheimat beherrscht. In der Folge waren sie oft von den Einheimischen angefeindet worden.

Krishna beugte sich vor und stützte das Kinn auf seine aneinandergelegten Hände. In dem Moment kam Lou. »Wartet«, sagte sie, zog sich einen Stuhl heran und klatschte bei der Aussicht auf eine Geschichte in die Hände. Wir lehnten uns zurück, Krishna erzählte weiter.

»Ich war dabei, die Schränke hinter der Rezeption zu putzen. Nach den langen Jahren des Krieges war alles durcheinander. Ich kniete mich nieder, als ich auf der anderen Seite ein seltsames Geräusch hörte. Ich wusste, dass es nicht die Arbeiter sein konnten, die ansonsten die einzigen Menschen im Lager waren. Ich hatte sie nämlich ins Dorf geschickt, um Material zu holen. Ich dachte, im Hauptgebäude könnte sich ein Rebell versteckt haben, der Ärger sucht. Es ist doch traurig, dass wir hier in Uganda jetzt so denken.«

Ich nickte.

»Ich konnte nicht sehen, ob dort jemand war. Ich nahm den geladenen Revolver, der für solche Notfälle bereit lag, sprang mit der Waffe auf und zielte genau geradeaus.« Wieder machte er eine Pause und blickte zu dem, was von dem Büffel noch übrig war.

»Es war dieser Kerl hier.« Er zeigte auf den Büffel. »Er war sehr groß, und er stand da und kaute an seinem Wiedergekäuten. Ich rannte in den Lagerraum, um mich zu verstecken. Bei seinem ersten Besuch stand er lange dort. Ich blickte immer wieder durch die Tür, doch er stand einfach nur da und ruhte sich aus. Als er ging, dachte ich, er würde nie wieder zurückkommen. Etwas so Seltsames ist mir noch nicht passiert.«

Krishna hatte recht. Büffel sind wilde Tiere und meiden Menschen normalerweise.

»Aber am nächsten Tag kam er zurück«, fuhr er fort. »Ich stand im Schwimmbecken und putzte die Wände mit einer Drahtbürste, als drei Büffel zum Wasser liefen, um zu saufen. Diese drei Kerle waren aggressiv. Sehr aggressiv! Ich hatte Angst und stellte mich in die Mitte des Beckens, um ihnen nicht zu nahe zu sein. Sie warfen ihre Köpfe hin und her und grunzten. Ich dachte, sie würden ins Becken kommen und mich töten. Gerade als ich dachte, ich müsste sterben, kam ein anderer Büffel zum Becken gerannt und jagte die drei Kerle fort.«

Krishna beugte sich vor. »Es war derselbe Büffel. In den nächsten Tagen kam er jeden Tag zur Rezeption. Dieser Büffel stand einfach nur da und käute wieder.«

Ich kicherte. »Vielleicht wollte er ein Zimmer buchen?«

Krishna lächelte freundlich. »Vielleicht, aber ich glaube, er kannte mich aus einem früheren Leben und wollte unsere Freundschaft erneuern. Er war sehr ruhig. Mit der Zeit vertraute ich ihm. Er folgte mir wie ein Hund durchs Lager. Am Ende konnte ich ihn streicheln. Ich saß sogar auf seinem Rücken. Schaut, hier ist das Foto.«

Und da war er, der Beweis für eine erstaunliche Freundschaft. Krishna hockte auf dem Rücken des am meisten gefürchteten Tieres der afrikanischen »Großen Fünf«, der von seinem menschlichen Freund Arjuna genannt wurde. Doch die Geschichte endete nicht glücklich. Eines Nachts hörte Krishna Löwengebrüll. Am nächsten Tag kam der Büffel nicht ins Lager. Am dritten Tag machte sich Krishna auf die Suche und fand die Überreste des Gerippes in der Nähe. Löwen hatten das Leben eines bemerkenswerten Tieres beendet.

Krishna ging zu Arjunas Stirnhöcker und streichelte die wunderbar geschwungenen Hörner. »Ich werde ihm in einem anderen Leben wiederbegegnen«, sagte er. »Wir sind für immer miteinander verbunden.«

Ich war gerührt von Krishnas Gebet zu seinem Gott und seiner Bereitschaft, einen Einblick in seine östliche Tradition zu geben.

Am nächsten Morgen standen wir früh auf, weil wir noch vor Morgengrauen an den Ehrfurcht gebietenden Murchison-Wasserfällen sein wollten. Während Lou zu einem Aussichtspunkt hinaufkletterte, blieb ich sitzen und ließ zufrieden das Ozon des schaumigen, braunen Nilwassers auf mich herabregnen, das die Schlucht hinunterkrachte. Affen huschten durch die Zweige der Bäume über mir, Schwärme von karminroten Bienenfressern flogen aus dem Nebel, ein Flusspferd schlenderte zurück ins Wasserloch oberhalb des brodelnden Flusses, und weiter unten stand ein Elefant am Ufer. In den zwei Tagen, in denen wir lange Fahrten durch den Murchison Falls National Park unternommen hatten, wo einst Herden mit bis zu tausend Elefanten umhergestreift waren, hatten wir nur eine kleine Herde entdeckt.

Von den seltsamen Palmen, die hier wuchsen und sich über die Ausscheidungen der Elefanten vermehrten, gab es keine Jungpflanzen. Nur noch wenige mächtige Bäuche waren übrig, in denen die großen Nüsse verdaut werden konnten. Dieser herrliche Nationalpark war eine riesige Savanne fast ganz ohne Wildtiere. Während der Bürgerunruhen hatten ugandische Soldaten und Dorfbewohner die Tiere geschlachtet, um etwas zum Essen zu haben. Alles und jeder hatte gelitten. Ich fürchtete, keine Schimpansen anzutreffen, als wir am nächsten Tag in den Wald fuhren.

Allerdings bekam ich den fantastischen Vogel zu sehen, der mir in dem simbabwischen Sümpfen und auf den Papyrusfeldern des Shire-Flusses in Malawi bisher entgangen war.

Wir hatten im Schatten eines Wurstbaums am Ufer des Nils mit unserem Führer zu einem Picknick angehalten, als ich einen kehligen Ruf hörte. Bevor ich ihn sah, spürte ich, dass es sich um einen Schuhschnabel handelte. Und da stolzierte er gleich in der Nähe aus dem Riedgras. Ich wusste, dass Schuhschnäbel sehr große Vögel waren, doch auf diesen einen Meter hohen, kräftigen, urzeitlichen Storch war ich nicht vorbereitet.

Kopf und Schnabel waren riesig, und die Augen, über die sich weiße Lider langsam schlossen, waren fast so groß wie die eines Nachtvogels. Ihm folgte ein kleinerer, aber ebenso urzeitlich aussehender Hammerkopf.

Lou und der Führer schliefen, also sagte ich zum Schuhschnabel: »Danke für deinen freundlichen Besuch. Möchtest du vielleicht etwas Tee? Oder vielleicht ein Plätzchen? Nein? Wie wär's dann, wenn du für ein Foto posierst?«

Der Schuhschnabel blieb stehen und drehte mir seinen seltsamen Kopf zu, der Hammerkopf tat es ihm gleich. Doch bevor ich ein Foto machen konnte, schloss der wunderschöne, hässliche Vogel langsam seine Augen und verschwand im Papyrus. Doch das machte nichts, ich konnte mich jederzeit an ihn erinnern.

Am Abend verließen wir die Murchison-Wasserfälle und überquerten den Nil in einem alten, klapprigen Kahn. Der träge Bootsmann zündete sich neben dem Motor, aus dem Diesel auslief, eine Zigarette an. Lou blickte mich verwundert an, doch wir sagten nichts – über seiner Schulter hing eine AK-47. Die Sonne ging unter, während der Mond im Osten aufging. Beide spiegelten sich in diesem geheimnisvollen Fluss. Flusspferde stiegen aus dem Nil, als sich Krokodile hineingleiten ließen.

Bei einem frühen Abendessen erzählte ich Krishna von meinem Erlebnis, und seine Verwunderung darüber, dass ich einen Schuhschnabel gesehen hatte, machte mich glücklich. Aufgeregt wie ein Kind an Weihnachten, das sich auf seine Geschenke freut, fiel ich ins Bett. Am nächsten Tag würde ich mich auf die Suche nach den Schimpansen machen.

Wieder waren wir noch vor Morgengrauen auf der Straße. Diesmal war es Krishna, der uns in ein kleines Lager am Rand des riesigen Regenwalds fuhr, wo die Primaten lebten. Er stellte uns Zahra, einer jungen Frau vor, auf deren Schulter ein Affe saß. Sie kümmerte sich um die wilden Tiere. Krishna würde uns am Abend wieder abholen. Als wir ihm hinterherblickten, überlegte ich, ob uns ein langer, erfolgloser Tag bevorstand. In diesem Moment hörte ich ganz in der Nähe Schimpansen miteinander schnattern.

»Sie haben sehr, sehr großes Glück«, sagte Zahra. »Sie sind in der Nacht gekommen. Manchmal suchen die Schimpansen unsere Nähe, wenn ein Leopard auf der Jagd ist.«

Ich weiß, dass diese Schimpansen an Menschen gewöhnt waren, doch unser Glück war mir unbegreiflich.

Zahra lächelte. »Oft ziehen sie sich tief in den Wald zurück, und die Leute sind vergeblich hergekommen.«

Ich nickte. »Gehen wir, bevor sie ihre Meinung ändern.«

Der Affe hockte mittlerweile auf Lous Kopf und spielte fasziniert mit ihren blonden Strähnen. Lou war völlig entspannt und grinste vor Freude. Ich bewunderte ihre Nerven. Ich war misstrauisch geworden, nachdem mir einige dieser Frechdachse mein Essen geklaut hatten. Zahra nahm den kleinen Affen, der seinem Ärger mit Kreischen Ausdruck verlieh, von Lous Kopf und reichte ihn einem Jungen weiter. Nachdem wir unsere Flaschen in einem Bach aufgefüllt hatten, setzten wir uns die Rücksäcke auf und betraten den dunklen Blätterwald.

Wir folgten einer Spur, die sich zwischen dicken Wurzeln und dichtem Unterholz hindurchwand. Äste peitschten mir ins Gesicht, als wir auf die lärmenden Schimpansen zueilten. Die Kratzer bemerkte ich erst später. Zahra trug eine rote Baskenmütze.

Leider hatte ich nichts, womit ich meinen Kopf schützen konnte. Der Dschungel dampfte. Nach wenigen Minuten war ich nass vom Schweiß und vom Wasser, das nach dem Wolkenbruch der letzten Nacht von den Blättern tropfte.

Um uns herum schnatterten die Schimpansen, die durch das dichte Blattwerk allerdings nicht zu sehen waren. Doch ihr strenger Körpergeruch hing in der Luft, der dem Gestank eines äußerst schmutzigen Menschen glich. Ein lauter, durchdringender Schrei ermahnte uns, leise zu sein.

Zahra gab uns ein Zeichen, uns auf den Boden zu setzen. Der Lärm der schreienden Schimpansen steigerte sich zu einem beängstigenden Crescendo. Ich spürte ihre Wut, hoffte aber, dass nicht wir es waren, die ihnen Probleme bereiteten. Zahra machte ein besorgtes Gesicht.

»Nicht bewegen«, flüsterte sie. »Hier stimmt was nicht.«

In diesem Moment kletterte neben uns ein großer schwarzer Schimpanse rückwärts am Baum hinunter, ein Männchen, dessen abstehende Haare ihn noch beeindruckender wirken ließen. Er drehte sich um, richtete sich auf und starrte uns an. Ich erschrak über seinen wütenden Blick. Er zog die Lippen weit zurück, entblößte sein rotes Zahnfleisch und seine beängstigenden, fleckigen Zähne.

Plötzlich griff er Zahra an, die nach hinten kippte. Erschreckt schlang ich meine Arme um Lou. Ein anderer Schimpanse kam auf uns zu. Ich hatte nicht erwartet, dass sie so groß waren. Der Schimpanse, der Zahra angegriffen hatte, rannte mit ihrer roten Baskenmütze in einer Hand fort, während er sich beim Laufen mit den Fingerknöcheln der anderen Hand auf dem Boden abstützte.

Weitere Schimpansen um uns herum huschten an den Bäumen herunter, rannten schreiend auf das Männchen zu, das mit der Baskenmütze auf den Boden schlug. Die anderen umzingelten ihn und machten sich ebenfalls über dieses Ding her. Zwei Männchen lösten sich aus der Gruppe und schüttelten niedrig hängende Zweige. Und die ganze Zeit über machten die Schimpansen mit ihrem Kreischen einen Höllenlärm.

Lou und ich kümmerten uns um Zahra, die unverletzt war, aber vor Angst zitterte. Wir drängten uns dicht zusammen. »Mein Gott«, sagte sie und presste ihre Hände vor den Mund. »So was ist ja noch nie passiert. Was ist denn heute nur los mit den Schimpansen?«

Wenige Minuten später kehrten die Tiere auf die Bäume zurück, und außer gelegentlichen Schreien herrschte wieder Frieden. Wir überlegten, was zu dem mysteriösen Angriff geführt haben könnte, nachdem die Schimpansen Zahra bereits seit Langem akzeptierten. Es musste an der roten Mütze gelegen haben, der Farbe des Blutes und des Todes oder der Farbe der Rebellenarmee, die Schimpansen als Nahrung gejagt hatten.

Bald hatte ich meine Angst vergessen, und unsere Anwesenheit wurde nun wieder geduldet. Den Rest des Vormittags wanderten wir mit den Schimpansen umher. Wir folgten ihnen, wenn sie von den Bäumen herabkamen, um den Wildtierpfad entlangzumarschieren. Wir legten uns unter den Bäumen, auf denen sie fraßen, auf den Rücken. Ein Weibchen urinierte sogar auf mich, und ich könnte schwören, dass sie über meinen Ekel lachte. Babys lugten verstohlen hinter Ästen hervor und waren an uns genauso interessiert wie wir an ihnen. Mit ihren lustigen Gesichtern, die uns zum Lachen brachten, sahen sie aus wie kleine Menschen mit viel zu großen Ohren.

An einem kleinen Bach aßen wir unser mitgebrachtes Mittagessen. Eine Schimpansin kam mit ihrem Baby vom Baum herunter, um vier Meter von uns entfernt zu trinken. Dies war der Beweis für ihr Vertrauen in Zahra und stellte ihren Glauben an sich wieder her. Es war nicht sie gewesen, der der Angriff gegolten hatte, sondern die Mütze.

Nie wieder hatte ich eine derartige überirdische Heiterkeit gespürt wie an jenem Tag. Ich vergaß alles um mich herum und wurde eins mit dem Wald und den Schimpansen. Ich dachte wie ein Schimpanse. Ich atmete tief und langsam, meine Gedanken beschäftigten sich nur mit dem Wald – mit dem Jucken der Blutegel, die ich an meiner Haut saugen lassen musste, bis sie fertig waren, damit die Stelle nicht blutete; mit der Ameisenstraße durch die modernden Blätter; mit den kleinen, lebhaften, umherschwirrenden Vögel; mit dem plätschernden Bach; der kühlen Brise, wenn sie wehte; der Hitze; und Lou, die vor Begeisterung strahlte. Ich denke, Jane Goodall wird angesichts der Lebensqualität, die sie in ihrem geliebten Wald von Gombe erfahren durfte, sehr alt werden. Ich war schon selig, auch nur einen dieser Tage genießen zu dürfen.

Als wir ins Lager zurückkehrten, erzählten wir Krishna von unserer fantastischen Zeit. Er lächelte wissend. Am nächsten Tag verließen wir Uganda, äußerlich übersät mit Insektenbissen und tiefen Kratzern, innerlich mit einem Leuchten erfüllt.

Zurück in Simbabwe, erzählte ich nur wenig von meinen Erlebnissen. Ich hatte das Gefühl, dass es meine unbeschreibliche Freude schmälern würde, sollte ich darüber sprechen. Die Regenzeit stand vor der Tür – und damit das Ende unserer Forschungen. Es war Zeit, die Herde in Frieden ziehen zu lassen. Bald würden sie tiefer in den Wald eindringen und für uns unerreichbar sein. Werden sie sich an uns erinnern?

Schweren Herzens bauten Jeremy und ich unser Lager ab. Die Tonne, mit der wir uns gewärmt und unser Essen gekocht hatten, wurde zusammen mit den Möbeln, die Stevie uns gebaut hatte, in einer winzigen Hütte verstaut. Unser Aufenthalt war kurz gewesen, und die Wildtiere würden weiterleben wie bisher. Ich dachte an Effie, das Nashornvogelweibchen. Vielleicht würde sie uns vermissen. Doch mir war klar, dass das Leben weiterging. Trotzdem war ich traurig über unsere Abreise.

Von Afrika und dem Projekt konnten wir uns nicht sofort trennen. Der Schnitt wäre zu heftig gewesen. Also planten wir eine Reise nach Namibia, um nach Wüstenelefanten und Nashörnern zu suchen. Lou würde mit uns kommen. Der Bürgerkrieg war vorbei. Zumindest war uns das gesagt worden.

Lou merkte, dass wir nur widerwillig aufbrachen. Sie scheuchte uns mit dummen Sprüchen und herrischen Befehlen in der Gegend herum, da wir, traurig, wie wir waren, nicht in die Gänge kamen. Schließlich fuhren wir über den *vlei* und waren fort. Rechtzeitig zum Mittagessen erreichten wir die Bungalows im Nationalpark an den Victoriafällen. Jeder von uns ging bis zum Abend seine eigenen Wege. Lou wanderte zum Wasserfall, Jeremy fuhr mit Bluey in eine Werkstatt, und ich saß allein mit meinem Gedanken am Sambesi. Später spielten wir Scrabble; meine Buchstaben bildeten Wörter, die von meinen Tränen sprachen. Jeremy stapelte für ein frühes Abendessen Holz im *braai*. Der nächste Tag würde lang werden, länger und gefährlicher als wir uns je vorstellen konnten.

Der Grenzposten in Kasangula war nicht besetzt, als wir am nächsten Morgen um fünf Uhr dort eintrafen. Die Dunkelheit wich allmählich, und die Sonne ging dort auf, wo vier Staaten an den mächtigen Chobe-Fluss grenzten. Genau wie bei unserer Anreise zu Beginn unseres Projekts spiegelte sich das Licht auf der nassen Haut der Elefanten, die vom Fluss zum sambischen Ufer schlenderten. Weiter entfernt grasten schwarze Büffel auf einer Insel, die bereits in Namibia lag.

Unsere Reisepapiere waren rasch ausgestellt, als die Zollbeamten ihren Dienst antraten. Was für eine Freude. An vielen Grenzen, die man in Afrika passieren will, müssen Schuhe, Stiefel und Reifen desinfiziert werden. Ich bedauerte die Wahl meines Schuhwerks für diesen Tag. Ich zog meine nackten Zehen ein, als ich in eine breite Metallschüssel mit einer schlammigen Flüssigkeit treten musste. Jeremy fuhr mit dem Auto durch eine Vertiefung, die mit der gleichen Flüssigkeit gefüllt war, dann nahmen wir Kurs auf den nächsten Grenzposten siebzig Kilometer entfernt. Wir wechselten oft die Plätze im vollgepackten Toyota, weil sich immer nur einer bequem ausstrecken konnte.

Mit raschem Tempo fuhren wir über die Kiesstraße entlang der Flutebenen. Am Chobe drängten sich die Wildtiere, die während der Dürre bis zu diesem nie versiegenden Fluss wandern mussten. Dadurch wurde die umliegende Vegetation stark in Mitleidenschaft gezogen. Riesige Elefantenherden hatten das Gestrüpp dezimiert; hungrige Mäuler und zahllose Hufe ließen einen kahlen Boden zurück. Die verkümmerten Mopane-Bäume wirkten, als wollten sie sich mit ihren stacheligen Ästen gegen den nächsten Ansturm der Dickhäuter zur Wehr setzen. Das dürre Land sah wie nach einem Bombenabwurf aus, und ich verstand, warum einige Naturschützer eine Abschussrate für die botsuanischen Elefanten forderten, doch dies hier war ein Land, das sieben Monate zuvor im Überfluss geschwelgt hatte. Mit den Regenfällen würde alles wieder grün werden. Dann würde sich die Natur neu erschaffen, und die Tiere würden auf der Suche nach frischem Futter tiefer in die Kalahari-Wüste vordringen.

Ein heißer Wind fegte über unseren Wagen hinweg, blies Staub durch die Lüftung und in unsere Nasen. Ich war vollständig damit eingedeckt. Ich saß am Steuer, als wir eine Hügelkuppe erreichten, die einen Blick auf den nördlichen Grenzposten nach Namibia bot. Eine Herde mit Hunderten von Büffeln blockierte die Straße vor uns. Verärgert über die Verzögerung, trat ich auf die Bremse. Als die Büffel nach einer langen Wartezeit endlich weiter in den Busch gezogen waren, sah ich, dass auf der anderen Seite ein Regierungsfahrzeug stand.

Zwei Polizisten stiegen aus und schlenderten auf uns zu. Mir blieb fast das Herz stehen.

Einer der beiden zog einen Revolver aus seinem Halfter, der um seine Hüfte hing. Der andere schlug mit einem Knüppel auf seine freie Hand. Ich drehte mich nach hinten um, schaute durch das Fenster der Führerkabine zur Ladefläche. Dort lag Lou zwischen dem Gepäck und der Ausrüstung.

»Nichts sagen und nicht bewegen«, flüsterte ich.

Ängstlich nickte sie und rutschte etwas tiefer zwischen das Gepäck. Sie wusste, dass der Bruder einer unserer Freunde vor den Augen seiner Frau und seiner kleinen Kinder erschossen worden war, als er an einer Straßensperre mit einem Polizisten gestritten hatte.

Jeremy stieg aus, um die Polizisten per Handschlag zu begrüßen. Wie Honigdachse, die ein Ziel verfolgen, achteten sie nicht auf ihn, sondern traten auf meine Seite des Fahrzeugs. Ein hasserfülltes Gesicht blickte auf mich herab.

»Aussteigen. Sofort!«, befahl der Kerl mit dem Revolver.

Ich griff nach unten, um meinen Sicherheitsgurt zu lösen. Erst in dem Moment merkte ich, dass ich nicht angeschnallt war. In Simbabwe hatten wir uns daran gewöhnt, ohne Sicherheitsgurte zu fahren, weil es nicht vorgeschrieben war.

»Frau! Du bist nicht angeschnallt!«, herrschte mich der Polizist an.

Der andere Polizist war weitergegangen. Nach vorn gebeugt, glotzte er auf meine Tochter und schlug mit seinem Knüppel gegen das Metall. Mein Herz pochte vor Angst um Lou mit ihrem blonden Haar. Ihre langen Beine, die nackt waren wie meine, da sie wie ich eine kurze Hose trug, zitterten.

Mit gesenktem Blick, einem erzwungenen Lächeln und einem beschämten Achselzucken entschuldigte ich mich. »Es tut mir sehr, sehr leid, Sir. Wir kommen gerade aus Simbabwe. Dort braucht man sich nicht anzuschnallen. Ich wusste nicht, dass es in Botsuana Vorschrift ist.«

»Entschuldigen Sie, Officer«, meldete sich Jeremy rasch zu Wort. »Meine Frau wollte nicht das Gesetz brechen. Was können wir tun, um das wiedergutzumachen?«

Der Polizist wirbelte herum und richtete seinen Revolver auf Jeremys Brust. »Ich rede mit der Frau!«, brüllte er.

Die Revolvermündung richtete sich wieder auf mein Gesicht. »Ich bin das Gesetz. Ich regle das jetzt. Du hast gegen das Gesetz verstoßen. Steig aus!«

Lou hinter mir schluchzte, als ich die Tür öffnete. Der andere Beamte war zurückgekehrt und begutachtete eine Stange Zigaretten auf dem Armaturenbrett. Er führte mit seinem Kollegen eine hitzige Diskussion auf Tswana. Jeremy kam leise zu mir und schob mich vorsichtig zurück. Mit ehrerbietigem Ausdruck wandte er sich an den Polizisten, der mit seinem Revolver gerade nicht auf mich zielte. »Wie hoch ist die Strafe, Sir? Können wir sofort bezahlen? Wir würden unseren Fehler gerne wiedergutmachen.«

Mit der üblichen Geste der Unterwürfigkeit hielt ich mit einer Hand den Unterarm und bot den Männern Zigaretten aus der offenen Schachtel an. Die Wut der beiden hatte sich in Berechnung gewandelt. Sie nahmen jeweils eine Zigarette, ich gab ihnen die ganze Schachtel. Mein Mann beeilte sich, ihnen Feuer zu geben. »Wir fahren heute nur durch Botsuana durch und müssen die Strafe sofort bezahlen.«

Jeder verstand die Sprache der Korruption. Mit noch immer gesenktem Blick und gebleckten Zähnen wie die eines ergebenen Schimpansenweibchens schob ich nach: »Wir sind traurig, dass wir so schnell durch dieses schöne Land fahren. Wir werden bald zu einem längeren Besuch zurückkommen.«

Die Männer hielten mich für dumm. Warum so ein lächerliches Ding erschießen? Sie blickten sich amüsiert an, und der Revolver wanderte in den Halfter zurück. Derjenige, der mich verhört hatte und der Ältere zu sein schien, zog ein Buch heraus und begann zu schreiben, während der andere mich auf eine Weise von oben bis unten anblickte, bei der ich mir schmutzig vorkam. Ohne zu sprechen, zeigte der Polizist Jeremy, was er geschrieben hatte, und blickte zum Horizont, während Jeremy einen Packen Geldscheine aus seiner Brieftasche nahm.

Wir bezahlten einen unverschämt hohen Betrag, und auch die Stange Zigaretten wechselte den Besitzer. Ich war sicher, dass das Geld nicht die Schatzkammer der Regierung erreichen würde. Die Polizisten bestanden darauf, uns zum Grenzposten zu begleiten, wo sie Lou und mich mit ihren Blicken und ihren Händen beleidigten, die sie über unsere Hintern gleiten ließen. Ich war froh, dass Jeremy im Zollbüro war und nicht sah, was passierte.

Doch endlich überquerten wir die Grenze nach Namibia. Dort kauften wir gleich mehrere Stangen zollfreie Zigaretten und deckten uns an den Buden entlang der Straße mit Gemüse ein. Nur für den Fall. Jeremy saß am Steuer, während Lou und ich uns aneinanderschmiegten. Schweigend fuhren wir über die asphaltierte Straße nach Katima Mulino.

An diesem Tag überquerten wir zwei Grenzen, fuhren durch drei afrikanische Staaten und blickten auf zwei andere. Uns war gesagt worden, dass der Bürgerkrieg in Namibia beigelegt sei, aber uns war nicht bewusst, dass der Friedensvertrag erst in dieser Woche unterzeichnet worden war. Wir hatten vorgehabt, die Nacht in einer ziemlich hübschen Stadt zu verbringen, die den östlichen Rand des Caprivi-Streifens markiert, eines schmalen Korridors auf namibischem Gebiet, der sich mehr als fünfhundert Kilometer zwischen Botsuana, Sambia und Angola entlangzieht.

Doch wir änderten unsere Reisepläne spontan, als wir herausfanden, dass in der Stadt die Wildtierkonferenz abgehalten wurde und keine Unterkünfte mehr zu bekommen waren. Obwohl wir bereits einen langen Tag hinter uns hatten, war es noch früh, und wir beschlossen, den Caprivi-Streifen bis Rundu weiterzufahren. Jeremy rechnete aus, dass wir sieben Stunden brauchen und noch vor Einbruch der Dunkelheit dort sein würden. Das war eindeutig keine dumme Entscheidung.

Die Angst hatte nachgelassen, und wieder waren wir glücklich und voller Energie. Als wir losfuhren, sangen wir unser Marschlied »We're on the road again« und riefen den sinnlosen Satz, der unser Familienmantra geworden ist: *»Shuuut your gobbbbb!«*

»Auf dieser Straße sind wir in null Komma nichts am Ziel«, versicherte ich den anderen beiden optimistisch. »Wir sind wieder auf der Straße.«

Und dann war der Asphalt zu Ende. Eine Stunde lang fuhren wir ohne Gegenverkehr, als Jeremy beschloss, auf die andere Straßenseite zu wechseln, die minimal glatter war. Er fuhr mit einem Affenzahn, der einzigen Möglichkeit, um mit einer solchen Straße zurechtzukommen. Ich achtete auf Antilopen, die unseren Weg kreuzen könnten, und in der Ferne sahen wir Elefanten. Entlang des Flusses wuchsen Wälder mit hohen Schakalbeeren und mächtigen Leadwood- und Marula-Bäumen. Alles war von einer Schicht aus Staub überzogen, der von der Straße aufgewirbelt wurde.

Nach zwei Stunden Fahrzeit wurden wir wieder von einer Straßensperre aufgehalten. Ich bat Lou, die jetzt hinten saß, zwei Sarongs aus unserem Gepäck zu kramen, damit wir unsere Beine bedecken konnten. Eine nicht passierbare Reihe von Nägeln zog sich quer über die Straße, und Soldaten in Tarnkleidung mit AK-47er im Anschlag kamen auf uns zu. So war unsere Reise eigentlich nicht geplant gewesen. Kalter Schweiß überzog meine Haut, als ich feststellen musste, dass wir unser Schicksal wieder einmal aus der Hand gegeben hatten. Aber dann dachte ich: Wer kann schon selbst über sein Schicksal bestimmen? Hier und jetzt sind es diese Jungs, die das Sagen haben. Sie können mit uns machen, was sie wollen.

»Mist!«, murrte Jeremy, während er langsam an die Seite fuhr. »Leg ein paar Stangen Zigaretten und Kohlköpfe so hin, dass man sie sehen kann.«

Wieder einmal blickten uns hasserfüllte Augen an. Diesmal sprach der Anführer auf Afrikaans. Wir hoben unsere Hände, um zu sagen, dass wir seine Fragen nicht verstanden, doch es war auch ein Zeichen der Kapitulation. Vor meinem geistigen Auge sah ich ein Haus inmitten von Gummibäumen, ich sah Lachlan und meinen treuen Terrier, die mich zu Hause am Gartenzaun erwarteten.

Dann erinnerte ich mich, dass während des namibischen Unabhängigkeitskampfes australische Soldaten den UN-Streitkräften beigetreten waren. Ich kramte in einer Tasche nach unseren australischen Reisepässen und Visa, die ich dem Soldaten, der das Kommando zu haben schien, mit einem breiten Lächeln reichte. Mir war klar, dass der Krieg sie zu dem gemacht hatte, was sie waren. Ich kannte den Krieg nicht persönlich, doch mir war klar, welche Wut der Krieg in einem Menschen erzeugt, welchen Schmerz, wenn unschuldige Menschen durch Gewehrkugeln, Bomben und Landminen sterben. Krieg verdirbt den Menschen. Dass ich diese Zusammenhänge verstand, versuchte ich den Männern mit meinem Blick zu vermitteln.

Der Anführer entspannte sich, hängte sich seine AK-47 über die Schulter und prüfte unsere Papiere. Doch dann griff er wieder zu seiner Waffe – allerdings nur, um sich darauf aufzustützen. »Ah, Australier«, stellte er fest.

Wir nickten wie Pausenclowns, die darauf warteten, dass man ihnen Tischtennisbälle in den Mund stopfte. Alle entspannten sich, bis einer der Soldaten hinter uns plötzlich besorgt aufschrie. Er war um unser Fahrzeug herumgegangen und betrachtete sich unsere Waren – und meine Tochter.

Mein Altruismus schwand. Fahr zur Hölle, du Mistkerl, dachte ich. Doch mit einem breiten Grinsen signalisierte ich dem Anführer: Du hast die Kraft von Shaka. Ein Löwe ist ein Lamm neben dir – oh, du Großer.

Wieder wurden die schwarzen Mündungen auf uns gerichtet. Der Anführer zerrte Jeremy nach hinten und bedeutete ihm, die Heckklappe zu öffnen. Er griff hinein und zog das Fernglas in der Tarnfleckhülle heraus. Wieder machten uns diese dämlichen Dinger zu Verdächtigen. Die hätte ich schon längst fortwerfen sollen …

Ein anderer Soldat tauchte aus der Wachhütte auf. Er rückte seine Mütze zurecht und machte sich wichtig. »Erklären Sie das hier, Mister Weißer«, verlangte er in perfektem Englisch. »Ich denke, Sie sind ein ausländischer Spion.«

Er befahl uns, das Fahrzeug auszuräumen. Unsere Kleider und unsere Ausrüstung wurden aus den Kisten gezerrt und sorglos auf die Straße geworfen, wo sie einzeln mit den Gewehrläufen hochgehoben und inspiziert wurden.

Als ein Soldat Unterwäsche von mir eingehend durch seine Hände gleiten ließ, mich mit herausforderndem Blick taxierte und sich mit der Zunge über die Lippen fuhr, blieb mir nichts anderes übrig, als ihm die Wäsche zu schenken. »Behalten Sie es für Ihre Frau«, bot ich dem Widerling an. Ich hätte das Höschen ohnehin verbrannt. Es verschwand in seiner Tasche.

Jeremy neigte den Kopf vor jedem einzelnen Soldaten, als er ihnen Zigaretten anbot und Feuer gab. Mit ruhiger Stimme erklärte er, woher das Fernglas stammte, erzählte von unserer Arbeit mit den Elefanten in Simbabwe. Es war nicht das erste Mal, dass er mit seinem Charme wütende Afrikaner beruhigte. Mein erster Mann wäre in derselben Situation dank seiner Arroganz und seines unbeherrschten Auftretens schon längst tot gewesen. Der Mann, der sich vor diesen Soldaten verneigte, gab mir ein sichereres Gefühl.

Lou und ich knieten uns in den Dreck, um unsere Sachen wieder einzupacken. Dies war der beste Platz für uns. Als wir fertig waren, hielten wir unsere Sarongs fest um unsere Beine geschlossen und stiegen ins Auto, wo wir mit gesenkten Blicken warteten. Jeremy ging mit den Soldaten in die Hütte. Ihr Lachen verriet mir, dass Jeremy mit seinen Bemühungen Erfolg hatte.

Eine Stunde später forderte uns der Anführer mit einer beiläufigen Geste auf loszufahren. Wir waren um fünfzig Rand – etwa dreißig australische Dollar –, zwei Stangen Zigaretten, drei Kohlköpfe, eine Tüte Tomaten und eine verbeulte Wasserflasche ärmer. Es war ein niedriger Preis. Und auch wenn unsere Laune völlig im Keller war, waren wir doch dankbar für unser Glück, mit dem Leben davongekommen zu sein.

Mittlerweile war es später Nachmittag. Wir hatten Hunger und legten unter einem Wurstbaum eine Pause zu einem Picknick ein. Ich hatte das Gefühl, eine Woche war vergangen, seit ich um halb vier morgens im Lager an den Victoriafällen die belegten Brote gemacht hatte. Jedenfalls schmeckten sie in meinem trockenen Mund so. Jeremy hatte den Kopf unter die Motorhaube geschoben und rief mich zu sich. »Der Motor macht Probleme«, flüsterte er.

Er tat das, was Männer mit Motoren tun, während ich zurück zu Lou ging, die so erschöpft aussah, wie ich mich fühlte. Sie pflückte eine karminrote Blüte vom Wurstbaum, die, wie ich wusste, hinter ihrer Schönheit ein Geheimnis barg. Ich grinste, als Lou ihre Nase hineinsteckte. Sie zuckte mit dem Kopf zurück und ließ die hübsche Blüte fallen »Bah, die riecht ja eklig«, keuchte sie. »Nach Mäusen.«

Ich lachte. »Furchtbar, nicht? Die *Kigelia africana* muss sich schutzen, damit sie Früchte tragen kann. Fledermäuse sind so ungefähr die einzigen Tiere, die diese Blumen mögen. Sie bestäuben sie.«

»Wow! Ob die Würste wie Mäuse schmecken?«, fragte sie und versuchte, eine vom Boden aufzuheben. Sie war etwa vierzig Zentimeter lang.

Leider hatte die Ablenkung nicht funktioniert. Sie runzelte

die Stirn. »Mama, der Motor hat gestottert. Haben wir wieder Probleme?«

Ich versuchte, ihr zu versichern, dass jetzt nichts mehr schiefgehen könnte. Als wir weiterfahren wollten, startete unser Toyota nur widerwillig und fiel nach einer Viertelstunde erneut aus. So ging das in den nächsten beiden Stunden weiter. Seit wir Katima Mulino verlassen hatten, war uns kein anderes Fahrzeug begegnet – weil wir in einem virtuellen Kriegsgebiet unterwegs waren. Der Konflikt mochte zwar beigelegt sein, doch die Soldaten waren noch auf Krieg eingestellt. Wir hatten eine unglaublich dumme Entscheidung getroffen.

Ach, verdammt. Ich begann, unser Mantra zu singen, bis meine Familie einstimmte. Und schon erwartete uns die nächste Straßensperre. Diesmal sprachen einige Soldaten Englisch. Sie schienen auch von einem offiziellen Schreiben beeindruckt zu sein, das ich in einem Ordner während unserer Mittagspause bei der Suche nach etwas gefunden hatte, das uns helfen könnte. Golden – der Beamte, der mir erzählt hatte, der Geist von Afrika habe mich gerettet – hatte es für mich ausgestellt, damit ich mich bei den Dorfbewohnern, die ich hatte besuchen sollen, ausweisen konnte.

Die Soldaten rochen nach Alkohol. Sie blickten uns aus einem Netz aus roten Äderchen an, und Joints hingen zwischen ihren Lippen. Sie waren gerade so zugedröhnt, dass sie zugänglich, aber nicht rücksichtslos waren. »Wo ist Ihr Geschenk, Vater?«, brummte einer.

So lief es in Afrika: noch ein Kohlkopf, drei Dosen Bohnen und vier Päckchen Zigaretten. Sie winkten uns rasch weiter. Diesmal startete der Motor sofort, und wir legten ein gutes Stück zurück, bevor er wieder ausfiel. Die Sonne neigte sich bereits gen Westen, und wir schätzten, dass Rundu noch zweihundert Kilometer vor uns lag.

»Es ist ein Abenteuer«, sang ich.

Vier Augen blickten mich genervt an. Jeremy beschloss, bei jedem Halt den Motor vollständig auskühlen zu lassen, und dank der längeren Pausen konnten wir uns etwas genauer umsehen. Unsere Strecke verlief entlang des vom Krieg gezeichneten Angola. Kurz bevor es dunkel wurde, überfuhren wir beinahe einen Mann, der aus den Büschen herausrannte und mit seinem Gewehr in der Luft herumwedelte. Er rief uns etwas zu, was wir über den Motorenlärm hinweg nicht hören konnten. Er war barfuß, seine zerrissenen Kleider hingen über seinen dürren Schultern wie über einem Bügel, und sein wildes Gesicht war von langen Dreadlocks umrahmt.

Ohne abzubremsen, fuhr Jeremy um den Mann herum. Vielleicht war er ein angolanischer Guerillakämpfer auf der falschen Seite der Grenze, der sich für das kleinere Übel entschieden hatte. Nur wenn er es schaffte, auf dem Caprivi-Streifen unentdeckt zu bleiben und hier unterzutauchen, würde er überleben. In Angola wären Konflikte, Hunger und Tod seine ständigen Begleiter.

Kaum zu unterdrückende Angst wandelte sich in schiere Panik, als der Motor in der Nähe der ersten Siedlung, die wir sahen, abermals schlappmachte. Die Fenster eines großen Betongebäudes waren erleuchtet, der Lärm und das Gelächter von Betrunkenen drangen bis zu uns.

»Schlechter Zeitpunkt«, stöhnte Jeremy. »Aber ich glaube, sie haben nicht gemerkt, dass wir hier sind. Wir können nicht warten, bis der Motor abgekühlt ist. Wir müssen die alte Karre wegschaffen.«

Er nahm meine Hand. »Sally, ich möchte, dass du neben dem Auto läufst und lenkst«, sagte er, und zu Lou: »Wir werden von hinten schieben.«

»Mama, ich habe Angst«, schluchzte Lou leise. »Ich bin nicht zum Sterben nach Afrika gekommen.«

Sie war genauso angespannt wie ich. Mein schlechtes Gewissen war unerträglich. »Ich auch nicht, Louie«, flüsterte ich. »Wir werden heil hier rauskommen. Aber wir müssen Ruhe bewahren.«

Würden uns die Soldaten, die ihre Befreiung von der Unterdrückung durch die Weißen feierten, entdecken, gäbe es für uns kein Entrinnen. Wir waren weiß und deswegen »Feinde«, auch wenn wir nichts mit ihrem Krieg zu tun hatten. Und sie waren mit Alkohol und *ganja* vollgedröhnt.

Mit einer Hand auf dem Lenkrad, schob ich an der Tür, während Jeremy und Lou hinter dem Wagen übermenschliche Kräfte entwickelten. Langsam wurden die Lichter hinter uns immer schwächer. Wir stiegen wieder ein und warteten, bis der Motor abgekühlt war. Während wir uns bei den Händen hielten, sangen wir »Waltzing Matilda«, das Lied unserer Heimat.

»Ich werde den Motor starten«, sagte Jeremy. »Wenn er nicht anspringt und die Soldaten uns hören, rennen wir in den Busch und verstecken uns. Wir müssen zusammenbleiben. Ist das klar?« Sein Blick sagte mir, dass wir auch mit dem Schlimmsten rechnen müssten.

In diesem Moment hatte ich keinen Zweifel mehr, dass wir überleben würden.

Jeremy drehte den Zündschlüssel, und der Motor begann zu surren. Bluey flog über Bodenwellen und glitt voller Verachtung über Schlaglöcher hinweg. Lou und ich versanken erschöpft in einen ruhelosen Schlaf. Immer wieder wachte ich auf und fragte mich, wie ich hatte einschlafen können, nachdem mich die Angst den ganzen Tag über mit Adrenalin aufgeputscht hatte. Und wir waren noch nicht am Ziel.

Ich schreckte hoch, als der Wagen langsamer wurde. Das Licht der Scheinwerfer hatte wieder einen Soldaten erfasst, der mit einer AK-47 auf uns zutaumelte und auf Jeremys völlig erschöpftes Gesicht zielte. Eine Sekunde lang blickten wir in die blutunterlaufenen Augen dieses Wahnsinnigen. Ich wusste, dass er schießen würde.

»Nicht anhalten!«, schrie ich. »Drück das Gas durch. Er wird uns töten.«

Jeremy drückte den Fuß nach unten. Bluey raste weiter, verpasste den Kerl nur knapp. Hinter uns knatterte das Maschinengewehr.

Lou schockierte mich mit Triumphgeheul. »Dem Schwein haben wir's aber gezeigt!« Angestachelt von diesem Sieg, übernahm sie den letzten Streckenabschnitt. Um Mitternacht waren wir in Rundu, wo wir uns noch eine Bleibe suchen mussten. Ein mit Einschusslöchern übersätes Schild führte uns eine schmale Straße entlang in ein kleines Lager, das am Ufer des Okavango lag. Müde wankten wir in eine mit Stroh gedeckte Bar, in der wir von einer überraschten Gruppe irischer Soldaten empfangen wurden, einer Einheit der Green Berets. Als wir ihnen erzählten, wir seien den Caprivi-Streifen entlanggefahren, hoben sie zum Gruß ihre Mützen und bestellten uns jeweils ein großes Bier.

»Ihr müsst verrückt sein. Dort fahren keine Zivilisten entlang. Und auf keinen Fall nachts«, dröhnte ein Bulle von einem Mann hinter der Bar lauter als Roy Orbison, der auf den Höhepunkt von »Crying« hinarbeitete, einem Lied, das ich verabscheue. Doch im Moment war es eine Erinnerung an die westliche Zivilisation.

»Seid ihr Iren?«, fragte einer der Soldaten. »Wenn ihr nicht vom Glück der Iren gesegnet seid, müssen euch die Engel lieben.«

Ich lächelte Jeremy zu. »Ich glaube, es war ein Engel«, erwiderte ich.

Erleichtert und rot im Gesicht vom Bier, das sie in einem Zug geleert hatte, rief Lou: »Aber wir haben es geschafft! Wer bestellt mir das nächste Bier?«

In Namibia besuchten wir die Stadt Swakopmund und eine Mondlandschaft, deren Häuser denjenigen in Bayern nachempfunden sind. Wir sahen hornlose Nashörner und die Skelettküste, wo nackte, orangefarbene Frauen Pfeife rauchten. Wir entdeckten einen tanzenden Elefanten, Schlangen, die sich seitwärts bewegten, Bäume, die Pfeile abschossen, Tiere, die nie saufen, und Vögel, die nicht fliegen können. Wir brutzelten in unsäglicher Hitze und froren bei Temperaturen unter dem Gefrierpunkt – innerhalb eines Tages. Wir waren in einer Welt voller Nebel und Geheimnisse, die mich wieder zu sich rufen würde.

Wir setzten Lou in Swakopmund in ein Flugzeug und fuhren nach Simbabwe zurück, um uns ein letztes Mal von unseren Elefanten zu verabschieden. Es war Jahreszeitenwechsel. Einen

Tag lang kehrte die Hitze mit den Wolken zurück. Es würde einige Zeit dauern, bevor sie ihren Segen abwerfen würden, und dann würden sich die Elefanten erneut in den undurchdringlichen Wald zurückziehen. Das Projekt hatte sich zu einer Einrichtung mit festen Parametern entwickelt. Andere Mitglieder würden das Team im kommenden Jahr ergänzen, nach der Regenzeit und der Rückkehr der Elefanten zum *vlei*.

Kathy und Neil würden bald heiraten, Des und Jenny weiterziehen und Aubrey und Siti Urlaub in England machen. Ich begann, mich von meinen Menschen-, aber nicht von meinen Elefantenfreunden zu lösen. Von ihnen würde ich mich nie trennen. Sie würden mich in meinen Gedanken immer begleiten.

Am letzten Tag suchten wir erfolglos nach der Herde. Abends war ich verzweifelt. Entschlossen, noch einmal mit den Elefanten zusammen zu sein, fuhren wir zu ihrem unbeliebtesten Wasserloch – in der Hoffnung, sie dort anzutreffen. Ohne darauf zu achten, dass mir ein Bläschenkäfer ins Gesicht fliegen könnte, streckte ich den Kopf aus dem Fenster und suchte den sandigen Weg nach Spuren ab. Von den Elefanten war nichts zu sehen.

Ein Kudu mit fantastischen, dreimal gedrehten Hörnern brach vor uns aus dem dichten Busch und zwang uns anzuhalten. Einen Moment blieb er stehen und blickte uns an, bevor er sich umdrehte und einen schmalen Trampelpfad entlangging. Wieder blieb er stehen, blickte sich zu uns um und kam ein paar Schritte zurück. Ich spürte das starke Verlangen, ihm zu folgen. »Jeremy, er führt uns dort hinein. Fahr bitte hinterher.«

»Was? Diesen Trampelpfad entlang?« Er sah mich an, als wäre ich verrückt geworden, doch mein entschlossener Gesichtsausdruck genügte ihm. »Also gut, Zwerg.«

Der Kudu ging weiter. Wir folgten ihm. Die kühle Nachtluft verwandelte die Hitzewellen, die sich aus der Erde erhoben, in einen sanften Nebel. Der Kudu verschwand im Busch. Es wurde dunkler im Wagen, Zweige peitschten gegen die Seiten.

Noch bevor ich sie sah, wusste ich, dass sie da war. Schiefer Stoßzahn marschierte den Pfad entlang, blieb stehen und drehte sich zu uns um. In königlichem Stolz hob sie den Kopf, um entlang ihres Rüssels auf uns hinunterzublicken. Ihre Gefühlsregungen zeigten sich an der Flüssigkeit, die ihre Schläfendrüsen absonderten. Tränen liefen an meinen Wangen hinab. Jeremy ergriff meine Hand.

Schiefer Stoßzahn war die erste Elefantenkuh aus der Herde, die ich getroffen hatte, und sie würde die letzte sein, von der ich mich verabschiedete. Als das Muttertier still stehen blieb, wirbelte leichter Nebel über ihren Rücken und um ihre Füße. Seltsamerweise war sie allein.

Eine Zeit lang blieben wir so stehen, bis sie ihren Rüssel hob, mit einem tiefen Nicken ihres wundervollen Kopfes mit den Ohren wedelte und im Busch verschwand. Mit ihr verschwand auch der Zauber. Unsere Zeit mit den Elefanten war zu Ende – fürs Erste.

Epilog

Der Kessel tanzt vor Freude – Juli 2006

»Tenzi, was ist in der schwarzen Tüte im Gefrierschrank? Das riecht ja furchtbar.«

»Eine Giraffe. Sie ist tot. *Yebo.*«

»Aha«, sage ich, als wäre eine tote Giraffe im Gefrierschrank etwas Normales. »Du musst diese tote Giraffe sofort wegwerfen.«

»Ich werde mit ihr ins Mitarbeiterdorf gehen«, ruft er laut und voller Ernst – er redet immer sehr laut. »Diese Giraffe gibt guten Biltong.«

Meine Nase zuckt beunruhigt. »Aber diese Giraffe ist verdorben. Sie wird dich krank machen.«

Tenzi wird noch ernster. »Nein, Sally, diese Giraffe ist lange auf den Beinen. Ihr Körper ist alt. Sie wird gutes Essen geben. *Yeee-bo.*«

Seine Geduld mit dem Dorftrottel ist unbeschreiblich. Ich habe als Safarisklavin, die bei den Leuten von Damara, Herero und Himba in der namibischen Wildnis lebt, viel zu lernen.

Es ist sieben Uhr an einem bitterkalten Morgen im Juli 2006, als Tenzi und Redney, zwischen sich den Kopf und weitere Überreste einer Giraffe, die Flucht ergreifen. Dampf steigt aus ihren lachenden Mündern mit den leuchtend weißen Zähnen auf. Wie schlanke und drahtige Kinder hüpfen sie über die einen Kilometer breite Steinwüste bis zu ihrem Lager. Dieses befindet sich hinter einer Reihe schroffer Basalthügel, unsichtbar und ohne Lärmbelästigung für die Gäste. Ich hoffe, die Mitarbeiter singen dort bis in die Nacht hinein, weil sie ihre natürlich überschwängliche Art in der Gegenwart von Gästen unterdrücken müssen. Die jungen Männer verschwinden hinter einer Staubwolke, die von einer kleinen Herde verängstigter Springböcke aufgewirbelt wird.

»Kommt aber schnell wieder zurück. Es gibt hier viel zu tun«, rufe ich ihnen hinterher in der Hoffnung, dass sie mein australisches Englisch verstehen und nicht beschließen, mit dem langwierigen Pökeln zu beginnen, bevor die Arbeit in der Küche erledigt ist. Ich will nicht hinter ihnen herjagen müssen. Am Morgen haben wir frische Löwenspuren quer über den Weg zwischen den beiden Lagern entdeckt. Wüstenlöwen sind schlau und brüllen nachts nur selten. Man bemerkt ihre Nähe nicht.

Diese Männer sprechen viele Sprachen. Englisch ist neu für sie, doch sie erkennen meine Bemühungen an, langsam zu sprechen, und jeden Tag wird ihr Englisch fließender. Ich weiß, dass ich nie in der Lage sein werde, Damara zu lernen, eine Mischung aus Schnalzen und fließenden Vokallauten. Auch wenn ich mir wegen der schwierigen Verständigungsweise den Menschen gegenüber manchmal fremd vorkomme, fühle ich mich hier wohl. Die Umgebung regt all meine Sinne an. Bedrohliche Hügel mit tausend Gesichtern und Formen umgeben ein Tal aus Sand und Kies, das nur spärlich mit Schirmakazien bewachsen ist. Ich erkenne Freunde und Tiere in den Gesteinsformationen. Ihre Grimassen jagen mir keine Angst ein. Die Wesen schützen mich.

Sie sind das einzige Beständige an einem Ort, an dem sonst nichts sicher ist. Dies gilt besonders für die Verfügbarkeit von Wasser. Es gibt Quellen in Hoanib, die jedoch den Wildtieren überlassen werden. Meistens rappelt vor dem Morgengrauen ein alter Nissan los, um Wasser aus einem neunzig Kilometer entfernten Bohrloch zu holen. Spät abends kehrt der erschöpfte Fahrer von seiner zweiten Tour zurück, nachdem er insgesamt dreihundertsechzig Kilometer am Tag gefahren ist. Gäste sind immer erstaunt über diesen Aufwand und fügen sich der Bitte, nicht so oft zu duschen. Ich mache mich oft darüber lustig und schlage vor, dass wir in Bier baden sollten, da es billiger als Wasser ist, aber das ist eigentlich kein Witz. Wasser ist hier in der Wüste wertvoller als Diamanten.

Sechs Safarizelte stehen in weitem Abstand zwischen den Hügeln und sind durch gewundene, mit Steinen gesäumte Wege miteinander verbunden. Jeden Abend brennt ein großes Lagerfeuer vor dem Esszelt mit Blick auf das Ufer des geheimnisvollen Hoanib, wo die seltenen Wüstenelefanten umherstreifen und scheue braune Hyänen und listige Leoparden durch die Dunkelheit huschen. Diese Tiere sind der Grund, warum ich freiwillig als Safarisklavin für Wilderness Safaris arbeite. Zudem kann ich an diesem ruhigen Ort das letzte Kapitel meiner Erinnerungen an ganz andere Elefanten schreiben. Nach Hoanib zu kommen, um mein letztes Treffen mit Simbabwes »Präsidentenherde« zu Papier zu bringen, schien eine glückliche Fügung. Jetzt bin ich mir nicht mehr so sicher. Safarisklavin zu sein, ist eine Herausforderung. Ich habe nicht mit den vielen Stunden gerechnet, die für die Leitung eines abgeschiedenen Lagers erforderlich sind. Morgens bin ich die Erste, die aufsteht, und abends die Letzte, die ins Bett geht. Außerdem dienen die Tage nicht nur dazu, andere Menschen glücklich zu machen. Es gibt temperamentvolle Köche, die besänftigt werden müssen, Mitarbeiter mit ihren eigenen Problemen, logistische Albträume von unbeschreiblichen Ausmaßen und den ständigen Ausfall von Fahrzeugen und der Satellitenkommunikation mit der Außenwelt.

Und meine Verzweiflung, weil ich keine Zeit finde, um zu schreiben, nimmt zu. Doch unerwartet ergibt sich eine Pause, in der keine Gäste im Lager sind. Endlich, denke ich. Jetzt kann ich mein kleines Textverarbeitungsgerät auspacken und ein paar der wertvollen siebenhundert Batteriestunden verbrauchen. Ich setze mich, die Sonne im Rücken, auf einen Stuhl, nicke den Monstern zu und schlafe ein. Eine Weile später zucke ich erschreckt zusammen. Sieben Säbelantilopen jagen an meinem Zelt vorbei, wirbeln Sand auf, der mich und mein wertvolles Gerät einhüllt. Eine Eimerdusche und zwei Tassen Kaffee später tippe ich einen Satz ein, bevor ein feuchter Nebel von der Skelettküste über die Felsen kriecht, der das Tal mit schwerer Kälte und das Textverarbeitungsgerät mit Feuchtigkeit überzieht, an der der Staub kleben bleibt.

So ist das Leben in diesem schroffen, wunderschönen Land der wechselnden Umstände. Der eiskalte Benguela-Strom fließt nur fünfundvierzig Kilometer Luftlinie entfernt nahe der rauen Atlantikküste vorbei, auch wenn man sich das nicht vorstellen kann. Oft, wenn die kalte Luft auf die Hitze der Dünen trifft, bildet sich lebensspendender Nebel und bringt Feuchtigkeit in das ausgedörrte Land. Schwarze Tok-Tokkie-Käfer mit ihrem harten Panzer machen halt, recken ihren Hintern hoch in die Luft und warten, bis Wasser nach unten in ihre Münder läuft. Antilopen nehmen die Feuchtigkeit aus den Blättern der Vegetation auf, die im Nebel gedeiht, und Raubtiere bekommen sie über das Blut ihrer Beute. Der schwere Nebel spendet Leben.

Ich erinnere mich daran und stelle mich der bitteren Kälte, die damit einhergeht. Wenn sich der Nebel dann hebt und in wabernden Wellen hinter den glitzernden Hügeln verschwindet, ziehe ich eine Kleidungsschicht nach der anderen aus, um mich von der Sonne wärmen zu lassen. Zumindest für eine Weile. Es ist Winter, doch am Nachmittag ist es ohne Wind und Nebel sehr heiß. Von all diesen Gegensätzen ist es der Wind, der mir am meisten zu schaffen macht. Er setzt ganz plötzlich ein, kommt von Osten als Sandsturm, der nur schwer zu ertragen ist. Sand kriecht in jede Öffnung. Solarpaneele, Zelte und das gesamte Geschirr und Essen in der Küche sind mit Schmutz überzogen. Zeltwände schlagen im Wind. Vögel lassen ihr Lied verstummen. Wildtiere ziehen sich hinter schützende Bäume und Felsen zurück. Weht der Wind länger als einen Tag, kriecht er in die Seele der Menschen, bis die angespannten Nerven mit ihnen durchgehen.

Immer wieder bin ich erstaunt, welche Wunder Janaman, unser Koch, aus dem zweifelhaften frischen Gemüse und Obst aus dem Laden vor Ort zaubert – der nur dreihundert Kilometer entfernt ist. Bevor neue Gäste eintreffen, müssen wir jedes Mal die Zweitagestour auf uns nehmen. Zwei Tage, weil die ersten siebzig Kilometer durch den tiefen Sand des fast ständig trockenen Flussbetts führen, das sich zwischen hohen Felswänden entlangwindet. Treffen wir auf Elefanten, bleiben wir stehen, bis sie weiter zum mit Ana-Bäumen und Senfsträuchern gesäumten Ufer ziehen. Das kann dauern. Sie – oder Giraffen, Säbelantilopen, Springböcke, Steinböcke und Strauße – zu stören, steht außer Diskussion. Das Eindringen des Menschen in ihren Lebensraum ist auf ein Minimum beschränkt. Wenn das nur auch für die wertvolle Präsidentenherde in Simbabwe gelten würde!

Zwei Monate zuvor hatte ich Australien verlassen, um in Simbabwe meine Elefanten wiederzutreffen. Einen langen Tag später tauchte das Flugzeug in die Morgendämmerung über Afrika ein. Der übliche braune Smog trübte den lachsfarbenen Himmel über Johannesburg, als die Reifen aufsetzten. In der Flughafenhalle dieser dunklen Stadt, in der Lou zwei Jahre zuvor bei einer Autoentführung von einem Schuss ins Bein getroffen wurde, war ich dankbar, dass wir nur auf der Durchreise waren.

Stunden später flogen wir zu den Victoriafällen. Anders als bei unserer Ankunft in Johannesburg wurden wir von lächelnden Zollbeamten empfangen. Ich begrüßte sie in Ndebele mit *Lichonanjani* – guten Tag –, was ihre Gesichter erstrahlen ließ.

»Ah, Madam, *Siyabonga*!«, bedankte sich einer der Männer, der meinen Pass gestempelt hatte, und winkte uns mit schwungvoller Geste durch den Zoll.

Ein Fahrer stand bereit, der uns in unser altes Revier am Dete-*vlei* brachte. Im Sprühregen des Wasserfalls erblickte ich einen Regenbogen, der hoch in den Himmel ragte, während wir nach Westen in Richtung Bulawayo fuhren. Die feuchte Jahreszeit schien Gutes bewirkt zu haben. Dickes, grünes Mopane-Gestrüpp säumte die Teerstraße; zwei- und dreispännige Eselskarren transportierten Berge von Holz; glückliche Kinder in beigen Uniformen sprangen und tanzten entlang der Straße auf dem Heimweg von der Schule. Die Fahrbahn war in einem guten Zustand. Wir fuhren über die Metetsi-Brücke, kamen am Kohlebergwerk von Hwange, an der Lukosi Government School und an Dörfern mit strohgedeckten Hütten vorbei, in denen es vor fetten Rindern und Ziegen nur so wimmelte. Der Fahrer erzählte uns, die Ernte sei gut gewesen. Der vertraute große Affenbrotbaum sah noch genauso aus, und der Inyantu führte Wasser. Gelbschnäblige Nashornvögel – die fliegenden Bananen – gackerten in der Luft. Da fiel mir Effie ein. Ich war noch etwas benommen, aber meine Schultern begannen sich zu lockern.

Mehrere Jahre waren seit unserem letzten aufreibenden Besuch vergangen. Bis jetzt lief mit unserer Rückkehr alles bestens. Ich war erfreut, dass wir auf dem Weg zu unserer zweiten Heimat waren. Dennoch hatte ich Angst, weil Simbabwe in eine noch tiefere Krise gestürzt war. Jeremy war ebenfalls ungewöhnlich angespannt. Die australische Regierung und die Medien auf der ganzen Welt zeichneten ein grausiges Bild von dem politischen Zwist und der sich daraus ergebenden Tragödie für die Lebensbedingungen der Menschen in Simbabwe. Einige unserer Bekannten, die mittlerweile ausgebürgert waren, hatten von unvorstellbarem Chaos berichtet. Und sie hatten weniger zu verlieren als unsere simbabwischen Freunde, die sorgfältig verschlüsselte Nachrichten per E-Mail verschickten. Meine Antworten waren gleichermaßen überlegt.

Ich wusste, dass Marius und Wilmarie von ihrem Land vertrieben worden waren. Sie hatten an Kleidern nur mitnehmen dürfen, was in zwei Koffer passte. Sogenannte Kriegsveteranen, die während der Guerilla-Kampagne, die sich von 1972 bis 1979 zu einem Bürgerkrieg ausgeweitet hatte, noch nicht einmal geboren waren, erschienen eines Tages, um ihnen die Farm abzunehmen. Es waren opportunistische junge Schläger. Ebenso wie mit anderen weißen Farmern in anderen Staaten verfahren wurde, schüchterten sie ein, drangen ein, plünderten und beanspruchten alles – nicht nur das Land, das sie, angestachelt von den Machthabern, als ihr Geburtsrecht reklamierten.

Nach und nach hatten sie Simbabwe so verwüstet. Eine tyrannische, fanatische Minderheit machte das Leben der friedvollen Mehrheit der simbabwischen Bevölkerung zur Qual, indem sie den Lebensunterhalt und die Wirtschaft ihrer Landsleute zerstörten. Tourismus war die zweitwichtigste Einnahmequelle in Simbabwe gewesen, aber kein Besucher wagte es mehr, in dieses

Land zu fahren, auch wenn die Brennpunkte in Gebieten lagen, in die kaum ein Tourist vordrang.

Ich döste im Wagen und dachte an mein Leben seit 1990 und an unseren Abschied von Schiefer Stoßzahn im Abendnebel.

Mit unserer Rückkehr nach Australien war ich auf dem Boden der Tatsachen gelandet – in mehr als einer Hinsicht. Ich hatte die Rollbahn des »Lucky Country« geküsst und war dankbar, wieder zu Hause zu sein. Doch ich trug ein unangenehmes Andenken aus Afrika in mir. Ärzte waren nicht in der Lage, die Parasiten zu identifizieren, die mich lahmlegten, und ich war lange Zeit krank. Dies bedeutete, dass eine rasche Rückkehr zum Forschungsprojekt nicht möglich war.

Stattdessen richtete ich all meine Energie auf Elefriends Australia. Jeremy und ich besuchten Schulen und Dienstleistungsorganisationen, um über die gefährdeten Tierarten in Afrika, über das einfache Volk und die Unterschiede zwischen den Rassen zu berichten.

Um unseren Lebensunterhalt zu sichern, kauften wir wieder einen heruntergekommenen Avocado-Garten, renovierten die alte, malerische Hütte und widmeten uns ganz dem biologischen Anbau. Besonders angetan hatten es mir die australischen Vögel. Ich war wie verzaubert, wenn abends die bunten, schroff klingenden Papageien vorbeiflogen, während man bei den einfachen Krähenwürgern das Gefühl hatte, die Engel würden singen. Diese gierigen Tiere machten sich über unsere Regenwürmer her, die wir in die Gartenerde gesetzt hatten. Ich dachte, ihrem Ruf als Löwen der Luft entsprechend würden sie die Küken anderer Vögel verspeisen. Und wenn der Wind abgebrochene Äste auf einen Haufen wehte, rief ich: »Hier sind vor Kurzem Elefanten durchgekommen.« Ich nervte mich schon selbst mit meiner Neigung, die australischen Tiere mit den afrikanischen zu vergleichen. Aber was sollte ich tun? Die Herde stampfte immer noch durch meine Träume, und auch Jeremy hatte Sehnsucht nach Simbabwe. Manchmal, wenn uns unsere üppige Umgebung zu beengend wurde, fuhren wir nach Westen in das dürre Land, um

Freiheit zu atmen. Dann erwischte ich mich dabei, wie ich zwischen die Eukalyptusbäume spähte, ob sich dort etwas bewegte, was in Afrika Antilopen hätten sein können, hier aber Rinder oder ein paar Kängurus waren.

Wahrscheinlich hielten uns viele für verrückt, weil wir unsere sichere Heimat verlassen und in ein Land zurückkehren wollten, in dem es keinen Frieden und keine Freiheit gab und das mir körperlich so zugesetzt hatte. Zu Recht stellten sie fest, dass Simbabwe unter den Konflikten und Grausamkeiten litt und von AIDS, Malaria und extremer Armut in die Knie gezwungen wurde. Ich verstand ihre Sorge und versuchte zu erklären, warum ich von einer Welt angezogen wurde, in der es die Kraft des Geistes beinahe schaffte, die Widrigkeiten der katastrophalen Lebensbedingungen zu überwinden, während Jeremy und ich den Eindruck hatten, dass in unserer Welt Geld mehr als nur ein Mittel zum Überleben war.

Mittlerweile war Lou Berufspilotin geworden und flog im Northern Territory, Lachlan nahm ein Sabbatjahr von seinem Jurastudium und zog auf der Suche nach der perfekten Welle und nach der Inspiration für seine Musik durch die Welt. Um seine Reisen zu bezahlen, arbeitete er während des Lachszugs in Alaska und beim Thunfischfang in Südaustralien. Jeremys Töchter Jenny und Jackie kamen mit ihren Babys zu Besuch, und Kate, die jüngste, verbrachte ihre Schulferien bei uns.

Jeremy und ich wurden Nomaden. 1993 verkauften wir den Garten und kehrten für ein paar Monate nach Afrika zurück. Noch bevor wir Harare verließen, steckten wir schon in Schwierigkeiten. Mit abgezehrten Gesichtern zogen uns junge Männer auf die Seite und erzählten offen von ihrer Wut auf die Regierung. Sie würden im Namen der neuen Intellektuellen sprechen. Einer von ihnen sagte, er sei HIV-positiv. In diesem Land löschte der von AIDS verursachte Völkermord die Elite der simbabwischen Jugend und mit ihnen die Hoffnung auf ein besseres Land aus.

Des und Jenny leiteten eine Wildtierfarm, die von einem hohen elektrischen Zaun umgeben war. Diese Festung war noch verstärkt worden, nachdem mit Äxten und Macheten bewaffnete »Kriegsveteranen« Jenny während eines Angriffs bedroht hatten, als Des gerade unterwegs war. Die Polizei war ihrem Notruf nicht gefolgt. Voller Angst um ihren kleinen Sohn und in dem Bewusstsein, dass sie den gesetzlosen Terroristen, die inoffiziell von der Regierung geduldet wurden, nichts entgegensetzen konnten, planten sie insgeheim, nach Australien auszuwandern.

Harold hielt die Stellung im Gwaai, doch er erkannte die Zeichen an der Wand. Bald würde er sein geliebtes Heiligtum verlassen und nach Südafrika gehen müssen. Das Leben war hart für sie, ebenso wie für viele unserer schwarzen Freunde, von denen einige unter Gewalt und Einschüchterung gelitten hatten und um das nackte Überleben ihrer Familien kämpften.

Die Schwierigkeiten hatten auch Dete nicht verschont. Wir konnten nicht durch das Jagdgebiet fahren, wo sich die Herde aufhielt. Von der geteerten Straße aus blickten wir sehnsüchtig in den Busch auf der Suche nach Schiefer Stoßzahn und der Herde. Doch es war Tunny, die wir an dem dreieckigen Loch in ihrem linken Ohr erkannten. Sie tauchte plötzlich aus dem Busch auf und trieb ihre Familie quer über die Straße. Sie waren auf der Flucht. Sie drehte sich zu uns und wackelte wütend mit den Ohren. Ich legte die Hände um meinen Mund und stieß in dem Moment einen Brummlaut aus, in dem ich dachte, sie würde uns angreifen. Sie hob ihren Rüssel, um zu schnuppern, und erstarrte einen kostbaren Augenblick lang. Es gab keinen Zweifel: Sie hatte uns erkannt. Die Begegnung war enttäuschend kurz – nach einer Minute war alles vorbei.

Zurück in Australien, kauften und renovierten wir Häuser, die nie unser Zuhause wurden, und päppelten eine heruntergekommene Rinderfarm zu einem überlebensfähigen Betrieb auf. Mit der harten Arbeit finanzierten wir unsere Reisen in andere Teile Afrikas, die wir zwischen den einzelnen Projekten unternahmen.

Jeremy und ich wussten, dass wir Nomaden bleiben würden,

solange Afrika so eine magnetische Anziehung ausüben würde. Sobald ein Brief von unseren Freunden aus Simbabwe eintraf, wurden wir von Sehnsucht gepackt. Ich denke, Aubrey wusste das, als er schrieb:

Unsere geliebten Elefanten sind nach einem wahnwitzigen Unfall – und ich meine wahnwitzig – vorübergehend abgezogen. Vor ein paar Tagen kehrte einer der Führer nach seiner morgendlichen Tour vom Sikumi-Tree-Safarilager zurück. Er fuhr von Kanondo die Straße entlang, an der die Stromleitung für das Hwange-Safarilager verläuft. Er hörte einen Schlag und sah einen Blitz. Als er näher kam, war die 33000-Volt-Hochspannungsleitung heruntergekracht und lag auf einem großen Elefantenbullen. Er holte mich ab, und gemeinsam eilten wir zu der Stelle zurück. Die Leitung stand noch unter Strom, und der Elefant war natürlich tot. Nachdem das E-Werk die Leitung abgeschaltet hatte, konnte ich anhand der Spuren rekonstruieren, was passiert war:

Zwei große Bullen hatten miteinander gekämpft. Um das Gesicht des toten Bullen herum befanden sich drei große Wunden von Stoßzähnen, und der zweite Bulle, der den Kampfplatz eilig verlassen haben musste, hatte eine kleinere Blutspur hinterlassen. Der erste Bulle war gegen den Mast geknallt, der in drei Teile zerbrach. Das Kabel fiel zuerst auf seinen Kopf, wo es sich an der Stirn in drei Streifen einbrannte. Als der Bulle auf die linke Seite fiel, legte sich das Kabel über seinen Bauch. Der Herzstillstand wird zum sofortigen Tod geführt haben. Ei-ei-ei! In meinem ganzen Leben habe ich noch nie so etwas gehört, wobei sie sich ja manchmal gegenseitig in unsere Landrover stoßen, wie du weißt.

Du weißt auch, dass Elefanten reagieren, wenn einer erschossen wird. An dem fraglichen Morgen blieb die ganze Herde mit Ausnahme des verwundeten Bullen wie angewurzelt stehen. Ich bin sicher, dass die Mutterkuh gedacht hat, der Bulle wäre erschossen worden, und den anderen mitteilte, sie sollten sich verdrücken! Als wäre jemand mit einem riesigen Staubsauber vorbeigekommen, sind sie wie vom Erdboden verschluckt, obwohl gestern Abend fünf Kundschafter in der Nähe von Kanondo gesehen wurden. Ich hoffe, sie lassen die anderen wissen, dass sie doch bitte zurückkommen mögen. Wir alle vermissen sie so sehr. Schade, dass wir ihnen nicht erklären können, was passiert ist. Es wäre eine Tragödie, wenn das Vertrauen zu unseren sanften Riesen gestört wäre.

Präsident Robert Mugabe hat der Herde endlich den besonderen Schutz »für alle Zeiten« gewährt. Ich habe die Ehre, zum Mitglied des Kuratoriums ernannt worden zu sein. Unsere konstituierende Sitzung fand bereits statt, in Harare, und unser erstes richtiges Treffen, bei dem der Präsident das Projekt öffentlich macht, ist für den 18. Februar 1992 angesetzt.

Heute beim Mittagessen herrschte helle Aufregung. Banda, der Kellner, kam hereingestürzt und erzählte, drei Geparden würden gleich vor dem Lager eine Impalaantilope jagen. Ich benachrichtigte die Gäste, die gerade rechtzeitig kamen, um zu sehen, dass sich die Gepardenmutter die Antilope schnappte. Was für eine Sensation! Diese Szene direkt vor unserem Lager. Die drei Geparden und wir aßen gemeinsam zu Mittag!

Euch beiden die herzlichsten Grüße und ein dickes Küsschen für Dich, Sal.

Aubrey Packenham.

Natürlich war ich aufgewühlt. Ich wollte dort sein, um den bittersüßen Sieg mit unseren Freunden zu feiern. Mandebele hatte sein Ziel erreicht, die Herde zu schützen, indem er sich beim Präsidenten einschmeichelte und ihn bei seiner Eitelkeit packte, was aber gerechtfertigt war, um einen Schutzschild über die Elefanten zu legen. Ich konnte ihn und Aubrey fast hören, wie sie sich bei den Elefanten entschuldigten. Leider war der Sieg nicht von Dauer.

Alle zwei oder drei Jahre verkauften wir unseren gegenwärtigen Wohnsitz, schnappten uns unser Gepäck und kehrten nach Afrika zurück. Bis Ende der Neunzigerjahre lag Simbabwe immer auf unserer Reiseroute, doch wir lernten auch Kenia, Botsuana und Namibia kennen. Bei jeder Reise mussten wir Johannesburg erdulden, während wir nach einem Auto suchten. Bluey wurde durch verschiedene Nachfolger wie »Schnee«, »Das Biest« und andere Fahrzeuge ersetzt, die keinen Spitznamen verdienten. Zelte wurden auf ihren Dächern verschnürt, Schlafsäcke in die Kofferräume gepackt, und hin und wieder genossen wir den Luxus, wenn wir in den Hütten der Nationalparks oder bei Freunden übernachteten. Und schließlich besuchten wir Lou in Kenia, die für die Vereinten Nationen arbeitete und mit einer Hercules in den Sudan flog.

1998 unternahm ich eine Pilgerfahrt zurück an den Ort, wo alles begonnen hatte – an den Savuti-Kanal in Botsuana. Am ersten Tag dort klebte meine Bluse in der Hitze am Rücken, als ich aus dem Schatten der Zeltmarkise trat, aber es dauerte nicht lange, bis die Sonne meinen Schweiß aufgesaugt hatte. Die Feuchtigkeit verschwand im gleichen Moment, in dem sie durch die Poren trat. Gott weiß, bis in welche Höhen die Temperaturen stiegen – das Thermometer platzte und blieb für immer auf 44°C stehen. Es war Oktober, und noch immer hatte es nicht geregnet.

Siebenundzwanzig abgemagerte Elefantenbullen standen im Sand des ausgetrockneten Kanals unterhalb des Lagers. Auch ein paar Antilopen und eine Warzenschweinfamilie warteten auf Wasser. Ein Schwarm Kaptäubchen landete im Sand, sang ein Ständchen und flog unbefriedigt wieder davon. Reptilien und Raubvögel waren derzeit die Gewinner. Falken und Adler stürzten sich nach unten, um sich noch lebende oder von der anstrengenden Hitze erlahmte Tiere zu greifen. Zwei wunderschöne Pythons und eine Boomslang-Familie lagen zusammengerollt und reglos wartend in zwei Leadwood-Bäumen, um blitzschnell nach einem der Rotschnabelweber zu schnappen, die in Schwärmen angeflogen kamen. Nur Schwänze zuckten und Ohren flatterten, Vögel flogen hin und her, und der Wind wehte. Ansonsten bewegte sich nichts. Luftbewegung sieht man nur bei extremer Hitze oder Kälte. Bei Hitze flimmert sie, bei Kälte dampft sie aus dem Mund. Beides Illusionen. In einer Dürreperiode wird das Leben aus allem Lebendigen herausgepresst und verändert selbst die Form von Gegenständen.

Während ich meine Aufzeichnungen machte, spaltete sich im heiligen *kopje* ein Felsen und verformte das prähistorische Gemälde einer Gottesanbeterin. Die Träumerei eines urzeitlichen Menschen, das Wesen seines Schöpfungsmythos', hatte einen Riss bekommen. Aber der Regen würde wiederkommen, die Wüste verändern und neues Leben erschaffen. Menschen würden ihre Stärke zurückerlangen, um sich umeinander und um die Tiere in der Wildnis zu kümmern. Ich hoffte, dass dies bald geschehen würde. Derzeit gab es kein Benzin, um die Pumpen zu betreiben, mit denen das Wasserloch gefüllt wurde. Tiere verdursteten. Hugo war stur und investierte kein hart verdientes Geld mehr in die Rettung der Tiere. Warum auch? Auch die Regierung schickte seit Monaten kein Benzin mehr.

Weitere Bullen schleppten sich zu dem einzigen Wasserloch, das sie kannten. Ermattet senkten sie ihre Rüssel und suchten die Stelle ab, wo Wasser hätte sein sollen. Dann lehnten sie sich zur Seite, ließen entweder ihre Rüssel auf den Boden hängen oder legten sie über ihre Stoßzähne. Einer urinierte, die spärliche Flüssigkeit war dick und gelb. Ein anderer saugte rasch alles auf, bevor der Urin im Sand versickerte. Die Elefanten waren zu schwach, um die fünfzig Kilometer bis zum Linyanti zurückzulegen, einem Fluss, der vielleicht Wasser versprach. Sie versuchten es nicht, weil es bisher fast immer Wasser hier gegeben hatte, da künstliche Wasserlöcher gegraben worden waren, nachdem der Savuti-Kanal ausgetrocknet war. Ich hatte Angst um Schiefer Stoßzahn und ihre Herde. Ging es ihnen gut? Auch sie waren von den künstlichen Wasserlöchern abhängig.

Am fünften Tag gab Hugo nach – den Bitten der Menschen, seinem eigenen Schmerz und den Tieren, die er bewunderte. Er betankte die Pumpe und startete sie. Verkümmerte graue Körper füllten sich mit Wasser. Ich erinnerte mich an den Elefanten, der 1984 kurz vor der Morgendämmerung mit seinem Schnarchen sein Lied in mein Bewusstsein gebrummt hatte. Er hatte mein

Leben gerettet und mir meine Seele gestohlen. Savuti würde mich mit seinem Lied immer an den trockenen, geheimnisvollen, einzigartig schönen Chobe erinnern. Und eines Tages würde der Savuti-Kanal vielleicht auch wieder Wasser führen.

Jeremy rief mich in die Gegenwart zurück – nach Simbabwe im Jahre 2006. »Wir sind an der Abzweigung, Sally. Fast zu Hause.«

Der Fahrer bog von der Hauptstraße auf einen schmalen Weg ab, der sich durch den Wald zum Dete-*vlei* schlängelte. Ich zuckte zusammen, als wir an Marius' Haus vorbeikamen. Es verrottete, und im einst schönen Garten sprossen verrostete Fahrzeuge und Müll. Die Kriegsveteranen lebten dort, doch sie waren entweder unfähig, den Betrieb aufrechtzuerhalten, oder sie hatten nicht die Absicht, es zu tun. Ein stattlicher Kudubulle sprang vor uns auf, und dann waren wir da. Ein Mann wartete am Gatter des Sikumi-Tree-Safarilagers, unseres Ziels.

»Willkommen«, begrüßte er uns, als er vortrat, um mir die Hand zu schütteln. »Ich bin Bheki.«

Mein Herz machte einen Satz, als ich seinem ernsten Gesicht ansah, dass er mich erkannte. Dann nahm er mich fest in seine Arme.

»Mama Ndlovu! Sind das wirklich Sie?«, fragte er, und zu Jeremy: »Madala, Sie sind nach Hause gekommen.«

»Oh, Bheki, ich hätte im Traum nicht zu hoffen gewagt, dich hier anzutreffen.«

Die beiden Männer umarmten sich, eine ungewöhnliche Geste für einen Matabele-Mann einem Außenstehenden gegenüber. Bhekis Augen waren so feucht wie unsere. Ohne sich zu schämen, zog er ein großes Taschentuch heraus und schnäuzte sich. Er konnte immer noch nicht glauben, dass wir es waren, und klatschte sich vor Freude auf die Schenkel. Ich blickte den Jungen an, der zum Mann geworden war. Dann drehte er sich aufgeregt zu den anderen Männern um, die erschienen waren, und wedelte mit den Armen, während er in Ndebele sprach. Sechzehn Jahre waren vergangen, seit wir uns kennengelernt hatten.

Ich war erfreut zu sehen, dass Bheki eine Anstellung bekommen hatte, obwohl so viele andere litten, seit die Touristen ausblieben.

»Kommen Sie. Ich werde Ihnen etwas Kühles zu trinken besorgen. Oder lieber einen Tee? Ich bin jetzt der Barmann.« Stolz schwang in seiner tiefen Stimme mit.

Später erzählte er, er wolle seine Lizenz als Safariführer machen, müsse aber erst genügend Geld für den Führerschein sparen. In den nächsten Tagen erzählten wir uns unsere Lebensgeschichten, doch er stand meistens und setzte sich erst, wenn wir allein waren. Ich verstand das. Es hätte als schlechtes Benehmen gegolten, wenn ein Angestellter bei den Gästen sitzt.

Ich war entzückt, wenn sein ernstes Gesicht mit jedem Lächeln strahlte, doch seine Augen blieben traurig.

»Ah, Mama, ich bin jetzt ein alter Mann, und ich habe Tage der Freude hinter mir. Damals, als wir alle zusammen waren und Simbabwe glücklich war.«

»Bheki! Du bist erst dreiunddreißig Jahre alt. Das ist noch jung.« Doch ich wusste, dass er in Simbabwe ein alter Mann war. Dort war die Lebenserwartung auf Mitte dreißig gesunken. Ich überlegte, wie alt wir auf ihn gewirkt haben mussten.

»Ah, und ich bin jetzt ein verheirateter Mann. Meine Frau hat einen Namen wie Sie. Sie heißt Saliwe, Sali, und ich bin der Vater von zwei wunderschönen Töchtern. Sie heißen Perfect, fünf Jahre alt, und Ability, zwei Jahre alt.« Er zeigte zum Wasserloch. »Dort sind die frechen Paviane, Sally, und drei Säbelantilopen sind gekommen, um Sie zu begrüßen.« Sein Gesicht erstrahlte in einem breiten Lächeln. »Ich werde nach den Elefanten rufen, sie werden bald hier sein.«

»Dann musst du vor allem Schiefer Stoßzahn, Tunny, Dilingane, Bette Midler und Inkosikasi herbitten«, scherzte ich.

»Ah ... es stimmt, Sie denken immer an Elefanten. Mir wurde gesagt, dass die alte Kuh Schiefer Stoßzahn noch irgendwo hier ist«, erzählte er mit dem Ernst eines Alten. »Aber ich bin immer hier und kümmere mich um die Gäste, deswegen habe ich sie noch nicht selbst gesehen.«

An diesem ersten Abend fragte ich bei Tee und Plätzchen, wo Dingindawo, Lovemore, Jabulani, Shadrick und Stock waren. Bheki ließ den Kopf sinken und verschränkte in ehrfürchtiger Geste die Hände vor seiner Brust. »Ah, Sally, es tut mir so leid, Ihnen diese traurige Sache erzählen zu müssen. Sie sind alle gestorben.«

Ich schnappte nach Luft und musste mich setzen. Wir blickten beide zum Wasserloch, und Bheki legte eine Hand sanft auf meine Schulter. Ich fragte ihn nicht, warum der jüngste dieser Männer tot war.

»Allerdings leben Dumisani, Elton und Pious jetzt in Südafrika«, fuhr er ermunternd fort. »Unser guter Freund Dickson ist Safariführer, und Raphael ist fett und stark. Er ist Berufsjäger. Er ist ein sehr erfolgreicher Mann. Nur reiche Männer werden fett.«

»Ehrlich?«, fragte ich. »Das sind wirklich gute Nachrichten.« Doch traurig dachte ich an diejenigen, die tot waren. Wir hatten bereits erfahren, dass George Ndlovu gestorben war, ohne das neue Jahrtausend begrüßen zu können, wie er es mit seinem Sohn Millennium geplant hatte.

Später kam Bheki zu mir ans Feuer und erzählte mir von seinem jetzigen Leben. Er sagte, am Anfang des Jahres hätte er zehn Millionen Simbabwe-Dollar für seinen Führerschein gespart gehabt. Das Geld hätte vielleicht dafür gereicht, doch sein Bruder war gestorben, und Bheki hatte das Geld der Frau seines Bruders gegeben und zugestimmt, ihre drei Kinder wie seine eigenen zu erziehen.

»Was soll ich tun?« Er zuckte mit den Schultern. »Ich muss teilen, was ich habe.«

Bheki erzählte, in dieser Woche sei er mit zehn Millionen Simbabwe-Dollar, seinem Wochenlohn, in einen Supermarkt gegangen und habe sich nicht einmal einen kleinen Korb mit Lebensmitteln leisten können. Verschämt ließ er den Kopf sinken, als er berichtete, er habe die meisten Sachen in die Regale zurückräumen müssen – selbst eine Tüte Mehl. »Meine Familie kann kein Brot essen.«

Zwei Kilo Zucker kosteten sechseinhalb Millionen Simbabwe-Dollar. Die Wirtschaft war im Trudeln, die Inflation spielte verrückt und nahm mit jedem Tag zu. 1990 waren zwei Simbabwe-Dollar einen US-Dollar wert. Schließlich konnte man mit einem US-Dollar schwindelerregende hunderttausend Simbabwe-Dollar kaufen, eine Woche später waren es hundertfünfzigtausend. Der Wert des Simbabwe-Dollars sank täglich. Und das war der offizielle Wechselkurs. Auf dem Schwarzmarkt brachte ein US-Dollar dreihunderttausend Simbabwe-Dollar ein.

Bheki erzählte mir in seiner wohlüberlegten Ausdrucksweise von den finanziellen Problemen. Es dauerte lange, wobei ich ihn weder unterbrach noch eine Bemerkung machte. Alles, was ich hätte sagen können, wäre unwichtig gewesen. Er brauchte nur jemanden zum Zuhören. Das tat ich, bis meine Stirn in der Hitze glühte und meine Stiefelspitzen anfingen zu qualmen, weil ich sie zu nahe ans Feuer gehalten hatte. Mein Rücken war eiskalt. Ich erhob mich, um dem Rauch auszuweichen, der mich aber zu verfolgen schien.

»Sehen Sie, Sally, selbst der Kessel tanzt vor Freude. Bheki lachte und erinnerte mich an seine liebevolle Verwirrung, als er als Sechzehnjähriger mühsam Englisch gelernt hatte. Ein Kessel dampfte auf den Kohlen, mit dem Wasser sollten die mit Pelz überzogenen Wärmflaschen gefüllt werden. Ich schob meine Wärmflasche unter meinen Mantel, sagte gute Nacht und stieg die Leiter zu einem kleinen Baumhaus hinauf. Die blubbernde Flasche, die eigentlich ein Gummibehälter war, bot nur wenig Trost, als ich mich ins Bett kuschelte.

Ich konnte nicht schlafen. Ich war überwältigt von dem menschlichen Elend, dem Jetlag und der bitterkalten Luft, die über die hüfthohen Wände hinweg und durch meine Wollmütze drang. Nachdem ich mich damit abgefunden hatte, nicht einschlafen zu können, betrat ich das Reich der wirren Gedanken, in das kein vernünftiger Mensch freiwillig eintreten würde. Um sie zu bannen, stellte ich mir die Familienherde vor. Würden mich die Elefanten erkennen? Als sich in der Luft langsam Kristalle bildeten und ich spürte, dass die Haare in meiner Nase einfroren, betete ich für die Straßenkinder, für all die obdachlosen, unterernährten Simbabwer, die sterben könnten, weil sie die Nacht draußen verbringen mussten.

Kurz vor Morgengrauen lag die Temperatur um den Gefrierpunkt. Angezogen wie ein Eskimo, stieg ich die Leiter hinunter, um in den Kohlen zu stochern. Bheki war mir zuvorgekommen. Ein großes Holzscheit leuchtete noch heller als sein herzliches Lächeln. Wir setzten uns mit gekreuzten Beinen ans Feuer, toasteten Brot und tranken Tee, während wir über die Elefanten sprachen. Nebel waberte über den silbernen Rücken eines Honigdachses, der zielgerichtet zum Wasser ging, um zu trinken. Die Kudus, die bereits hier waren, wichen ihm vernünftigerweise aus. Sein typisch arrogantes Auftreten sendete die bedrohliche Botschaft aus, sich von ihm fernzuhalten. Er trank eilig und trottete dann auf einem Trampelpfad ins hohe Gras.

Paviane riefen ihren Morgengruß, bevor sie aus den Bäumen zum *vlei* hinunterhuschten. Die schwarzen kleinen Babys ritten auf dem Rücken ihrer Mütter wie Mini-Jockeys. Unten angekommen, spielten sie neben den frischen Kothaufen von Elefanten, während die Älteren das kaum verdaute Zeug auf saftige Leckerbissen und Mistkäfer untersuchten. Elefanten waren in der Nacht zum Wasserloch gekommen. Nicht weit entfernt ließ irgendwo im Wald ein Elefant einen entrüsteten Trompetenstoß hören. Mein Puls stieg an. Vielleicht musste ich mich nicht auf die Suche machen, falls sie am Morgen zum Wasserloch zurückkehrten. Ich beschloss zu bleiben, wo ich war. Doch die Elefanten hatten andere Pläne. Am Mittag war ich erschöpft vom angestrengten Lauschen.

Am Nachmittag machten wir uns in einem alten, klapprigen Landrover auf den Weg. Am Steuer saß Pembas, ein Safariführer mit freundlichen Augen und ein Freund von Bheki. Wir fuhren durch das kupferglänzende Gras des *vlei*. Ich fürchtete, wir würden mit unserem Lärm alle Wildtiere verscheuchen. In meinem Bauch kribbelte es vor Aufregung. Alles sah genauso aus wie früher, was mich irgendwie irritierte, da ich wusste, dass sich vieles verändert hatte. Das nach den intensiven Regenfällen dichte Mopane-Gestrüpp verlor noch nicht seine schmetterlingsförmigen Blätter, obwohl die Winterkälte schon lange hereingebrochen war. Eine Herde aus zweihundert Büffeln trank und wälzte sich an einem frischen Wasserloch rund einhundert Meter vom Lager entfernt. Böse aussehende Bullen trieben ihre Schützlinge in einem sich wild drehenden Kreis zusammen, der sich langsam auf den Wald zubewegte. Die Büffel sahen gut genährt und gesund aus. Die Regenzeit war ein Segen gewesen. Wie viele Menschen wären sonst gestorben? Wie viele Tiere wären ohne Wasser umgekommen? Für die meisten Wasserpumpen gibt es mittlerweile kein Geld mehr.

Erpicht darauf, unsere Elefanten zu finden, nahm ich die Giraffen, Säbelantilopen, Impalas und Warzenschweine, an denen wir auf dem Weg zu unserem geliebten Akazienwäldchen vorbeikamen, kaum wahr. Ich wusste, dies war der Ort, an dem wir mit der Suche beginnen mussten. Hier in dieser parkähnlichen Gegend, wo sich die Elferbande einst gegen die Baumstämme geworfen hatte, um die köstlichen Schoten der Kameldornakazie herunterzuschütteln, würde es genügend Wasserlöcher geben, um Bullen anzulocken.

Blut schoss mir in den Kopf, als ich die ersten Elefanten erblickte. Die Umrisse zweier großer grauer Bullen verschmolzen mit dem Schatten unter einem riesigen Baum. Solange die Elefanten keine offensichtlichen Merkmale aufwiesen, würde es schwierig sein, einzelne aus der Herde zu erkennen, besonders bei Bullen, wenn keine bekannten Kühe in der Nähe waren. Wir blieben eine Weile bei ihnen. Ich war zu Hause, erfreute mich an dem vertrauten Geruch von Wild, an dem Anblick des aufwirbelnden Staubs, wenn die großen Ohren flatterten, den nach unten hängenden Hintern, die zitterten, wenn sich die Elefanten gegenseitig kratzten – und der entspannten, bis auf den Boden hängenden Rüssel. Der ältere der beiden Bullen schielte in unsere Richtung, bevor er, gefolgt von seinem kopfschüttelnden *askari*, weiterging. Ihr entspanntes Verhalten während unserer Anwesenheit ließ darauf schließen, dass sie zur Präsidentenherde gehörten, doch ich erkannte sie nicht.

Wie üblich waren Paviane und Impalas dort und sammelten fleißig die Schoten, die von den Elefanten liegen gelassen worden waren, und zwei Schakale boten sich als falsche Freunde an – sie warteten darauf, dass die Mutterschafe ihre Lämmer fallen lassen würden. Nachdem sich der Jetlag-Nebel in meinem Kopf gelichtet hatte, ging ich völlig in diesem Moment auf. Es gab nichts außer der Wildnis. Dies war mein persönlicher Himmel, und auch Jeremy ließ in seinem dichten Bart so etwas wie ein Dauergrinsen erkennen. Schweigend warteten wir auf die Familienherde. Ich wünschte sie mir herbei.

Und dann brachen sie aus dem dichten Busch, kamen eilig auf das Fahrzeug zugerannt, wie sie es immer getan hatten. Mein Herz jubilierte, als ich meinen Blick über die Gesichter der Kühe gleiten ließ, um zu sehen, wer alles gekommen war. Eine Kuh kam direkt auf uns zu und forderte volle Aufmerksamkeit. Sie hatte eine breite Stirn und große Augen. Sie drehte ihren Kopf zur Seite – ein dreieckiges Stück Haut in ihrem linken Ohr fehlte. Es war Tunny. Sie stellte sich unmittelbar neben meine Tür und blickte mich mit warmen, bernsteinfarbenen Augen unter langen Wimpern an. Mir stockte der Atem, Tränen liefen über mein Gesicht. »Hallo, Tunny«, flüsterte ich. Sie streckte ihren Rüssel aus und blies warme Luft über meinen Arm. Ich blieb reglos sitzen, hätte sie aber gerne gestreichelt.

Das kleine Kalb einer anderen Kuh hüpfte herbei, gefolgt von ihrer besorgten jungen Mutter. Tunny rührte sich nicht vom Fleck und blickte mir immer noch in die Augen. Die jüngere Kuh entspannte sich. Wir waren einander vorgestellt worden. Eine halbe Stunde blieb Tunny neben mir stehen, streckte nur hin und wieder ihren Rüssel aus, um meinen Geruch zu testen und mir ihren entgegenzublasen. Ich hauchte ihr meinen Atem ebenfalls zu. Ihre Familie entspannte sich und sammelte Schoten, und eine große Kuh schob ihren Rüssel hoch in einen Baum und schüttelte die Äste, bis Schoten herabfielen. Nur selten sah man, dass ein Weibchen dies tat. Jeremy meinte, es könnte die anmutige Kuh sein, die wir Grace genannt hatten, aber ich war mir nicht sicher. Bevor Tunny ihre Familie weiterführte, schwenkte sie freundlich den Kopf hin und her und wedelte mit den Ohren, als wollte sie sagen: »Bis bald!«

Wir fuhren nach Kanondo weiter, wo wir viel Zeit mit den Elefanten verbracht hatten. Obwohl ich wusste, wie die Dinge standen, war ich doch entsetzt, als ich feststellte, dass die üppigen Riedbeete der einst grünen Lagunen fast vollständig unter dem Sand verschwunden waren. Kanondo war verwüstet – vor die Hunde gegangen wie ganz Simbabwe. Kein einziges der vertrauten Tiere war hier. Immer, wirklich immer hatte es hier Hirschantilopen, Impalas, Paviane, Warzenschweine und unzählige Vögel gegeben. Doch heute gab es einen anderen Grund für ihre Abwesenheit. Eine schlanke Löwin und ihr schmuddeliges Junges lagen über einem Termitenhügel und warteten auf das ahnungslose Wild, das sich an die einst ausgedehnten Wasserlöcher in Kanondo verirren würde.

Ich schloss meine Augen, um einen Moment mit Aubrey in der Vergangenheit zu verbringen, als er Cathy und mich geärgert und Schiefer Stoßzahn angestachelt hatte, die Hwange-Bullen zu verjagen. Ich hob zu seinem Gedenken eine Flasche Bier. »Ich weiß, dass du da irgendwo bist, du alter Fuchs.«

Der Vollmond ging im Osten auf, im Westen ging die Sonne rasch unter, und es wurde schlagartig kühl. Ich setzte meine Wollmütze auf und zog die Lederhandschuhe und eine warme Jacke an, bevor wir am Dete-*vlei* entlang zurückkehrten. Ich hatte die bittere Winterkälte in den offenen Ebenen beinahe vergessen, die durch den starken Wind, der über mein Gesicht fegte und mir Tränen in die Augen trieb, noch verstärkt wurde. Ein weißer Nashornbulle, auf dessen nassem Rücken sich das Mondlicht spiegelte, kreuzte unseren Weg. Ihm schien das eiskalte Wetter nichts auszumachen.

Als wir ins Lager fuhren, züngelten die Flammen des Lagerfeuers bereits Richtung Himmel. Im Licht des silberfarbenen Mondes aßen wir zu Abend, während in der Ferne Hyänen schrien und Schakale jaulten. Bereits um neun Uhr lag ich im winzigen Baumhaus im Bett. Jeremy schlief sofort ein. Doch für mich war wegen der beißenden Kälte, meiner gestörten inneren Uhr und meinem aufregenden Wiedersehen mit Tunny kaum an Schlaf zu denken.

Im eisigen Morgengrauen wachte ich wieder auf. Bizarr aussehende Marabus wirkten ungewöhnlich elegant im Wasserloch. Schimmernde Stare, langschwänzige Würger und Tauben kamen in Schwärmen herabgeflogen, um zu trinken. Fünf Hornraben stöberten zwischen ihnen herum, verscheuchten Paviane, die in der Kälte ihren Pelz aufgestellt hatten – oder taten sie es aus Wut? Die sanften Pastellfarben waren wie Balsam für meine Seele. Ich würde diesen Sonntag ohne einen Gedanken an die traurige Situation in Simbabwe genießen – wenigsten einen Tag.

Wir fanden keine Elefanten. »Sie müssen in die Kirche gegangen sein«, sagte Pembas und lachte. Es war egal. Nach dem Wiedersehen vom Vortag mit Tunny und ihrer Familie wollte ich nicht zu viel verlangen. Ich hatte oft beobachtet, dass es Giraffentage, Vogeltage und allgemeine Wildtage gab. Dieser Tag gehörte den Vögeln und Bäumen. Elsterdrosslinge und Würger mit weißen Hauben saßen singend auf einem »Gottesgericht«, einem Baum, der so heißt, weil früher – und vielleicht noch heute – Menschen, die eines Verbrechens verdächtigt worden waren, einen Sud aus dessen giftiger Rinde trinken mussten. Waren sie schuldig, starben sie, andernfalls erholten sie sich. Ein brutales Vorgehen, doch vielleicht reichte die Aussicht auf diesen Schrecken, einen unehrenhaften Plan nicht weiterzuverfolgen.

Bheki erwartete uns bei unserer Rückkehr im Lager. »Machen Sie Fortschritte?«, fragte er.

Als ich antwortete, dass die Elefanten nicht zu sehen seien, sagte er: »Ah, aber dafür habe ich den Büffel für euch gerufen. Und dort zwischen den Bäumen versteckt sich ein einsamer Elefant.«

Mit dem Finger deutete er auf eine Stelle hinter mir. Ich drehte mich um, wo eine große Büffelherde zum Wasserloch lief. Weiter hinten stand eine Elefantenkuh im Zwielicht der Abenddämmerung. An der Form ihres Kopfes erkannte ich, dass es ein Weibchen war. Dann war sie fort.

Am folgenden Abend, nach einem weiteren Tag ohne Elefanten, wurden wir von einem für die Jahreszeit untypischen Sturm über den *vlei* gejagt. Blitze zuckten über den Himmel.

Verdammter Sturm, dachte ich, auch wenn es selbstsüchtig war, den Regen an einem Ort zu verfluchen, wo Wasser das höchste Gut ist. Aber der Sturm würde die Wildtiere für ein paar Tage verscheuchen. Es goss in Strömen, als wir beim Abendessen saßen. Wir hatten Gesellschaft von zwei weißen Simbabwern, die gerade aus Südafrika zurückgekommen waren, wütende Männer, die voller Leidenschaft von ihrer Heimat erzählten. Einer war von seiner Farm vertrieben worden. Als er ein Jahr später zurückgekehrt war, hatten die Kriegsveteranen hämisch gerufen: »Schau, weißer Mann. Jetzt leben Schweine in deinem Haus.«

»Gut«, bellte er. »Gefällt es ihnen?«

Der andere war ein Simbabwer in der siebten Generation, der im Exil in Südafrika lebte.

»Ich fürchte ständig um mein Leben hier. Aber das ist echt unerhört«, flüsterte er. »Wissen Sie, ich erfülle nicht die Kriterien, um in Ihr sicheres Land einzuwandern. Ich habe Geld, um dort ein Haus zu kaufen und meine Frau und mich durchs Leben zu bringen. Ei-ei-ei … Scheinbar bin ich zu alt und nutzlos.«

Es herrschte ein langes Schweigen. Was sollte ich darauf auch erwidern? Australiens strenge Einwanderungspolitik, die älteren Flüchtlingen, die nicht mehr mit Arbeit zum Allgemeinwohl beitragen konnten, den Zugang verweigerte, beschämte mich. Dieser Mann war der Nachkomme weißer Siedler, die zur gleichen Zeit wie die Shona und Zulus hierhergekommen waren und das Matabele-Königreich gegründet hatten. Alle drei Einwanderergruppen hatten die eingeborenen San-Buschmänner vertrieben. Wem gehörte dieses Land denn wirklich?

Diese und andere Männer erzählten von der Schreckensherrschaft. Die Wirtschaft bricht ohne die Leistungen der weißen Bauern- und Wirtschaftsgemeinschaft zusammen, auf die sich der Wohlstand Simbabwes gegründet hatte. Ein paar Tausend Farmer hatten etwa eine Viertel Million Arbeiter beschäftigt. Jetzt gehören Voodoo- und Vetternwirtschaft, Hyperinflation und Korruption zu den Werkzeugen der regierenden Elite. Ich wusste, dass es bei Gefängnisstrafe verboten war, Kritik am Präsidenten zu üben. Allerdings hörte ich aus dem Mund von schwarzen Simbabwern kein einziges Mal den Namen Robert Mugabe – egal, ob das nun gut oder schlecht war. Er lässt Verbrechern, die seiner Regierungspartei ZANU-PF gegenüber loyal sind, freie Hand, so wie er selbst sich immer mehr von seinem Volk distanziert. Selbst die vorgeschriebenen Fotos von ihm an den Wänden in jeder Eingangshalle sind zu Geisterbildern verblasst.

Robert Mugabe hatte seine Präsidentschaft mit einer versöhnlichen Haltung begonnen: »Wenn ich euch gestern als Feind bekämpft habe, seid ihr heute zum Freund und Verbündeten mit denselben nationalen Interessen, derselben Loyalität und denselben Pflichten wie ich geworden. Wenn ihr mich gestern gehasst habt, könnt ihr euch der Liebe nicht entziehen, die euch an mich und mich an euch bindet.« Diese Worte versprachen eine rosige Zukunft für Simbabwe, und Mugabe wurde als großer Mann verehrt. Von weißen Simbabwern, von denen viele zu Reichtum gekommen waren, weil sie den größten Teil des fruchtbaren Lands besaßen, die Wirtschaft beherrschten und sich die billigen schwarzen Arbeitskräfte zunutze machten, hatte er sogar den liebevollen Spitznamen »Good Old Bob« bekommen. Zweifelsohne wollte eine schwarze Regierung, dass Gerechtigkeit geübt und das Ungleichgewicht aus der Welt geschafft wird. Das ist auch richtig, aber dies hätte auch geschehen können, ohne die Ausbeuter mit ihrem Wissen und ihren Fähigkeiten zu vertreiben.

Leider war entweder der Blick des Präsidenten eingeschränkt oder sein heldenhaftes Auftreten bei seiner Wahl vorgetäuscht.

Mit Sicherheit war er ein brillanter Denker mit dem Potenzial, ein großer Staatsmann zu werden und eine vereinte Nation auf dem Weg zu Stabilität und Frieden anzuführen, indem er Gerechtigkeit für alle Menschen schaffte. Leider hat er sich selbst – und Simbabwe – verraten, als Hass den gesunden Menschenverstand unter sich begrub. Zehn Jahre später war der »Good Old Bob« in Paranoia und Tyrannei abgesunken und stachelte zu Terrorismus, Mord, Vertreibung und Unterdrückung nicht nur der weißen Minderheit an, sondern auch von Millionen Angehöriger der Matabele, welche die MDC unterstützen, die Movement for Democratic Change. Niemand weiß, wie viele schwarze Simbabwer in Massengräbern liegen, doch man geht von Tausenden aus. Viele weitere wurden gefoltert, vergewaltigt, geschlagen und gebrochen. Ihnen wurden Hilfslieferungen mit Nahrung, Kleidung und Medikamenten verwehrt, und sie mussten mitansehen, wie ihre Heimat, ihre Ernte und ihr Vieh zerstört wurden.

Die weißen Simbabwer erzählten von der »Brigade der grünen Bomber«. Kinder zwischen zwölf und sechzehn Jahren werden zu einem dreimonatigen Terrortraining gezwungen. Im Wesentlichen erhalten sie eine Gehirnwäsche über das durch den Kolonialismus der Weißen verbreitete Böse und lernen, Weiße zu schikanieren. Dies kann seltsame Formen annehmen. In einem Fall drangen grüne Bomber in das kleine Geschäft eines Händlers ein, verhafteten ihn und fragten ihn in einem Verhör, warum er weiße und cremefarbene Pullover und nicht schwarze und schokoladenfarbene verkaufe oder Milchshakes, Zucker und Mehl in weißen Verpackungen anbiete. Zum Glück war er im Ort sehr beliebt, sodass ihm die Bevölkerung ebenso wie die Polizei half und er nur kurz eingesperrt war. Scheinbar hat sich Mugabe einiges vom »weißen Imperialismus« abgeschaut. Die bitteren Jahre der Apartheid haben ein furchtbares Erbe hinterlassen.

Doch nicht alle Mächtigen sind korrupt oder missachten den gesunden Menschenverstand. Eine Ministerin aus dem simbabwischen Kabinett interviewte im nationalen Fernsehen einen

Kriegsveteranen, dem die Milchfarm eines Weißen überlassen worden war. Sie erzählte, der weiße Farmer habe täglich über zweiundzwanzigtausend Liter Milch produziert, und fragte den neuen Besitzer, wie viel er an die Fabrik liefere. Als dieser antworte, es seien zweitausendzweihundert, riss ihr der Geduldsfaden. »Wir haben Ihnen diese Farm gegeben. Warum produzieren Sie nicht genauso viel Milch?« Sie drohte ihm sogar, die Farm dem Weißen wieder zurückzugeben.

Viele meinen, der Präsident habe aufgrund der Massaker an den Matabele Angst, Macht abzugeben, da er weiß, er würde vor dem Tribunal in Den Haag wegen Verbrechen gegen die Menschlichkeit angeklagt werden. Doch vielleicht rührt seine größte Angst aus dem traditionellen Glauben, dass er im Tod den Geistern der Ermordeten begegnet und zur Verantwortung gezogen wird. Es scheint, als klammere er sich ans Leben, und andere, die sich seine Paranoia zunutze machen, decken ihn.

Intellektuelle, Ärzte, hocheffiziente Farmer, Lehrer und Geschäftsleute verlassen weiterhin das Land. Sie gehen nach Übersee oder in benachbarte Länder, die sich vom politischen Aufruhr erholt haben oder dabei sind, es zu tun. Dies gibt Grund zur Hoffnung, dass Simbabwe, weil die Entwicklung in Afrika immer zyklisch verläuft, wieder auf die Beine kommt, bevor Mugabe, Hungertod und Krankheiten dieses Land vollkommen zerstört haben werden.

In der Zwischenzeit wurde in einem Leichenhaus in Dete der Strom abgestellt. Die Einwohner erleiden unbeschreibliche Qualen. Sie riechen ihre Familienangehörigen, die sie schon nicht im Tod ehren konnten. So viele Menschen sterben an Krankheiten in der Folge von AIDS, dass die Zeit für die traditionellen Begräbnisfeiern nicht ausreicht.

Über diese Dinge sprach ich nie mit Bheki. Nur einmal ließ er sich zu so etwas wie einem Kommentar über die politische Situation herab, als er leise sagte: »Mein Herz leidet mit Simbabwe. Es fällt mir schwer, einen Sinn in all dem Leid zu erkennen.«

Seine Worte waren nicht ketzerisch. Dennoch blickte er ängstlich über seine Schulter. Auch ich blickte nach hinten, wie ich es immer wieder tat, bis wir das Land verließen. Doch in diesem einen Moment zuckten wir beide zusammen, als wir bemerkten, dass hinter uns jemand im Schatten stand. Ich fürchtete, es könnte derjenige sein, dessen Anwesenheit im Lager die anderen immer veranlasste, sich zurückzuziehen, und dessen starrer Blick mich immer erschaudern ließ. Gott sei Dank war es nicht er, sondern Pembas, der »Freundliche«. Er musste gelauscht haben, weil er den Faden dort aufgriff, wo wir ihn hatten fallen lassen.

»Die Armut ist furchtbar hier«, erklärte er mit nüchterner, ruhiger Stimme, als würde er die *sadza* beschreiben, die er zum Frühstück gegessen hatte. »Der Tod ist unser ständiger Begleiter. Ich glaube, die schlechte Ernährung ist der traurige Grund, warum Menschen so schnell an AIDS, Malaria und einfachen Krankheiten sterben – selbst an einer Erkältung.«

Ich konnte Bhekis Angst riechen. Er fühlte sich unwohl, über dieses Tabu zu sprechen.

Vorsorglich wechselte ich das Thema. »Ist jetzt eigentlich Malariazeit?«, fragte ich und blickte suchend umher – diesmal nach einem anderen gefürchteten Feind, dem Moskito.

»Nein. Es ist Dürrezeit. Sehen Sie, diese Menschen bekommen Malaria, die immer in ihrem Blut lebt, weil sie Hunger haben und vor Sorge erschöpft sind. Sie können sich keine Medizin leisten. Stattdessen nehmen sie die Rinde der Akazie und kochen sie. Wenn es kalt ist, trinken sie sie. Ah … sie ist sehr bitter.« Pembas hielt die Finger vor die Lippen und flüsterte: »Sehr bitter. Wie das Leben in Simbabwe. Aber wir sind müde. Und wir sind ein friedliches Volk. Wir wollen keinen Krieg.«

In dieser Nacht flackerten die Flammen unseres Lagerfeuers weit nach oben und gefährlich nah bis an das Stroh darüber. Ein Gecko fiel herunter und verbrutzelte. Bheki zuckte mit den Schultern und hob kapitulierend seine Hände. Ich nickte.

Einige Tage später bat mich Bheki um zwei Dinge: um Übungsbücher und um Stifte für die Schule, in die er die Kinder seines Bruders schickte und wo seine Tochter Perfect ihre Ausbildung im kommenden Jahr beginnen sollte. Er zeigte mir ein

Foto mit einer Gruppe von Lehrern und Kindern in abgetragenen Uniformen. Die meisten standen barfuß – der Unterricht ist nicht kostenlos – vor der Schule, die kein Dach hatte und deren Wände mit Löchern übersät waren. »Dort gibt es keine Hoffnung, Sally.«

Nach dieser Bemerkung – die so ehrlich wie möglich war, ohne »den verbotenen Namen« oder die Worte »Regierung« und »Politik« zu verwenden – sprach Bheki nie wieder von Traurigkeit. Immer wenn meine Gedanken in diese Richtung abschweiften, erinnerte er mich an meinen alten Anspruch: »Mama Ndlovu, wir müssen die Tage in Freude genießen. Wir müssen an glückliche Zeiten denken und diesen Tag gut hinter uns bringen. Wir werden diese Elefanten rufen.«

Bhekis Sichtweise und die vieler anderer afrikanischer Freunde auf die Welt sowie ihre Fähigkeit, den Augenblick zu genießen, sind großartig und beruhigend. Mit ihrer Philosophie brauchen sie nur wenige Worte.

Eine Woche nach unserer Ankunft trat Bheki eine längst überfällige Reise an. Seit zwei Monaten hatte er seine Familie nicht mehr gesehen. Ich dachte an die fröhliche Begegnung, bei der Bheki für kurze Zeit der Lobengula seines *kraal* sein würde, während ich meine Füße in der Sonne wärmte und dankbar war für mein Leben. Hätte ich nicht in Länder der Dritten Welt reisen, dort leben und arbeiten können, wären mir mein Glück des australischen Geburtsrechts und der Wert der Freiheit nicht bewusst geworden.

Ich erschrak, als eine tiefe Stimme über meinem Kopf knurrte: »Ich bin Godfrey. Derjenige, der Malaria hat. Bheki ist mein Freund.«

Ich blickte in eingesunkene, milchige Augen, die typisch für diese Krankheit sind. »Godfrey, schön, dich zu sehen. Aber du bist noch krank. Bitte bleibe im Bett.«

»Ah, nein. Alles in allem fühle ich mich heute gesund. Das Dach fällt nicht mehr auf mich. Meine Lebensgeister sind zurückgekehrt.«

Also unterstützte er mit Cleophis, einem anderen Freund, Pembas Mannschaft. Gemeinsam kümmerten sie sich um mich und erklärten es zu ihrem Ziel, mir bei der Suche nach den Elefanten zu helfen. Diese Männer waren professionelle Führer und kannten und liebten die Herde.

Einige Tage später fanden Cleophis und Godfrey ein paar Elefanten in der Nähe von Mpofu, wo Jahre zuvor im Versteck im Baum die Boomslang um meine Knöchel gestreift war. Weder die Boomslang noch der große Leadwood-Baum und das tiefe Wasserloch sind noch dort. Es fehlt das Geld, um das Wasser, das Blut des Lebens für die wilden Tiere, nach oben zu pumpen.

Eine Familie aus neun Kühen und Kälbern stand matt neben dem getrockneten Schlamm. Sehnsüchtig schienen sie den Ort zu betrachten, wo sie einst mit dem ganzen Körper eintauchen konnten, wo sie sich gewälzt hatten, um ihre Haut von den ärgerlichen Parasiten zu befreien. Sie akzeptierten uns, was typisch für die Mitglieder der Präsidentenherde war. Doch ihre Verzweiflung machte mich traurig. Eine Kuh war hochschwanger, und ihre geschwollenen Brüste gaben Milch ab. Vielleicht würde das Neugeborene den drei anderen Kälbern, die trübsinnig beieinander standen, etwas Freude bereiten.

Wieder schloss ich die Augen, um an jene glücklichen Zeiten zu denken, in der die gesamte Herde hier schwamm, sich wälzte und spielte. Ich erinnerte mich an ausgelassene Kälber, die übereinander krabbelten, wild trompetend Vögeln hinterherjagten und die Geduld ihrer Mütter mit gequälten Schreien auf die Probe stellten, obwohl sie eigentlich in der Lage waren, von alleine dem Matsch zu entkommen. Doch als ich die Augen öffnete, sah ich nur den längst getrockneten Schlamm.

Cleophis fuhr weiter nach Mata'ka, wo es ein kleines Schlammloch gab, das wie mit grünem Schleim gefüllt aussah und in dem sich Sumpfschildkröten tummelten. Hier hatten sich früher die Giraffen bei Sonnenuntergang eingefunden, hatten die Beine gespreizt und die langen Hälse nach unten gesenkt, um zu trinken, während sich auf der Wasseroberfläche die Wolken gespiegelt hatten.

»Das ist sehr schlecht«, platzte Godfrey heraus. »Wir werden Ihre alten Freunde aus ihren Verstecken rufen. Cleophis, lass es uns wieder in Kanondo versuchen.«

Wir hatten noch keine Elefanten in Kanondo gesehen, dem bevorzugten Wasserloch, in dem Rembrandt die anderen vom Bohrloch weggedrängt hatte, wo Schiefer Stoßzahn, Dilingane und ihre Freundinnen mit ihrem wilden Spiel die Kälber erschreckt hatten – und wo ein Minister von 2003 bis 2004 für vier Monate die Jagd erlaubt hatte. Elefanten haben ein langes Gedächtnis. Ob sie dieses Wasserloch, das einst zu ihren liebsten Plätzen gehört hatte, noch immer mieden, nachdem ihr Vertrauen missbraucht worden war?

Ich stand im Wagen, als wir auf den großen Teakholzbaum an der Kurve kurz vor Kanondo zusteuerten. Von Elefanten keine Spur. Aber wir sahen einen friedlich grasenden weißen Nashornbullen. Die Nashörner stammten aus Matopas und waren hier wieder angesiedelt worden. Drei weitere schlenderten über den *vlei*, als wir uns auf den Heimweg machten. Es macht Mut, dass auch die Anzahl der Tiere aus der Präsidentenherde trotz der Veränderungen gestiegen ist.

Als wir am nächsten Tag aufbrachen, saß Cleophis verbissen am Steuer. »Ich sage Ihnen, Sally, wir kehren erst zurück, wenn wir diese Elefanten gefunden haben.«

Am Vormittag schlenderte eine große Anzahl von Elefanten aus dem Wald auf den *vlei* und in das Akazienwäldchen. Die Vorhut einer langen Reihe von Elefanten zu beobachten, ist überwältigend – besonders wenn man nach alten Freunden Ausschau hält. Sie werden immer größer, je näher sie kommen, schreiten würdevoll, solange sie nicht aufgeregt ans Wasser rennen oder freudig schwankend einer anderen Gruppe von Elefanten zur Begrüßung entgegeneilen.

Diesmal näherten sie sich mit gleichbleibender königlicher Würde, die mir am besten gefiel. Wir machten keine Anstalten, ihnen auszuweichen, da sie ruhig und zugänglich wirkten. Ich wusste nicht, wohin ich zuerst schauen sollte. Als die Kühe am

Landrover vorbeikamen, blickte ich auf ihre Ohren, Gesichter und Rüssel. Bei der dritten Kuh verlor ich beinahe die Fassung.

Es war Inkosikasi, gefolgt von ihrer besten Freundin, die vielleicht ihre Mutter Granny – Gogo – war und ebenfalls keine Stoßzähne hatte. Sie blieben neben dem Wagen stehen. Strahlend blickte ich in Inkosikasis Gesicht, und ich schwöre, sie blickte ebenso strahlend zurück. Hinter ihr und Granny befand sich jeweils ein Kalb. Die beiden Kühe waren mittlerweile ehrwürdige, alte Damen, aber für mich immer noch bildschön. Cleophis tätschelte meinen Schenkel, als ich die Nase hochzog. Inkosikasi gab einen seltsamen, tiefen, dröhnenden Ton von sich, den ich noch nie gehört hatte, bevor sie zum kleinen, künstlichen Wasserloch weiterging. Ich drehte mich nach hinten auf der Suche nach Schiefer Stoßzahn. Früher war sie immer dabei gewesen, hatte die Herde in ihrer überheblichen Art angeführt und geschützt. Ich sah mir alle Stoßzähne genau an, doch sie war nicht dabei. Godfrey erzählte, ihr deformierter Stoßzahn sei in der Mitte abgebrochen, und sie werde nur selten gesehen. Ich war erstaunt, dass die oberste Mutterkuh nicht bei ihren Schützlingen war, und konnte nur hoffen, dass uns das Glück weiterhin hold blieb. Diese Kühe hier zu finden, war aber schon ein Geschenk für sich.

Später trafen wir uns mit einer Frau, die die Herde seit fünf Jahren im Auge behielt. Sehr oft rettete sie das Leben von Elefanten, indem sie die Tierärzte der Antiwilderer-Brigade benachrichtigte, die Elefantenkälber und verstümmelte Wildtiere betäuben und mitnehmen, die um ihr Leben kämpfen, wenn sich dicke Drahtschlingen um ihren Hals oder ihre Beine langsam zuziehen. Mehrere Elefanten verloren mit diesen Schlingen einen Teil ihrer Rüssel, wenn dieses empfindliche, wichtige und wundersame Werkzeug grausam abgeschnitten wurde. Leider sterben viele unter unsäglichen Qualen, weil die Ressourcen der Antiwilderer-Brigade in diesen harten Tagen des wirtschaftlichen Ruins begrenzt sind. Die notwendigen Medikamente sind teuer, und Menschen, die sie verteilen können, finden sich kaum. Junge Elefantenkälber sterben langsam, wenn sich die Schlingen in das noch wachsende Fleisch schneiden, bis der Wundbrand einsetzt oder ihre Kehlen durchtrennt sind.

Ich weiß nicht, wie ich reagieren würde, wenn ich etwas so Schreckliches sehen würde, ohne helfen zu können. Dennoch verstehe ich die Not verzweifelter Menschen, die um ihr Überleben kämpfen. Sie können sich nur um ihre Grundbedürfnisse kümmern – der Suche nach Nahrung, um ihre Familien vor dem Hungertod zu bewahren. Die Banden allerdings, die auf brutale Weise Wild wegen des Fleisches töten, das sie dann zu überhöhten Preisen an hungrige Menschen verkaufen, müssen hart bestraft werden. Sie sind das Ergebnis einer Politik, die von einer korrupten »Elite« gemacht wird.

Am Abend unterhielten wir uns mit drei Führern über das Rätsel. Ich fragte sie, ob sie es schwierig fänden, für den Erhalt der verbliebenen Wildnis und ihrer Tiere an einem Ort zu kämpfen, an dem die Menschen verhungern und wo deren Elend den Ehrgeiz machthungriger Herrscher erst noch anstachelt. Schon ihr Entsetzen darüber, dass ich so etwas überhaupt fragte, war ermutigend.

»Ah, nein. Wir dürfen nicht wie die Mosambikaner werden.« Godfrey machte ein finsteres Gesicht. »Alle wilden Tiere wurden in ihrem schrecklichen Krieg getötet. Jenes Afrika ist jetzt tot.«

Pembas nickte. »Diese hungrigen Menschen haben eine Weile gegessen«, pflichtete er bei. »Bis das Wild alle war. Und sie sind immer noch hungrig.« Er seufzte. »Jetzt wollen sie die Tiere aus Simbabwe. Wenn wir zulassen, dass sie und unser Volk die Wildnis zerstören, wird bald nichts mehr da sein. Und eines Tages, wenn der Mensch sich wieder besinnt, werden unsere Herzen nach den Tieren der Wildnis rufen.«

Löwen brüllten in der Ferne. Vier Wildhunde, einer davon mit Halsband, huschten am Feuer vorbei. Ein anderer blieb einen Moment stehen, während er mich mit seinem wilden Blick anstarrte. Wie gerne wäre ich mit ihnen fortgerannt, frei und ohne mir der durch den Menschen erschaffenen Gefahr bewusst zu sein.

Es war ein Trost, dass ich mich am nächsten Tag unter die Elefanten mischen konnte. Ein freudiger Trost, weil die schöne, heitere Dilingane ganz gezielt zum *veldt* kam. Sofern das überhaupt möglich war, hatte sie noch an Charme gewonnen. Als sie unser Fahrzeug erblickte, blieb sie stehen und hob den Rüssel, um unseren Geruch wahrzunehmen. Sie schien zufrieden zu sein, weil sie mit ihrem hübschen Kopf nickte und freudig schlotternd auf uns zukam. Gerne wäre ich ihr ebenso vergnügt und laut trompetend entgegengerannt, wie es Schiefer Stoßzahn so oft getan hatte. Dilingane führte ihre Familie nah an uns heran, um uns in Augenschein zu nehmen. Nach sechzehn Jahren waren ihre Stoßzähne leicht abgenutzt, und ihr matronenhafter Rücken war etwas nach unten gesunken. Allerdings hatten ihre verspielten, liebevollen Augen nichts von ihrem Reiz verloren. Die Begegnungen mit Dilingane hatten mich immer besonders glücklich gemacht. Die Kühe und Kälber, die bei ihr waren, hatten ihr freundliches Wesen übernommen.

Die Begegnung war unbeschwert, wenn auch kurz. Die Familie war auf dem Weg zu einem anderen Ort, vielleicht, um sich mit Schiefer Stoßzahn zu treffen. Wir konnten ihr nicht in den dichten Wald folgen. Sie zog weiter, als eine andere Familie erschien.

Diese jedoch hielt sich auf Abstand. Und ich wusste, warum. Bette Midler stampfte vorbei. Das alte Mädchen machte ihrem Namen immer noch alle Ehre. Kampflustig wedelte sie mit den Ohren und überzog uns mit ein oder zwei Beleidigungen, bevor sie zur Wassermulde ging. Doch sowohl ihr Körper als auch ihr Geist schienen geschrumpft zu sein. Kurz sehnte ich mich danach, dass sie auf uns zustürmte, damit ich mich wie ein zitterndes Wrack fühlte.

Es war unser letzter Tag. Bald würden wir nach Namibia aufbrechen, um drei Monate in den zerklüfteten Schluchten und der rauen Wüste zu verbringen, wo der geheimnisvolle Hoanib-Fluss den einzigartigen Wüstenelefanten Zuflucht bietet.

Die Sonne ging unter, ohne dass wir Schiefer Stoßzahn gesehen hatten. Vielleicht würden wir sie nicht wiedertreffen, weil sie mittlerweile auch schon eine alte Dame geworden war. Ich hoffte, sie war so weise, ihre Familie tief in den Hwange-Nationalpark zu führen, wo sie weit entfernt von den hungrigen Augen der Menschen in den tiefen Wasserlöchern schwimmen und sich im Schlamm wälzen konnte. Vielleicht gehören ihre Nachkommen zu den ersten Elefanten, die sich frei innerhalb des geplanten Transfrontier-Peace-Park-Korridors bewegen, der sich im südlichen Afrika von Hwange bis zum Atlantik erstreckt. Es ist ein faszinierender Gedanke, dass Menschen zumindest eine der alten Wanderrouten wiederherstellen, die von den riesigen Elefantenherden, die es einst hier gab, genutzt worden waren.

Von Schiefer Stoßzahn und der Herde akzeptiert worden zu sein, ist eins der größten Privilegien meines Lebens. Sie waren meine Lehrer, durch sie habe ich viel über mich selbst gelernt. In Afrika zu leben, mit ihnen und anderen Freunden die Natur zu beobachten, hat mich gelehrt, in der Gegenwart zu leben. Es ist nicht immer leicht, meine eigenen hohen Ansprüche an mich zu erfüllen. Doch ich bemühe mich, das Leben nicht als Selbstverständlichkeit zu nehmen und mich nicht zu lange mit einem negativen Gedanken oder an einem unergiebigen Ort aufzuhalten. Ich halte mich lieber an Optimismus und Hoffnung.

Und ich weiß, es gibt Hoffnung, wenn ich in den ungezähmten Frieden der afrikanischen Wildnis eintauche. Der Elefant, der zielgerichtet auf das Wasserloch zugeht, weiß nichts von mir oder den menschlichen Bedingungen. Er ist damit beschäftigt, Elefant zu sein. Die Löwin, die ihre Beute jagt, kennt nichts anderes, als die Notwendigkeit zu töten, um zu fressen. Sie quält sich nicht mit dem Gedanken, ob sie dabei Erfolg haben wird oder nicht. Sie muss nichts beweisen, sie ist einfach nur hungrig. Sie hegt keinen Groll gegen ihr Beutetier, das ohne einen Gedanken an ein Leben nach dem Tod stirbt. Es hat vollständig in dem einen Moment gelebt und stirbt in einem anderen. Es wird nichts über den Zufluchtsort für andere wilde Tiere in raubtierfreien Gebieten erfahren. Es existiert nur die Welt, die es sieht.

Glossar

Askari: Suaheli für »Soldat«.

Bakkie: kleiner Transporter mit Ladepritsche.

Barbeque: australischer Begriff für einen im Freien zu benutzenden Kocher.

Boerwurst (wörtlich: Bauernwurst): auch Burenwurst genannt, eine würzige, fette Bratwurst.

Boma: Umzäunung aus Stäben und Zweigen.

Braai: südafrikanische Bezeichnung einer offenen Feuerstelle zum Grillen von Fleisch wie Steak, Hühnchen und Boerwurst.

Die Großen Fünf: die fünf der größten Wildtiere Afrikas – Löwe, Leopard, Elefant, Büffel und Nashorn – und Synonym für den afrikanischen Busch.

Eine Lücke machen: Slang für »weggehen«, »von hier verschwinden«.

Fisi: Suaheli für »Hyäne«.

Flehmen: die Reaktion eines männlichen Tiers, wenn es die Lippen kräuselt, nachdem es am Urin eines Weibchens geschnüffelt hat.

Howzit: traditionelle südafrikanische Begrüßung, in einem Wort ausgesprochen, meint: Wie geht's?

Jalapalapa: eine der afrikanischen Mischsprachen, die sich während der Kolonialzeit entwickelten, um die Kommunikation zwischen europäischen Siedlern und Bantu sprechenden Einwohnern zu erleichtern.

Juju: westafrikanischer Begriff mit der Bedeutung »Fetisch« oder »Talisman«. In anderen Teilen Afrikas mit der Bedeutung »Magie« oder »das Übernatürliche« verwendet.

Kadaitcha Man: bei den australischen Ureinwohnern der »Zauberer« oder »Geistheiler«.

Kaross: ursprünglich ein Umhang aus Tierhaut, heute eher allgemein in der Bedeutung von »Stoff« oder »Laken«.

Keti: Steinschleuder.

Kopje: Afrikaans für »kleiner Hügel«.

Lekker: Afrikaans für »sehr nett«, »etwas Besonderes«, »wunderbar«.

Lichunanjani: Wort in Shona für »hallo«.

Madala (ausgesprochen *mu-da-la*): im Afrikaans-Slang die respektvolle Bezeichnung für einen älteren oder weisen Mann.

Makoro: ein kleines, schlicht verarbeitetes Kanu der Eingeborenen.

Mama Ndlovu: Kombination aus Englisch und Ndebele für »Elefantenmutter«.

Mandlova: Wort in Ndebele für »Elefantenmutter«.

Mazungu: weißer Mann.

Memsahib: ostafrikanische, respektvolle, aus dem kolonialen Indien übernommene Bezeichnung für eine europäische Frau.

Meru: Wort der Massai für »Insel«, in Suaheli »Mieru« oder »Mweru«.

Mshungu: schwarze Magie.

Munt: in Südafrika, Simbabwe und Sambia unter Weißen für schwarze Personen verwendet, Plural: *muntu.*

Mushi: Wort in Shona für »sehr nett«, »toll«, »hervorragend«.

Muti: Wort in Ndebele für »Medizin«.

Ndlovu: Wort in Ndebele für »Elefant«.

Nyanga: Medizinmann.

Pan: Wasserloch.

Rondavel: im südlichen Afrika eine kuppelförmige Hütte mit einem Raum.

Sadza: fester Brei aus Maismehl.

Sahib: ostafrikanische, respektvolle, aus dem kolonialen Indien übernommene Bezeichnung für einen europäischen Mann.

Shame: anders als sonst auf der Welt Ausdruck eines Mitgefühls, auch des Lobs. Wird eine Frau bewundert, kann man zum Beispiel »*Ag, shame*« sagen.

Shumba: Wort in Shona für »Löwe«.

Simba: Wort in Suaheli für »Löwe«.
Spoor: Fußabdrücke.
Stoep: Afrikaans für »Veranda«.
Veldt: Afrikaans für eine offene Weide.
Vlei: in der Regenperiode überfluteter Bereich.
Yebo: »Ja« im örtlichen afrikanischen Dialekt.

Danksagung

Ich bin allen großen und kleinen Wesen, die in meinen Erinnerungen auftauchen, sehr dankbar – auch denjenigen, die mich bedroht haben. Durch sie habe ich viel über gesunden Menschenverstand und Mitgefühl gelernt. Jede Geschichte ist wahr, und alle, die hier eine Rolle einnehmen, ob Mensch oder Tier, sind echt.

Ganz besonders danken möchte ich:

Schiefer Stoßzahn und der Herde. Ohne sie gäbe es keine Erinnerungen. Sie schenkten mir Freude und gaben meinem Leben einen Sinn.

Dem Geist von Afrika, der über mich gewacht hat.

Kathy Rogers und Hans Knupp für ihre Anleitung und ihre geschätzte Freundschaft.

Alan und Scotty Elliott für ihre großzügige Unterstützung.

Harold und Sylvia Broomberg, Des und Jenny Delange, Buck deVries, John und Delle Foster, Steve Mpofu, Karen Ogilvie, Paul Perez, Steve und Nookie Perry, Geoff und Nookie Randall, der Familie Williamson und Lloyd Wilmott. Ohne sie hätte ich es nie geschafft.

Meinen speziellen Freunden Tammie Matson, Celia Mundy und Sue Newton. Als ich mich davor fürchtete, intime Momente meines Lebens preiszugeben, gaben sie mir Mut, Unterstützung und Liebe. Bhekizizwe, Barmi, Butzi, Douw, Edda, George, Hopi, Marthin, Tenzi und Steve für ihre Freundlichkeit. Der Familie Brightman, Cleophis, Dries, Godfrey, Golden, Hendrik, Ian Russell, Johan, Josh, Mark, Mick, Neil, Pembas, Rob, Ron, Salim und Skiv, weil sie mir Afrika gezeigt haben. Meinem großen Bruder, Peter Bain, und seiner gesamten Familie – besonders Jenny Kefford, Kate Martin, Catherine Mancham, Ginger Hollis und Adrian Fitzgerald.

Meiner Agentin, Lyn Tranter, die an mein Manuskript glaubte.

Meiner sehr geduldigen Redakteurin, Alexandra Craig, die unsere Kommunikationsalbträume zwischen Sydney und Afrika mit Gleichmut und Humor ertrug.

Der Lektorin Sarina Rowell für ihre sanfte Führung und der gesamten Belegschaft bei Pan Macmillan.

Saba Douglas-Hamilton für ihre geheime Verabredung mit unserer Heldin Blythe Loutit.

Iain Douglas-Hamilton, Cynthia Moss und Daphne Sheldrick für ihre Anregungen.

Elefriends Australia, der Elefriends-Familie – besonders John und Naida Watkins und Sue Delaney – und der wundervollen Gemeinschaft in Montville, die großzügig gefährdete Tierarten und uns mit Hilfspaketen unterstützten. Sisi Macfarlane für ihre Fürsorge.

Dave van Smeerdijk und Rob Moffett von Wilderness Safaris, Namibia, die uns ein Dach über dem Kopf gaben, wo ich den Epilog schreiben konnte. Die Wildnis von Simbabwe ruft.

Meine Hochachtung gilt dem Andenken an:

Aubrey Packenham. Er hätte gelacht über die Geschichten vom »Fuchs«.

Jenny Russell für ihre Würde und ihren Mut sowie für ihren Glauben an meine Fähigkeit zu schreiben.

Blythe Loutit, die ihr Leben SAVE und den Nashörnern widmete.